Doppelinsolvenz von Personengesellschaft und Gesellschafter

Forum Unternehmens-, Steuer- und Bilanzrecht

Deutsche, europäische und internationale Rechtsfragen

Herausgegeben von Oliver Fehrenbacher / Michael Stöber

Band 12

PETER LANG

Tobias Haselwander

Doppelinsolvenz von Personengesellschaft und Gesellschafter

PETER LANG

Bibliografische Information der Deutschen Nationalbibliothek
Die Deutsche Nationalbibliothek verzeichnet diese Publikation in der Deutschen Nationalbibliografie; detaillierte bibliografische Daten sind im Internet über http://dnb.d-nb.de abrufbar.

Zugl.: Konstanz, Univ., Diss., 2019

D 352
ISSN 2366-293X
ISBN 978-3-631-79418-0 (Print)
E-ISBN 978-3-631-81019-4 (E-PDF)
E-ISBN 978-3-631-81020-0 (EPUB)
E-ISBN 978-3-631-81021-7 (MOBI)
DOI 10.3726/b16478

Peter Lang – Berlin · Bern · Bruxelles · New York ·
Oxford · Warszawa · Wien

Diese Publikation wurde begutachtet.

www.peterlang.com

Vorwort

Diese Arbeit wurde im Sommersemester 2018 vom Fachbereich Rechtswissenschaft der Universität Konstanz als Dissertation angenommen. Rechtsprechung und Schrifttum konnten bis April 2019 berücksichtigt werden.

Besonderer Dank gilt meinem Doktorvater, Herrn Professor Dr. Oliver Fehrenbacher. Er hat mir beim Schreiben viele wertvolle Freiheiten eingeräumt und hat durch seine fortwährende fachliche Unterstützung und seine stete Gesprächsbereitschaft maßgeblich zum Gelingen der Arbeit beigetragen. Herzlich danken möchte ich auch Herrn Professor Dr. Christian Picker für die rasche Erstellung des Zweitgutachtens und Herrn Professor Dr. Michael Stöber für die Aufnahme in die Schriftenreihe.

Großer Dank gebührt meinen Eltern und meiner Großmutter. Sie haben mich auf meinem bisherigen Weg in vielfältiger Weise unterstützt. Ihnen ist diese Arbeit gewidmet.

Tobias Haselwander
Freiburg, im November 2019

Inhaltsverzeichnis

Abkürzungsverzeichnis

a.A.	anderer Ansicht
a.a.O.	am angegebenen Ort
Abs.	Absatz
AcP	Archiv für die civilistische Praxis (Zeitschrift)
a.F.	alte Fassung
AG	Aktiengesellschaft
AktG	Aktiengesetz
allg.M.	allgemeine Meinung
Anh.	Anhang
AO	Abgabenordnung
Art.	Artikel
BAG	Bundesarbeitsgericht
BAGE	Entscheidungen des Bundesarbeitsgerichts
BB	Betriebs-Berater (Zeitschrift)
BFuP	Betriebswirtschaftliche Forschung und Praxis
Begr.	Begründung
BGB	Bürgerliches Gesetzbuch
BGBl.	Bundesgesetzblatt
BGH	Bundesgerichtshof
BGHZ	Entscheidungen des Bundesgerichtshofs in Zivilsachen
BR-Drs.	Bundesratsdrucksache
BT-Drs.	Bundestagsdrucksache
BVerwG	Bundesverwaltungsgericht
BVerwGE	Entscheidungen des Bundesverwaltungsgerichts
bzw.	beziehungsweise
CFL	Corporate Finance Law (Zeitschrift)
DB	Der Betrieb (Zeitschrift)
ders.	derselbe
d.h.	das heißt
dies.	dieselbe(n)
DiskE	Diskussionsentwurf
DStR	Deutsches Steuerrecht (Zeitschrift)
DZWIR	Deutsche Zeitschrift für Wirtschafts- und Insolvenzrecht
ebd.	ebenda
Einl.	Einleitung

EWiR	Entscheidungen zum Wirtschaftsrecht (Zeitschrift)
EWIV	Europäische Wirtschaftliche Interessenvereinigung
EWIV-AusfG	Gesetz zur Ausführung der EWG-Verordnung über die EWIV
EWIV-VO	Verordnung (EWG) über die EWIV
f.	und folgende (Seite)
ff.	und folgende (Seiten)
Fn.	Fußnote
FS	Festschrift
GesR	Gesellschaftsrecht
GewArch	Gewerbearchiv (Zeitschrift)
GewO	Gewerbeordnung
GmbH	Gesellschaft mit beschränkter Haftung
GmbHG	Gesetz betreffend die Gesellschaften mit beschränkter Haftung
GmbHR	GmbH-Rundschau (Zeitschrift)
GS	Gedächtnisschrift
HdB	Handbuch
HGB	Handelsgesetzbuch
h.M.	herrschende Meinung
HRR	Höchstrichterliche Rechtsprechung (Zeitschrift)
InsO	Insolvenzordnung
JuS	Juristische Schulung
JZ	Juristenzeitung
KG	Kommanditgesellschaft
KG Berlin	Kammergericht Berlin
KO	Konkursordnung
KTS	Konkurs, Treuhand, Sanierung (früher: Zeitschrift für Konkurs-, Treuhand- und Schiedsgerichtswesen)
KuT	Konkurs- und Treuhandwesen (Zeitschrift)
KWG	Kreditwesengesetz
LG	Landgericht
LMK	Lindenmaier-Möhring, Kommentierte BGH-Rechtsprechung
m. Anm.	mit Anmerkung
m.w.N.	mit weiteren Nachweisen
n.F.	neue Fassung
NJW	Neue Juristische Wochenschrift
NWB	Neue Wirtschaftsbriefe (Zeitschrift)
NZG	Neue Zeitschrift für Gesellschaftsrecht
NZI	Neue Zeitschrift für Insolvenzrecht
OHG	offene Handelsgesellschaft

OLG	Oberlandesgericht
PreußKO	Preußische Konkursordnung
RabelsZ	Rabels Zeitschrift für ausländisches und internationales Privatrecht
RegE	Regierungsentwurf
RGZ	Entscheidungen des Reichsgerichts in Zivilsachen
Rn.	Randnummer
S.	Seite
vgl.	vergleiche
Vorbem.	Vorbemerkung
WM	Zeitschrift für Wirtschafts- und Bankrecht
WPg	Die Wirtschaftsprüfung (Zeitschrift)
WuB	Kommentierende Entscheidungssammlung zum Wirtschafts- und Bankrecht
ZGR	Zeitschrift für Unternehmens- und Gesellschaftsrecht
ZHR	Zeitschrift für das gesamte Handels- und Wirtschaftsrecht
ZInsO	Zeitschrift für das gesamte Insolvenzrecht
ZIP	Zeitschrift für Wirtschaftsrecht
ZPO	Zivilprozessordnung
ZVglRWiss	Zeitschrift für Vergleichende Rechtswissenschaft
ZZP	Zeitschrift für Zivilprozess

Kapitel 1: Einführung

Die Gesellschafter einer Personengesellschaft haften für die Gesellschaftsschulden persönlich, vgl. § 128 Satz 1 HGB. Die persönliche Haftung ist das Gegenstück zur Entnahmefreiheit, denn anders als bei einer AG oder GmbH gibt es keine Regeln zum Schutz des Gesellschaftsvermögens; ein Grund- oder Stammkapital muss weder aufgebracht noch erhalten werden. Bei der Gründung ist die Aussicht, kein Kapital aufbringen zu müssen, verlockend. Die persönliche Haftung wird als notwendiges Risiko hingenommen. In der Gesellschaftsinsolvenz ist es dann dieses Risiko, das den Gesellschaftern zum Verhängnis wird. Die Gesellschaftsgläubiger halten sich an sie; und weil sie dem in der Regel nicht standhalten können, werden sie häufig selbst insolvent. Es kommt zur Doppelinsolvenz.

A. Ausgangsfrage

Ihren Ausgang hat die Arbeit bei der Frage genommen, wie eine Doppelinsolvenz abzuwickeln ist. Seit nämlich der Gesetzgeber den § 131 HGB geändert und die Gesellschafterinsolvenz zum Ausscheidensgrund erklärt hat, ist vieles unklar. Wie wirkt es sich zum Beispiel aus, wenn das Gesellschaftsinsolvenzverfahren eröffnet ist und der vorletzte Gesellschafter insolvent wird? Scheidet er dann aus und endet das Verfahren (weil die Gesellschaft erlischt)? Beim Nachdenken über diese Frage wurde schnell klar: sie lässt sich nicht isoliert beantworten. Die Ausscheidensfolge kann nämlich nicht nur die Abwicklung (Liquidation) vereiteln; sie kann auch eine Sanierung verhindern, weil eine Sanierung voraussetzt, dass die Gesellschaft fortbesteht. Die Frage lässt sich auch nicht ohne Blick auf die BGB-Gesellschaft beantworten. Denn bei dieser ist die Rechtsfolge der Gesellschafterinsolvenz noch die alte; die Gesellschaft wird aufgelöst.

Die Ausscheidens- oder Auflösungsfolge ist bei der Doppelinsolvenz nicht das einzige Problem. Das hat mit dem Trennungsprinzip zu tun. Das Prinzip zwingt dazu, die Verfahren auseinanderzuhalten und Insolvenzgründe, Anträge etc. auf den jeweiligen Schuldner zu beziehen. Das wäre verfehlt, wenn zwischen den Verfahren ein Zusammenhang bestünde. Dann nämlich gehörten sie zusammen. Aufgabe muss daher auch sein, nach einem Zusammenhang zu suchen und (wenn es ihn gibt) die Verfahren aufeinander abzustimmen. Die Aufgabe ist lohnenswert, weil die meisten Monografien und Beiträge, die bislang erschienen sind, lediglich die Einzelaspekte behandeln. Ihre Überlegungen sind für sich gesehen schlüssig, doch fehlt ihnen oft[1] ein einheitlicher Gedanke. Das macht sie ein wenig willkürlich, wie zwei kleine Beispiele zeigen: Nach herrschender Meinung ist für jedes Verfahren ein eigener Insolvenzverwalter nötig. Wenn nun aber die Verfahren zusammenhingen, wäre es dann nicht sinnvoller, nur einen Insolvenzverwalter zu bestellen? Ähnlich ist es bei der örtlichen Zuständigkeit. Sie ist nach herrschender Meinung für Gesellschaft und Gesellschafter verschieden. Das mag im Ausgangspunkt richtig sein, doch ließe sich nicht ein gemeinsamer Gerichtsstand begründen? Die zwei Beispiele könnten um viele weitere ergänzt werden. Sie alle zeigten aber nur eines: Die Probleme einer Doppelinsolvenz reichen weit über die Ausgangsfrage hinaus. Die Ausgangsfrage, genauer: das Ziel der Untersuchung, ist daher zu präzisieren:

Das Ziel der Untersuchung ist, die Doppelinsolvenz auf einen einheitlichen Gedanken zurückzuführen, und ausgehend von diesem Gedanken eine Lösung für die einzelnen Abstimmungsprobleme zu entwickeln. Die Lösung soll Verwerfungen vermeiden, gleichzeitig aber auch Raum für Eigenheiten lassen; Eigenheiten, die ausnahmsweise einen abweichenden Ansatz verlangen.

B. Grundlagen und Einschränkungen

Bevor die Untersuchung beginnen kann, müssen noch deren Grundlagen bestimmt werden. Welche Gesellschaften sind insolvenzfähig und was sind die Folgen eines Insolvenzverfahrens? Wann wird von einer Doppelinsolvenz gesprochen und welche Gründe hat sie? Was genau ist das Trennungsprinzip? Weil die Untersuchung nicht alle Aspekte aufgreifen kann, die mit einer Doppelinsolvenz zu tun haben, enthält der Abschnitt zugleich einige Einschränkungen.

I. Insolvenzfähige Personenverbände

Die Insolvenzfähigkeit bestimmt sich nach § 11 Abs. 2 Nr. 1 und Abs. 3 InsO. Die Regelung unterscheidet danach, ob eine Gesellschaft werbend tätig ist oder aufgelöst wurde.

1. Werbende Gesellschaften

Eine werbende Gesellschaft ist insolvenzfähig. § 11 Abs. 2 Nr. 1 InsO stellt dies klar, indem er die einzelnen Rechtsformen unter dem Begriff der „Gesellschaft

---

1 Eine Ausnahme sind die Überlegungen von MünchKomm-HGB/*K. Schmidt*, § 131 Rn. 76; Anh. § 158 Rn. 61 f. und 66 ff.; *ders.*, GmbHR 2012, 1209; *ders.*, ZIP 2008, 2337; *ders.*, KTS 2011, 161.

ohne Rechtspersönlichkeit" zusammenfasst und ein Verfahren über ihr Vermögen für zulässig erklärt. Gesellschaften in diesem Sinn sind die OHG, die KG, die PartG, die BGB-Gesellschaft, die Partenreederei[2] und die EWIV. Die Gesellschaften haben gemein, dass sie rechts- und parteifähig sind.[3] Bei einer BGB-Gesellschaft gilt dies freilich nur für die Außengesellschaft, die mit einem eigenen Vermögen ausgestattet ist; nur sie ist in der Folge insolvenzfähig.[4]

Die weiteren Überlegungen beschränken sich auf die BGB-Gesellschaft und auf die beiden Handelsgesellschaften. Die BGB-Gesellschaft ist die Grundform einer Personengesellschaft; die OHG ist ihr Gegenstück im Handelsrecht; die KG hat eine besondere Struktur. Außerdem unterscheiden sich die drei Gesellschaften bei der Gesellschafterinsolvenz (oben A; unten II 2). Eine weitere Einschränkung ist für die BGB-Gesellschaft zu machen: Es soll nur um die unternehmenstragende Gesellschaft gehen. Die „schlicht zivilistische" Gesellschaft bleibt außen vor, weil sie selten Schuldnerin eines Insolvenzverfahrens ist und weil der BGH die Haftung ihrer Gesellschafter begrenzt;[5] sie spielt hier keine Rolle.

2. Aufgelöste Gesellschaften

Wird eine Gesellschaft aufgelöst, findet gemäß § 730 Abs. 1 BGB, §§ 145 Abs. 1, 161 Abs. 2 HGB die Liquidation statt. Das bedeutet, die Gesellschaft wird nach den §§ 732 ff. BGB, §§ 146 ff., 161 Abs. 2 HGB auseinandergesetzt, sofern die Gesellschafter nicht eine andere Art der Auseinandersetzung vereinbart haben. Mit der Auflösung ändert sich gleichzeitig der gemeinsame Zweck. Die Gesellschaft wird von einer werbenden zu einer „sterbenden" Gesellschaft, deren Zweck allein darauf gerichtet ist, die vorhandenen Schulden zu berichtigen und das verbleibende Vermögen unter den Gesellschaftern zu verteilen.[6] Erst wenn

---

2 Die Partenreederei ist mit der Reform des Seehandelsrechts (BGBl. I 2013, S. 831) abgeschafft worden. Einzelne Reedereien existieren noch; da ihre praktische Bedeutung aber ohnehin gering war, bleiben sie für die nachfolgende Untersuchung außer Betracht.

3 §§ 124 Abs. 1, 161 Abs. 2 HGB, § 7 Abs. 2 PartGG, Art. 1 EWIV-VO; die Rechtsnatur der Partenreederei war umstritten, nach h.M. war sie aber rechtsfähig und konnte vor Gericht klagen und verklagt werden, vgl. *K. Schmidt*, GesR § 65 I 3 b.

4 MünchKomm-BGB/*C. Schäfer*, § 728 Rn. 5 f; Uhlenbruck/*Hirte*, § 11 Rn. 368; *Noack*, Gesellschaftsrecht, Rn 46 f.

5 BGHZ 150, 1, 6; MünchKomm-BGB/*C. Schäfer*, § 714 Rn. 58 ff.; *ders.*, Gutachten, S. E 75 und E 80 ff.; *K. Schmidt*, GesR § 60 IV 3 a; *Wiedemann*, GesR II § 7 III 4 b.

6 Vgl. Ebenroth/Boujong/Joost/Strohn/*Hillmann*, § 156 Rn. 6; Henssler/Strohn/*Kilian*, § 730 Rn. 6; Oetker/*Kamanabrou*, § 145 Rn. 11; *Uhlenbruck*, FS Kirchhof, S. 479, 496;

das Vermögen restlos verteilt ist, tritt die Vollbeendigung ein und die Gesellschaft erlischt.[7]

Bis zu ihrem Erlöschen bleibt die Gesellschaft insolvenzfähig.[8] Das meint der Gesetzgeber, wenn er in § 11 Abs. 3 InsO formuliert: „Nach Auflösung (...) einer Gesellschaft ohne Rechtspersönlichkeit ist die Eröffnung eines Insolvenzverfahrens zulässig, solange die Verteilung des Vermögens nicht vollzogen ist". Stellt sich nach Auflösung der Gesellschaft heraus, dass ihr Vermögen nicht ausreichen wird, um sämtliche Gläubiger zu befriedigen, tritt das Insolvenzverfahren an die Stelle des gesellschaftsrechtlichen Liquidationsverfahrens (näher § 145 Abs. 1 HGB).[9] Die Insolvenzfähigkeit endet erst, wenn die Gesellschaft über keinerlei Vermögen mehr verfügt.[10]

3. *Innengesellschaften*

Insolvenzunfähig sind Innengesellschaften. Zu ihnen gehören die BGB-Gesellschaft ohne eigenes Vermögen (oben 1) und die stille Gesellschaft. Die stille Gesellschaft ist schon ihrer Konzeption nach eine reine Innengesellschaft. Der Stille beteiligt sich mit einer Einlage am Handelsgeschäft eines anderen;[11] er tritt aber nach außen nicht in Erscheinung und ist weder an der Geschäftsführung

---

Mezger, S. 30 f.; a.A. MünchKomm-HGB/*K. Schmidt*, § 15 Rn. 11; *ders.*, GesR § 11 V 4 c; *ders.*, ZHR 153 (1989), 270, 281 f.: Zu unterscheiden ist zwischen dem Liquidationszweck und dem Verbandszweck. Da beide nicht identisch seien, überlagere der Liquidationszweck den Verbandszweck insoweit, als er die Rechte und Pflichten der Gesellschafter und Organe verändere.

7 Vgl. Staub/*Habersack*, § 155 Rn. 34; im Unterschied dazu hört eine juristische Person erst auf zu existieren, wenn sie vermögenslos ist und aus dem Handelsregister gelöscht wurde, vgl. *K. Schmidt*, GesR § 11 V 6 b („Lehre vom Doppeltatbestand").

8 Vgl. *Häsemeyer*, Rn. 31.05.

9 Vgl. *Gundlach/N. Schmidt/Schirrmeister*, DZWIR 2004, 449, 450; umstritten ist in diesem Zusammenhang, ob die InsO eine (vollständige) Abwicklung der Gesellschaft bezweckt, dazu unten Kapitel 3, D V 1 d aa.

10 Das Gleiche gilt, wenn das Gesellschaftsvermögen durch Gesamtrechtsnachfolge auf einen neuen Rechtsträger übergeht. Dies kann durch Verschmelzung oder Aufspaltung geschehen oder durch den Wegfall des vorletzten Gesellschafters, vgl. K. Schmidt/*K. Schmidt*, § 11 Rn. 21; Uhlenbruck/*Hirte*, § 11 Rn. 244 und 246. Zum (insolvenzbedingten) Wegfall des vorletzten Gesellschafters ausführlich Kapitel 3, D I 3 b.

11 Die Teilnahme am Gewinn ist zwingend; die Teilnahme am Verlust kann ausgeschlossen werden, vgl. Henssler/Strohn/*Servatius*, § 230 Rn. 1; *Blaurock*, Rn. 1.15.

noch am Vermögen des Geschäftsinhabers beteiligt.[12] Als reine Innengesellschaft ist die stille Gesellschaft nie insolvenzfähig.[13] Ein Insolvenzverfahren kann immer nur über das Vermögen des Geschäftsinhabers oder über das Vermögen des Stillen eröffnet werden.[14]

Innengesellschaften sind für die Untersuchung uninteressant. Weil sie nicht insolvenzfähig sind, ist eine Doppelinsolvenz bei ihnen unmöglich – jedenfalls in dem Sinn, in dem die Doppelinsolvenz hier verstanden wird (unten III); sie bleiben deshalb ausgeklammert.

II. Insolvenzfolgen

Die (Rechts-)Folgen eines Insolvenzverfahrens sind bei der Gesellschaft und bei den Gesellschaftern verschieden.

1. *Auflösung der Gesellschaft*

Durch die Eröffnung eines Insolvenzverfahrens über ihr Vermögen wird eine OHG oder KG aufgelöst, vgl. §§ 131 Abs. 1 Nr. 3, 161 Abs. 2 HGB.[15] An die Auflösung schließt sich die Liquidation der Gesellschaft an, bei der das Vermögen unter den Gläubigern verteilt wird. Ist das Vermögen (restlos) verteilt, wird das Verfahren aufgehoben und die Gesellschaft erlischt. Das Erlöschen wird nach § 157 HGB im Handelsregister eingetragen. Bei der BGB-Gesellschaft ist es ähnlich. Die Eröffnung des Insolvenzverfahrens löst die Gesellschaft auf, § 728 Abs. 1 Satz 1 BGB; eine Auseinandersetzung zwischen den Gesellschaftern unterbleibt zugunsten einer Abwicklung im Insolvenzverfahren, § 730 Abs. 1 BGB.

---

12 Vgl. MünchHdbGesR II/ *Keul*, § 73 Rn. 29; zu atypischen Erscheinungsformen der stillen Gesellschaft, vor allem zur sog. „Innen-KG“, vgl. MünchKomm-HGB/*K. Schmidt*, § 230 Rn. 74 ff; *ders.*, NZG 2016, 641, 642 ff.; im 19. Jahrhundert waren sich KG und stille Gesellschaft noch ähnlicher: Der Komplementär war der „Inhaber“ des Unternehmens, der Kommanditist füllte die Rolle eines „nach außen kundgegebenen, beschränkt haftenden Kapitalgebers“ aus, vgl. *K. Schmidt*, JZ 2008, 425, 426 f.; *ders.*, ZHR 178 (2014), 10, 20.

13 Vgl. *Blaurock*, Rn. 17.6; *Häsemeyer*, Rn. 31.51; *Heckel*, S. 48.

14 Vgl. *Noack*, Gesellschaftsrecht, Rn. 53; *Blaurock*, FS Stürner, S. 659, 660.

15 Die Rolle des (Gemein-)Schuldners wird überwiegend der Gesellschaft zugeschrieben, vgl. Begr. zu § 13 RegE, BR-Drs. 1/92, S. 113; MünchHdbGesR I/*Butzer*/*Knof*, § 85 Rn. 29; *Foerste*, Rn. 32; *Noack*, Gesellschaftsrecht, Rn. 427; a.A. *Häsemeyer*, Rn. 31.10, der die einzelnen Gesellschafter als Schuldner ansieht.

2. *Ausscheiden des Gesellschafters*

Die Gesellschafterinsolvenz hatte nach den §§ 131 Nr. 5 HGB, 728 BGB a.F. die gleiche Rechtsfolge; sie löste die Gesellschaft auf. Bei den Handelsgesellschaften ist das seit dem HRefG 1998 anders. Bei der BGB-Gesellschaft hat sich zwar nichts geändert; es wird aber vereinzelt vorgeschlagen, das Innenrecht der OHG auf sie zu übertragen.

a) OHG und KG

Die Insolvenz eines Gesellschafters führt bei den Handelsgesellschaften nicht mehr zur Auflösung Gesellschaft; § 131 Abs. 3 Satz 1 Nr. 2 HGB ordnet vielmehr das an, was zuvor die Kautelarpraxis durch die sog. Fortsetzungsklauseln erreichte:[16] das Ausscheiden des insolventen Gesellschafters und die Fortführung der Gesellschaft unter den verbliebenen Gesellschaftern.[17] Der Gesetzgeber wollte auf diese Weise einem gewandelten Verständnis Rechnung tragen, wonach bei OHG und KG nicht mehr die Personenkontinuität im Vordergrund stehe, sondern die Kontinuität des Unternehmens. Das Erhaltungsinteresse überwiege, weil weder die Gesellschafter noch die Gläubiger an der Abwicklung eines florierenden Unternehmens interessiert seien;[18] außerdem habe sich die Gesellschaft als Verband so weit verselbstständigt, dass sie ihre Personenabhängigkeit verloren habe.[19]

b) BGB-Gesellschaft

Für die BGB-Gesellschaft hat die Insolvenz des Gesellschafters die gleichen Folgen wie vormals sein Konkurs: Sie wird aufgelöst (§ 728 Abs. 2 Satz 1 BGB) und nach gesellschaftsrechtlichen Grundsätzen (§ 84 InsO) abgewickelt. Bei der Abwicklung nimmt der Insolvenzverwalter die Position des insolventen Gesellschafters ein;[20] das heißt, er betreibt die Auseinandersetzung gegenüber

---

16 Vgl. zu den Fortsetzungsklauseln *K. Schmidt*, GesR (3. Auflage) § 50 II 1.

17 Das Gesetz ordnet den Fortbestand der Gesellschaft nicht ausdrücklich an; er folgt aber (mittelbar) aus dem Ausscheiden des insolventen Gesellschafters, vgl. Begr. zu § 131 RegE, BT-Drs. 13/8444, S. 65 f. Die gleiche Rechtsfolge tritt bei der EWIV und bei der PartG ein; auf sie ist das Recht der OHG entsprechend anzuwenden, vgl. § 1 EWIV-AusfG und §§ 9 Abs. 1, 10 Abs. 1 PartGG.

18 Vgl. Allg. Begr. zum Reg-, BT-Drs. 13/8444, S. 41 f.; zum historischen Hintergrund des Wandels *Seeger*, S. 27 ff.

19 Vgl. Begr. zu § 131 RegE, BT-Drs. 13/8444, S. 65.

20 Der Anteil des insolventen Gesellschafters an der Gesellschaft gehört nach § 35 InsO zur Insolvenzmasse. Wegen des Insolvenzbeschlags nimmt der Insolvenzverwalter die

den anderen Gesellschaftern und zieht das Guthaben, das dabei entsteht, zur Insolvenzmasse.[21] Die Gesellschafter können von dieser Rechtsfolge abweichen, indem sie eine Fortsetzungsklausel in den Gesellschaftsvertrag aufnehmen.[22] Ist dies geschehen, scheidet der insolvente Gesellschafter automatisch aus.[23] Die Gesellschaft bleibt erhalten und wird von den verbliebenen Gesellschaftern fortgeführt. Die Abfindung, die dem Gesellschafter wegen des Ausscheidens zusteht (§ 738 Abs. 1 BGB), fällt in die Insolvenzmasse.

Haben die Gesellschafter nicht an eine Fortsetzungsklausel gedacht, kann bei einer unternehmenstragenden Gesellschaft eine ungewollte Situation eintreten: Das Unternehmen muss infolge der Auflösung zerschlagen werden, obwohl es vielleicht floriert und den Beteiligten regelmäßig (erhebliche) Gewinne beschert. Um dieses Ergebnis zu vermeiden, schlagen einige Autoren vor, das Innenrecht der OHG oder zumindest die Ausscheidensfolge auf die unternehmenstragende BGB-Gesellschaft zu übertragen. Eine Analogie sei nötig, weil der Gesetzgeber die BGB-Gesellschaft als Einheitsmodell für eine Vielzahl von Zwecken geschaffen habe. Trage sie ein Unternehmen, reichten die Vorschriften des BGB nicht aus; sie müssten durch die unternehmensrechtlichen Regelungen des HGB ergänzt werden.[24] Die herrschende Meinung lehnt eine Analogie zu § 131 HGB ab. Zum einen bestehe hierfür kein Bedürfnis, weil die unternehmenstragende BGB-Gesellschaft durch Eintragung in das Handelsregister zur OHG werden könne (vgl. § 105 Abs. 2 HGB); zum anderen fehle es an einer Regelungslücke.[25] – Der herrschenden Meinung ist im Ergebnis zuzustimmen. § 728 Abs. 2 Satz 1 BGB hält für die Gesellschafterinsolvenz eine Regelung bereit, die nach

---

damit verbundenen Rechte und Pflichten wahr, vgl. MünchKomm-BGB/*C. Schäfer*, § 728 Rn. 37 f; *Noack*, Gesellschaftsrecht, Rn. 481; *K. Schmidt*, ZIP 2008, 2337, 2337 f.; zu den Befugnissen des Verwalters im Einzelnen *Goecke*, S. 255 ff.

21 Ein vom Gesellschafter nach § 735 BGB auszugleichender Fehlbetrag kann als einfache Insolvenzforderung geltend gemacht werden, vgl. *Noack*, Gesellschaftsrecht, Rn. 469.

22 Formulierungsbeispiele bei *Marsch-Barner*, in: Münchener Vertragshandbuch, Band 1, Gesellschaftsrecht, Formular I 4, § 18 Abs. 3; *Blaum/Scholz*, in: Beck'sches Formularbuch Bürgerliches, Handels- und Wirtschaftsrecht, Formular VIII A 1 § 11 Abs. 2.

23 Ein Gesellschafterbeschluss oder eine Erklärung gegenüber dem insolventen Gesellschafter ist nicht erforderlich, vgl. MünchKomm-BGB/*C. Schäfer*, § 736 Rn. 8.

24 Staudinger/*Habermeier*, Vorbem. zu §§ 705–740 Rn. 72; § 736 Rn. 1 und 5; *K. Schmidt*, GesR § 58 V 2; *ders.*, ZIP 2008, 2337, 2338; ausführlich zur analogen Anwendung des OHG-Rechts auf die BGB-Gesellschaft *Groth*, S. 65 ff.

25 Ebenroth/Boujong/Joost/Strohn/*Lorz*, § 131 Rn. 4; MünchHdbGesR I/*Piehler/Schulte*, § 10 Rn. 35; MünchKomm-BGB/*C. Schäfer*, § 736 Rn. 1; *Hess*, S. 169 ff.

dem Willen des Gesetzgebers auch abschließend sein soll.[26] Eine Analogie ist damit ausgeschlossen.[27] De lege ferenda besteht jedoch ein Bedürfnis, die beiden Innenrechte anzugleichen.[28] Eine BGB-Gesellschaft kann durch Eintragung in das Handelsregister zur OHG aufsteigen; sie wird zwingend zur OHG, sobald ihr Unternehmen einen in kaufmännischer Weise eingerichteten Geschäftsbetrieb erfordert. Umgekehrt sinkt sie zur BGB-Gesellschaft herab, wenn ein solcher Geschäftsbetrieb nicht mehr erforderlich ist. Es kann daher im Einzelfall schwierig sein, die Rechtsform der Gesellschaft genau zu bestimmen. Das erscheint vor dem Hintergrund der §§ 131 HGB und 728 BGB mit ihren unterschiedlichen Rechtsfolgen bedenklich.

Eine Analogie oder ein Warten auf den Gesetzgeber ist jedoch unnötig. Die Ausscheidensfolge lässt sich durch eine ergänzende Auslegung erreichen. Deren Voraussetzungen[29] sind erfüllt: Der Gesellschaftsvertrag ist lückenhaft, weil er für die Gesellschafterinsolvenz keine Regelung enthält. Der hypothetische Parteiwille ergibt in der Regel, dass die Lücke durch eine Fortsetzungsklausel zu schließen ist; denn die Gesellschaft (das Unternehmen) soll erhalten bleiben. Eine Lücke ist zwar prinzipiell durch das dispositive Gesetzesrecht zu schließen, weil darin der typische Parteiwille zum Ausdruck kommt (Kapitel 3, D IV 1). § 728 Abs. 2 Satz 1 BGB, der dafür allein infrage käme, entspricht aber nicht mehr dem typischen Parteiwillen; er ist veraltet, was bedeutet, es muss ermittelt werden, was die Parteien vereinbart hätten. Das ist bei einer unternehmenstragenden BGB-Gesellschaft das Ausscheiden des insolventen Gesellschafters.

Zusammenfassend ist festzuhalten: Die Insolvenz eines Gesellschafters führt grundsätzlich zur Auflösung der Gesellschaft. Bei einer unternehmenstragenden Gesellschaft kann jedoch die ergänzende Auslegung ergeben, dass der insolvente Gesellschafter ausscheidet.

---

26 In der Allg. Begr. zum RegE (BT-Drs. 13/8444, S. 42) heißt es ausdrücklich: „Auf die nicht rechtsfähige Personengesellschaft soll die Umwandlung von Auflösungsgründen in Ausscheidensgründe nicht erstreckt werden". Es besteht weithin Einigkeit, dass mit dem Begriff der „nicht rechtsfähigen Personengesellschaft" sämtliche Erscheinungsformen der BGB-Gesellschaft gemeint sind, näher Ebenroth/Boujong/Joost/Strohn/*Lorz*, § 131 Rn. 4; MünchKomm-BGB/*C. Schäfer*, § 736 Rn. 1.

27 Vgl. *Hess*, S. 169 ff.

28 Vgl. *Hess*, S. 169; *K. Schmidt*, DB 1998, 61, 65.

29 Vgl. zu den einzelnen Voraussetzungen Kapitel 3, D IV 3.

III. Begriff der Doppelinsolvenz

Wenn im Zusammenhang mit Personengesellschaften von einer „Doppelinsolvenz" gesprochen wird, kann das zweierlei bedeuten: Die Gesellschaft und mindestens ein Gesellschafter sind insolvent geworden; oder es sind mindestens zwei Gesellschafter betroffen, nicht aber die Gesellschaft. Wie der Titel der Arbeit bereits andeutet, soll hier nur der erste Fall gemeint sein; das Zusammentreffen von Gesellschafts- und Gesellschafterinsolvenz. Bei dieser (etwas groben) Begriffsbestimmung soll es vorläufig bewenden.[30] Eine genauere Definition wird erst erforderlich werden, wenn es um die Abwicklung der Doppelinsolvenz geht. Erst unter diesem Gesichtspunkt wird maßgebend sein, ob Gesellschaft und Gesellschafter gleichzeitig insolvent geworden sind oder nacheinander und wie die einzelnen Erscheinungsformen der Doppelinsolvenz zu unterscheiden sind.

IV. Gründe einer Doppelinsolvenz

Eine Doppelinsolvenz kann verschiedene Gründe haben. Für gewöhnlich beruht sie auf der persönlichen Haftung der Gesellschafter.

1. *Persönliche Haftung*

Die persönliche Haftung hatte in der Vergangenheit einen stärkeren Einfluss auf die Doppelinsolvenz als heute:

a) Geschichte

Früher zog der Konkurs einer Personengesellschaft zwingend den Konkurs ihrer Gesellschafter nach sich (vgl. § 287 Abs. 2 PreußKO). Ziel war, deren persönliche Haftung mit dem Konkursverfahren der Gesellschaft zu verwirklichen.[31] Obwohl der Ansatz berechtigt war – § 128 HGB begründet eine Außenhaftung, die nicht über die Masse abgewickelt wird und deshalb mit der Gesellschaftsinsolvenz abgestimmt werden muss[32] – gab man die Regelung auf und schlug mit der KO

---

30 Eine umfassende begriffliche Bestimmung, bei der es vor allem um die Leistungsfähigkeit einzelner Begriffe geht, unternimmt *Korkmaz* (S. 29 ff.).

31 Vgl. *K. Schmidt*, Insolvenzrecht der Unternehmen, S. 33. Bis vor kurzem kannte auch das französische Insolvenzrecht noch die zwingende Doppelinsolvenz (Art. L 624–1 Code de commerce a.F.); mit Gesetz vom 26.7.2005 wurde sie abgeschafft. Bei der EWIV ist eine nationale Regelung, nach der die Insolvenz der Vereinigung automatisch zur Insolvenz der Mitglieder führt, durch Art. 36 Satz 2 EWIV-VO ausgeschlossen.

32 Vgl. *K. Schmidt*, Insolvenzrecht der Unternehmen, S. 33 f.

von 1877 einen anderen Weg ein. Künftig durfte über das Gesellschaftervermögen nur dann ein Verfahren eröffnet werden, wenn ein Eröffnungsgrund vorlag. § 212 KO übernahm die Koordination. Er erlaubte den Gläubigern die Anmeldung ihrer Forderungen in beiden Verfahren, beschränkte sie im Gesellschafterkonkurs aber auf den Ausfall im Gesellschaftskonkurs.[33] Das bedeutete: nicht mehr die Verfahrenseröffnung wurde zwangsweise koordiniert, sondern nur noch die Haftungsabwicklung.[34]

Die wirtschaftlichen Schicksale der beiden Rechtsträger schienen damit vorerst getrennt: Der Konkurs der Gesellschaft führte nicht mehr automatisch zum Konkurs der Gesellschafter; entscheidend war deren eigene Konkursreife, die bei natürlichen Personen mit der Zahlungsunfähigkeit (§ 102 KO), bei juristischen Personen und Personengesellschaften auch mit der Überschuldung (§§ 209, 213 KO) begründet werden konnte. Bei näherer Betrachtung waren die wirtschaftlichen Schicksale aber doch miteinander verbunden, diesmal materiell-rechtlich durch die persönliche Haftung: War die Gesellschaft gesund, brauchten die Gesellschafter einen Konkurs nicht zu fürchten. Er drohte ihnen nur, wenn sie sich durch private Verbindlichkeiten übernommen hatten. Befand sich die Gesellschaft dagegen in der Krise oder lag ein Eröffnungsgrund vor, realisierte sich ihr Haftungsrisiko. Die unbeschränkte Einstandspflicht überforderte sie meist und der Gesellschaftskonkurs entwickelte sich zu ihrem eigenen Konkurs. Die KO hat maßgeblich zu diesem Mechanismus beigetragen. War nämlich ein Konkurserfahren über das Vermögen der Gesellschaft eröffnet, stand dieses Verfahren einer Inanspruchnahme der persönlich haftenden Gesellschafter nicht etwa entgegen;[35] es sorgte vielmehr dafür, dass auch der letzte Gläubiger von der wirtschaftlichen Notlage erfuhr[36] und ungehindert am Wettlauf um das Vermögen der persönlich haftenden Gesellschafter teilnehmen konnte.[37]

---

33 Vgl. *Armbruster*, S. 218.; *H.-Fr. Müller*, S. 232; *Uhlenbruck*, S. 611; *Wissmann*, Rn. 414; das Ausfallprinzip, das dem § 212 KO zugrunde lag, wird in Kapitel 4 (unter B) noch näher beleuchtet werden.

34 Vgl. *K. Schmidt*, Insolvenzrecht der Unternehmen, S. 33.

35 Vgl. *Baur/Stürner* Rn. 33.11; eine „Sperrnorm", wie sie heute § 93 InsO enthält, existierte damals nur für die Haftung des Kommanditisten, nämlich in § 171 Abs. 2 HGB.

36 Der Eröffnungsbeschluss war nach § 111 Abs. 1 KO öffentlich bekannt zu machen; dem Wohnort nach bekannten Gläubigern war er besonders zuzustellen (vgl. § 111 Abs. 3 KO).

37 Vgl. *Armbruster*, S. 142; *Gerhardt*, ZIP 2000, 2181, 2181 f.; *von Olshausen*, ZIP 2003, 1321, 1322.

b) Geltendes Recht

Die InsO verhindert einen Wettlauf. In der Gesellschaftsinsolvenz schließt sie den Zugriff der Gläubiger auf das haftende Gesellschaftervermögen aus und ermächtigt den Insolvenzverwalter, die persönliche Haftung geltend zu machen; Einzelheiten in Kapitel 4 (A II). Am Haftungs- oder Insolvenzrisiko der Gesellschafter ändert das jedoch nichts. Zum einen greift die Regelung erst ein, wenn das Insolvenzverfahren der Gesellschaft eröffnet ist. Befindet sich die Gesellschaft in der Krise oder ist sie materiell insolvent, können die Gläubiger auf die Gesellschafter zugreifen. Die Leistung der Gesellschafter mag später anfechtbar sein (vgl. Kapitel 5, A II 1); ihre Insolvenz kann das nicht abwenden. Zum anderen bündelt die Regelung nur die Ansprüche. Waren es früher die Gläubiger, ist es nun der Insolvenzverwalter, der die persönliche Haftung geltend macht. Das kann den Effekt noch verstärken, weil der Insolvenzverwalter von jedem Gesellschafter die volle Schuld, das heißt die Summe aller Ansprüche, einfordern darf.[38] Es bleibt deshalb dabei: ist die Gesellschaft in der Krise oder ist sie insolvent, realisiert sich das Haftungsrisiko der Gesellschafter. Sie werden früher oder später selbst insolvent.

Einen Ausweg scheinen § 110 HGB und § 426 BGB zu bieten. Nach der ersten Vorschrift hat ein Gesellschafter ein Anspruch gegen die Gesellschaft auf Ersatz seiner Aufwendungen und Verluste.[39] Er kann Freistellung verlangen, wenn er von einem Gesellschaftsgläubiger in Anspruch genommen wird (§ 257 Satz 1 BGB) oder Rückgriff nehmen, wenn er den Gläubiger befriedigt hat. Beide Möglichkeiten sind ihm aber weder in der Krise der Gesellschaft noch in deren Insolvenz von Nutzen. In der Krise wird die Gesellschaft nicht mehr über die nötige Liquidität verfügen, um den Anspruch zu erfüllen; sonst hätte sie die Schuld schon selbst beglichen. In der Insolvenz kommt hinzu, dass der Anspruch nur mit einer Quote bedacht wird,[40] und zwar unabhängig davon, ob es sich um einen Freistellungs- oder Rückgriffsanspruch handelt.[41] Davon abgesehen kann der Gesellschafter nur dann Freistellung verlangen oder Rückgriff nehmen, wenn der Gläubiger auf die Anmeldung seiner Forderung verzichtet

---

38 Genau genommen darf der Insolvenzverwalter nur das einfordern, was er zur Befriedigung der Gesellschaftsgläubiger benötigt, Details in Kapitel 4 unter A II.

39 Die Regelung des § 110 HGB gilt nur OHG und KG; auf die BGB-Gesellschaft ist sie nicht anwendbar, vgl. MünchKomm-HGB/*Langhein*, § 110 Rn. 5.

40 Vgl. *Noack*, Gesellschaftsrecht, Rn. 461.

41 Der Freistellungsanspruch kann nach § 45 Satz 1 InsO nur als Zahlungsanspruch geltend gemacht werden, vgl. MünchKomm-InsO/*Bitter*, § 45 Rn. 8.

hat.[42] Ähnlich verhält es sich bei § 426 BGB. Die persönliche Haftung ist eine gesamtschuldnerische Haftung.[43] Das bedeutet, die Gesellschafter müssen nach außen für die Gesellschaftsschuld einstehen, können aber im Innenverhältnis einen Ausgleich von den übrigen Gesellschaftern verlangen. Wie bei § 110 HGB ist dabei zwischen Freistellungs- und Rückgriffsansprüchen zu unterscheiden.[44] Bei geringen Schulden kann der Ausgleich helfen, den einzelnen Gesellschafter zu entlasten und seine Insolvenz abzuwenden. Bei umfangreichen Geschäftsbeziehungen wird aber auch das Vermögen aller Gesellschafter zu wenig sein, um sämtliche Schulden zu erfüllen.[45] § 426 BGB kann das Insolvenzrisiko daher nur verschieben, nicht aber vollständig beseitigen.

Nach alldem beruht eine Doppelinsolvenz auf der persönlichen Haftung der Gesellschafter. Wie sich dies in den einzelnen Eröffnungsgründen niederschlägt, wird sich am Anfang des nächsten Kapitels (unter A II) zeigen.

2. *Innenhaftung*

Wurde das Gesellschaftsinsolvenzverfahren eröffnet, können die Gesellschafter auch von ihrer Innenhaftung überfordert sein. Gemäß § 735 BGB sind sie nämlich verpflichtet, einen Fehlbetrag auszugleichen, der bei Abwicklung der Gesellschaft entsteht. Aber ist die Regelung überhaupt anwendbar? Wäre sie es, dann könnte der Insolvenzverwalter von jedem Gesellschafter einen Verlustausgleich fordern. Jeder Gesellschafter wäre verpflichtet, den Ausfall der Gesellschaftsgläubiger, das heißt die Differenz zwischen dem Wert des Gesellschaftsvermögens und dem Wert der angemeldeten Forderungen anteilig zu tragen.

Unter der KO wurde die Frage kaum erörtert. Einzig *K. Schmidt* hat sich ihrer angenommen und die Auffassung vertreten, die Regelung gelte auch im Fall der Insolvenz.[46] Unter der InsO mehren sich die Stimmen, die § 735 BGB ebenfalls für anwendbar halten.[47] Eine nähere Begründung liefern sie keine, obwohl dies nach dem Vorstehenden (1 b) nötig wäre: Hielte man die Regelung für anwendbar, hätte der Insolvenzverwalter ein Wahlrecht; er könnte entweder gemäß § 93

---

42 Näher *Brinkmann*, S. 143 ff.

43 Vgl. *Wiedemann* GesR II § 8 III 3 b bb.

44 Vgl. *Wiedemann* GesR II § 8 III 3 b bb.

45 Vgl. MünchHdbGesR I/*Butzer*/*Knof*, § 85 Rn. 95.

46 *Kilger*/*K. Schmidt*, KO § 209 Anm. 2) d) aa); *K. Schmidt*, ZIP 1996, 593, 594; *ders.*, GmbHR 2002, 1209, 1210.

47 MünchHdbGesR I/*Butzer*/*Knof*, § 85 Rn. 38; *Noack*, Gesellschaftsrecht, Rn. 469; *Pelz*, S. 75 ff.; *K. Schmidt*, GmbHR 2002, 1209, 1216; *K. Schmidt*/*Bitter*, ZIP 2000, 1077, 1086; offenbar auch *Engeler*, S. 27.

InsO die Außenhaftung geltend machen oder gemäß § 735 BGB die Innenhaftung. Das wäre wegen der unterschiedlichen Zuordnung der Ansprüche bedenklich.[48] Machte der Insolvenzverwalter nämlich die Außenhaftung geltend, müsste er eine Sondermasse bilden, aus der allein die Gesellschaftsgläubiger befriedigt werden.[49] Machte er die Innenhaftung geltend, wären die Zahlungen in die Masse zu erbringen; sie kämen allen Gläubigern zugute. Da die Befriedigungschancen einzelner Gläubigergruppen nicht von derlei Zufälligkeiten abhängig sein sollten, ist ein Nebeneinander beider Regelungen abzulehnen. Der Vorrang gebührt § 93 InsO, wie es auch die Systematik nahelegt. § 735 BGB ist Teil des gesellschaftsrechtlichen Liquidationsverfahrens (vgl. § 731 Satz 1 BGB). Das bedeutet, die Vorschrift ist auf Fälle beschränkt, in denen die Gesellschaft nach gesellschaftsrechtlichen Regeln abgewickelt wird – zum Beispiel, nachdem sie wegen Kündigung (§ 723 BGB) oder wegen Zweckerreichung (§ 726 BGB) aufgelöst wurde. Hat die Auflösung ihren Ursprung in der Insolvenz, gelten andere Grundsätze. Die Abwicklung richtet sich dann nach den Regeln der InsO. Da die InsO keinen internen Verlustausgleich vorsieht, ist eine Anwendung des § 735 BGB ausgeschlossen.[50] Eine andere Sichtweise hätte auch zur Folge, dass die Gesellschafter für Masseverbindlichkeiten haften. Dafür gibt es (wie noch zu zeigen sein wird; unten Kapitel 4, A II 1) keinen vernünftigen Grund.

Damit ist festzuhalten: § 735 BGB findet in der Insolvenz der Gesellschaft keine Anwendung. Er trägt daher weder zu einer Überforderung der Gesellschafter noch zu einer Doppelinsolvenz der beiden Rechtsträger bei.

3. *Kommanditistenhaftung*

Die bisherigen Erwägungen betrafen alle den persönlich haftenden Gesellschafter, der unbeschränkt für die Schulden der Gesellschaft einstehen muss. In der KG gibt es aber mindestens einen weiteren Gesellschafter, der lediglich bis zur Höhe der Einlage haftet, die er laut Handelsregister übernommen hat – den Kommanditisten (vgl. § 161 Abs. 1 HGB). Es liegt auf der Hand, dass dessen Insolvenz in der Regel nicht auf die Insolvenz der Gesellschaft zurückzuführen

48 Vgl. *Brinkmann*, S. 113.

49 Vgl. *Brinkmann*, S. 113; näher Kapitel 3, D V 1 d aa (1).

50 Im Ergebnis (systematischer Vorrang des § 93 InsO) ebenso *Marotzke*, ZInsO 2008, 57, 62 Fn. 56; in einem neueren Beitrag (DB 2013, 621, 623 Fn. 24) möchte der Autor die Unanwendbarkeit durch eine Auslegung des Gesellschaftsvertrags erreichen: die Vorschrift entspreche in der Gesellschaftsinsolvenz weder dem wirklichen noch dem mutmaßlichen Willen der Gesellschafter.

ist; denn anders als beim Komplementär fehlt die haftungsrechtliche Verknüpfung von Gesellschafts- und Gesellschaftervermögen: § 128 HGB gilt für den Komplementär und § 735 BGB ist in der Gesellschaftsinsolvenz nicht anwendbar (oben 2).[51]

Ausnahmsweise kann das Schicksal des Kommanditisten aber mit demjenigen der KG verbunden sein: hat der Kommanditist die Einlage nicht erbracht oder wurde sie ihm zurückgewährt, haftet er den Gesellschaftsgläubigern bis zur Höhe der Einlage unmittelbar, vgl. § 171 Abs. 1, § 172 Abs. 4 HGB.[52] Diese Haftung kann ihn überfordern, wenn der Wert der Einlage hoch ist, wenn sein Vermögen zusätzlich von privaten Schulden aufgezehrt wird oder wenn von vorneherein keine liquiden Mittel vorhanden waren.[53] Ein Verstoß gegen die Registerpflicht kann außerdem zu einer unbeschränkten Haftung führen. Ist die KG nicht in das Handelsregister eingetragen und hat der Kommanditist dem Geschäftsbeginn zugestimmt, haftet er bis zur Eintragung wie ein Komplementär. Wenn den Gläubigern seine Beteiligung als Kommanditist nicht bekannt ist (vgl. § 176 Abs. 1 HGB a.E.), trägt er demnach das gleiche Insolvenzrisiko wie ein persönlich haftender Gesellschafter.

Trotz der beiden Ausnahmen, in denen sich die Kommanditistenhaftung der persönlichen Haftung annähert, treffen Gesellschafts- und Kommanditisteninsolvenz eher selten zusammen. Gleichwohl kann auch dieser Fall vorkommen, wie ein Fall des OLG Hamm[54] zeigt. Dort war neben der unternehmenstragenden KG und der Komplementärin auch die einzige Kommanditistin insolvent geworden. Auf die Entscheidung wird später noch einmal zurückzukommen sein.

4. *Zwischenfazit*

Bei der BGB-Gesellschaft (bei der OHG) beruht die Doppelinsolvenz in der Regel auf der persönlichen Haftung der Gesellschafter. Ist das Gesellschaftsvermögen erst einmal aufgebraucht, sorgt die unbeschränkte Einstandspflicht dafür, dass auch die Gesellschafter wirtschaftlich überfordert werden. Das Gleiche ist bei der KG zu beobachten, wenn man den Blick auf den Komplementär richtet. Das wirtschaftliche Schicksal des Komplementärs ist nach den §§ 128, 161

51 Die Innenhaftung wäre außerdem begrenzt, da der Kommanditist nur eingeschränkt am Verlust der Gesellschaft teilnimmt, vgl. § 167 Abs. 3 HGB.

52 Das Gleiche gilt bei der sog. Einheitsgesellschaft, wenn die Einlage in Form von Anteilen an der Komplementär-GmbH erbracht wird, vgl. § 172 Abs. 6 HGB.

53 Vgl. *Engeler*, S. 29; ähnlich *Korkmaz*, S. 47 Fn. 94.

54 Vgl. OLG Hamm GmbHR 2003, 1361.

Abs. 2 HGB ebenfalls mit demjenigen der Gesellschaft verbunden; er trägt das gleiche Risiko, wegen der gesamthänderischen Verbindlichkeiten in Anspruch genommen zu werden, wie der Gesellschafter einer BGB-Gesellschaft oder einer OHG. Anders ist dies allein beim Kommanditisten. Bei ihm hat die Insolvenz im Regelfall private Gründe; denn von einigen Ausnahmen abgesehen haftet er für die Verbindlichkeiten der Gesellschaft nur beschränkt.

V. Trennung der Verfahren

Wurden Insolvenzverfahren über das Vermögen der Gesellschaft und über das Vermögen eines oder mehrerer Gesellschafter eröffnet, stellt sich die Frage, in welchem Verhältnis die Verfahren zueinander stehen. Bei unvoreingenommener Betrachtung könnte man vermuten, dass alle Verfahren „zusammengehören" und einheitlich abgewickelt werden; schließlich haben sie in der Regel den gleichen Hintergrund – den Zusammenbruch eines Unternehmens. Trotz der Gemeinsamkeit geht die InsO von einem anderen Ansatz aus. Sie hält kein einheitliches Verfahren für den Fall einer „Unternehmensinsolvenz" bereit;[55] vielmehr behandelt sie jede Insolvenz für sich allein, das heißt streng getrennt von den anderen.[56] Die Trennung einzelner, wirtschaftlich an sich zusammengehörender Verfahren beruht dabei auf der schuldnerbezogenen Konzeption des Insolvenzrechts. Angeknüpft wird an den Träger eines Vermögens und nicht an das Vermögen selbst.[57] Eine Ausnahme bilden lediglich die in § 11 Abs. 2 Nr. 2 InsO genannten Sondervermögen, zu denen das Unternehmen aber nicht gehört.

Das Trennungsprinzip hat bei der Doppelinsolvenz zur Folge, dass zwischen Gesellschafts- und Gesellschafterinsolvenz zu unterscheiden ist.[58] Alle Verfahren stehen (jedenfalls im Ausgangspunkt) unverbunden nebeneinander, weshalb zum Beispiel das Vorliegen eines Eröffnungsgrundes für jeden Rechtsträger

55 Vgl. *Haas*, FS Stürner, S. 749, 749 f.; *Noack*, FS Zöllner, S. 411, 412 f.

56 Vgl. Gottwald/*Haas*/*Mock*, § 94 Rn. 4 und 106; Staub/*C. Schäfer*, § 131 Rn. 34; *Noack*, Gesellschaftsrecht, Rn. 551; *Göcke*, S. 267; *Hirte* (in: Uhlenbruck, § 11 Rn. 340) weist in diesem Zusammenhang auf den früher formulierten Grundsatz „Ein Mann, ein Vermögen, ein Konkurs!" hin.

57 Jedenfalls soweit es um die Rolle des Schuldners geht, vgl. Jaeger/*Ehricke*, § 11 Rn. 2 f.; *Noack*, Gesellschaftsrecht, Rn. 29; *Göcke*, S. 11 f.; *Gundlach*/*N. Schmidt*/*Schirrmeister*, DZWIR 2004, 449, 450.

58 Vgl. MünchKomm-BGB/*K. Schmidt*, Anh. § 158 Rn. 58, 61 und Scholz/*K. Schmidt*/*Bitter*, Vor § 64 Rn. 141 für die Doppelinsolvenz bei einer GmbH & Co. KG; *K. Schmidt*, GmbHR 2002, 1209, 1209 f.; *ders.*, ZIP 2008, 2337, 2344.

gesondert zu prüfen ist;[59] das Gleiche ist bei der Bestellung des Insolvenzverwalters oder bei der Anfechtung gläubigerbenachteiligender Handlungen zu beachten.

C. Gang der Untersuchung

Die Arbeit ist in fünf (weitere) Kapitel unterteilt. Kapitel 2, das an die Einführung anschließt, rückt das Eröffnungsverfahren in den Mittelpunkt. Dabei geht es um die Frage, wie Gesellschafts- und Gesellschafterinsolvenz zusammenhängen. Nachdem der Zusammenhang herausgearbeitet wurde, ist zu überlegen, wie sich die Verfahren aufeinander abstimmen lassen. Denkbare Ansätze sind die Insolvenzanträge, die Zuständigkeit, die Verfahrenskosten, die Insolvenz- und die Eigenverwaltung. Das zentrale Kapitel ist Kapitel 3. Dort geht es um die schwierige Frage, wie eine Doppelinsolvenz abzuwickeln ist. Es wird zu überlegen sein, welche Folgen es hat, wenn Gesellschafts- und Gesellschafterinsolvenz zusammentreffen und wie die Folgen zu bewältigen sind. Kapitel 4 beschäftigt sich mit der (persönlichen) Haftung der Gesellschafter, Kapitel 5 mit Anfechtungsfragen. In Kapitel 6 wird ein kurzes Resümee gezogen; die wichtigsten Ergebnisse werden in Thesen zusammenfasst.

59 Vgl. *Uhlenbruck*, S. 245; *K. Schmidt*, GmbHR 2002, 1209, 1211.

Kapitel 2: Das Eröffnungsverfahren

Die Aufgabe, Gesellschafts- und Gesellschafterinsolvenz zu koordinieren, beginnt im Eröffnungsverfahren. Schon dort lassen sich einige Weichen stellen, die später die Abwicklung erleichtern. So wäre es hilfreich, zu wissen, wie die Insolvenzen materiell zusammenhängen (A); oder, sie durch einheitliche Insolvenzanträge und identische Zuständigkeiten formell bündeln zu können (B und C). Sie wechselseitig zu finanzieren, in die Hände eines Insolvenzverwalters zu legen oder durchweg der Eigenverwaltung zu unterstellen (D, E und F), vervollständigte das Bild zweier miteinander verzahnter Verfahren.

A. Eröffnungsgründe

Eine Verzahnung ist nur vonnöten, wenn Gesellschafts- und Gesellschafterinsolvenz zusammenhängen; nur, wenn sie den gleichen Hintergrund haben, braucht es Regeln für eine gemeinsame Abwicklung. In Kapitel 1 (B IV) war festzustellen, dass die „äußere" Ursache einer Doppelinsolvenz in der persönlichen Haftung liegt. Es war zu vermuten, dass die „innere" Ursache mit dem Scheitern des Unternehmens zu tun hat. Die These, die dem Abschnitt vorangehen soll, lautet daher: Gesellschafts- und Gesellschafterinsolvenz sind materiell verknüpft; sie beruhen für gewöhnlich auf dem Zusammenbruch des Unternehmens.

Der zweite Halbsatz der These geht auf *K. Schmidt* zurück. Sein Gedanke, in GmbHR 2002, 1209 entworfen, wird später noch wichtig werden. Doch bevor es um den Gedanken gehen soll, ist der Blick auf die drei Eröffnungsgründe zu lenken. Sie sind der Ausgangspunkt der nachfolgenden Überlegungen.

I. Die drei Eröffnungsgründe der InsO

Die InsO kennt drei verschiedene Eröffnungsgründe: Zahlungsunfähigkeit (§ 17), drohende Zahlungsunfähigkeit (§ 18) und Überschuldung (§ 19).

1. Zahlungsunfähigkeit

Die Zahlungsunfähigkeit ist der allgemeine Eröffnungsgrund. Sie kommt für jeden Schuldner (natürliche oder juristische Person; Personengesellschaft) in Betracht und setzt voraus, dass dieser „nicht in der Lage ist, die fälligen Zahlungspflichten zu erfüllen", vgl. § 17 Abs. 2 Satz 1 InsO. Der BGH präzisiert: Der Schuldner muss dauerhaft und nicht nur vorübergehend außerstande sein, seine

Zahlungspflichten zu erfüllen;[60] außerdem muss es um einen wesentlichen Teil[61] der fälligen und ernsthaft eingeforderten[62] Geldverbindlichkeiten gehen. Für den Nachweis ist grundsätzlich eine sog. Liquiditätsbilanz erforderlich. In ihr sind den fälligen Verbindlichkeiten die kurzfristig verfügbaren Zahlungsmittel (auch Kredite) gegenüberzustellen.[63] Sie ist entbehrlich, wenn der Schuldner seine Zahlungen eingestellt hat.[64] Dann nämlich wird die Zahlungsunfähigkeit nach § 17 Abs. 2 Satz 2 InsO vermutet. Maßgeblicher Zeitpunkt ist die Entscheidung des Insolvenzgerichts.[65]

2. Drohende Zahlungsunfähigkeit

Nicht auf einen fixen Zeitpunkt, sondern auf einen variablen Zeitraum stützt sich die drohende Zahlungsunfähigkeit. Gemäß § 18 Abs. 2 InsO droht zahlungsunfähig zu werden, wer „voraussichtlich nicht in der Lage sein wird, die bestehenden Zahlungspflichten im Zeitpunkt der Fälligkeit zu erfüllen". Die Zahlungsunfähigkeit wird damit in die Zukunft projiziert;[66] ihre Feststellung wird durch eine Prognose ersetzt, um dem Schuldner einen frühzeitigen Insolvenzantrag zu ermöglichen.[67] Für die Prognose ist die Entwicklung der Vermögenslage

---

60 Eine kurzfristige Zahlungsstockung begründet noch keine Zahlungsunfähigkeit, wenn sie nicht länger als drei Wochen dauert, vgl. grundlegend BGHZ 163, 134, 139 f.; bestätigt in BGH ZIP 2011, 1416, 1417; ZIP 2007, 1469, 1470; ZIP 2006, 1457, 1458; zustimmend Braun/*Bußhardt*, § 17 Rn. 12; Uhlenbruck/*Mock*, § 17 Rn. 25; Jaeger/*H.-Fr. Müller*, § 17 Rn. 24; K. Schmidt/*K. Schmidt*, § 17 Rn. 24; *Bork*, KTS 2005, 1, 6 f.

61 Geringfügige Liquiditätslücken, die weniger als 10% der fälligen Gesamtverbindlichkeiten betreffen, bleiben außer Betracht, vgl. grundlegend BGHZ 163, 134, 142 f.; zustimmend Uhlenbruck/*Mock*, § 17 Rn. 10 und 21 f.; kritisch K. Schmidt/*K. Schmidt*, § 17 Rn. 22 f.: Quote ist „bedenklich hoch".

62 Ständige Rechtsprechung, vgl. BGHZ 173, 286, 292; BGH ZIP 2013, 228, 231; ZIP 2011, 1875; ZIP 2009, 1235, 1237 f. Das Kriterium soll Forderungen ausschließen, die betagt, gestundet oder im faktischen Einverständnis mit dem Gläubiger (noch) nicht zu erfüllen sind, näher K. Schmidt/*K. Schmidt*, § 17 Rn. 13; *Schulz*, ZIP 2009, 2281, 2282 ff.

63 Dazu ausführlich MünchKomm-InsO/*Eilenberger*, § 17 Rn. 10 ff.

64 Ein bloßes Nichtleisten ist zu wenig; der Schuldner muss den Eindruck erwecken, er könne nicht mehr zahlen, vgl. *Häsemeyer*, Rn. 7.21.

65 Näher BGHZ 169, 17, 19 f.

66 Nach herrschender Meinung mit den gleichen Anforderungen, die für § 17 InsO gelten; kritisch Uhlenbruck/*Mock*, § 18 Rn. 23; K. Schmidt/*K. Schmidt*, § 18 Rn. 12.

67 Ein Gläubiger darf seinen Antrag nicht mit der drohenden Zahlungsunfähigkeit begründen, weil er den Schuldner sonst früh unter Druck setzen könnte, vgl. *Bork*, Rn. 106.

entscheidend.[68] Den fällig werdenden Verbindlichkeiten sind die vorhandenen Mittel und die zu erwartenden Einnahmen gegenüberzustellen. Anschließend ist zu ermitteln, ob der Eintritt der Zahlungsunfähigkeit wahrscheinlicher ist als deren Ausbleiben.

3. Überschuldung

Der dritte Eröffnungsgrund, die Überschuldung, kommt nur für juristische Personen und für Gesellschaften infrage, bei denen keine natürliche Person unbeschränkt haftet (Beispiel ist die GmbH & Co. KG). Er liegt nach § 19 Abs. 2 Satz 1 InsO vor, „wenn das Vermögen des Schuldners die bestehenden Verbindlichkeiten nicht mehr deckt (…)". So einfach der Begriff scheint, so schwierig ist er im Detail. Die Schwierigkeiten haben vor allem mit dem zweiten Halbsatz zu tun, der nunmehr lautet: „(…) es sei denn, die Fortführung des Unternehmens ist nach den Umständen überwiegend wahrscheinlich". Schon seit der KO ist umstritten, ob die erforderliche Prognose nur die Überschuldungsbilanz beeinflusst oder ob sie ein eigenständiges Merkmal des Überschuldungstatbestands ist.[69] Mit der gegenwärtigen Regelung hat sich der Gesetzgeber der zweiten Auffassung angeschlossen.[70] Eine Überschuldung ist deshalb nur anzunehmen, wenn zur rechnerischen Überschuldung eine negative Fortführungsprognose hinzukommt (zweistufiger Überschuldungsbegriff).[71]

Die rechnerische Überschuldung wird durch eine sog. Überschuldungsbilanz ermittelt. In ihr sind die Aktiva (mit Liquidationswerten; samt stiller Reserven) den Passiva gegenüberzustellen. Überwiegen die Passiva, ist zu prognostizieren, ob das Unternehmen fortbestehen wird. Anhaltspunkte sind das Unternehmenskonzept und die Finanzplanung.[72]

---

68 Zu Methode, Gegenstand und Zeitraum der Prognose vgl. MünchKomm-InsO/*Drukarczyk*, § 18 Rn. 23 ff.; K. Schmidt/*K. Schmidt*, § 18 Rn. 22 ff.

69 Unter der KO war Letzteres herrschende Meinung, vgl. etwa BGHZ 129, 136, 154; *Bähner*, KTS 1988, 443 ff.; *K. Schmidt*, JZ 1982, 165, 170; *ders.*, Gutachten, S. D 61 ff.; *Ulmer*, KTS 1981, 469, 473 ff.; ausführlich zur Entwicklung *T. Schäfer*, S. 20 ff.

70 Die Regelung wurde 2008 als Reaktion auf die weltweite Finanzkrise eingeführt und war zunächst bis zum 31.12.2010 befristet (Gesetz vom 17.10.2008, BGBl. I, S. 1982); sie wurde 2009 verlängert (Gesetz vom 24.9.2009, BGBl. I, S. 3151) und 2012 schließlich entfristet (Gesetz vom 5.12.2012, BGBl. I, S. 2418); näher *K. Schmidt*, ZIP 2013, 485.

71 MünchKomm-InsO/*Drukarczyk/Schüler*, § 19 Rn. 51 ff.; Uhlenbruck/*Mock*, § 19 Rn. 40; Uhlenbruck/K. Schmidt/*K. Schmidt*, Rn. 5.96; *Bork*, Rn. 110 f.

72 Details zur Überschuldungsbilanz und zur Fortführungsprognose bei Uhlenbruck/*Mock*, § 19 Rn. 58 ff.; Uhlenbruck/K. Schmidt/*K. Schmidt*, Rn. 5.105 ff.

II. „Unternehmensinsolvenz" als Bindeglied

Die Ausgangsthese lautete: Gesellschafts- und Gesellschafterinsolvenz beruhen für gewöhnlich auf dem Zusammenbruch des Unternehmens. In den folgenden Zeilen soll überprüft werden, ob die Eröffnungsgründe dies bestätigen.

1. Gedanklicher Ausgangspunkt: Trennung

Für die weiteren Überlegungen ist es wichtig, drei Begriffe auseinanderzuhalten: Unternehmen, Unternehmensträger (Gesellschaft) und Gesellschafter.

a) Unternehmen und Unternehmensträger

Der Begriff des Unternehmens lässt sich nicht allgemein definieren. Das liegt daran, dass er verschiedene Funktionen hat: im BGB (und im HGB) diktiert er die Folgen unternehmerischen Handelns, im AktG das Verhältnis verbundener Unternehmen und im GWB die Regeln des Wettbewerbs. Doch selbst der bürgerlich-rechtliche und der handelsrechtliche Unternehmensbegriff,[73] die hier entscheidend sind, sind nicht hinreichend klar. Einen Versuch, dies zu ändern, hat das österreichische UGB in § 1 Abs. 2 unternommen. Danach ist ein Unternehmen eine „auf Dauer angelegte Organisation selbstständiger wirtschaftlicher Tätigkeit". – Obwohl die Regelung ihre Fürsprecher gefunden hat,[74] ist sie im Ergebnis zu zaghaft.[75] Sie fasst nur das zusammen, was auch im deutschen Recht Konsens ist: dass ein Unternehmen eine organisierte Wirtschaftseinheit ist.[76] Außerdem verkürzt sie zwei weitere Merkmale, die ebenfalls vonnöten sind: sachliche und persönliche Mittel sowie ein anbietendes Auftreten am Markt.[77] Ein Unternehmen lässt sich daher am ehesten beschreiben als eine am Markt auftretende organisierte Wirtschaftseinheit, die aus sachlichen und persönlichen Mitteln besteht.[78]

---

73 Beide sind im Grunde eins, weshalb auch vom privatrechtlichen Unternehmensbegriff die Rede sein könnte. Dazu und zur (weitergehenden) Frage, ob nicht das Unternehmen im Mittelpunkt des Handelsrechts stehen sollte, *K. Schmidt*, HandelsR §§ 2 und 3.

74 Vgl. aus dem österreichischen Schrifttum *Krejci*, ZHR 170 (2006), 113, 120.

75 Vgl. *K. Schmidt*, HandelsR § 3 I 2 a („vergleichsweise blass").

76 Vgl. Baumbach/Hopt/*Hopt*, Einleitung vor § 1 Rn. 33; *Dauner-Lieb*, S. 18 f.; *Reiff*, S. 21 f.; *K. Schmidt*, HandelsR § 3 I 2 a.

77 *K. Schmidt*, HandelsR § 3 I 2 a mit Verweis auf *v. Gierke/Sandrock*, HandelsR I, § 13 III 1, *Raiser*, § 6 Rn. 8.

78 *K. Schmidt*, HandelsR § 3 I 2 a.

Ein Unternehmen ist als solches nicht rechtsfähig. Früher sah man das zum Teil noch anders,[79] doch heute weiß man, die Rechte und Pflichten sind nicht dem Unternehmen zugeordnet, sondern dem Unternehmensträger.[80] Von den Folgen, die sich daraus ergeben, ist vor allem eine bedeutsam: nur der Unternehmensträger kann Schuldner eines Insolvenzverfahrens sein; nur auf ihn können sich die drei Eröffnungsgründe beziehen. Es muss daher genau zwischen dem Unternehmen und seinem Träger unterschieden werden.

b) Gesellschaft und Gesellschafter

Ist eine Personengesellschaft Unternehmensträgerin, muss weiter zwischen ihr und ihren Gesellschaftern unterschieden werden. Das hat zwei Gründe. Der eine, der schon aus Kapitel 1 (B V) bekannt ist, hat mit der Gesetzeskonzeption zu tun: Die InsO richtet ihren Blick auf den einzelnen Schuldner; sie behandelt jede Insolvenz für sich allein. Der andere knüpft an das Vorstehende an: Das Unternehmen mag bei wirtschaftlicher Betrachtung den Gesellschaftern „gehören", rechtlich ist es der Gesellschaft zugeordnet. Das heißt, die Eröffnungsgründe sind für Gesellschaft und Gesellschafter getrennt zu prüfen, ihre Vermögen sind auseinanderzuhalten.[81]

2. Wechselseitige Abhängigkeiten

Auch wenn das Vorstehende verlangt, die drei Begriffe formal zu trennen, sind sie doch materiell miteinander verbunden. Beim Begriffspaar Unternehmen und Unternehmensträger liegt das auf der Hand. Übersteigen die Unternehmensschulden das Unternehmensvermögen, ist im Grunde „das Unternehmen" zahlungsunfähig oder überschuldet. Nun ist das Unternehmen weder rechts- noch insolvenzfähig, oben 1 a; es bildet aber das Vermögen seiner Trägerin (der Gesellschaft), weshalb die „Unternehmensinsolvenz" eine Gesellschaftsinsolvenz ist und umgekehrt.[82] Was sich in der Insolvenz einer BGB-Gesellschaft, OHG oder KG offenbart, ist damit nichts anderes als das Scheitern des Unternehmens; es trifft die Gesellschaft, weil das Unternehmen weder rechts- noch insolvenzfähig ist. Eine Bestätigung findet dieses Ergebnis in 1 b. Sind nämlich Gesellschafts- und Gesellschaftervermögen zu trennen, folgt aus der Insolvenz „des

---

79 Vgl. dazu *W. Flume*, FS Beitzke, S. 43 ff.

80 Vgl. *K. Schmidt*, HandelsR § 3 IV 1 c; *ders.*, ZHR 153 (1989), 270, 275 ff.

81 Vgl. *Noack*, Gesellschaftsrecht, Rn. 477.

82 Vgl. *Göcke*, S. 11.

Unternehmens" zwangsläufig die Insolvenz der Gesellschaft. Die Gesellschaft hat außer ihrem Unternehmen kein Vermögen; ist es insolvent, ist sie es auch.

Im 19. Jahrhundert war das Begriffspaar Gesellschaft und Gesellschafter in ähnlicher Weise verflochten (allerdings prozessual; Kapitel 1, B IV 1 a). Heute ist das anders. Die Gesellschafter haften zwar immer noch persönlich; die Insolvenz der Gesellschaft führt aber nicht mehr zwingend zu ihrer eigenen Insolvenz. Ein Beispiel: Übersteigen die Unternehmensschulden das Unternehmensvermögen nur geringfügig, ist die Gesellschaft zahlungsunfähig.[83] Die Gesellschafter können den Fehlbetrag jedoch ausgleichen, wodurch die Gesellschaft wieder zahlungsfähig würde und sie selbst von der Insolvenz verschont blieben.[84] Das Beispiel ist freilich ein theoretisches. Da es nämlich in ihrem eigenen Interesse liegt, die Gesellschaft am Leben zu halten, werden es die Gesellschafter nicht so weit kommen lassen. Sie werden schon vorher das Vermögen der Gesellschaft auffüllen oder deren Schulden begleichen. Bleiben sie untätig, ist dies oft das Zeichen einer Krise. – Weitet sich die Krise aus und übersteigen die Unternehmensschulden das, was Gesellschaft und Gesellschafter gemeinsam aufbringen können, ist keiner von ihnen zu retten. Die Gesellschaft nicht, weil niemand den Fehlbetrag berichtigen kann; die Gesellschafter nicht, weil sie weder von der Gesellschaft noch von den übrigen Gesellschaftern Freistellung verlangen oder bei diesen Rückgriff nehmen können: Der Anspruch gegen die Gesellschaft wäre ebenso wertlos wie der Anspruch gegen die übrigen Gesellschafter (Kapitel 1, B IV 1 b). Das heißt indes nicht, dass alle zum gleichen Zeitpunkt zahlungsunfähig oder überschuldet wären.[85] Die Zahlungsunfähigkeit hinge etwa vom ernsthaften Einfordern der Verbindlichkeiten ab. Richtete sich die Aufmerksamkeit der Gläubiger zunächst auf die Gesellschaft, wäre sie die erste, die es träfe; die Gesellschafter folgten später. Und selbst wenn man für ein ernsthaftes Einfordern die Fälligkeit genügen ließe,[86] sorgte das formelle Erfordernis eines Eröffnungsbeschlusses dafür, dass die Insolvenzen zeitlich auseinanderfallen. Denn wie Abschnitt B ergeben wird, sind für Gesellschafts- und Gesellschafterinsolvenz nicht unbedingt die gleichen Gerichte zuständig; und wie Abschnitt C zeigen wird, können die Anträge mal früher mal später gestellt sein. Bei der Überschuldung gälte Ähnliches. Sämtliche Verbindlichkeiten (eingeforderte,

83 Das ist sie natürlich nur, wenn das Unternehmensvermögen eine Liquiditätslücke von mehr als 10% aufweist, vgl. oben Fn. 61.

84 Vgl. *Korkmaz*, S. 43.

85 Vgl. *Korkmaz*, S. 43 f.

86 Vgl. oben Fn. 62.

fällige, betagte)[87] wären zu passivieren, was für eine GmbH & Co. KG an sich bedeutete: beide Gesellschaften sind gleichzeitig überschuldet.[88] Doch zum einen kann die Fortführungsprognose unterschiedlich ausfallen, zum anderen kann der Zeitpunkt verschieden sein, zu dem die Gerichte entscheiden.

Damit ist festzuhalten: Eine Doppelinsolvenz ist keineswegs zwingend. Wenn sie eintritt, ist sie aber regelmäßig das Resultat einer „Unternehmensinsolvenz". Das gescheiterte Unternehmen reißt seine Trägerin und deren Gesellschafter mit in den wirtschaftlichen Abgrund. In (seltenen) Ausnahmefällen können Gesellschafts- und Gesellschafterinsolvenz auch zufällig zusammentreffen.

3. Beispiele

Drei Beispiele sollen die vorstehenden (abstrakten) Gedanken etwas anschaulicher machen. Beispiel 1 ist eine typische GmbH & Co. KG, die ein Frachtunternehmen betreibt. Zum Unternehmen gehören Betriebsmittel (Lastwagen, Werkzeuge etc.) im Wert von 190.000 Euro, Buchgeld im Wert von 80.000 Euro und Forderungen in Höhe von 30.000 Euro. Die Verbindlichkeiten betragen 400.000 Euro: 40.000 Euro gegenüber Gläubiger 1 (G 1), 80.000 Euro gegenüber G 2, 120.000 Euro gegenüber G 3 und 160.000 Euro gegenüber G 4. Die Komplementär-GmbH übt keine eigene Wirtschaftstätigkeit aus. Sie hat ein Stammkapital von 50.000 Euro und einige unbedeutende Steuerverbindlichkeiten. – Das Beispiel beschreibt einen recht klaren Fall der Zahlungsunfähigkeit. Die Schulden übersteigen das liquide Vermögen um ein Vielfaches. Erhält die KG keinen Kredit, ist sie dauerhaft außerstande, die nicht nur geringfügige Liquiditätslücke zu schließen. Wirtschaftlich betrachtet ist das Unternehmen insolvent; weil dem Unternehmen die Rechtspersönlichkeit fehlt, trifft es jedoch die KG. Diese ist nach § 17 Abs. 2 Satz 1 InsO zahlungsunfähig. Ob die KG überschuldet ist, hängt von Umständen ab, die das Beispiel verschweigt – von der Wahrscheinlichkeit nämlich, dass sie fortbesteht. Die Verbindlichkeiten mögen überwiegen,[89] für die Eröffnung des Insolvenzverfahrens reicht das nur, wenn

---

87 Vgl. Uhlenbruck/*Mock*, § 19 Rn. 152 ff.

88 Vgl. *K. Schmidt*, GmbHR 2002, 1209, 1211.

89 In der Überschuldungsbilanz sind die Betriebsmittel, das Buchgeld und die Forderungen zu aktivieren. Nicht aktivierbar ist die persönliche Haftung der GmbH; sie gehört nicht zum KG-Vermögen, oben 1 b. Für die Haftung des Kommanditisten gilt: Einlageforderung und Haftsumme sind Teil des KG-Vermögens; die Ansprüche der §§ 171, 172 und 176 HGB nicht, weil sie erst mit Verfahrenseröffnung in die Empfangszuständigkeit des Verwalters fallen. Weitere Einzelheiten bei Uhlenbruck/K. Schmidt/*K. Schmidt*, Rn. 5.121 ff.

ein Fortbestehen unwahrscheinlich ist. Ist es das, ist die KG nicht nur zahlungsunfähig, sondern auch gemäß § 19 Abs. 2 Satz 1, Abs. 3 InsO überschuldet. Die GmbH ist zahlungsunfähig, sobald (1) G 1 und G 3, (2) G 2 und G 3 oder (3) G 4 ihre Ansprüche ernsthaft einfordern. Schon in diesen drei Konstellationen gehen die Verbindlichkeiten über das hinaus, was beide Gesellschaften gemeinsam aufbringen können. Die GmbH kann den Fehlbetrag der KG nicht mehr ausgleichen und sie kann weder Freistellung verlangen noch Rückgriff nehmen, wenn sie wegen ihrer persönlichen Haftung in Anspruch genommen wird. Bei der Überschuldung verhält es sich ähnlich. Die Verbindlichkeiten sind bei der GmbH zu passivieren,[90] was bedeutet: die GmbH ist rechnerisch überschuldet. Der Freistellunganspruch, der ihr gegen die KG zusteht, ist wertlos; er kann die Passivseite nicht aufwiegen.[91] Da die Funktion der GmbH auf ihre Eigenschaft als Komplementärin beschränkt ist, fällt die Fortbestehensprognose nicht anders aus als bei der KG.

In Beispiel 2 ist das Unternehmen das gleiche. Auch das Vermögen und die Schulden sind identisch, nur die Trägerin ist eine andere: eine gewöhnliche KG, die aus drei Komplementären und zwei Kommanditisten besteht. Die Komplementäre haben ein Vermögen von 80.000 Euro, 50.000 Euro und 10.000 Euro. Ihre Schulden betragen 10.000 Euro, 20.000 Euro und 5.000 Euro. – Als Eröffnungsgrund kommt diesmal allein die Zahlungsunfähigkeit in Betracht. Für die Komplementäre folgt dies aus § 19 Abs. 1 InsO, für die KG aus § 19 Abs. 3 InsO, denn es soll unterstellt werden: alle Komplementäre sind natürliche Personen. Die Zahlungsunfähigkeit der KG ist schnell bejaht. Ihrem liquiden Vermögen stehen Verbindlichkeiten in fünffacher Höhe gegenüber; erhält sie keinen Kredit, ist sie dauerhaft außerstande, die Liquiditätslücke zu schließen. Die Komplementäre können nichts tun. Auch wenn ihr gesamtes Vermögen aus Bar- und Buchgeld bestünde, kämen sie nach Abzug ihrer Verbindlichkeiten auf 100.000 Euro. Es fehlten 220.000 Euro, um die KG zu retten. Das bedeutet zugleich, dass sie selbst zahlungsunfähig sind, sobald die Gläubiger ihre Ansprüche ernsthaft einfordern. Anders lägen die Dinge, wenn es nur den Anspruch von G 3 oder G 4 gäbe. Dann könnten die Komplementäre der KG helfen und ihre eigene Insolvenz abwenden. Zeigen lässt sich dies am Anspruch von G 4: Die KG könnte

---

90 Umstritten ist, in welcher Höhe: die einen plädieren für den vollen Betrag, die anderen für den Ausfall, vgl. dazu *Binz/Sorg*, § 12 Rn. 33.

91 Umgekehrt gilt: Solange die KG nicht überschuldet ist, ist es die GmbH auch nicht, weil sie einen werthaltigen Freistellungsanspruch hat, vgl. Scholz/*K. Schmidt/Bitter*, Vor § 64 Rn. 151; *K. Schmidt*, GmbHR 2002, 1209, 1211.

ihn zur Hälfte erfüllen. Die Komplementäre könnten den Rest zwar nicht alleine aufbringen – ihnen fehlten 10.000 Euro, 50.000 Euro oder sogar 75.000 Euro; wenn sie zusammenwirken, könnten sie den Fehlbetrag aber ausgleichen. Die KG würde so wieder zahlungsfähig und sie selbst blieben von der Insolvenz verschont. Eine andere Frage wäre freilich, ob dann nicht eine drohende Zahlungsunfähigkeit vorläge (dazu noch Beispiel 3). Die Antwort lautete ja, wenn bald weitere Verbindlichkeiten fällig werden, die nicht durch künftige Einnahmen gedeckt sind. Doch womöglich könnten auch die Kommanditisten einspringen und die KG mit neuem Kapital versorgen.

In Beispiel 3 geht es um eine OHG (alternativ: um eine BGB-Gesellschaft), die ein Einzelhandelsunternehmen betreibt. Zum Unternehmen gehören Waren im Wert von 40.000 Euro und Buchgeld im Wert von 35.000 Euro. Die Schulden betragen bislang 80.000 Euro. Für die Ladenlokale, die nur gemietet sind, werden bald zwei weitere Verbindlichkeiten fällig, nämlich in Höhe von 20.000 Euro gegenüber Vermieter 1 (V 1) und in Höhe von 30.000 Euro gegenüber V 2; Einnahmen sind etwa in Höhe von 9.000 Euro zu erwarten. Die OHG hat drei Gesellschafter. Diese haben ein Vermögen von 45.000 Euro, 20.000 Euro und 5.000 Euro (ihre privaten Schulden sind bereits abgezogen). – Wie zuvor kommt als Eröffnungsgrund nur die Zahlungsunfähigkeit in Betracht. Und wie zuvor ist sie für die OHG schnell bejaht, da die Schulden das liquide Vermögen deutlich übersteigen. Diesmal können die Gesellschafter die OHG jedoch retten; Gesellschafter 1 alleine, die anderen nur mit ihm zusammen, gleichwohl: sie können ihr wieder zur Zahlungsfähigkeit verhelfen und dadurch die eigene Insolvenz verhindern. Anders sieht es aus, wenn man die beiden künftigen Forderungen miteinbezieht. Erhält die OHG kein neues Kapital, ist sie mit Fälligwerden der zweiten Verbindlichkeit (erneut) zahlungsunfähig. Aus heutiger Sicht droht sie nach § 18 Abs. 2 InsO zahlungsunfähig zu werden. Bei den Gesellschaftern ist es genauso. Es ist nämlich anzunehmen, dass sich die Gläubiger an sie halten, wenn es bei der OHG nichts mehr zu holen gibt. Mit Fälligwerden der zweiten Verbindlichkeit würden deshalb auch sie zahlungsunfähig. Sie drohten aus heutiger Sicht ebenfalls zahlungsunfähig zu werden. Kurzum: Die Gesellschafter können die OHG vorerst retten; wenn sie ihr kein neues Kapital verschaffen oder wenn es ihnen nicht gelingt, die Geschäfte wieder anzukurbeln, gibt es bald keinen Ausweg mehr.

Die Beispiele haben zweierlei gezeigt: (1) Die Gesellschaftsinsolvenz ist im Kern eine „Unternehmensinsolvenz“. (2) Aus der Gesellschaftsinsolvenz folgt nicht automatisch die Gesellschafterinsolvenz. Ein solcher Mechanismus setzt jedoch ein, wenn die Schulden über das hinausgehen, was Gesellschaft und Gesellschafter gemeinsam aufbringen können.

III. Zwischenfazit

Die Ausgangsthese hat sich bestätigt. Ist „das Unternehmen“ insolvent, sind es die Gesellschaft und die Gesellschafter in der Regel auch – die Gesellschaft, weil das Unternehmen ihr gesamtes Vermögen ausmacht; die Gesellschafter, weil sie für deren Schulden persönlich haften. Trotz der Gemeinsamkeit geht die InsO formal vom Trennungsprinzip aus. Eine Koordinierung ist deshalb nötig.

B. Insolvenzanträge

Nach dem Ergebnis der vorausgehenden Überlegungen hängen Gesellschafts- und Gesellschafterinsolvenz materiell zusammen. Die einzelnen Verfahren werden indes auf Antrag eingeleitet (vgl. § 13 Abs. 1 Satz 1 InsO), was bedeutet, der Antrag ist die erste Möglichkeit, sie formell zu bündeln. Ob das gelingt, sollen die nächsten Absätze zeigen.

I. Allgemeines

Bevor der Versuch unternommen werden kann, die Verfahren zu bündeln, ist der Blick auf die allgemeinen Grundsätze zu richten. Denn nur, wenn klar ist, wer zum Antrag berechtigt (oder verpflichtet) ist, kann darüber nachgedacht werden, wie sich die Anträge verbinden lassen.

1. Antragsrechte

Ein Recht, die Eröffnung des Insolvenzverfahrens zu beantragen, haben Gläubiger und Schuldner, § 13 Abs. 1 Satz 2 InsO.

a) Gläubiger

Ein Gläubiger kann die Eröffnung des Insolvenzverfahrens beantragen, wenn er ein rechtliches Interesse hat und wenn er seine Forderung und den Eröffnungsgrund glaubhaft macht, § 14 Abs. 1 Satz 1 InsO. Das „rechtliche Interesse“ soll den Kreis der Berechtigten einschränken und missbräuchliche Anträge ausschließen; es liegt in der Regel vor, wenn die beiden anderen Voraussetzungen erfüllt sind.[92] Wichtig ist hier: das Gesellschaftsinsolvenzverfahren kann nur von den Gläubigern der Gesellschaft beantragt werden, das Gesellschafterinsolvenzverfahren nur von den Gläubigern des Gesellschafters (Trennungsprinzip; oben Kapitel 1, B V).

---

92 BGH ZIP 2006, 1452, 1453; Uhlenbruck/*Wegener*, § 14 Rn. 67 f.

Gläubiger der Gesellschaft kann auch ein Gesellschafter sein. Steht er ihr wie ein Dritter gegenüber (zum Beispiel, weil er ihr Waren geliefert, Sachen vermietet, oder ein Darlehen gewährt hat), darf er als solcher die Eröffnung des Verfahrens beantragen.[93] Seine Treuepflichten hindern ihn nicht, sie binden ihn lediglich im Innenverhältnis.[94]

b) Gesellschafter

Als Schuldner im Sinne des § 13 Abs. 1 Satz 2 InsO kommen die Gesellschaft und die Gesellschafter in Betracht. Ein Gesellschafter kann ohne Weiteres die Eröffnung seines eigenen Insolvenzverfahrens beantragen. Beantragt er die Eröffnung des Gesellschaftsinsolvenzverfahrens, muss unterschieden werden, ob er als Gläubiger oder als Vertreter handelt. Handelt er als Gläubiger, gilt das, was unter a steht: Er muss ein rechtliches Interesse haben; außerdem muss er seine Forderung und den Eröffnungsgrund glaubhaft machen. Handelt er als Vertreter, gilt das Folgende:

Bei einer Gesellschaft ist jedes Mitglied „des Vertretungsorgans" zum Antrag berechtigt, § 15 Abs. 1 Satz 1 InsO. Das ist missverständlich, weil nur juristische Personen ein Vertretungsorgan (Vorstand; Geschäftsführer) haben und weil einem Bevollmächtigten gewiss keine Antragsbefugnis zustehen soll.[95] Was die Regelung meint, sind die organschaftlichen Vertreter; sie dürfen die Eröffnung des Verfahrens beantragen.[96] Unabhängig von der Vertretungsmacht ist jeder persönlich haftende Gesellschafter antragsbefugt. Fraglich ist, ob das auch für einen ausgeschiedenen Gesellschafter gilt. Nach dem Wortlaut: wohl ja; der Gesellschafter haftet immer noch persönlich (§ 160 HGB), seine Haftung unterfiele dem § 93 InsO. Allerdings wäre es unsinnig, das Antragsrecht fortbestehen zu lassen. Der Gesellschafter hat keinen Einblick mehr in die Finanzen der Gesellschaft; er kann nicht beurteilen, wie es um sie steht. Ihm das Antragsrecht

---

93 Auch als nachrangiger Insolvenzgläubiger (§ 39 Abs. 1 Nr. 5 InsO) ist der Gesellschafter zum Antrag berechtigt, vgl. BGH ZIP 2010, 2055. Indes fehlt ihm das rechtliche Interesse, wenn er einen Rangrücktritt erklärt hat, näher Kübler/Prütting/Bork/*Pape*, § 14 Rn. 104; Uhlenbruck/*Wegener*, § 14 Rn. 88.

94 Vgl. *Noack*, Gesellschaftsrecht, Rn. 429.

95 Vgl. *Noack*, Gesellschaftsrecht, Rn. 433.

96 Keine Antragsbefugnis haben daher Kommanditisten (vgl. § 170 HGB) und Gesellschafter, die von der Vertretung ausgeschlossen sind, vgl. MünchKomm-InsO/*Klöhn*, § 15 Rn. 40; Gottwald/*Haas*/*Mock*, § 94 Rn. 12; enger *Noack*, Gesellschaftsrecht, Rn. 430 ff., nach dem die gesetzliche oder vertragliche Vertretungsordnung entscheidet.

zu verweigern, liegt daher näher.[97] Wurde die Gesellschaft aufgelöst, ist jeder Liquidator antragsberechtigt. Für alle drei Gruppen gilt: stellt einer den Antrag, ist der Eröffnungsgrund glaubhaft zu machen; stellen alle den Antrag, entfällt die Voraussetzung, § 15 Abs. 2 Satz 1 InsO.

Eigenen Regeln unterliegt eine Gesellschaft, bei der keine natürliche Person unbeschränkt haftet. Häufigster Fall ist die GmbH & Co. KG. Bei ihr können die Geschäftsführer der GmbH die Eröffnung des KG-Verfahrens beantragen; ist die GmbH aufgelöst, können es ihre Liquidatoren, § 15 Abs. 3 Satz 1 InsO. Ähnlich verhält es sich bei einer mehrstöckigen Gesellschaft. Anschauliches Beispiel ist die doppelstöckige GmbH & Co. KG, eine KG, die als einzige Komplementärin eine GmbH & Co. KG hat. Die Geschäftsführer der GmbH (ihre Liquidatoren) können theoretisch drei Anträge stellen: für die GmbH nach § 15 Abs. 1 Satz 1 InsO; für die Komplementär-KG nach § 15 Abs. 3 Satz 1 InsO; für die unternehmenstragende KG nach § 15 Abs. 3 Satz 1 und 2 InsO.[98] – Umstritten ist, was gilt, wenn eine OHG oder eine BGB-Gesellschaft die Rolle der persönlich haftenden Gesellschafterin übernommen hat. Können deren Gesellschafter analog § 15 Abs. 3 Satz 1 InsO den Antrag für die unternehmenstragende Gesellschaft stellen? Die Frage ist schnell beantwortet, wenn die Gesellschafter vertretungsbefugt sind; dann nämlich können sie die Eröffnung im Namen der OHG oder der BGB-Gesellschaft beantragen. Wenn sie nicht vertretungsbefugt sind, dürfte die persönliche Haftung für ein Antragsrecht sprechen. Die Gesellschafter müssen für die Schulden ihrer Gesellschaft und damit für die Schulden der unternehmenstragenden Gesellschaft einstehen; das rechtfertigt es, ihnen ein Antragsrecht einzuräumen.[99]

2. *Antragspflichten*

Eine Pflicht, die Eröffnung des Insolvenzverfahrens zu beantragen, haben diejenigen Personen, von denen der vorausgehende Absatz handelte: Die Geschäftsführer der Komplementär-GmbH (ihre Liquidatoren) müssen einen Antrag stellen, wenn die KG zahlungsunfähig oder überschuldet ist, § 15a Abs. 1 Satz 2 InsO. Sonst sind die vertretungsbefugten und die persönlich haftenden Gesellschafter nicht zum Antrag verpflichtet (sie sind es auch nicht, wenn man ihnen

---

97 Ähnlich MünchKomm-HGB/*K. Schmidt*, Anh. § 158 Rn. 34 f.; Gottwald/*Haas*/*Mock*, § 94 Rn. 13; *Noack*, Gesellschaftsrecht, Rn. 439; a.A. *Armbruster*, S. 238.

98 Vgl. MünchKomm-InsO/*Klöhn*, § 15 Rn. 61.

99 Vgl. Uhlenbruck/*Hirte*, § 15 Rn. 14; *Noack*, Gesellschaftsrecht, Rn. 441.

analog § 15 Abs. 3 Satz 1 InsO ein Antragsrecht einräumt; oben 1 b).[100] Das liegt daran, dass sie für die Schulden der Gesellschaft unbeschränkt einstehen müssen.[101]

3. *Anträge mehrerer*

Können verschiedene Personen (Gläubiger und Gesellschafter) die Eröffnung eines Insolvenzverfahrens beantragen, ist zu überlegen, wie sich ihre Anträge zueinander verhalten. Schließen sie sich gegenseitig aus? Erlischt nach einem Gläubigerantrag vielleicht die Antragspflicht?

Die erste Frage scheint nicht zwingend eine Antwort zu fordern. Denn gleich, wer den Antrag gestellt hat, das Verfahren ist bereits in Gang gesetzt; es spielt keine Rolle mehr, ob dem jeweils anderen noch ein Antragsrecht zusteht. Bei näherem Hinsehen ist aber eine Antwort nötig, vor allem, wenn der Antrag von einem Gläubiger stammt. Das hat drei Gründe. Zum einen darf sich nur der Gesellschafter auf die drohende Zahlungsunfähigkeit berufen, § 18 Abs. 1 InsO. Käme der Antrag des Gläubigers zu früh, würde er nicht nur scheitern; er schlösse auch den Antrag des Gesellschafters aus und verhinderte, dass dieser das Verfahren wegen drohender Zahlungsunfähigkeit einleiten kann. Zum anderen muss eine Eigenverwaltung vom Gesellschafter beantragt werden, § 270 Abs. 2 Nr. 1 InsO. Darf er keinen eigenen Antrag stellen oder darf er sich dem Gläubigerantrag nicht anschließen, wäre diese Möglichkeit verloren. Zu guter Letzt könnte der Gläubiger seinen Antrag wieder zurücknehmen, § 13 Abs. 2 InsO. Das Verfahren müsste von Neuem beginnen und könnte nicht, gestützt auf einen Gesellschafterantrag, fortgesetzt werden. Daraus folgt: Gläubiger und Gesellschafter können unabhängig voneinander die Eröffnung des Verfahrens beantragen. Die zweite Frage wird von der herrschenden Meinung mit Nein beantwortet. Der Geschäftsführer einer Komplementär-GmbH ist nicht von seiner Pflicht befreit, wenn ein Gläubiger die Eröffnung des Verfahrens beantragt hat. Vielmehr muss er sich dem Antrag anschließen.[102] Das hat damit zu tun, dass der Gläubiger den Antrag zurücknehmen und dass der Geschäftsführer den

---

100 Bei der EWIV, die eine Fremdorganschaft erlaubt (vgl. Art. 19 f. EWIV-VO), sind die Geschäftsführer und die Abwickler zum Antrag verpflichtet, § 11 Satz 2 EWIV-AusfG.

101 Näher *Noack*, Gesellschaftsrecht, Rn. 446.

102 BGHSt 53, 24; Uhlenbruck/*Hirte*, § 15a Rn. 12; MünchKomm-InsO/*Klöhn*, § 15a Rn. 137; Scholz/*K. Schmidt*, Anh. § 64 Rn. 35; a.A. Roth/Altmeppen/*Altmeppen*, Vorbem. zu § 64 Rn. 83 und 97 f.; Baumbach/Hueck/*Haas*, § 64 Rn. 150: Die Antragspflicht ruht und lebt wieder auf, wenn der Gläubiger seinen Antrag zurücknimmt.

Antrag mit Rechtsmitteln angreifen kann. Es ist demnach festzuhalten: Gläubiger- und Gesellschafterantrag beeinflussen sich nicht. Weder schließt der eine den anderen aus, noch beseitigt ein Gläubigerantrag die Antragspflicht.

II. Koordinierte Insolvenzanträge?

Nach dem Vorstehenden und nach dem, was unter A festgehalten wurde, scheint es ein Leichtes zu sein, die einzelnen Verfahren durch koordinierte Insolvenzanträge gleichzuschalten: die materielle Insolvenz tritt ungefähr zur gleichen Zeit ein und die Gesellschafter können alle notwendigen Anträge stellen. Ganz so leicht ist es indes nicht. Das Wörtchen „ungefähr" zeigt die erste Schwierigkeit: Gesellschafts- und Gesellschafterinsolvenz können nahe beieinanderliegen; sie können aber genauso gut um Monate oder sogar um Jahre verschoben sein. Stellt ein Gesellschafter einen Antrag für sich selbst und für die Gesellschaft, läuft er Gefahr, dass die Eröffnung des einen Verfahrens beschlossen, die Eröffnung des anderen Verfahrens dagegen abgelehnt wird. Eine Koordinierung ist folglich nur denkbar, wo die Insolvenzen für gewöhnlich zusammentreffen. Die zweite Schwierigkeit besteht darin, dass die Gesellschafter meist nur berechtigt (und nicht verpflichtet) sind, die Eröffnung des Verfahrens zu beantragen. Sie können die Anträge gleichzeitig stellen, müssen es aber nicht. Das heißt, eine Koordinierung lässt sich nicht erzwingen. Die dritte Schwierigkeit hat schließlich damit zu tun, dass nicht nur die Gesellschafter einen Antrag stellen können, sondern auch die Gläubiger. Die Gläubiger können ihren Antrag auf die Gesellschaft, auf die Gesellschafter oder auf beide beziehen. Sie sind nicht dazu gezwungen, sämtliche Optionen auszuschöpfen. Aus alldem folgt: Die Verfahren lassen sich nur dort gleichschalten, wo die materielle Insolvenz nahezu gleichzeitig eintritt und wo eine Antragspflicht besteht. Wo keine Antragspflicht besteht, liegt die Koordinierung in den Händen der Beteiligten; wo die materiellen Insolvenzen auseinanderfallen, ist sie ausgeschlossen.

Bei einer typischen GmbH & Co. KG sind die Voraussetzungen erfüllt. Die Komplementär-GmbH ist zahlungsunfähig oder überschuldet, wenn die KG es auch ist (oben A II 2 und 3), und die Geschäftsführer sind verpflichtet, die Eröffnung der Verfahren zu beantragen (oben I 2). Kommen die Geschäftsführer ihrer Pflicht nach, ist der Gleichlauf hergestellt. Schwieriger wird es, wenn man die drohende Zahlungsunfähigkeit und die Gläubiger miteinbezieht: Da eine Antragspflicht nur bei Zahlungsunfähigkeit und Überschuldung besteht, stünde es den Geschäftsführern theoretisch frei, ihren Antrag auf die drohende Zahlungsunfähigkeit zu stützen und ihn auf eine der beiden Gesellschaft zu beschränken.[103] Doch zum einen wäre ein solches Vorgehen töricht. Ob nämlich die Zahlungsunfähigkeit droht oder schon eingetreten ist, lässt sich nicht immer zweifelsfrei sagen. Und da das Schicksal der beiden Gesellschaften das gleiche ist, machen sich die Geschäftsführer womöglich strafbar. Zum anderen könnte es widersprüchlich sein, nur einen Antrag zu stellen.[104] Wissen nämlich die Geschäftsführer von der Insolvenz der GmbH, wissen sie auch von der Insolvenz der KG. Ein einzelner Antrag wird deshalb selten sein. Denkbar wäre indes, dass ein Gläubiger einen Antrag stellt und diesen nur auf eine der beiden Gesellschaften bezieht. Wie zuvor (unter 3) gesehen ändert das aber nichts. Die Geschäftsführer werden nicht von ihrer Pflicht befreit; sie müssen sich dem Antrag anschließen und einen weiteren Antrag für die andere Gesellschaft stellen.

Hat man es nicht mit einer typischen GmbH & Co. KG zu tun, sondern mit einer gewöhnlichen OHG oder BGB-Gesellschaft, kommen weitere Unwägbarkeiten hinzu. Beispiel ist ein Urteil des BGH.[105] Dort war von zwei Gesellschaftern der eine im Juli insolvent geworden, der andere im August; die Gesellschaft folgte zwei Jahre später.[106] Es liegt auf der Hand, dass eine Koordinierung der Anträge in diesem Fall ausgeschlossen ist. Die Gesellschafter könnten theoretisch warten, bis es die Gesellschaft trifft; doch drohte ihnen dann nicht nur eine Strafe wegen Bankrotts, sondern auch eine Versagung der Restschuldbefreiung. Außerdem wird irgendwann ein Gläubiger die Eröffnung beantragen.

Anders lägen die Dinge, wenn die Gesellschaft und die beiden Gesellschafter innerhalb kurzer Zeit (materiell) insolvent geworden wären. Dann nämlich hätten die Gesellschafter ihre Anträge koordinieren und die Verfahren gleichzeitig einleiten können. Aber hätten sie das auch tun müssen? Nach dem bisher Gesagten: nein. Die Gesellschafter sind nicht zum Antrag verpflichtet, weder für sich selbst noch für die Gesellschaft. Zu überlegen wäre indes, ob ein einzelner Antrag widersprüchlich oder missbräuchlich ist und ob man auf diesem Weg zu einer Koordinierung kommt. Der Widerspruch ließe sich darauf stützen, dass die Insolvenzen gleichzeitig vorliegen und zusammenhängen (oben A II), der Missbrauch darauf, dass die Gesellschafter nur ihren Abfindungsanspruch retten wollen: der Anspruch wäre wertlos, sobald das Gesellschaftsinsolvenzverfahren

103 Vgl. *K. Schmidt*, GmbHR 2002, 1209, 1212.

104 Vgl. Scholz/*K. Schmidt*/*Bitter*, Vor § 64 Rn. 104.

105 BGH ZIP 2008, 1677.

106 Die Probleme des Falles liegen an anderer Stelle: Wegen der Fortsetzungsklausel, die der Gesellschaftsvertrag enthielt, musste die Gesellschaft schon mit der Insolvenz des ersten Gesellschafters erlöschen, vgl. dazu ausführlich Kapitel 3, D IV 3 b.

eröffnet wird. Unabhängig davon, ob die beiden Begründungsansätze tragen, ihre Rechtsfolge hülfe nicht weiter. Der Einwand widersprüchlichen oder missbräuchlichen Verhaltens hat in der Regel eine negative Funktion. Er hindert die Person, gegen die er sich richtet, an der Ausübung eines Rechts.[107] Das hieße für die Doppelinsolvenz, dass ein isolierter Antrag unzulässig wäre und abgelehnt werden müsste.[108] Damit wäre aber wenig gewonnen, weil nur die Eröffnung verzögert würde und die Gesellschafter Gelegenheit erhielten, neue Schulden anzuhäufen. Nun kann der Einwand zwar auch eine positive Funktion haben;[109] daraus abzuleiten, dass ein einzelner Antrag nicht unzulässig, sondern als kombinierter Antrag wirksam ist, wäre allerdings falsch. Denn eine solche Ableitung verstieße nicht nur gegen das Trennungsprinzip (oben Kapitel 1, B V); sie führte auch zu einem Mechanismus, der längst aufgegeben wurde, nämlich zur zwingenden Doppelinsolvenz. Beides hat der Gesetzgeber offenkundig nicht gewollt.

Zusammengefasst: Gesellschafts- und Gesellschafterinsolvenzverfahren lassen sich nur sehr eingeschränkt bündeln. Erforderlich ist zum einen, dass die materiellen Insolvenzen zusammentreffen; zum anderen, dass eine Antragspflicht besteht. Beide Voraussetzungen sind nur bei einer (typischen) GmbH & Co. KG erfüllt. Bei den übrigen Gesellschaften können Gesellschafts- und Gesellschafterinsolvenz zwar zusammentreffen; die Anträge zu koordinieren ist aber Aufgabe der Beteiligten.

III. Einfluss des Insolvenzverwalters?

Abschließend bliebe noch zu klären, wie es sich auswirkt, wenn die Eröffnung des Gesellschafterinsolvenzverfahrens beantragt oder schon beschlossen ist. Kann der Gesellschafter dann immer noch einen Antrag für die Gesellschaft stellen oder hat dieses Recht der (vorläufige) Insolvenzverwalter? Für die Koordinierung spielt dies eine Rolle, wenn im Eröffnungsverfahren ein starker vorläufiger Insolvenzverwalter bestellt wurde. Ein Beispiel: Ein Gläubiger einer GmbH & Co. KG beantragt die Eröffnung des GmbH-Verfahrens. Bevor das Insolvenzgericht über den Antrag entscheidet, bestellt es nach § 21 Abs. 1 InsO einen vorläufigen Insolvenzverwalter und ordnet ein allgemeines Verfügungsverbot an. – Ohne das GmbH-Verfahren wären deren Geschäftsführer nicht nur zum Antrag (für die KG) berechtigt, sondern auch verpflichtet. Und es besteht kein Zweifel daran,

---

107 Details bei MünchKomm-BGB/*Schubert*, § 242 Rn. 109 ff.

108 In diesem Sinn wohl *K. Schmidt*, GmbHR 2002, 1209, 1211.

109 Beispiele sind der Formfehler und der Ausgleich aus Billigkeitsgründen; Einzelheiten bei MünchKomm-BGB/*Schubert*, § 242 Rn. 203 ff.

dass sie dies bleiben, wenn das Gericht einen vorläufigen Insolvenzverwalter bestellt. Zweifel entstehen erst, wenn die GmbH einem allgemeinen Verfügungsverbot unterliegt. Denn dadurch geht die Befugnis, das GmbH-Vermögen zu verwalten und darüber zu verfügen, auf den vorläufigen Insolvenzverwalter über (§ 22 Abs. 1 Satz 1 InsO). Rechtsprechung und Teile der Literatur sehen den Ausweg im Zweck des Insolvenzverfahrens. Zweck sei, das verbliebene Vermögen zu verwerten, nicht dagegen, die GmbH vollständig abzuwickeln. Weil die Geschäftsführer daher „Restbefugnisse" behielten, seien sie zum Antrag für die KG berechtigt.[110] Andere Teile der Literatur argumentieren mit der Kompetenzverteilung. *Göcke* etwa lehnt ein Antragsrecht der Geschäftsführer ab, weil es einen Vermögensbezug habe; es stehe dem Insolvenzverwalter zu.[111]

Die erste Auffassung ist schon wegen ihrer Prämisse angreifbar. Es ist nämlich umstritten, ob der Zweck des Verfahrens allein in der Verwertung des Vermögens liegt. Mehr und mehr Stimmen verneinen dies und sehen ihn in der Abwicklung der insolventen Gesellschaft.[112] Doch auch, wenn die Prämisse richtig ist, ist der Schluss auf ein Antragsrecht nicht zwingend. Die Geschäftsführer mögen einige Befugnisse behalten; das Antragsrecht muss nicht dazu gehören. Der Vermögensbezug spricht eher dagegen. Ist das KG-Verfahren erst einmal eröffnet, ist der Anteil der GmbH wertlos:[113] im Regelverfahren erhielte sie allenfalls eine Quote, im Planverfahren wäre ihre Position durch § 225a InsO erheblich geschwächt. Die Entscheidung, ob die Eröffnung beantragt wird, sollte deshalb der Insolvenzverwalter treffen. Davon abgesehen können sich die „Restbefugnisse" nur auf die Abwicklung beziehen. Das Antragsrecht nach § 15 Abs. 1 Satz 1, Abs. 3 InsO ist aber eine Befugnis, die das Außenverhältnis (Vertretung) betrifft; sie kann den Geschäftsführern schon aus diesem Grund nicht zustehen.[114]

Ist das GmbH-Verfahren eröffnet, scheint die Lösung in der gesetzlichen Rechtsfolge zu liegen. Die GmbH scheidet aus (vgl. Kapitel 1, B II 2). Und wie

---

110 AG Dresden, ZIP 2003, 1264, 1265; Kübler/Prütting/Bork/*Steffek*, § 15 Rn. 19.

111 *Göcke*, S. 263 f.; ebenso Uhlenbruck/*Hirte*, § 15a Rn. 18; MünchKomm-InsO/*Klöhn*, § 15 Rn. 46; *Noack*, Gesellschaftsrecht, Rn. 564; *Gundlach*/*U. Müller*, ZInsO 2011, 900; 901 f.; wohl auch Gottwald/*Haas*/*Mock*, § 94 Rn. 100.

112 Grundlegend *K. Schmidt*, Insolvenzrecht der Unternehmen, S. 26 f.; *ders.*, GesR § 11 VI 4; *ders.*, KTS 1988, 1, 6 f.; *ders.*, ZGR 1998, 633, 635 ff.; ferner Staub/*Habersack*, § 145 Rn. 54 f.; Jaeger/*H.-Fr. Müller*, § 35 Rn. 145 ff.; *ders.*, S. 13 ff.; *Bork*, Rn. 159 ff.; *Noack*, Gesellschaftsrecht, Rn. 86; *Uhlenbruck*, ZIP 1996, 1641, 1646 f.

113 Vgl. *Göcke*, S. 264.

114 Vgl. *Göcke*, S. 264.

schon unter I 1 b gesehen, hat ein ausgeschiedener Gesellschafter kein Antragsrecht mehr; antragsberechtig wären allein die verbliebenen Gesellschafter. Wie aber das nächste Kapitel (unter D) noch zeigen wird, ist auch diese Prämisse angreifbar. Es gibt gute Gründe, einen insolventen Gesellschafter in der Gesellschaft zu halten, vor allem, wenn es sich um den vorletzten Gesellschafter handelt. Die Lösung ist daher die gleiche wie im Eröffnungsverfahren: Das Antragsrecht steht nicht (mehr) den Geschäftsführern zu, sondern dem Insolvenzverwalter.

Eine andere Frage ist freilich, ob der Insolvenzverwalter die Eröffnung des Verfahrens beantragen muss. Dafür könnte das Vorstehende sprechen, dagegen, dass er kein „organschaftlicher Vertreter" der GmbH ist, wie § 15a Abs. 1 Satz 2 InsO es voraussetzt.[115] Denkbar wäre vielleicht eine Analogie. Einer Analogie stünde jedoch entgegen, dass der Insolvenzverwalter bereits die Interessen der GmbH-Gläubiger wahrnehmen muss. Ihm eine Antragspflicht für die KG aufzuerlegen, hieße ihn auch den Interessen der KG-Gläubiger zu unterwerfen.[116] Das mag funktionieren, wenn es um eine typische GmbH & Co. KG geht, weil die Gläubiger dort identisch sind und weil er ohnehin für beide Gesellschaften bestellt wird (unten E II); es funktioniert aber dann nicht mehr, wenn die GmbH eigenwirtschaftlich tätig ist und deshalb andere Gläubiger hat als die KG. Da die Geschäftsführer auch nicht zum Antrag verpflichtet sein können, folgt daraus: mit der Bestellung des Insolvenzverwalters endet die Antragspflicht.

Damit ist festzuhalten: Ist das Gesellschafterinsolvenzverfahren beantragt oder schon eröffnet, verliert der Gesellschafter sein Antragsrecht. Der Insolvenzverwalter ist an seiner Stelle berechtigt, die Eröffnung des Gesellschaftsinsolvenzverfahrens zu beantragen; eine Antragspflicht endet. Für die Koordinierung bedeutet das: Bei der GmbH & Co. KG sind die Anträge nicht mehr zwingend gleichgeschaltet; bei den anderen Gesellschaftsformen liegt die Entscheidung beim Verwalter

IV. Zwischenfazit

Die Insolvenzanträge können dabei helfen, die einzelnen Verfahren zu koordinieren; einen echten Gleichlauf können sie aber nur selten herstellen.

115 Vgl. *Göcke*, S. 264 f.
116 Vgl. *Göcke*, S. 264 f.

C. Zuständigkeit

Wer nach der Zuständigkeit eines Gerichts fragt, muss zwischen sachlicher und örtlicher Zuständigkeit unterscheiden. An der sachlichen (Amts- oder Landgericht) ist für das Insolvenzverfahren nicht zu rütteln. Denn gemäß § 2 Abs. 1 InsO sind die Amtsgerichte ausschließlich zuständig. Bei den nachfolgenden Überlegungen kann es deshalb nur um die örtliche Zuständigkeit (welches Amtsgericht) gehen. Für sie gilt nach § 3 Abs. 1 InsO: es kommt entweder auf den allgemeinen Gerichtsstand oder auf den Mittelpunkt einer selbstständigen wirtschaftlichen Tätigkeit an.

I. Gesellschaftsgerichtsstand

Der allgemeine Gerichtsstand einer Gesellschaft richtet sich nach ihrem Sitz. Der Sitz einer OHG oder KG ist für gewöhnlich im Handelsregister eingetragen; ist er das nicht, gilt als Sitz der Ort, an dem die Verwaltung geführt wird.[117] Bei einer BGB-Gesellschaft, die keine Registerpflicht kennt, ist dieser Ort von vorneherein maßgebend. Der Sitz einer Gesellschaft ist bedeutungslos, wenn der Mittelpunkt ihrer wirtschaftlichen Tätigkeit woanders liegt, § 3 Abs. 1 Satz 2 InsO.[118] Hat etwa eine OHG mit Sitz in Hamburg ihre Hauptniederlassung in Lübeck, dann ist örtlich das Amtsgericht Lübeck zuständig. Umstritten ist, ob es sich genauso verhält, wenn die OHG bereits aufgelöst wurde. Einige Obergerichte bejahen dies, sofern sie noch werbend tätig ist.[119] Andere Obergerichte und das Schrifttum ordnen die Abwicklung als wirtschaftliche Tätigkeit ein (sofern sie Außenwirkung hat).[120] Da beides im Kern auf das gleiche hinausläuft, kann festgehalten werden: Das Insolvenzverfahren ist dort zu eröffnen, wo die Gesellschaft ihren Sitz hat oder wo der Mittelpunkt ihrer wirtschaftlichen Tätigkeit liegt.

---

117 Uneinigkeit besteht darüber, ob eine OHG oder KG einen Sitz bestimmen kann, der von diesem Ort abweicht, vgl. Staub/*J. Koch*, § 13 Rn. 44 f.; *ders.*, ZHR 173 (2009), 101 ff.

118 Bei einer BGB-Gesellschaft ist dies ausgeschlossen, bei einer OHG oder KG nur denkbar, wenn sie ihren Sitz frei bestimmen darf, oben Fn. 117.

119 BayObLG NZI 2001, 372, 373; NZI 2004, 90, 91; OLG Schleswig NZI 2004, 264.

120 OLG Braunschweig NZI 2000, 266, 267; OLG Karlsuhe NZI 2004, 262; Jaeger/*Gerhardt*, § 3 Rn. 25; Uhlenbruck/*Pape*, § 3 Rn. 11; K. Schmidt/*Stephan*, § 3 Rn. 6.

II. Gesellschaftergerichtsstand

Die Gleichung Gesellschaftergerichtsstand = Gesellschaftsgerichtsstand wäre wegen des Trennungsprinzips (oben Kapitel 1, B V) falsch. Für die Frage, welches Gericht örtlich zuständig ist, gilt wiederum § 3 Abs. 1 InsO. Maßgebend ist entweder der allgemeine Gerichtsstand oder der Mittelpunkt einer selbstständigen wirtschaftlichen Tätigkeit.

1. Wohnsitz

Der allgemeine Gerichtsstand bestimmt sich bei einer natürlichen Person nach dem Wohnsitz, sonst (etwa bei einer Komplementär-GmbH) nach dem Sitz. Wohnte in dem Beispiel oben Gesellschafter A in Hamburg, Gesellschafter B in Lübeck und Gesellschafter C in Bremen, dann hieße das: für jeden von ihnen ist ein anderes Gericht zuständig; nur B hat den gleichen Gerichtsstand wie die OHG. Schon daran zeigt sich, dass die Zuständigkeit oft verschieden sein wird. Denn außer bei kleinen Familiengesellschaften stimmen Gesellschafterwohnsitz und Gesellschaftssitz selten überein.[121] Kann § 3 Abs. 1 Satz 2 InsO daran etwas ändern? Ist die Gesellschaft der Mittelpunkt einer wirtschaftlichen Tätigkeit ihrer Gesellschafter? Denkbar wären drei Ansätze: sie ist es immer, sie ist es bei persönlicher Haftung oder sie ist es bei Geschäftsführung.

2. Gesellschaftsgerichtsstand bei wirtschaftlicher Tätigkeit?

Für § 71 Abs. 1 KO, die Vorgängerregelung, war es herrschende Meinung, dass der Gesellschaftssitz die gewerbliche Niederlassung der Gesellschafter bildet.[122] Wollte man dies auf § 3 Abs. 1 Satz 2 InsO übertragen, wäre man beim ersten Ansatz, was bedeutete: Gesellschafts- und Gesellschaftergerichtsstand sind identisch. Doch zum einen war die Sichtweise schon damals umstritten – die Gegenauffassung hielt den Wohnsitz für entscheidend;[123] zum anderen darf man sie nicht unbesehen übertragen, weil der Wortlaut heute ein anderer ist. Der Wortlaut lässt zwei unterschiedliche Deutungen zu. Wer in der Fügung

---

121 Für eine GmbH & Co. KG ließe sich nach § 3a InsO ein Gruppengerichtsstand begründen; sie gälte nach § 3e Abs. 2 InsO als Unternehmensgruppe. Die Regelung soll jedoch außer Betracht bleiben, weil sie auf die anderen Personengesellschaften nicht anwendbar ist.

122 Für den geschäftsführenden Gesellschafter OLG Dresden HRR 1937, 1121; Jaeger/*Weber*, KO § 71 Rn. 2; auch für den nicht geschäftsführenden Gesellschafter OLG Düsseldorf, KTS 1978, 181, 182; *Kuhn/Uhlenbruck*, KO § 71 Rn. 3.

123 *Kilger/K. Schmidt*, KO § 71 Anm. 3 mit Verweis auf KG Berlin KuT 1929, 30.

„wirtschaftliche Tätigkeit des Schuldners" den Genetiv betont, kann argumentieren: Ein Gesellschafter handelt nicht für sich selbst, sondern für die Gesellschaft. Diese treffen die Folgen seines Handelns, diese ist es, die wirtschaftlich tätig ist. Handelt der Gesellschafter nicht für sich selbst, kann der Gesellschaftssitz auch nicht Mittelpunkt „seiner" wirtschaftlichen Tätigkeit sein. Es bleibt beim allgemeinen Gerichtsstand.[124] Umgekehrt ließe sich argumentieren: Ein Gesellschafter ist mit einem Einzelkaufmann vergleichbar. Er kann die Geschicke des Unternehmens steuern und er haftet für die Unternehmensschulden mit seinem Privatvermögen. In die Insolvenzmasse fällt zwar nicht das Unternehmen, sondern nur sein Gesellschaftsanteil. Gleichwohl genügt dies, um einen Bezug zum Sitz der Gesellschaft (des Unternehmens) herzustellen. Die Insolvenz hat nämlich meist mit dem Scheitern des Unternehmens zu tun (oben A II 2). Sie am Unternehmenssitz abzuwickeln wäre daher folgerichtig.[125]

Für die erste Deutung spricht, dass die alte Gesamthandslehre langsam aus den Köpfen verschwindet. Unter ihr wäre es einfacher gewesen, den Gesellschaftern die wirtschaftliche Tätigkeit zuzuschreiben. Doch seit die Verselbstständigung der Gesellschaft voranschreitet, ist es durchaus plausibel, diese als den maßgebenden Akteur anzusehen. Gleichwohl wäre es zu kurz gedacht, die wirtschaftliche Tätigkeit der Gesellschafter zu verneinen; denn mittelbar können sie an Gewinn und Verlust der Gesellschaft beteiligt sein. Davon abgesehen werden sie sich selten um der Gemeinschaft willen verbinden. In der Regel geht es ihnen darum, einen Gewinn zu erzielen. Und die Absicht, einen Gewinn zu erzielen, ist das entscheidende Merkmal einer wirtschaftlichen Tätigkeit. Die wirtschaftliche Tätigkeit muss freilich eine selbstständige sein. Das setzt in diesem Kontext voraus, dass die Gesellschafter Einfluss auf die Geschicke der Gesellschaft haben und dass ihnen deren Handeln vermögens- und haftungsrechtlich zuzurechnen ist.[126] Die Voraussetzung schränkt ein. Nicht jeder Gesellschafter hat Einfluss auf die Geschicke der Gesellschaft und nicht jeder Gesellschafter ist an Gewinn und Verlust beteiligt. Ein Kommanditist zum Beispiel ist weder zur Geschäftsführung noch zur Vertretung befugt; er haftet außerdem beschränkt. Ein Komplementär oder ein Gesellschafter einer OHG haftet zwar persönlich; er kann aber von der Geschäftsführung und von der Vertretung ausgeschlossen sein. Daraus folgt: für einen persönlich haftenden Gesellschafter, der die Geschäfte führt, kann der Gesellschaftssitz den Mittelpunkt einer selbstständigen wirtschaftlichen

124 Vgl. Jaeger/*Gerhardt*, § 3 Rn. 28.
125 Vgl. Jaeger/*Gerhardt*, § 3 Rn. 29.
126 Vgl. MünchKomm-InsO/*Ganter*/*Lohmann*, § 3 Rn. 15; Uhlenbruck/*Pape*, § 3 Rn. 10.

Tätigkeit bilden.[127] Für die übrigen ist zu überlegen, ob nicht eines von beiden genügt, die persönliche Haftung oder die Geschäftsführung.

3. Gesellschaftsgerichtsstand bei persönlicher Haftung?

Die persönliche Haftung ist entscheidend, wenn ein Gesellschafter (vertraglich) auf die Geschäftsführung verzichtet hat. Reicht sie alleine aus, um eine selbstständige wirtschaftliche Tätigkeit zu begründen? Nach Meinung Einzelner: ja.[128] Es komme nicht darauf an, dass der Gesellschafter die Geschäfte führt; denn im einen wie im anderen Fall sei ihm das Handeln der Gesellschaft vermögens- und haftungsrechtlich zuzurechnen. Nach herrschender Meinung: nein.[129] Der Gesellschafter müsse seine organschaftliche Befugnis ausüben; überlässt er sie einem anderen und verwaltet er nur seinen Anteil, sei er nicht mehr selbstständig. – An der herrschenden Meinung ist richtig, dass Selbstständigkeit Einfluss erfordert. Der Gesellschafter hat keinen Einfluss, weshalb es naheliegt, ihm die Selbstständigkeit abzusprechen. Allerdings ist der Schluss nicht zwingend. Wenn man etwa auf den Einzelkaufmann schaut, so stellt man fest, dass auch dieser seine Geschäfte einem anderen überlassen kann; auch dieser kann seinen Einfluss schmälern, ohne dass die Selbstständigkeit verloren ginge. Warum soll das bei einem Gesellschafter anders sein? Das wäre vor allem dann bedenklich, wenn man ihn mit der (noch) herrschenden Meinung als Kaufmann ansieht.[130] Doch auch wenn man ihn nicht als Kaufmann ansieht, ist der Gedanke der gleiche: der Gesellschafter mag anderen seine organschaftliche Befugnis überlassen; sein unternehmerisches Risiko bleibt bestehen.[131] Das rechtfertigt es, ihn einem geschäftsführenden Gesellschafter gleichzustellen.

---

127 Einhellige Meinung, vgl. KG Berlin ZIP 2000, 1170, 1172; HK-InsO/*Sternal* § 3 Rn. 14; Uhlenbruck/*Pape*, § 3 Rn. 10; K. Schmidt/*Stephan*, § 3 Rn. 6; *Bork*, Rn. 51.

128 Jaeger/*Gerhardt*, § 3 Rn. 30; *Uhlenbruck/Delhaes*, Rn. 149.

129 MünchKomm-InsO/*Ganter/Lohmann*, § 3 Rn. 15 und die in Fn. 127 Genannten. Allerdings unterscheiden nicht alle zwischen der selbstständigen Tätigkeit und dem Mittelpunkt eben jener Tätigkeit; oft ist beides eins.

130 Komplementäre und Gesellschafter einer OHG sind nach herrschender Meinung Kaufleute, vgl. etwa BGHZ 34, 293, 296; Ebenroth/Boujong/Joost/Strohn/*Kindler*, § 1 Rn. 86; anders MünchKomm-HGB/*K. Schmidt*, § 1 Rn. 67; *ders.*, HandelsR § 4 IV 1: „Kaufmann" ist nur die Gesellschaft; ihm folgend Baumbach/Hopt/*Hopt*, § 1 Rn. 49 f.; Oetker/*Körber*, § 1 Rn. 90; Ebenroth/Boujong/Joost/Strohn/*Wertenbruch*, § 105 Rn. 148.

131 Vgl. OLG Düsseldorf KTS 1978, 181, 182; Jaeger/*Gerhardt*, § 3 Rn. 30.

Die Deutung entspräche dem Zweck des § 3 InsO. Der Zweck besteht darin, das Insolvenzverfahren dort abzuwickeln, wo der Schuldner sein Vermögen hat und wo seine Gläubiger sind. Das Vermögen eines Gesellschafters wird selten am Sitz der Gesellschaft liegen (oben 1); die Insolvenz ist aber meist auf das Scheitern des Unternehmens zurückzuführen (oben A II 2), was bedeutet: seine Gläubiger sind überwiegend Gesellschaftsgläubiger. Es wäre daher sinnvoll, das Insolvenzverfahren am Sitz der Gesellschaft abzuwickeln.[132]

4. Gesellschaftsgerichtsstand bei Geschäftsführung?

Die Geschäftsführung ist entscheidend, wenn (ausnahmsweise[133]) ein Kommanditist ermächtigt wurde, die Geschäfte der KG zu führen. Weil er nicht persönlich haftet, ließe sich eine selbstständige wirtschaftliche Tätigkeit nur mit ihr begründen. Ist das genug? Nach dem Vorstehenden lautet die Antwort nein. Der Kommanditist hat zwar Einfluss auf die Geschicke der Gesellschaft;[134] das Handeln der KG ist ihm aber weder vermögens- noch haftungsrechtlich zuzurechnen. Die Einlage, die er geleistet hat, begrenzt Gewinn und Verlust (vgl. § 167 Abs. 2 und 3 HGB) und sie befreit ihn von der persönlichen Haftung (vgl. § 171 Abs. 1 HGB). Selbstständigkeit mag ohne Einfluss denkbar sein, ohne unternehmerisches Risiko ist sie es nicht. Das heißt: für einen Kommanditisten bleibt es beim allgemeinen Gerichtsstand. Da seine Insolvenz in der Regel private Gründe hat, ist das auch richtig.

III. Zwischenfazit

Zusammengefasst ist das Gesellschaftsinsolvenzverfahren dort zu eröffnen, wo die Gesellschaft ihren Sitz oder den Mittelpunkt ihrer wirtschaftlichen Tätigkeit hat. Der allgemeine Gerichtsstand eines Gesellschafters (sein Wohnsitz) stimmt damit selten überein; ein Bezug lässt sich aber durch die persönliche Haftung

---

132 Vgl. Uhlenbruck/*Pape*, § 3 Rn. 2: „Die Gläubiger sollen die Befriedigung (…) dort suchen, wo sie ihr Vertrauen gelassen haben."

133 Ein Kommanditist ist nach den §§ 164 Satz 1, 170 HGB von der Geschäftsführung und von der Vertretung ausgeschlossen. Im Gesellschaftsvertrag kann aber geregelt sein, dass er die Geschäfte der KG führt und sie vertritt, vgl. dazu MünchKomm-HGB/*Grunewald*, § 164 Rn. 22 und § 170 Rn. 12 f.

134 Der Einfluss ist indes begrenzt: Auch wenn alle Komplementäre von der Geschäftsführung ausgeschlossen oder an die Weisungen des Kommanditisten gebunden sind, steht ihnen ein Widerspruchsrecht zu, vgl. MünchKomm-HGB/*Grunewald*, § 164 Rn. 23 m.w.N.; anders etwa BGHZ 17, 392, 394; 51, 198, 201; Staub/*Schilling*, § 164 Rn. 8.

herstellen: Für einen Gesellschafter, der persönlich haftet, kann die Gesellschaft der Mittelpunkt einer wirtschaftlichen Tätigkeit sein. Sie ist es nicht, wenn der Gesellschafter an mehreren Gesellschaften beteiligt ist. Dann bleibt es bei seinem Wohnsitz. Daraus folgt: Gesellschafts- und Gesellschaftergerichtsstand können identisch sein, müssen es aber nicht.

D. Masselosigkeit

Der nächste Abschnitt, die Masselosigkeit, hat auf den ersten Blick recht wenig mit der Koordinierung zu tun. Worum geht es also? Es geht kurz gesagt darum, dass ein Verfahren eröffnet, ein anderes mangels Masse abgelehnt werden kann; denn ein Verfahren wird nach § 26 Abs. 1 Satz 1 InsO nur eröffnet, wenn das Vermögen ausreicht, um dessen Kosten zu decken. Bei der Doppelinsolvenz wäre denkbar, dass entweder das Vermögen der Gesellschaft unzulänglich ist oder das Vermögen der Gesellschafter; das eine Verfahren könnte eröffnet werden, das andere nicht. Freilich könnte sich auch später noch herausstellen, dass das Vermögen nicht genügt. Das betroffene Verfahren wäre dann gemäß § 207 Abs. 1 Satz 1 InsO einzustellen.

Die Ablehnung oder Einstellung eines Verfahrens wäre ungünstig, weil beide Verfahren zusammengehören. Außerdem wäre es bedauerlich, wenn die Eröffnung des Gesellschaftsinsolvenzverfahrens abgelehnt würde, obwohl die Gesellschafter über genügend Vermögen verfügen. Es ist deshalb zu überlegen, ob Gesellschaft und Gesellschafter nicht wechselseitig zur Kostentragung verpflichtet sind.

I. Gesellschaftsinsolvenz

Auf die Idee, die Gesellschafter für die Kosten des Gesellschaftsinsolvenzverfahrens haften zu lassen, kann leicht verfallen, wer die Gesetzesbegründung liest.[135] Dort heißt es zu § 93 InsO: „Zugleich wird durch die neue Regelung ein Beitrag zur Überwindung der Massearmut (…) geleistet: Es wird verhindert, dass der Antrag auf Eröffnung des Insolvenzverfahrens über das Vermögen einer Gesellschaft mangels Masse abgewiesen werden muss, obwohl ein persönlich haftender Gesellschafter über ausreichendes Vermögen verfügt." Einige Autoren verstehen dies wörtlich und nehmen die Gesellschafter in die Pflicht.[136] Das ist aber etwas voreilig. Denn zum einen bezieht sich das Zitat auf einen

135 Begr. zu § 105 RegE, BR-Drs. 1/92, S. 139 f.

136 Vgl. etwa MünchHdbGesR I/*Butzer*/*Knof*, § 85 Rn. 71.

Nebenzweck („zugleich"); es drückt mehr eine Hoffnung und weniger einen Willen des Gesetzgebers aus.[137] Zum anderen soll die Haftung der Gesellschafter nicht erweitert werden. Zwei Absätze weiter heißt es nämlich: „Im Ergebnis sollen die persönlich haftenden Gesellschafter (...) nicht schlechter gestellt werden, als sie nach geltendem Recht stehen". Es hängt demnach alles von der Frage ab, ob die Verfahrenskosten unter § 128 HGB fallen.

1. *Persönliche Haftung für Verfahrenskosten?*

Nach einer Mindermeinung ist die Frage zu bejahen.[138] Die Gesellschafter hätten die Gerichtskosten und die Verwaltervergütung zu tragen, weil sie für die schlechte Lage der Gesellschaft verantwortlich seien und weil der Insolvenzverwalter mit der Liquidation eine Aufgabe übernehme, die an sich ihnen obläge. Eine Ausnahme sei für die Vergütung des Gläubigerausschusses zu machen; auf dessen Einsetzung hätten sie nämlich keinen Einfluss. Der BGH und das überwiegende Schrifttum lehnen eine Haftung ab.[139] Die Verfahrenskosten seien darauf angelegt, aus dem Vermögen des Schuldners beglichen zu werden. Auch in der Einzelvollstreckung sei für § 788 ZPO nur das (pfändbare) Vermögen des Schuldners maßgebend.

Die Argumente der Mindermeinung können nicht überzeugen. Es lässt sich zwar nicht bestreiten, dass die Gesellschafter für die schlechte Lage der Gesellschaft verantwortlich sind – sie haben die wirtschaftlichen Entscheidungen getroffen. Doch genau aus diesem Grund haften sie persönlich und sind sie nicht zum Antrag für die Gesellschaft verpflichtet (oben B I 2). Eine Pflicht, die Kosten des Verfahrens zu tragen, wäre damit nur schwer zu vereinbaren. Die Aufgabe des Insolvenzverwalters ist auch nicht mit einer gesellschaftsrechtlichen Liquidation zu vergleichen.[140] Das zeigt sich schon daran, dass er das Unternehmen über einen längeren Zeitraum fortführen kann; außerdem haftet er, wenn er eine Gesellschaft trotz fehlender Masse abwickelt.[141] Das entscheidende Argument jedoch liefert der BGH, wenn er feststellt, dass die Verfahrenskosten darauf

137 Vgl. *Häsemeyer*, Rn. 31.16: „Hoffnung des Gesetzgebers"; ähnlich *Marotzke*, ZinsO 2008, 57, 59: „(...) ‚Hoffnung' der Entwurfsverfasser, die zwar bei der Auslegung wohlwollend zu berücksichtigen, aber letztlich nicht bindend ist".

138 Gottwald/*Haas*/*Mock*, § 94 Rn. 49; Jaeger/*H.-Fr. Müller*, § 93 Rn. 44 ff.

139 BGH ZIP 2009, 2204, 2207 f.; Ebenroth/Boujong/Joost/Strohn/*Hillmann*, § 128 Rn. 68 f.; Uhlenbruck/*Hirte*, § 93 Rn. 37; MünchKomm-HGB/*K. Schmidt*, § 128 Rn. 81; *Brinkmann*, S. 102 f.; *Göcke*, S. 130 ff.; *Häsemeyer*, Rn. 12.05; *Oepen*, S. 94 f. und 102

140 Vgl. *Marotzke*, ZInsO 2008, 57, 59 f.

141 Vgl. *Marotzke*, ZInsO 2008, 57, 60.

angelegt sind, allein aus dem Vermögen des Schuldners beglichen zu werden. Was sich dahinter verbirgt, ist nichts anderes als das Trennungsprinzip, das es verbietet, das Gesellschaftervermögen als Teil des Gesellschaftsvermögens anzusehen (oben Kapitel 1, B V). Darüber setzte sich hinweg, wer die Gesellschafter für die Kosten des Gesellschaftsverfahrens haften lässt. Bei der Doppelinsolvenz kommen zwei weitere Aspekte hinzu. Zum einen würde eine Haftung die Privatgläubiger der Gesellschafter benachteiligen; ihre Haftungsmasse würde dazu verwendet, um das Insolvenzverfahren eines Dritten zu finanzieren.[142] Zum anderen wäre der Anspruch eine reine Insolvenzforderung, weil sich der Rang der Verfahrenskosten nicht auf die Gesellschafterinsolvenz übertragen lässt; Details in Kapitel 4 unter B II.

Zusammengefasst: Die Gesellschafter sind nicht verpflichtet, für die Kosten des Gesellschaftsinsolvenzverfahrens einzustehen. Ob das auch für die sonstigen Masseverbindlichkeiten (§ 55 InsO) gilt, wird noch an anderer Stelle zu erörtern sein, nämlich in Kapitel 3 unter E II 2.

2. *Entnahmerecht des Insolvenzverwalters?*

Die Gesellschafter haften zwar nicht für die Verfahrenskosten; denkbar wäre aber, ihre persönliche Haftung in der Eröffnungsbilanz der Gesellschaft zu aktivieren und dem Insolvenzverwalter ein Entnahmerecht zu gewähren. Der Gedanke ist schnell erklärt: Beim „Vermögen des Schuldners" nach § 26 Abs. 1 Satz 1 InsO wird nicht nur das Gesellschaftsvermögen angesetzt, sondern auch die persönliche Haftung der Gesellschafter. Wird das Verfahren dann eröffnet, darf der Insolvenzverwalter die Kosten (vorab) aus der Sondermasse entnehmen, die er für die persönliche Haftung bildet;[143] die Sondermasse muss er später wieder auffüllen. Das Vorstehende ist die Auffassung des AG Hamburg und eines Teils der Literatur.[144] Während das AG dem Insolvenzverwalter ein unbegrenztes Entnahmerecht gewährt,[145] möchte *Marotzke* es analog § 170 Abs. 1 Satz 1 InsO auf einen bestimmten Prozentsatz beschränken und das auch nur, wenn es erforderlich ist.[146]

---

142 Vgl. *Göcke*, S. 131.

143 Vgl. Kapitel 3, D V 1 d aa (1) und Kapitel 4, A II 2.

144 AG Hamburg, ZIP 2007, 2428, 2429; MünchKomm-InsO/*Brandes*/*Gehrlein*, § 93 Rn. 10; *Noack*, Gesellschaftsrecht, Rn. 455; *Heitsch*, ZInsO 2008, 793, 794 f.; *Marotzke*, ZInsO 2008, 57, 62 ff.; *Pohlmann*, ZInsO 2008, 21, 22 ff.;

145 AG Hamburg, ZIP 2007, 2428, 2429; zustimmend *Heitsch*, ZInsO 2008, 793, 794 f.; *Pohlmann*, ZInsO 2008, 21, 22 ff.; kritisch *Floeth*, EWiR 2008, 281, 282.

146 *Marotzke*, ZInsO 2008, 57, 62 f.

Der Gedanke leuchtet ein: Die persönliche Haftung wird aktiviert, um das Gesellschaftsinsolvenzverfahren zu eröffnen, und sie wird eingesetzt, um es zu finanzieren. Meist ist es nämlich so, dass der Insolvenzverwalter im eröffneten Verfahren Masse generieren kann. Er kann zum Beispiel die Erfüllung vorteilhafter Verträge verlangen oder Gegenstände, an denen ein Sicherungsrecht besteht, weiter nutzen (§§ 103 ff., 172 InsO); er kann nachteilige Rechtshandlungen anfechten oder bestimmte Gegenstände zurückfordern (§§ 129 ff., 88 InsO). Mit dem Neuerwerb gleicht der Insolvenzverwalter seine Entnahme wieder aus. Für die Gesellschafter ändert das nichts. Sie sind im Umfang ihrer Leistung von der persönlichen Haftung frei geworden.[147] Für die Gesellschaftsgläubiger ist der Unterschied ein kleiner: sie können nicht sofort die Auszahlung verlangen, sondern erst später.

Die Begründung des Gedankens ist schwierig. Vergleichsweise einfach wäre noch die Frage zu beantworten, warum in der Eröffnungsbilanz der Gesellschaft die persönliche Haftung der Gesellschafter zu berücksichtigen sein sollte: Der Wortlaut des § 26 Abs. 1 Satz 1 InsO ist zwar eindeutig; die Hoffnung des Gesetzgebers ist aber eine andere. Die Regelung ließe sich daher erweiternd auslegen; der zu enge Wortlaut als ein Redaktionsversehen abtun. Denkbar wäre auch eine teleologische Reduktion. Die Regelung ginge zu weit, wenn sie eine Ablehnung des Verfahrens forderte, obwohl die Gesellschafter genügend Vermögen haben.[148] Schwieriger ist es beim Entnahmerecht. Weder im Gesetz noch in dessen Begründung findet man einen Anhaltspunkt dafür, dass dem Insolvenzverwalter ein solches Recht zustehen könnte. Das AG Hamburg stützt seine Auffassung auf die Ordnungsfunktion des Insolvenzverfahrens. Damit meint es offenbar, dass das Verfahren nötig ist, um den Markt zu bereinigen, und dass es diese Funktion nicht erfüllen kann, wenn es wegen Masselosigkeit abgelehnt wird.[149] Dem Verwalter stehe deshalb ein Entnahmerecht zu; das Interesse der Gesellschaftsgläubiger an einer uneingeschränkten Auszahlung trete zurück.[150] *Marotzke* wählt einen anderen Ansatz. Seiner Auffassung nach folgt das Entnahmerecht aus

---

147 Vgl. MünchKomm-InsO/*Brandes*/*Gehrlein*, § 93 Rn. 10.

148 Vgl. *Göcke*, S. 136 f.; *Pohlmann*, ZInsO 2008, 21, 22. Eine Auslegung oder eine Reduktion wäre schon deshalb nötig, weil die persönliche Haftung kein „Anspruch" der Gesellschaft ist; Ergebnis wäre eine „konsolidierte" Eröffnungsbilanz. Fraglich ist jedoch, ob sich eine Auslegung oder eine Reduktion mit einer bloßen Hoffnung des Gesetzgebers begründen lässt (vgl. oben Fn. 137); verneinend *Floeth*, EWiR 2008, 281, 282.

149 Ausführlich zu dieser Deutung *Göcke*, S. 138 ff.

150 AG Hamburg, ZIP 2007, 2428, 2429.

einer Analogie zu § 170 Abs. 1 Satz 1 InsO: Wie bei der Sicherungszession werde der Insolvenzverwalter in fremdem Interesse tätig, wenn er die persönliche Haftung geltend mache. Er könne deshalb eine Pauschale von 9% einbehalten.[151] Das könne er aber nur, bis neue Masse vorhanden sei.[152]

Die beiden Ansätze stehen auf wackeligen Beinen. Beim Analogieschluss ist fraglich, ob überhaupt eine Regelungslücke besteht. Das ist zu verneinen, weil das Gesetz für die persönliche Haftung keine Verteilungsregel enthält; es geht vielmehr davon aus, dass die einzelnen Beträge ungeschmälert an die Gesellschaftsgläubiger auszuzahlen sind.[153] Auch die Interessenlage ist eine andere: Bei § 170 InsO geht es um die Kosten einer Verwertungshandlung, beim Entnahmerecht um die Kosten des gesamten Verfahrens.[154] Der Schluss vom einen auf das andere ist gewagt. Bei der Ordnungsfunktion verhält es sich ähnlich. Sie ist nebulös und nirgendwo im Gesetz verankert. Doch es lässt sich wenigstens behaupten, dass das Insolvenzverfahren eine solche Funktion erfüllt.[155] Es ist außerdem plausibel, das öffentliche Interesse an der Funktion höher zu gewichten als das private Interesse an der uneingeschränkten Auszahlung. Die Ordnungsfunktion wäre deshalb noch am ehesten in der Lage, das Entnahmerecht zu begründen. Wer ein Entnahmerecht befürworten will, sollte aber auch die Nachteile bedenken: Stellt sich etwa heraus, dass der Insolvenzverwalter nicht genügend Masse generieren kann, würde man von den Gesellschaftsgläubigern ein Sonderopfer verlangen; man würde von ihnen verlangen, dass sie auf einen Teil der persönlichen Haftung verzichten.[156] Nun ist ein Sonderopfer dem Insolvenzrecht nicht fremd, wie noch in Kapitel 5 unter C II 2 zu sehen sein wird. Das kann aber so weit gehen, dass der Insolvenzverwalter nicht einmal einen Bruchteil der Kosten in die Sondermasse zurückerstatten kann und dass das Verfahren schon nach kurzer Zeit wieder eingestellt werden muss.[157] Man möchte vielleicht nach der Haftung des Insolvenzverwalters rufen und ihn für den Fehlbetrag einstehen lassen, doch darin sind sich die Vertreter des Entnahmerechts einig: Der Insolvenzverwalter

---

151 *Marotzke*, ZInsO 2008, 57, 62.

152 *Marotzke*, ZInsO 2008, 57, 62 f.

153 Vgl. *Göcke*, S. 143.

154 Vgl. *Floeth*, EWiR 2008, 281, 282.

155 Vgl. *Gerhardt*, FS Weber, S. 181, 188; einschränkend *Häsemeyer*, Rn. 5.01: Die Funktion besteht nur „reflexartig"; kritisch *Bork*, ZIP 2008, 1041: „Modebegriff".

156 Vgl. *Göcke*, S. 140; *Pohlmann*, ZInsO 2008, 21, 24.

157 Vgl. *Göcke*, S. 140.

haftet nie persönlich, wenn der vorstehende Fall eintritt.[158] Haftete er, würde er niemals die Eröffnung des Verfahrens empfehlen;[159] er müsste stets befürchten, nicht genügend Masse auftreiben zu können und nach den §§ 60 f. InsO in Anspruch genommen zu werden. Daraus folgt: Ein Entnahmerecht ist nicht nur schwierig zu begründen; es birgt auch ein (erhebliches) Risiko.

Damit ist festzuhalten: Es ist (theoretisch) möglich, die persönliche Haftung in der Eröffnungsbilanz der Gesellschaft zu „aktivieren" und dem Insolvenzverwalter ein Entnahmerecht zu gewähren. Das erste könnte mit der erweiternden Auslegung des § 26 Abs. 1 Satz 1 InsO begründet werden, das zweite mit der Ordnungsfunktion des Insolvenzverfahrens. Allerdings ist Vorsicht geboten. Eine Eröffnung sollte unterbleiben, wenn die Gesellschaft kein nennenswertes Eigenvermögen hat; dann nämlich ist es wahrscheinlich, dass die Gesellschafter doch die Verfahrenskosten tragen, was nach I 1 gerade ausgeschlossen ist.

II. Gesellschafterinsolvenz

Wer nach der Kostenlast in der Gesellschafterinsolvenz fragt, kann nicht in gleicher Weise argumentieren: Die Haftung der Gesellschaft wird nicht über das Vermögen des Gesellschafters abgewickelt; das bedeutet, sie lässt sich nicht aktivieren und sie kann auch kein Entnahmerecht gewähren. Die einzige Möglichkeit besteht darin, die Kosten unter § 110 HGB zu fassen. Begründen ließe sich das so: Der Gesellschafter hat gegen die Gesellschaft einen Regressanspruch, wenn er deren Verbindlichkeiten erfüllt. Fallen die Verfahrenskosten an, weil er für die Verbindlichkeiten einstehen muss, dann sind ihm diese Kosten „in Gesellschaftsangelegenheiten" entstanden. Er kann von der Gesellschaft Ersatz verlangen.[160] Man möchte vielleicht einwenden, dass der Gesellschafter ausscheidet und deshalb keinen Anspruch hat. Doch zum einen ist zweifelhaft, ob er tatsächlich ausscheidet (unten Kapitel 3, D); zum anderen ändert dies nichts daran, dass die Ursache der Kosten in den Verbindlichkeiten der Gesellschaft liegt – jedenfalls bei der Unternehmensinsolvenz, die den Regelfall bildet (oben A II). Eine Subsumtion der Kosten der Gesellschafterinsolvenz unter die Regelung des § 110 HGB wäre daher möglich.

---

158 Vgl. MünchKomm-InsO/*Brandes*/*Gehrlein*, § 93 Rn. 10; *Pohlmann*, ZInsO 2008, 21, 23 f.; einschränkend *Marotzke*, ZInsO 2008, 57, 63: Der Verwalter haftet nach den §§ 60 f. InsO, wenn er die 9%-Grenze überschreitet.

159 Vgl. *Göcke*, S. 140 f.

160 Vgl. *Göcke*, S. 265.

Indes wäre ein Ersatzanspruch nur hilfreich, wenn die Gesellschaft solvent ist. Dann könnte er die Gesellschafterinsolvenz finanzieren helfen, wäre umgekehrt aber auch eine (erhebliche) Belastung für das Gesellschaftsvermögen. Der Anspruch wäre dagegen nutzlos, wenn die Gesellschaft insolvent ist. Er wäre eine einfache Insolvenzforderung (unten Kapitel 4, B II), was bedeutet: der Gesellschafter erhielte lediglich eine Quote, die kaum ausreichen dürfte, um die Verfahrenskosten zu decken. Davon abgesehen wäre zweifelhaft, ob sich eine Einstandspflicht mit dem Trennungsprinzip vereinbaren ließe.[161]

III. Zwischenfazit

Eine wechselseitige Finanzierung von Gesellschafts- und Gesellschafterinsolvenz entspräche dem Gedanken einer Unternehmensinsolvenz. De lege lata lässt sich dies jedoch nicht begründen. Allein die „Aktivierung" der persönlichen Haftung und ein Entnahmerecht des Insolvenzverwalters wären (mit Einschränkungen) denkbar.

E. Insolvenzverwaltung

Als nächstes soll der Frage nachgegangen werden, ob das Gericht alle Verfahren in die Hände eines Verwalters legen darf. Dafür spräche, dass alle die gleiche Ursache haben; dass sie für gewöhnlich auf einer „Unternehmensinsolvenz" beruhen. Davon abgesehen hätte die Bestellung eines „Unternehmensinsolvenzverwalters" mehrere Vorteile: Zum einen müsste sich nur eine Person in die wirtschaftlichen Verhältnisse einarbeiten; der Zeitaufwand verringerte sich erheblich. Zum anderen wären ihr die Zusammenhänge bekannt, was eine koordinierte Abwicklung oder Reorganisation erleichterte.[162]

Ausgangspunkt der Überlegungen muss wieder das Trennungsprinzip sein: An sich ist für jedes Verfahren ein eigener Verwalter zu bestellen. Das schließt aber nicht aus, dass alle Aufgaben von einer Person übernommen werden. Maßgebend sind die Anforderungen, die an die Person des Insolvenzverwalters zu stellen sind.

---

161 Vgl. *K. Schmidt*, GmbHR 2002, 1209, 1213.

162 Vgl. zu ähnlichen Überlegungen bei der Konzerninsolvenz *Eidenmüller*, ZHR 169 (2005), 528, 541.

I. Allgemeines

Die InsO gibt für die Bestellung eines Insolvenzverwalters wenig vor. In § 56 Abs. 1 Satz 1 heißt es dazu lediglich: „Zum Insolvenzverwalter ist eine für den jeweiligen Einzelfall geeignete, insbesondere geschäftskundige und von den Gläubigern und dem Schuldner unabhängige natürliche Person zu bestellen".[163] – Dass die Person geschäftskundig sein muss, versteht sich von selbst; dass sie unabhängig sein muss, hat mit der Verwaltung fremden Vermögens zu tun; dass sie keine juristische Person sein darf, soll ein Auswechseln des verantwortlichen Organs verhindern. Hier ist vor allem das zweite Merkmal von Interesse. Doch was genau meint das Gesetz, wenn es von der Unabhängigkeit des Insolvenzverwalters spricht?

1. Unabhängigkeit

Die Unabhängigkeit soll sicherstellen, dass der Insolvenzverwalter die Interessen der Beteiligten angemessen wahrnimmt.[164] Er soll keinem von ihnen Sondervorteile gewähren, wobei es für eine Ablehnung schon genügt, wenn ein solches Verhalten zu besorgen ist.[165] Die Gründe können vielfältig sein. Bedenken bestehen etwa, wenn der Insolvenzverwalter dem Schuldner bei einem Insolvenzplan behilflich war oder wenn er ihn außergerichtlich beraten hat. Im ersten Fall ist er nach herrschender Meinung für die Aufgabe geeignet, im zweiten Fall nicht.[166] Bedenken bestehen auch bei wirtschaftlichen Verflechtungen oder bei Gläubigerpools. In beiden Fällen ist die Unabhängigkeit zu verneinen.[167] Allgemein könnte man formulieren: Die Person des Verwalters darf weder den Schuldner- noch den Gläubigerinteressen besonders zugeneigt sein.

---

163 Sieht man von diesen inhaltlichen Vorgaben ab, haben auch die Gläubiger einen gewissen Einfluss: Der Gläubigerausschuss kann sich zu den Anforderungen und zur Person des Verwalters äußern (§ 56a Abs. 1, Abs. 2 Satz 1 InsO); die Gläubigerversammlung kann an Stelle des bestellten Verwalters einen anderen wählen (§ 57 InsO).

164 Allgemein gesprochen soll die Unabhängigkeit das Vertrauen in die Rechtspflege schützen, näher *Laukemann*, S. 66 f.; *Prütting*, ZIP 2002, 1965, 1965 f.; zu verfassungsrechtlichen Implikationen *Schumann*, FS Geimer, S. 1043, 1048 ff.

165 Kübler/Prütting/Bork/*Lüke*, § 56 Rn. 48.

166 Einzelheiten bei MünchKomm-InsO/*Graeber*, § 56 Rn. 28 ff.

167 Die Unabhängigkeit eines Poolverwalters ist umstritten, vgl. dazu *Graeber*, NZI 2002, 345, 348 ff.; *Lüke*, ZIP 2003, 557, 563 ff.; *Riggert*, NZI 2002, 352, 355 ff.

2. *Kein Interessenkonflikt*

Oft ist es noch ein anderer Gedanke, der Zweifel an der Unabhängigkeit weckt: der Interessenkonflikt. Es besteht weithin Einigkeit, dass § 181 BGB auch für einen Insolvenzverwalter gilt und dessen Unabhängigkeit näher konturiert.[168] Dabei geht es weniger um Insichgeschäfte als vielmehr um den Zweck der Regelung, der darin liegt, Konflikte zu vermeiden, die bei der „Vertretung" verschiedener Interessen entstehen.[169] Ist absehbar, dass der Insolvenzverwalter einem Interessenkonflikt unterliegt, darf er nicht bestellt werden; er ist ungeeignet.

II. Einheitlicher Unternehmensinsolvenzverwalter?

Ist es nach dem Vorstehenden möglich, einen Unternehmensinsolvenzverwalter zu bestellen? Ein erster Anhaltspunkt findet sich in § 56b InsO, der seit 21.04.2018 in Kraft ist und einen ähnlich Fall regelt: Nach Abs. 1 Satz 1 haben sich die Gerichte bei einer Konzerninsolvenz „darüber abzustimmen, ob es im Interesse der Gläubiger liegt, lediglich eine Person zum Insolvenzverwalter zu bestellen".[170] Die Vorschrift setzt voraus, dass ein und dieselbe Person mehrere (zusammenhängende) Verfahren übernehmen darf.[171] Sie erteilt indes keinen Freibrief. In Satz 2 heißt es nämlich weiter: Es ist „insbesondere zu erörtern, ob diese Person alle Verfahren (...) mit der gebotenen Unabhängigkeit wahrnehmen kann". Die Bestellung nur eines Verwalters steht demnach unter der Prämisse, dass seine Unabhängigkeit gewahrt ist. In der vorliegenden Konstellation kann nichts anderes gelten.[172]

Bedenken ergeben sich hier, weil die Unabhängigkeit des Verwalters durch verschiedene Interessenkonflikte beeinträchtigt sein könnte. Er wäre zum Beispiel verpflichtet, als Verwalter der Gesellschaft die persönliche Haftung

---

168 BGHZ 113, 262, 270; MünchKomm-BGB/*Schubert*, § 181 Rn. 55. Uneins ist man sich, ob die Regelung direkt oder analog anwendbar ist; die Antwort hängt davon ab, wie man den Insolvenzverwalter rechtlich einordnet, vgl. dazu *M. Schäfer*, S. 32 ff.

169 Neben § 181 BGB sind auch die §§ 41 f. ZPO (analog) anwendbar, vgl. *Lüke*, ZIP 2003, 557, 559 ff.; bei ihnen geht es um Eigeninteressen. Ob darüber hinaus die berufsrechtlichen Regeln (etwa § 43a BRAO) gelten, ist streitig, näher *Prütting*, ZIP 2002, 1965, 1970.

170 Vgl. Gesetz zur Erleichterung der Bewältigung von Konzerninsolvenzen vom 13.4.2017, BGBl. I, S. 866, 867 f.; die Regelungen gelten seit dem 21.4.2018.

171 Vgl. zu den Hintergründen etwa *Verhoeven*, S. 198 ff.

172 Auf eine GmbH & Co. KG wäre § 56b InsO anwendbar, weil sie nach § 3e Abs. 2 InsO als Unternehmensgruppe gilt (oben Fn. 121). Für die folgenden Überlegungen soll das keine Rolle spielen; es geht ohnehin um die Unabhängigkeit.

durchzusetzen oder als Verwalter der Gesellschafter Rückgriffs- und Abfindungsansprüche geltend zu machen. Im Einzelfall müsste er entscheiden, ob er eine vertragliche Beziehung mit einem Gesellschafter fortführt, oder er müsste eine Handlung, die mit einem Gesellschafterdarlehen in Zusammenhang steht, anfechten. In allen diesen Fällen stünde der Verwalter auf beiden Seiten: er müsste Ansprüche oder Rechte geltend machen und sich zugleich dagegen verteidigen. Es liegt auf der Hand, dass das nicht gelingen kann und dass dadurch das Vertrauen in seine Unabhängigkeit Schaden nähme. Die Bestellung eines Unternehmensinsolvenzverwalters käme deshalb nur in Betracht, wenn ausnahmsweise keine Interessenkonflikte zu erwarten sind. Denkbar wäre dies bei einer (typischen) GmbH & Co. KG. Bei ihr sind die Gläubiger der beiden Gesellschaften identisch, was die möglichen Interessenkonflikte reduziert:

Der Unternehmensinsolvenzverwalter wäre im Interesse der KG verpflichtet, die persönliche Haftung geltend zu machen, im Interesse der GmbH, sich dagegen zu verteidigen. An Ersterem führt kein Weg vorbei. An Letzterem zwar auch nicht, die Wahrscheinlichkeit eines Interessenkonflikts ist aber gering. Oft wird es nämlich um Einwendungen gehen, die der KG zustehen (§ 129 HGB). Diese Einwendungen sind ausgeschlossen, wenn der Gläubiger seine Forderung zur Tabelle angemeldet hat.[173] Können sie erhoben werden, darf der Insolvenzverwalter nicht allein gegen die persönliche Haftung vorgehen; er muss die Forderung insgesamt abwehren, weil er dazu im Interesse der (übrigen) Gläubiger gehalten ist. Die Situation ist also keine andere, als würde er nur die Gesellschaftsschuld bestreiten.[174] Ein Interessenkonflikt könnte sich indes abzeichnen, wenn es um Einwendungen der GmbH geht, zum Beispiel um Erlass, Stundung etc. Ein erfolgreiches Bestreiten der persönlichen Haftung hätte zur Folge, dass die Quote des betroffenen Gläubigers sinkt, die Quote der übrigen Gläubiger steigt; denn nur den zuletzt Genannten käme die Sondermasse zugute, die der Insolvenzverwalter aus der persönlichen Haftung bildet. Dass die GmbH eigene Einwendungen hat, wird indes selten sein. Beim Interessenkonflikt ist es genauso. Dreht man die Perspektive um, läge es im Interesse der GmbH, einen Rückgriffs- oder Abfindungsanspruch geltend zu machen, im Interesse der KG, ihn zu bestreiten. Doch auch hier ist ein Interessenkonflikt

173 Genauer: wenn die Forderung eingetragen ist; wenn ihr niemand widersprochen hat. Indes ist streitig, wer widersprechen kann: die vertretungsbefugten oder (auch) die persönlich haftenden Gesellschafter? Details bei Uhlenbruck/*Hirte*, § 93 Rn. 41 f.

174 Dass der Insolvenzverwalter die persönliche Haftung, nicht aber die Gesellschaftsschuld bestreitet, ist im Grunde ausgeschlossen; denn dadurch machte er sich gemäß § 60 InsO schadensersatzpflichtig.

unwahrscheinlich: Einen Rückgriffsanspruch (§ 110 HGB) kann der Insolvenzverwalter nur geltend machen, wenn die GmbH den betroffenen Gläubiger vollständig befriedigt hat; denn sonst würde dessen Forderung doppelt berücksichtigt, was nach § 44 InsO ausgeschlossen ist. Hat sie den Gläubiger vollständig befriedigt, wäre ihr Anspruch eine einfache Insolvenzforderung. Die Quote, die sie darauf erhielte, wäre ein Rechnungsposten, der von ihrer persönlichen Haftung abgezogen wird.[175] Er wirkte sich nicht aus, solange sie keine Privatgläubiger hat.[176] Einen Abfindungsanspruch hat die GmbH nicht, weil sie trotz Insolvenz Komplementärin bleibt; Einzelheiten in Kapitel 3, D IV und V. Ein Anspruch auf Rückgewähr der Einlage steht ihr nicht zu. Schaut man auf gegenseitige Verträge und Anfechtung, stellt man fest: Zwischen der GmbH und der KG werden keine vertraglichen Beziehungen (Kauf, Miete etc.) bestehen, über deren Fortsetzung der Insolvenzverwalter zu entscheiden hätte; die GmbH übt keine eigene Wirtschaftstätigkeit aus. Wäre eine Sanierung ausgeschlossen, würden die beiden Gesellschaften abgewickelt und müssten die vertraglichen Beziehungen ohnehin enden. Die GmbH wird der KG auch kein Darlehen gewährt haben, dessen Besicherung oder Rückzahlung anfechtbar wäre.

Das heißt: Die typische GmbH & Co. KG ist die (einzige) Ausnahme, bei der die Bestellung eines Unternehmensinsolvenzverwalters möglich ist. In den übrigen Fällen sind Interessenkonflikte wahrscheinlich, weshalb eine Person alleine in der Regel ungeeignet ist.

III. Einsatz eines Sonderinsolvenzverwalters?

Ein Unternehmensinsolvenzverwalter könnte dennoch eingesetzt werden, wenn sich die Interessenkonflikte vermeiden ließen. Denkbar wäre dies durch die Bestellung eines Sonderinsolvenzverwalters, der die betroffenen Aufgaben übernimmt. Die Bestellung eines Sonderinsolvenzverwalters ist im Gesetz nicht geregelt – im RegE war sie noch erwähnt, nämlich in § 77; sie hat sich aber nicht durchgesetzt und wurde gestrichen.[177] Gleichwohl ist man sich einig, dass sie

---

175 Einzelheiten bei *Brinkmann*, S. 145 f.; a.A. *Armbruster*, S. 212: Der Gesellschafter darf mit seiner Forderung nicht am Gesellschaftsinsolvenzverfahren teilnehmen, weil er den Betrag, den er erhielte, sofort wieder an den Insolvenzverwalter herausgeben müsste; diesem stehe die dolo-agit-Einrede zu.

176 Hätte die GmbH Privatgläubiger, würde deren Anteil am GmbH-Vermögen größer; der Insolvenzverwalter befände sich in einem Interessenkonflikt.

177 Nach Auffassung des Rechtsausschusses war die Vorschrift überflüssig, weil schon die KO ohne explizite Regelung auskam, vgl. BT-Drs. 12/7302, S. 162.

zulässig ist.[178] Um einen Sonderinsolvenzverwalter bestellen zu können, muss ein wichtiger Grund im Sinne des § 59 Abs. 1 Satz 1 InsO vorliegen; er muss eine (Teil-)Entlassung des regulären Insolvenzverwalters rechtfertigen.[179] Was ein wichtiger Grund ist, verschweigt das Gesetz. Nach dem Zweck der Regelung geht es um einen Pflichtenverstoß, der entweder schon die Bestellung verhindert hätte oder die weitere Verfahrensführung gefährdet.[180] In den Worten des RegE: Ein Sonderinsolvenzverwalter „wird bestellt, soweit der Insolvenzverwalter seine Aufgaben aus tatsächlichen oder rechtlichen Gründen nicht wahrnehmen kann".

In der vorliegenden Konstellation sind die rechtlichen Gründe von Bedeutung. Wie gesehen unterliegt der Unternehmensinsolvenzverwalter für gewöhnlich einem Interessenkonflikt, wenn er mehrere Massen gleichzeitig verwaltet: Er muss die persönliche Haftung der Gesellschafter oder deren Ansprüche gegen die Gesellschaft durchsetzen und sich zugleich dagegen verteidigen; er muss über die Fortsetzung vertraglicher Beziehungen entscheiden, obwohl er beide Seiten „vertritt"; und er muss (Sicherheits-)Leistungen anfechten, die die Gesellschaft an ihre Gesellschafter erbracht hat. All dies ist nicht möglich und analog § 181 BGB verboten. Er ist aus rechtlichen Gründen an der Vornahme entsprechender Handlungen gehindert. Es liegt deshalb nahe, dem Unternehmensinsolvenzverwalter eine weitere Person zur Seite zu stellen. Die Person könnte für die Gesellschafter Einwendungen gegen die persönliche Haftung erheben oder Ansprüche gegen die Gesellschaft geltend machen. Sie könnte auch über die Fortsetzung vertraglicher Beziehungen oder über die Anfechtung gläubigerbenachteiligender Handlungen entscheiden. Allerdings sind zwei Einschränkungen geboten: Für jeden Gesellschafter, den es betrifft, muss ein eigener Sonderinsolvenzverwalter bestellt werden; denn sonst können ähnliche Interessenkonflikte entstehen.[181] Außerdem darf ein Sonderinsolvenzverwalter nur dort eingesetzt werden, wo vereinzelt Hindernisse auftauchen.[182] Er darf nicht zu einem „Schatteninsolvenzverwalter" mutieren und den regulären Insolvenzverwalter ablösen.[183] Dafür ist sein Amt nicht gedacht.

---

178 Allgemeine Meinung, vgl. BGHZ 165, 96, 98; MünchKomm-InsO/*Graeber*, § 56 Rn. 153; K. Schmidt/*Ries*, § 56 Rn. 65; Uhlenbruck/*Zipperer*, § 56 Rn. 57; *Dahl*, ZInsO 2004, 1014; *Graf/Wunsch*, DZWIR 2002, 177, 179 f.; *Kesseler*, KTS 2000, 491, 494 f.

179 *M. Schäfer*, S. 21; *Lüke*, ZIP 2004, 1693, 1696.

180 *M. Schäfer*, S. 22.

181 *M. Schäfer*, S. 22 f.

182 *Graeber/Pape*, ZIP 2007, 991, 992.

183 *Graeber/Pape*, ZIP 2007, 991, 992.

Angesichts der Einschränkungen wäre zu überlegen, ob es im Regelfall nicht klüger ist, verschiedene Personen zu Insolvenzverwaltern zu bestellen. Denn müssen ohnehin mehrere Sonderinsolvenzverwalter eingesetzt werden, gingen die Vorteile wieder verloren, die durch einen Unternehmensinsolvenzverwalter entstünden: Der Zeitaufwand nähme zu, weil sich jede Person in die wirtschaftlichen Verhältnisse einarbeiten müsste, und die Koordinierung würde schwieriger, weil die Personen sich untereinander abstimmen müssten. Eine Ausnahme wäre wieder die typische GmbH & Co. KG. Bei ihr entstehen in der Regel schon keine Interessenkonflikte; entstehen sie doch, sind sie selten. Der Sonderinsolvenzverwalter würde also für das eingesetzt, für das er bestimmt ist: für die Überwindung vereinzelter Hindernisse.

IV. Zwischenfazit

Es ist theoretisch möglich, einen Unternehmensinsolvenzverwalter zu bestellen; das Gesetz lässt es zu. Voraussetzung ist indes, dass die Unabhängigkeit des Verwalters gewahrt bleibt. Das ist bei einer typischen GmbH & Co. KG denkbar, weil die Gläubiger der beiden Gesellschaften identisch sind. Bei anderen Gesellschaften ist es dagegen wahrscheinlich, dass der Verwalter einem Interessenkonflikt unterliegt: Er muss mehrere Massen verwalten und ist dabei den Interessen unterschiedlicher Gläubiger verpflichtet.

Der Interessenkonflikt ließe sich vermeiden, wenn man dem Verwalter einen Sonderinsolvenzverwalter zur Seite stellt. Der Sonderinsolvenzverwalter handelte dort, wo der eigentliche Verwalter verhindert ist; wo dieser einem Interessenkonflikt unterliegt. Der Vorteil, den ein einheitlicher Verwalter hätte, ginge aber mit jedem weiteren Sonderinsolvenzverwalter, der bestellt werden müsste, mehr verloren; denn mit jedem weiteren Sonderinsolvenzverwalter nähme der zeitliche Aufwand zu und die Koordinierung würde schwieriger.

Zusammenfassend ist es eine Frage des Einzelfalls, ob die Bestellung eines Unternehmensinsolvenzverwalters rechtlich zulässig und sinnvoll ist. Die Antwort lautet ja, wenn Interessenkonflikte eher unwahrscheinlich sind.

F. Eigenverwaltung

Eine letzte Möglichkeit, die Verfahren zusammenzuführen, besteht darin, sie alle der Eigenverwaltung zu unterstellen. Das hätte den Effekt, dass die Gesellschafter die Verwaltungs- und Verfügungsbefugnis über ihr eigenes Vermögen und über das Vermögen der Gesellschaft behalten; sie könnten die Gesellschaft in der bisherigen Form fortführen.

Freilich ist es nicht immer erwünscht, dass die Gesellschafter die Kontrolle über die Gesellschaft behalten. Für gewöhnlich waren es ihre Entscheidungen, mit denen sie die Gesellschaft und sich selbst an den wirtschaftlichen Abgrund gebracht haben. Außerdem ist es für die Gläubiger gefährlich, wenn die Gesellschafter die Kontrolle behalten: Sie können das Vermögen weiter auszehren und damit einen irreversiblen Schaden anrichten. Eine Eigenverwaltung ist daher die Ausnahme.

Manchmal kann eine Eigenverwaltung aber auch von Nutzen sein, vor allem im Zusammenspiel mit einer Reorganisation. Wie noch zu zeigen sein wird, hat eine Reorganisation Vorteile, wenn das Wissen der Gesellschafter nötig ist, um das Unternehmen fortzuführen; wenn die Gesellschafter eine Genehmigung erworben haben, die für den Betrieb des Unternehmens erforderlich ist; oder wenn es darum geht, Anreize für einen frühen Insolvenzantrag zu setzen.[184] In den nächsten Zeilen soll deshalb der Frage nachgegangen werden, ob eine koordinierte Eigenverwaltung möglich ist.

I. Allgemeines

Als erstes sind jedoch die Voraussetzungen der Eigenverwaltung zu benennen – im Überblick und soweit dies für die weiteren Überlegungen vonnöten ist.

1. (Vorläufige) Eigenverwaltung

Die Eigenverwaltung setzt zweierlei voraus. Sie muss vom Schuldner beantragt sein und sie darf für die Gläubiger keine Nachteile haben, § 270 Abs. 2 InsO. Die erste Voraussetzung ist unproblematisch, wenn es um einen Gesellschafter geht. Dieser kann für sein Verfahren die Eigenverwaltung beantragen. Wie aber verhält es sich bei einer Gesellschaft? Wer ist für deren Verfahren antragsbefugt? Nach Auffassung Einzelner können nur die organschaftlichen Vertreter einen Antrag stellen und das auch nur gemeinsam.[185] Nach Auffassung Anderer gilt § 15 InsO analog: Jeder vertretungsbefugte oder persönlich haftende Gesellschafter ist (alleine) zum Antrag berechtigt.[186] – Gegen eine Analogie spricht, dass die Interessenlage verschieden ist. § 15 InsO trägt der straf- und

---

184 Vgl. *Brinkmann/Zipperer*, ZIP 2011, 1337, 1339 f. Entscheidend ist vor allem der zweite Gesichtspunkt; zu ihm noch ausführlich in Kapitel 3 unter D II 4 d dd (3), e cc und f.

185 Kübler/Prütting/Bork/*Pape*, § 270 Rn. 84.

186 Nerlich/Römermann/*Riggert*, § 270 Rn. 19; *A. Koch*, S. 77; unklar in der Formulierung Uhlenbruck/*Zipperer*, § 270 Rn. 34.

haftungsrechtlichen Verantwortung innerhalb der Gesellschaft Rechnung: Die organschaftlichen Vertreter steuern die Geschicke der Gesellschaft (sie sind teilweise zum Insolvenzantrag verpflichtet); die persönlich haftenden Gesellschafter stehen für die Schulden ein. Folgerichtig sind beide zum Insolvenzantrag berechtigt.[187] Bei der Eigenverwaltung ist dies anders. Ob sie angeordnet wird oder nicht, hat haftungsrechtlich keine Auswirkung. Die persönlich haftenden Gesellschafter brauchen deshalb kein Antragsrecht.[188] Und dass nur alle organschaftlichen Vertreter gemeinsam die Eigenverwaltung beantragen können, mag zwar sinnvoll sein; dem Gesetz lässt sich aber keine solche Einschränkung entnehmen.[189] Das heißt: Jeder organschaftliche Vertreter kann die Eigenverwaltung beantragen und zwar auch dann, wenn der Insolvenzantrag von einem Gläubiger stammt; eine Zustimmung des Gläubigers, wie sie früher vonnöten war, ist nicht mehr erforderlich.

Die zweite Voraussetzung ist weit zu verstehen. Der Begriff des Nachteils umfasst alle Gläubigerinteressen, die durch eine Eigenverwaltung gefährdet sein können.[190] Die Eigenverwaltung wäre deshalb abzulehnen, wenn das Verfahren verzögert oder die Abwicklung erschwert würde; wenn dem Schuldner die nötige Zuverlässigkeit oder Kompetenz fehlt.[191] Während die Vorgängerregelung noch eine Prognose genügen ließ, verlangt § 270 Abs. 2 Nr. 2 InsO (konkrete) Umstände, aus denen die Nachteile folgen können. Zweifel gehen damit nicht mehr zu Lasten des Schuldners, das Regel-Ausnahme-Verhältnis ist umgekehrt.[192]

Die Eigenverwaltung setzt mit dem Eröffnungsbeschluss ein. Davor kann das Gericht einen vorläufigen Insolvenzverwalter bestellen, der den Entscheidungen des Schuldners zustimmen muss oder die Verwaltungs- und Verfügungsbefugnis über das Vermögen erhält (vgl. § 21 Abs. 2 Satz 1 Nr. 2 InsO); es kann dem Schuldner die Kontrolle nehmen. Der Kontrollverlust ist für die Eigenverwaltung schlecht, weil das Vertrauen in den Schuldner zerstört wird, und weil der Schuldner die Kontrolle selten zurückerhält.[193] Um dies zu vermeiden (um

187 Gottwald/*Haas*, § 87 Rn. 12.

188 Gottwald/*Haas*, § 87 Rn. 12.

189 Denkbar wäre, § 18 Abs. 3 InsO analog anzuwenden und eine Alleinvertretungsbefugnis zu fordern; gesamtvertretungsberechtigte Gesellschafter wären so nur gemeinsam zum Antrag berechtigt, näher MünchKomm-InsO/*Tetzlaff*, § 270 Rn. 30 f.

190 Einzelheiten bei Gottwald/*Haas*, § 87 Rn. 17 f.

191 MünchKomm-InsO/*Tetzlaff*, § 270 Rn. 47 ff.

192 MünchKomm-InsO/*Tetzlaff*, § 270 Rn. 44; mit *Brinkmann/Zipperer*, ZIP 2011, 1337, 1340 ließe sich formulieren: aus einem „im Zweifel Nein" wurde ein „im Zweifel Ja".

193 MünchKomm-InsO/*Kern*, § 270a Rn. 2 f.

für Kontinuität zu sorgen), hat der Gesetzgeber mit dem ESUG[194] die vorläufige Eigenverwaltung eingeführt: ist der Antrag auf Eigenverwaltung nicht offensichtlich aussichtslos, soll das Gericht davon absehen, einen vorläufigen Insolvenzverwalter zu bestellen oder dem Schuldner ein allgemeines Verfügungsverbot aufzuerlegen; es soll stattdessen einen vorläufigen Sachwalter einsetzen, § 270a Abs. 1 InsO. Die Eigenverwaltung wird damit auf das Eröffnungsverfahren ausgedehnt.

2. *Schutzschirmverfahren*

Manchmal ist Kontinuität allein zu wenig. Bis die Eröffnung beschlossen ist, können die Gläubiger weiter vollstrecken (vgl. § 89 InsO); außerdem büßt der Schuldner seine Kreditwürdigkeit ein, weil Neugläubiger fürchten müssen, nur eine Quote zu erhalten. Der Gesetzgeber hat deshalb neben der vorläufigen Eigenverwaltung ein besonderes Eröffnungsverfahren geschaffen: das Schutzschirmverfahren. In diesem Verfahren kann das Gericht dem Schuldner eine Frist von maximal drei Monaten für die Vorlage eines Insolvenzplans setzen; es kann Vollstreckungshandlungen untersagen oder einstweilen einstellen; und es kann anordnen, dass der Schuldner Masseverbindlichkeiten begründet, § 270b Abs. 1, 2 und 3 InsO.[195] Die Maßnahmen stellen sicher, dass der Schuldner diejenigen Gegenstände behalten kann, die für die Sanierung nötig sind, und dass seine Kreditwürdigkeit bestehen bleibt. Kurzum: Der Schuldner erhält die Möglichkeit, einen Insolvenzplan zu erarbeiten und diesen anschließend in Eigenverwaltung umzusetzen.

Das Schutzschirmverfahren verlangt drei unterschiedliche Anträge: den Antrag auf Eröffnung des Insolvenzverfahrens wegen drohender Zahlungsunfähigkeit oder Überschuldung;[196] den Antrag auf Eigenverwaltung; den Antrag auf Bestimmung einer Frist zur Vorlage eines Insolvenzplans. Darüber hinaus muss der Schuldner bescheinigen, dass (noch) keine Zahlungsfähigkeit eingetreten und die angestrebte Sanierung nicht offensichtlich aussichtslos ist, § 270b Abs. 1 Satz 3 InsO. Für die Antragsbefugnis gilt das, was unter 1 festgehalten wurde; für die Bescheinigung sei auf die umfangreiche Kommentarliteratur verwiesen.

---

194 Gesetz zur weiteren Erleichterung der Sanierung von Unternehmen vom 7.12.2011, BGBl. I S. 2582; Details in Kapitel 3, unter D II 4 d dd (1).

195 Zudem bestellt es (wie bei § 270a InsO) einen vorläufigen Sachwalter.

196 Liegt Zahlungsunfähigkeit vor, ist eine Sanierung in der Regel aussichtslos; sie ist daher als Eröffnungsgrund ausgeschlossen, vgl. MünchKomm-InsO/*Kern*, § 270b Rn 4 und 25.

3. *Einschränkungen*

Die Eigenverwaltung ist nicht immer möglich. Sie ist ausgeschlossen, wenn es um ein Verbraucherinsolvenzverfahren geht, vgl. § 270 Abs. 1 Satz 3 InsO. Von einem Verbraucherinsolvenzverfahren ist die Rede, wenn der Schuldner eine natürliche Person ist und keine selbstständige wirtschaftliche Tätigkeit ausübt oder ausgeübt hat. Hat er eine wirtschaftliche Tätigkeit ausgeübt (hat er sie aufgegeben), handelt es sich gleichwohl um ein solches Verfahren, wenn seine Vermögensverhältnisse überschaubar sind und gegen ihn keine Forderungen aus einem Arbeitsverhältnis bestehen, vgl. § 304 Abs. 1 InsO. Wie schon an anderer Stelle (unter C II 2) gesehen ist ein persönlich haftender Gesellschafter selbstständig wirtschaftlich tätig; und das unabhängig davon, ob er die Geschäfte der Gesellschaft führt oder nicht. Von der Eigenverwaltung ist damit nur ein Kommanditist ausgeschlossen. Hat ein persönlich haftender Gesellschafter seine Tätigkeit aufgegeben, indem er aus der Gesellschaft ausgeschieden ist, ist es eine Frage des Einzelfalls, ob seine Vermögensverhältnisse überschaubar sind, und ob die Gesellschaft Ansprüche aus einem Arbeitsverhältnis fürchten muss; denn für diese haftete der Gesellschafter nach § 128 HGB.[197]

Damit ist festzuhalten: Für eine Komplementär-GmbH ist die Eigenverwaltung unproblematisch; sie ist schon keine natürliche Person. Für eine natürliche Person ist die Eigenverwaltung möglich, sofern sie eine wirtschaftliche Tätigkeit ausübt. Hat sie eine wirtschaftliche Tätigkeit ausgeübt und hat sie diese aufgegeben, kommt es darauf an, ob ihre Vermögensverhältnisse überschaubar sind; und ob Ansprüche aus einem Arbeitsverhältnis bestehen.

II. Koordinierte Eigenverwaltung?

Bislang steht fest: Die Gesellschafter können für sich selbst und für die Gesellschaft die Eigenverwaltung beantragen. Es scheint somit einfach zu sein, die Anträge aufeinander abzustimmen und die Verfahren (zum Zweck einer Reorganisation) zu harmonisieren. Wie zuvor sind jedoch einige Schwierigkeiten zu überwinden. Die erste Schwierigkeit hat damit zu tun, dass der Antrag auf Eigenverwaltung befristet ist; er muss vor Verfahrenseröffnung gestellt sein.[198] Das ist unproblematisch, wenn Gesellschafts- und Gesellschafterinsolvenz

197 Wegen des Zwecks der Regelung, solche Ansprüche aus dem Verfahren heraus zu halten, spielt es keine Rolle, ob der Schuldner unmittelbar oder mittelbar (über § 128 HGB) dafür einstehen muss, vgl. MünchKomm-InsO/*Ott*/*Vuia*, § 304 Rn. 72.

198 Eine Ausnahme enthält § 271 InsO: beantragt die Gläubigerversammlung (nach Eröffnung) die Eigenverwaltung, ordnet das Gericht sie an, sofern der Schuldner zustimmt.

zusammentreffen. Dann nämlich können die Gesellschafter die Eröffnung der Verfahren und zugleich die Eigenverwaltung beantragen. Wenn die Insolvenzen verschoben sind, ist zu unterscheiden: Trifft es zunächst die Gesellschaft, können die Gesellschafter erst für sie und später für sich selbst einen Antrag (auf Eröffnung und Eigenverwaltung) stellen. Trifft es zunächst die Gesellschafter, können sie zwar für sich selbst einen Antrag stellen; fraglich ist aber, ob sie das noch für die Gesellschaft können. Scheiden sie aus, verlieren sie ihr Antragsrecht, scheiden sie nicht aus, könnte ihr Sachwalter zum Insolvenzantrag und zum Antrag auf Eigenverwaltung berechtigt sein. – Die Ausscheidensfolge soll vorerst ausblendet werden. Für ihr Gegenteil soll die GmbH & Co. KG als Beispiel dienen. Angenommen, über das GmbH-Vermögen wurde ein Insolvenzverfahren eröffnet: Ist die Eigenverwaltung angeordnet, können die Geschäftsführer weiter die Geschicke der KG bestimmen. Was aber gilt, wenn die KG insolvent wird? Im Regelverfahren wäre nach B III der Insolvenzverwalter zum Antrag für die KG berechtigt; denn die Antragsbefugnis hat einen Massebezug. Anders entschiede, wer dem BGH folgt und den Geschäftsführern „Restbefugnisse" einräumt. Nach der zweiten Auffassung wären die Geschäftsführer auch bei der Eigenverwaltung zum Antrag für die KG berechtigt. Da die Befugnisse des Sachwalters hinter denen des Insolvenzverwalters zurückbleiben, stünden sie nicht schlechter. Nach der ersten Auffassung wäre maßgebend, wer bei der Eigenverwaltung die massebezogenen Rechte ausübt. Grundsätzlich ist dafür der Schuldner zuständig.[199] Er verwaltet die Masse und verwertet sie. Lediglich bei bestimmten Geschäften und bei einzelnen Verträgen hat der Sachwalter ein Mitwirkungsrecht; auch die Insolvenzanfechtung liegt bei ihm, §§ 275, 279 f. InsO. Daraus folgt, dass die übrigen Rechte beim Schuldner bleiben. Die Geschäftsführer der GmbH dürfen deshalb die Eröffnung des KG-Verfahrens beantragen. Für die Eigenverwaltung gilt das Gleiche. Da die Geschäftsführer ihre Vertretungsbefugnis behalten, sind sie zum Antrag berechtigt; sie können die Verfahren gleichschalten.[200]

Die zweite Schwierigkeit hängt mit dem Antrag zusammen. Die Gesellschafter können für sich selbst und für die Gesellschaft die Eigenverwaltung beantragen, sie müssen es aber nicht. Verzichten sie darauf, kann das Gericht weder

---

199 Vgl. MünchKomm/*Tetzlaff*, § 270 Rn. 141.

200 Denkbar wäre freilich noch, dass ein Gläubiger „dazwischenfunkt" und die Eröffnung des Gesellschafts- oder Gesellschafterinsolvenzverfahrens beantragt (oben B I 1 a). In diesem Fall könnten sich die Gesellschafter aber dem Antrag anschließen, für sich selbst oder für die Gesellschaft einen Antrag stellen und zugleich die Eigenverwaltung beantragen.

von Amts wegen noch auf Antrag eines Gläubigers vom Regelverfahren abweichen.[201] Das kann es selbst dann nicht, wenn die Eigenverwaltung vorteilhaft wäre, etwa im Zusammenspiel mit einer Reorganisation: Die Gesellschafter dürfen nicht dazu gezwungen werden, ihr eigenes Verfahren oder das Verfahren der Gesellschaft abzuwickeln; denn die Abwicklung erfordert besondere Kenntnisse, ohne die sie erheblichen Haftungsrisiken ausgesetzt wären.[202]

Die dritte Schwierigkeit scheint das Gesetz zu verursachen, indem es anordnet, dass ein insolventer Gesellschafter ausscheidet: Welchen Sinn ergäbe es, auf eine koordinierte Eigenverwaltung hinzuwirken, wenn die Gesellschafter spätestens mit dem Eröffnungsbeschluss keine Gesellschafter mehr wären; wenn sie die Geschicke der Gesellschaft nicht mehr steuern könnten? Hier ist kurz auf das vorzugreifen, was in Kapitel 3 (unter D) folgt: in der Unternehmensinsolvenz ist die Ausscheidensregel nicht anzuwenden. Die Gesellschafter bleiben, was sie sind; das heißt, sie können die Gesellschaft (zum Zweck einer Reorganisation) fortführen.

Eine letzte (eher theoretische) Schwierigkeit bereiten die Rechtsbehelfe der Gläubiger. Die Eigenverwaltung wird gemäß § 272 Abs. 1 InsO aufgehoben, wenn die Gläubigerversammlung dies mit qualifizierter Mehrheit beantragt; oder wenn ein einzelner Gläubiger dies beantragt, § 270 Abs. 2 Nr. 2 InsO entfallen ist und dem Antragssteller erhebliche Nachteile drohen.[203] Beim Schutzschirmverfahren ist es ähnlich: Das Verfahren wird nach § 270b Abs. 4 Satz 1 InsO aufgehoben, wenn der Gläubigerausschuss dies beantragt; oder wenn ein einzelner Gläubiger dies beantragt und Umstände bekannt werden, die Nachteile für die Gläubiger insgesamt erwarten lassen. Denkbar wäre nun, dass die Eigenverwaltung im einen Verfahren endet, im anderen nicht. Endete sie im Gesellschaftsverfahren, verlören die Gesellschafter die Kontrolle über das Gesellschaftsvermögen (das Unternehmen); sie könnten nur noch ihr eigenes Verfahren abwickeln. Endete sie im Gesellschafterverfahren, verlören die Gesellschafter die Kontrolle über ihr Eigenvermögen und es wäre fraglich, wie sich dies auf die Gesellschaft auswirkt. Wäre die Gesellschaft führungslos oder wäre der Gesellschafterinsolvenzverwalter befugt, deren Geschicke zu steuern? – Auf den ersten Blick will keiner der

201 Kübler/Prütting/Bork/*Pape*, § 270 Rn. 73; Gottwald/*Haas*, § 87 Rn. 3.

202 MünchKomm-InsO/*Tetzlaff*, § 270 Rn. 23; *Häsemeyer*, Rn. 8.05; *Vallender*, WM 1998, 2129, 2131; ausführlich zu den Haftungsrisiken *König*, S. 48 ff.

203 Gegen die vorläufige Eigenverwaltung können die Gläubiger wenig tun. Sie können sie nur angreifen, wenn das Gericht eine Person zum Sachwalter bestellt hat, die vom Vorschlag der Gläubigerversammlung abweicht, vgl. MünchKomm-InsO/*Kern*, § 270a Rn. 53.

beiden Ansätze so richtig passen. Eine führungslose Gesellschaft wäre ebenso unsinnig wie ein Insolvenzverwalter, der massefremdes Vermögen verwaltet. Die Lösung könnte daher in der Mitte liegen: Die Gesellschaft ist nicht führungslos; sie wird aber auch nicht vom Gesellschafterinsolvenzverwalter gesteuert, sondern von den Gesellschaftern. Für die werbende Gesellschaft wird dies teilweise vertreten.[204] Zur Begründung heißt es, Geschäftsführung und Vertretung seien als höchstpersönliche Rechte nicht pfändbar oder sie seien mit den Aufgaben eines Insolvenzverwalters nicht zu vereinbaren.[205] Beim zweiten Argument steht sofort der Interessenkonflikt (oben E I 2, II) vor Augen. Nun hat man es freilich nicht mit einer werbenden Gesellschaft zu tun, sondern mit einer aufgelösten, bei der die Eigenverwaltung angeordnet ist; außerdem geht es nicht um Geschäftsführung und Vertretung im eigentlichen Sinne. Die Argumente ließen sich aber womöglich übertragen. Ob sie sich tatsächlich übertragen lassen, soll hier nicht entschieden werden; denn das Problem entsteht eher selten. Bei einer GmbH & Co. KG sind die Gläubiger der beiden Gesellschaften identisch, weshalb sie sich entweder in beiden Verfahren gegen die Eigenverwaltung wehren oder in keinem. Bei einer anderen Gesellschaftsform wird sich der Antrag gegen die Gesellschaft richten oder es wird sich keine Mehrheit finden, weil die Eigenverwaltung im Zusammenspiel mit einer Reorganisation vorteilhaft ist. Indes zeigt das Vorausgehende: Eigenverwaltung und Schutzschirmverfahren können nicht gegen den Willen der Gläubiger angeordnet werden. Selbst wenn die beiden Verfahrensarten für die Gläubiger keine Nachteile haben, können sie sie (mit der nötigen Mehrheit) ablehnen.

Zusammengefasst: Die Eigenverwaltung lässt sich harmonisieren. Liegen Gesellschafts- und Gesellschafterinsolvenz nahe genug beisammen, kann mit der Eröffnung aller Verfahren zugleich die Eigenverwaltung beantragt werden; fallen sie auseinander, müssen die Anträge nacheinander gestellt werden.

III. Einheitlicher Unternehmenssachwalter?

Eigenverwaltung bedeutet nicht, dass der Schuldner das Insolvenzverfahren alleine abwickelt. Er behält seine Verwaltungs- und Verfügungsbefugnis; das Gericht stellt ihm aber einen Sachwalter zur Seite, mit dem er sich die Aufgabe

---

204 Unter der Prämisse, dass § 131 Abs. 3 Satz 1 Nr. 2 HGB disponibel ist; dass ein insolventer Gesellschafter einer werbenden Gesellschaft angehören darf. Die Prämisse ist indes falsch, unten Kapitel 3, D V 1 b.

205 Näher *Göcke*, S. 257.

teilt. Daraus ergibt sich die Frage, ob für jedes Verfahren ein eigener Sachwalter zu bestellen ist oder ob ein einheitlicher „Unternehmenssachwalter" genügt.

Da § 56 InsO auch für einen Sachwalter gilt (vgl. § 274 Abs. 1 InsO) ist der Ausgangspunkt der gleiche wie beim Insolvenzverwalter: die Unabhängigkeit muss gewahrt sein. Aber ist auch die Antwort die gleiche? Es bestehen Zweifel, weil der Sachwalter weniger Befugnisse hat. Er muss den Schuldner vor allem überwachen; massebezogene Rechte stehen ihm nur vereinzelt zu. Entscheiden sollen daher die Gesichtspunkte, die beim Insolvenzverwalter einen Interessenkonflikt begründen konnten (oben E II): persönliche Haftung, Regressansprüche, gegenseitige Verträge und Insolvenzanfechtung.

Der Sachwalter ist im Interesse der Gesellschaftsgläubiger verpflichtet, die persönliche Haftung geltend machen; § 280 InsO weist ihm die Befugnis zu. Aber muss er sich im Interesse der Gesellschaftergläubiger dagegen verteidigen? Ein Blick auf § 283 Abs. 1 Satz 1 InsO verrät, dass sowohl er als auch der Gesellschafter angemeldete Forderungen (die persönliche Haftung) bestreiten kann. Während der Gesellschafter dies schon im eigenen Interesse tun wird, hat der Sachwalter nach pflichtgemäßem Ermessen zu entscheiden. Da er indes gehalten ist, die Masse nicht mit zweifelhaften Forderungen zu belasten,[206] wird er sich in der Regel auch dagegen verteidigen; er befindet sich in einem Interessenkonflikt. Umgekehrt wäre dies anders. Die Verwertung der Masse obliegt den Gesellschaftern. Sie wären selbst berechtigt, einen Regressanspruch geltend zu machen. § 275 Abs. 2 InsO ändert daran nichts, weil er dem Sachwalter lediglich erlaubt, die Kasse zu führen; eine Prozessführungsbefugnis erteilt er ihm nicht.[207] Der Sachwalter fände sich damit nur auf einer Seite wieder, nämlich auf der Seite der Gesellschaft, für die er den Regressanspruch bestreiten kann. Bei den gegenseitigen Verträgen verhielte es sich ähnlich. § 279 Satz 1 InsO weist die Entscheidungsgewalt dem Schuldner zu. Dieser muss zwar dafür sorgen, dass er seine Entscheidung im Einvernehmen mit dem Sachwalter trifft, § 279 Satz 2 InsO; ein Verstoß hat aber keine Außenwirkung,[208] sodass der Einfluss gering ist. Bei der Insolvenzanfechtung ist die Situation die gleiche wie beim Insolvenzverwalter: weil § 280 InsO die Anfechtungsbefugnis dem Sachwalter überträgt, muss er über Leistungen zwischen der Gesellschaft und den Gesellschaftern entscheiden. Er befände sich wiederum in einem Interessenkonflikt.

---

206 Vgl. Gottwald/*Haas*, § 90 Rn. 70.

207 Vgl. Gottwald/*Haas*, § 90 Rn. 74 f.

208 Vgl. MünchKomm-InsO/*Tetzlaff*/*Kern*, § 279 Rn. 8.

Aus dem Vorstehenden folgt: Ein Unternehmenssachwalter wäre keine gute Idee. Denkbar wäre er bei einer typischen GmbH & Co. KG, denn bei dieser sind Interessenkonflikte unwahrscheinlich, oben E II. In den anderen Fällen ließen sich Interessenkonflikte durch einen Sondersachwalter vermeiden,[209] doch gilt insoweit gilt das gleiche wie unter E III: Der Vorteil eines Unternehmenssachwalters würde entwertet, wenn eine Vielzahl von Sondersachwaltern bestellt werden müsste.

IV. Zwischenfazit

Die Eigenverwaltung lässt sich durch entsprechende Anträge der Gesellschafter koordinieren. Ob ein einheitlicher „Unternehmenssachwalter“ sinnvoll ist, ist eine Frage des Einzelfalls.

G. Ergebnis

Gesellschafts- und Gesellschafterinsolvenz hängen zusammen; sie beruhen in der Regel auf einer Unternehmensinsolvenz. Das Gesetz hält einige Möglichkeiten bereit, um die Verfahren aufeinander abzustimmen: Die örtliche Zuständigkeit ist meist identisch, die Insolvenzanträge lassen sich verbinden. Eine wechselseitige Finanzierung scheitert dagegen am Trennungsprinzip, die Bestellung eines Unternehmensinsolvenzverwalters an den unterschiedlichen Interessen. Eine koordinierte Eigenverwaltung ist wiederum möglich.

---

209 Vgl. MünchKomm-InsO/*Tetzlaff*/*Kern*, § 274 Rn. 23.

Kapitel 3: Die Abwicklung einer Doppelinsolvenz

Die Abwicklung einer Doppelinsolvenz erweist sich als äußerst schwierig, seit der Gesetzgeber die Auflösungs- und Ausscheidensgründe in § 131 HGB neu geordnet hat (oben Kapitel 1, B II 2 a). Die Insolvenz eines Gesellschafters führt nicht mehr zur Auflösung der Gesellschaft, sondern nur noch zu seinem Ausscheiden. Diese Rechtsfolge, die im Interesse einer Unternehmenskontinuität grundsätzlich sinnvoll sein mag, bereitet erhebliche Probleme, wenn die Gesellschaft nur (noch) aus zwei Gesellschaftern besteht oder wenn neben der Gesellschaft sämtliche Gesellschafter insolvent werden. Weil die meisten Gesellschaftsverträge eine ähnliche Rechtsfolge vorsehen (oder weil sie hinzugedacht werden darf; Kapitel 1, B II 2 b), entstehen die Probleme nicht nur bei der OHG und bei der KG, sondern in der Regel auch bei der BGB-Gesellschaft.

A. Geschichte – die Doppelinsolvenz unter der KO

Bevor es um die neue Rechtslage geht, soll das Augenmerk kurz der alten gelten. Dort war die Doppelinsolvenz eher unproblematisch.

I. Konkursfähigkeit und Folgen eines Konkurses

Dass die Doppelinsolvenz unter der KO eher unproblematisch war, hing mit der Konkursfähigkeit und mit den Folgen eines Konkurses zusammen:

1. OHG und KG

Die beiden Handelsgesellschaften waren konkursfähig, § 209 KO.[210] Ihr Konkurs war aber nach herrschender Meinung nur ein „Sonderkonkurs“, da das gemeinsame Vermögen (in Übereinstimmung mit der Gesamthandslehre) nicht der Gesellschaft zugeordnet wurde, sondern den einzelnen Gesellschaftern.[211]

---

210 Das Gleiche galt für die PartG (§ 212 a KO) und für die EWIV (Art. 36 EWIV-VO); die Konkursfähigkeit der Partenreederei war umstritten: verneinend Jaeger/*Weber*, KO § 207 Rn. 14; bejahend *Ruhwedel*, S. 365 ff.; *K. Schmidt*, Insolvenzrecht der Unternehmen, S. 29; *Prüssmann/Rabe*, § 489 Anm. C 3.

211 BGHZ 34, 293, 297; *Kilger/K. Schmidt*, KO § 209 Anm. 4; *Kuhn/Uhlenbruck*, KO § 209 Rn. 15; a.A. *K. Schmidt/Schulz*, ZIP 1982, 1015, 1017.

Folgerichtig wurden auch nur die Gesellschafter als Gemeinschuldner angesehen.[212] Handelsrechtlich waren OHG und KG nach §§ 131 Nr. 4, 161 Abs. 2 HGB a.F. aufgelöst, wenn das Konkursverfahren über „ihr“ Vermögen eröffnet wurde. Die damalige Rechtslage entsprach insoweit der heutigen (oben Kapitel 1, B II 1). Anders war dies im Fall der Gesellschafterinsolvenz. Vorbehaltlich einer abweichenden Vereinbarung schied der Gesellschafter nicht aus; seine Insolvenz war vielmehr ein weiterer Grund, der zur Auflösung der Gesellschaft führte.

2. *BGB-Gesellschaft*

Die BGB-Gesellschaft war nach herrschender Meinung nicht konkursfähig.[213] Dabei spielte es keine Rolle, ob es sich um eine rein schuldrechtliche Innengesellschaft handelte oder um eine Außengesellschaft, die ein Gesamthandsvermögen besaß; die herrschende Meinung nahm in letzterem Fall hin, dass die Gläubiger weiter nach § 736 ZPO vollstrecken konnten und dabei dem Prioritätsprinzip unterworfen waren.[214] Die Rechtsprechung ließ eine Ausnahme zu, wenn das Konkursgericht die Gesellschaft irrtümlich für eine OHG gehalten und das Konkursverfahren über ihr Vermögen eröffnet hatte.[215] Der Eröffnungsbeschluss war in diesem Fall wirksam und das Verfahren konnte durchgeführt werden. Einzelne Stimmen in der Literatur sahen die BGB-Gesellschaft generell[216] als konkursfähig an oder befürworteten einen Sonderkonkurs über das Gesamthandsvermögen.[217] Die Stimmen konnten sich nicht durchsetzen, obwohl auch die Vertreter der herrschenden Meinung rechtspolitische Bedenken hegten und de lege ferenda die Konkursfähigkeit der Außengesellschaft forderten.[218] Es blieb deshalb bei dem Grundsatz, dass ein Konkursverfahren nicht eröffnet werden konnte, wenn es um eine BGB-Gesellschaft ging.

Die Gesellschafter einer BGB-Gesellschaft waren konkursfähig, gleich, ob sie als natürliche Person, als juristische Person oder als Gesamthand an der Gesellschaft beteiligt waren. Wurde das Konkursverfahren über ihr Vermögen eröffnet,

---

212 Statt vieler *Baur/Stürner*, Rn. 33.6.

213 Statt vieler *Kuhn/Uhlenbruck*, KO Vorbem. B zu § 207 Rn. 1.

214 Vgl. *Neumann*, S. 5.

215 Vgl. BGHZ 113, 216; *Baur/Stürner*, Rn. 33.1; *Kuhn/Uhlenbruck*, KO Vorbem. B zu § 207 Rn. 2.

216 Vgl. *Kohler*, S. 81 f.; *Schad*, S. 45, 60; *Seuffert*, S. 72; einschränkend *K. Schmidt*, in: Einhundert Jahre KO, S. 247, 257 f.: konkursfähig ist allein die unternehmenstragende BGB-Gesellschaft.

217 Vgl. *Neumann*, S. 17 ff.

218 Vgl. *Baur/Stürner*, Rn. 33.1.

war die Gesellschaft nach § 728 BGB a.F. aufgelöst, sofern der Gesellschaftsvertrag nicht ausnahmsweise das Ausscheiden des insolventen Gesellschafters bestimmte. Im Regelfall (bei Auflösung) wurde die Gesellschaft außerhalb des Konkursverfahrens abgewickelt, § 16 Abs. 1 KO. Zunächst mussten die gemeinschaftlichen Schulden berichtigt werden;[219] anschließend konnte das verbliebene Gesamthandsvermögen unter den Gesellschaftern verteilt werden, §§ 733 f. BGB a.F.[220] Der Betrag, der auf den Anteil des insolventen Gesellschafters entfiel, gehörte zur Konkursmasse und wurde vom Konkursverwalter eingezogen. Im Konkursverfahren waren nicht nur die Privatgläubiger beteiligt; auch die Gesellschaftsgläubiger konnten ihre Forderungen anmelden, weil neben der Gesamthand jeder Gesellschafter persönlich für die gemeinschaftlichen Schulden haftete (Theorie der Doppelverpflichtung).[221] Um eine doppelte Berücksichtigung zu vermeiden, war § 68 KO analog anzuwenden.[222] Eine Forderung konnte also nur am Gesellschafterkonkurs teilnehmen, wenn sie nicht schon durch die Gesamthand oder einen anderen Gesellschafter erfüllt worden war.

Diese recht einfache und zugleich sinnvolle Verzahnung von Gesamthands- und Gesellschafterhaftung geriet aus dem Gleichgewicht, wenn Konkursverfahren über die Vermögen aller Gesellschafter eröffnet wurden. Grund war ein Urteil des BGH aus dem Jahr 1957, in dem das Gericht die Auffassung vertrat, beim Konkurs aller Gesellschafter werde auch das Gesamthandsvermögen vom Konkursbeschlag ergriffen.[223] Die Auffassung führte dazu, dass das Vermögen ohne Berichtigung der gemeinschaftlichen Schulden in die Konkursmasse der Gesellschafter fiel. Da dies eine Benachteiligung der Gesellschaftsgläubiger bedeutete, wurde die Entscheidung in der Literatur beinahe einmütig abgelehnt.[224] Sie war zugleich Anlass, den Ruf nach einem selbstständigen Konkurs der BGB-Gesellschaft zu erneuern.

---

219 Die Berichtigungspflicht bestand nur im Innenverhältnis; § 733 Abs. 1 Satz 1 BGB a.F. räumte den Gesellschaftsgläubigern keinen Anspruch auf „Vorwegbefriedigung" ein, vgl. dazu *Oehlerking*, KTS 1980, 14.

220 Reichte das Gesamthandsvermögen nicht aus, um alle Schulden zu berichtigen, war der Gesellschafter gemäß seinem Verlustanteil nachschusspflichtig (vgl. § 735 BGB a.F.), im Konkurs war das Nachforderungsrecht der Gesamthand einfache Konkursforderung.

221 Vgl. *Kuhn/Uhlenbruck*, KO Vorbem. B zu § 207 Rn. 11.

222 Vgl. *Oehlerking*, KTS 1980, 14, 16.

223 Vgl. BGHZ 23, 307, 309 f.

224 Vgl. *Oehlerking*, KTS 1980, 14, 19 ff.

II. Doppelkonkurs

Trafen Gesellschafts- und Gesellschafterkonkurs zusammen, war es vor allem die Auflösungsfolge, die eine Abwicklung erleichterte: Die Gesellschaft brach nicht auseinander, wenn ein Verfahren über das Vermögen des vorletzten Gesellschafters oder über die Vermögen aller Gesellschafter eröffnet wurde (dazu sogleich); sie war lediglich aus mehreren Gründen aufgelöst und blieb bis zu ihrer Vollbeendigung als Einheit erhalten. Bei dieser Ausgangslage fiel eine Abstimmung der Verfahren nicht besonders schwer. Es war nur die persönliche Haftung der Gesellschafter, die mit dem Gesellschaftskonkurs in Einklang gebracht werden musste. Diese Aufgabe übernahm § 212 KO mit seinem Ausfallprinzip.[225] Bei der BGB-Gesellschaft war ein Doppelkonkurs außerdem selten. Sieht man von vereinzelten, rechtsscheinbedingten Irrtümern des Konkursgerichts einmal ab, war er sogar völlig ausgeschlossen, da nur die einzelnen Gesellschafter Schuldner eines Konkursverfahrens sein konnten.

III. Zwischenfazit

Die Doppelinsolvenz bereitete nach altem Recht weder bei der BGB-Gesellschaft noch bei den Handelsgesellschaften besondere Probleme. Bei der BGB-Gesellschaft war sie eine Ausnahme, weil die Gesellschaft nicht konkursfähig war; kam eine Doppelinsolvenz doch einmal vor, weil das Konkursgericht irrtümlich ein Verfahren eröffnet hatte, war sie einfach abzuwickeln. Der insolvente Gesellschafter verblieb wie bei OHG und KG in der Gesellschaft; § 212 KO sorgte für eine Verzahnung der beiden gleichwohl selbstständigen Konkursverfahren.

B. Erscheinungsformen der Doppelinsolvenz

Seit der Neuordnung der Auflösungs- und Ausscheidensgründe in § 131 HGB kann eine Doppelinsolvenz unterschiedliche Rechtsfolgen haben. Es muss daher – auch im Sinne einer Systematisierung – zwischen den einzelnen Erscheinungsformen unterschieden werden.[226]

225 Vgl. *K. Schmidt*, GmbHR 2002, 1209, 1210.

226 Die Begriffe gehen auf *Reiswich* (ZInsO 2010, 1809) zurück. Wie hier *Korkmaz* (S. 39 ff.), der wegen der Beschränkung seiner Untersuchung auf die zweigliedrige KG nur zwischen vollkommener und unvollkommener Doppelinsolvenz unterscheidet.

I. Vollkommene Doppelinsolvenz

Die vollkommene Doppelinsolvenz steht für Fälle, in denen Insolvenzverfahren über das Vermögen der Gesellschaft und über die Vermögen aller Gesellschafter eröffnet werden. Das ist die Regel bei der BGB-Gesellschaft und bei der OHG. Der Begriff setzt außerdem voraus, dass die Verfahren der beiden letzten Gesellschafter zur gleichen Stunde (vgl. § 27 Abs. 2 Nr. 3 InsO) eröffnet werden.

II. Unvollkommene Doppelinsolvenz

Die zweite Voraussetzung unterscheidet die vollkommene Doppelinsolvenz von der unvollkommenen. Bei dieser werden der vorletzte und der letzte Gesellschafter zu verschiedenen Zeiten insolvent; der letzte Gesellschafter (Kommanditist) kann sogar verschont bleiben. Typischer Fall ist die zweigliedrige GmbH & Co. KG.

III. Einfache Doppelinsolvenz

Der Begriff der einfachen Doppelinsolvenz mag zunächst als contradictio in adiecto erscheinen. Er soll aber nicht sich selbst widersprechen, sondern nur diejenigen Fälle bezeichnen, in denen Insolvenzverfahren über das Vermögen der Gesellschaft und über die Vermögen einzelner Gesellschafter eröffnet wurden. In Abgrenzung zur unvollkommenen Doppelinsolvenz setzt er weiter voraus, dass zumindest zwei Gesellschafter solvent bleiben.

Wegen der zuletzt genannten Voraussetzung ist die einfache Doppelinsolvenz nur bei einer mehrgliedrigen Gesellschaft (KG) denkbar. Bei einer zweigliedrigen Gesellschaft liegt entweder eine unvollkommene Doppelinsolvenz vor, wenn die Gesellschaft und lediglich einer der beiden Gesellschafter insolvent sind; oder es handelt sich um eine vollkommene Doppelinsolvenz, wenn Insolvenzverfahren über die Vermögen aller Beteiligten eröffnet werden.

C. Die vollkommene Doppelinsolvenz

Die vollkommene Doppelinsolvenz ist der einfachste Fall. Bei ihr ist man sich über das Problem und die Lösung einig.

I. Rechtsfolgen

Werden die Gesellschaft und die beiden (letzten) Gesellschafter zur gleichen Stunde insolvent, hat das zur Folge, dass die Gesellschaft erlischt. Die beiden Gesellschafter scheiden aus; und weil es eine Gesellschaft ohne Gesellschafter nicht gibt, hört sie auf zu existieren. Ihr Vermögen würde herrenlos;[227] ihr Insolvenzverfahren endete.[228]

II. Reduktion der Ausscheidensregel

Um ein herrenloses Gesellschaftsvermögen zu vermeiden, ist die Ausscheidensregel nach einhelliger Meinung einzuschränken: § 131 Abs. 3 Satz 1 Nr. 2 HGB oder eine vertragliche Fortsetzungsklausel seien nicht (mehr) anwendbar, wenn die beiden letzten Gesellschafter zur gleichen Stunde insolvent werden.[229] Der Regelungszweck sei nicht (mehr) zu erreichen;[230] denn verbleibe kein Gesellschafter, könne auch die Unternehmensführung nicht erleichtert werden. Das bedeutet, die Gesellschaft bleibt erhalten,[231] das Insolvenzverfahren über ihr Vermögen kann fortgesetzt werden.

D. Die unvollkommene Doppelinsolvenz

Bei der unvollkommenen Doppelinsolvenz ist es wesentlich komplizierter. Es ist umstritten, welche Rechtsfolgen sie hat (unten I), wo die Probleme liegen (unten II) und wie die Probleme zu lösen sind (unten III, IV und V).

I. Rechtsfolgen

Blickt man auf die Rechtsfolgen, dann hat die unvollkommene Doppelinsolvenz Auswirkungen auf die Gesellschaft, auf die einzelnen Gesellschafter und auf das (eröffnete) Gesellschaftsinsolvenzverfahren.

---

227 Vgl. *Schlottmann*, S. 316 f.

228 Vgl. *Schlottmann*, S. 316 f.

229 Staub/*Schäfer*, § 131 Rn. 88a; *Albertus/Fischer*, ZInsO 2005, 246, 250 f.; *Bork/Jacoby*, ZGR 2005, 611, 652; *Reiswich*, ZInsO 2010, 1809, 1817 f.; *K. Schmidt*, GmbHR 2002, 1209, 1214; *ders.*, GmbHR 2003, 1404, 1406.

230 Vgl. *Bork/Jacoby*, ZGR 2005, 611, 652.

231 Es wäre theoretisch denkbar, das Gesellschaftsvermögen als „Sondermasse" anzusehen und analog §§ 11 Abs. 2 Nr. 2, 315 ff. InsO ein Sonderinsolvenzverfahren durchzuführen; da aber auch eine Sondermasse einen Rechtsträger benötigt und die Gesellschafter dafür nicht infrage kommen, muss die Gesellschaft fortbestehen.

1. Erlöschen der Gesellschaft

Das Ausscheiden des vorletzten Gesellschafters führt nach herrschender Meinung dazu, dass die Gesellschaft (liquidationslos) erlischt.[232] Das Erlöschen beruhe zum einen auf dem Rechtsformzwang, zum anderen auf den Besonderheiten im Recht der Personengesellschaften: Ein Gesellschafter könne nicht mehrfach beteiligt sein und die Gesellschaft könne keine eigenen Anteile erwerben.

Während über den ersten Gesichtspunkt weithin Einigkeit besteht, wird der zweite Gesichtspunkt vermehrt angezweifelt. Die Erlöschensfolge soll daher etwas näher betrachten werden. Dabei wird sich zeigen, dass nur die hergebrachte, von der herrschenden Meinung geteilte Sichtweise richtig ist.

a) Numerus clausus der Gesellschaftsformen

Die Organisation und die Haftungsverfassung einer Personengesellschaft stehen nicht im Belieben ihrer Mitglieder. Das Gesetz sieht vielmehr eine begrenzte Zahl an Rechtsformen vor, unter denen die Gesellschafter wählen können.[233] Wird eine bestimmte Rechtsform verfehlt, zum Beispiel weil ihre Voraussetzungen nicht erfüllt sind oder weil sie später wegfallen, reagiert das Gesellschaftsrecht mit einem einfachen Mechanismus. Es sorgt dafür, dass die Gesellschaft automatisch der richtigen Rechtsform zugewiesen wird, und zwar unabhängig davon, wie der Wille der Gesellschafter lautet (Rechtsformzwang).[234] Möglich ist dies, weil das Gesetz verschiedene Grundformen einer Gesellschaft bereithält.[235]

Wenn eine BGB-Gesellschaft, OHG oder KG ihren vorletzten Gesellschafter verliert, büßt sie eine Voraussetzung ein, die allen Personengesellschaften gemein ist: die Mehrgliedrigkeit.[236] Eine Personengesellschaft müsse schon wegen ihrer

---

232 BGH ZIP 2004, 1047, 1048; ZIP 2008, 1677, 1678; OLG Hamm, ZIP 2007, 1233, 1236; Henssler/Strohn/*Klöhn*, § 131 Rn. 63; Ebenroth/Boujong/Joost/Strohn/*Lorz*, § 131 Rn. 10; MünchHdbGesR I/*Piehler/Schulte*, § 74 Rn. 2; Staub/*C. Schäfer*, § 131 Rn. 9, 111; MünchKomm-HGB/*K. Schmidt*, § 131 Rn. 7, 105; *Engeler*, S. 29 ff.

233 Statt vieler *K. Schmidt*, GesR § 5 II 1 a.

234 BGHZ 22, 240, 243 f.; 32, 307, 310; Baumbach/Hopt/*Roth*, Einl. vor § 105 Rn. 21; § 105 Rn. 7 f.; MünchKomm-BGB/ *C. Schäfer*, § 705 Rn. 22; Staub/*C. Schäfer*, § 105 Rn. 15; MünchKomm-HGB/*K. Schmidt*, § 105 Rn. 10; *Jahnke*, ZHR 146 (1982), 595, 602 ff.

235 Vgl. *Bork/Jacoby*, ZGR 2005, 611, 613; grundlegend *K. Schmidt*, Zur Stellung der oHG im System der Handelsgesellschaften, S. 91 ff.

236 BGHZ 65, 79, 82; BGH ZIP 2008, 1677; MünchKomm-BGB/*C. Schäfer*, § 705 Rn. 60; MünchKomm-HGB/*K. Schmidt*, § 105 Rn. 24; Oetker/*Lieder*, § 105 Rn. 37; *W. Flume*, Allgemeiner Teil I/1 § 7 III 3 a.E.; *Reiswich*, ZInsO 2010, 1809, 1810; *Siebert*, S. 129 ff.; *Ulmer*, ZHR 167 (2003), 103, 114; *ders.*, ZIP 2001, 585, 588.

„Sozietätskonstruktion" aus mindestens zwei Gesellschaftern bestehen;[237] außerdem sei nur bei Beteiligung mehrerer eine gesamthänderische Bindung denkbar.[238] Weil bei dieser Sichtweise keine Rechtsform zur Verfügung steht, der die Gesellschaft nachträglich zugeordnet werden kann, bewirkt der Rechtsformzwang das Erlöschen der Gesellschaft und die Umwandlung in ein einzelkaufmännisches Unternehmen.[239] Neuer Rechtsträger des Unternehmens wird der verbliebene Gesellschafter.[240]

Unwidersprochen ist diese Sichtweise nicht geblieben. Vereinzelt finden sich Stimmen, die eine „Einmann-Personengesellschaft" für möglich halten. So vertritt zum Beispiel *Pfister* die These, dass die Eigenheiten einer Personengesellschaft die Rechtsfigur nicht in jedem Fall ausschließen; zumindest nachträglich, das heißt bei Wegfall des vorletzten Gesellschafters sei sie zulässig.[241] Auch *Habermeier* ist dem nicht abgeneigt, wenngleich er seine Überlegungen auf die unternehmenstragende Gesellschaft beschränkt.[242] – Überzeugen kann keine der beiden Auffassungen. Zum einen ist unbestritten, dass eine Gesellschaft bei ihrer Gründung über mindestens zwei Gesellschafter verfügen muss.[243] Warum dies nachträglich anders sein soll, leuchtet nicht ein.[244] Zum anderen erhält eine Personengesellschaft ihre rechtliche Selbstständigkeit gerade durch die Verbindung mehrerer Gesellschafter.[245] Scheidet der vorletzte Gesellschafter aus, wird

---

237 Vgl. *K. Schmidt*, GesR § 8 IV 2 b.

238 Vgl. *U. Huber*, S. 104 f.; *Bork/Jacoby*, ZGR 2005, 611, 625; *Eckard*, NZG 2009, 449, 450; *Kruth*, NZI 2011, 844, 845.

239 Baumbach/Hopt/*Roth*, Einl. vor § 105 Rn. 22; Staub/*C. Schäfer*, § 105 Rn. 70; das kann freilich nur gelten, wenn eine natürliche Person verbleibt. Ist der letzte Gesellschafter eine juristische Person oder eine Personengesellschaft, besteht sie als solche fort und übernimmt das Unternehmen in ihrer bisherigen Rechtsform, vgl. *Schlottmann*, S. 184.

240 *W. Flume*, Allgemeiner Teil I/1, § 17 VIII; *Nägel*, S. 43 ff.; *Bork*, Insolvenzjahrbuch 2006, S. 10; *Liebs*, ZIP 2002, 1716, 1716 f.

241 *Pfister*, passim; ähnlich *Weimar*, ZIP 1997, 1769, 1772 f.

242 Staudinger/*Habermeier*, Vorbem. zu §§ 705–740 Rn. 29a; unklar bleibt, ob der Autor eine generelle Zulässigkeit der Einmann-Personengesellschaft befürwortet oder lediglich eine mehrfache Beteiligung des verbliebenen Gesellschafters annehmen möchte.

243 Dies folgt schon aus § 705 BGB, der einen Vertrag zwischen den Beteiligten voraussetzt, vgl. Staub/*C. Schäfer*, § 105 Rn. 70; *Lamprecht*, S. 338; *Th. Schmidt*, S. 15; *Bork/Jacoby*, ZGR 2005, 611, 626; *Ulmer*, ZHR 167 (2003), 103, 114; zur Zweigliedrigkeit als Grenze der Gestaltungsfreiheit *Armbrüster*, ZGR 2014, 333, 342 ff.

244 Ausführlich *Siebert*, S. 69.

245 *K. Schmidt*, GesR § 8 IV 2 a.

diese Verbindung gelöst und die Gesellschaft fällt in sich zusammen.[246] Man mag dies mit der Sozietätsstruktur oder mit dem Gesamthandsprinzip begründen, jedenfalls kann sie – anders als eine juristische Person – nicht als selbstständiger Rechtsträger fortbestehen.[247]

b) *Keine mehrfache Beteiligung an der Gesellschaft*

Von der generellen Zulässigkeit einer Einmann-Personengesellschaft ist die Frage zu unterscheiden, ob ein Gesellschafter mehrfach an der Gesellschaft beteiligt sein kann. Kann er (bezogen auf die unvollkommene Doppelinsolvenz) neben seinem eigenen Anteil auch den Anteil des ausgeschiedenen Gesellschafters halten und die Gesellschaft so vor dem Zusammenbruch bewahren?

Die Frage wurde lange Zeit verneint. Eine mehrfache Beteiligung war nach einhelliger Ansicht ausgeschlossen, weil sie weder mit der Struktur noch mit dem Gesamthandsprinzip einer Personengesellschaft in Einklang zu bringen war; es galt der Grundsatz der Einheitlichkeit.[248] Für den Wegfall des vorletzten Gesellschafters bedeutete dies: Der verbliebene Gesellschafter mochte zwar dessen Anteil erwerben, der Anteil fiel aber zwangsläufig mit seinem eigenen zusammen;[249] er war nicht in der Lage, die Gesellschaft alleine aufrechtzuerhalten. In jüngerer Zeit möchten einige Autoren vom Grundsatz der Einheitlichkeit abweichen und in manchen Fällen eine Ausnahme zulassen.[250] Namentlich geht es um Fälle mit „Drittbezug",[251] das heißt um solche Fälle, in denen der erworbene Anteil mit Rechten Dritter belastet ist und aus diesem Grund einer Sonderzuordnung unterliegt.[252] Als Beispiele für einen Drittbezug lassen sich dingliche

---

246 *K. Schmidt*, GesR § 8 IV 2 b; *Siebert*, S. 69 f.

247 *U. Huber*, S. 105; *Th. Schmidt*, S. 15 ff.; ähnlich *Schünemann*, S. 196 f.

248 RGZ 163, 142, 149; BGHZ 24, 106, 108; 58, 316, 318; *W. Flume*, Allgemeiner Teil I/1, § 7 III; *Joussen*, DB 1992, 1173, 1174; *Sieveking*, FS Schippel, S. 505, 512 ff.; *Stimpel*, FS Rowedder, S. 477, 480; *Ulmer*, NJW 1990, 73, 76; *ders.*, ZHR 167 (2003), 103, 104; ähnlich *Bippus*, AcP 195 (1995), 13, die zwar im Innenverhältnis mehrere „Beteiligungen" zulassen möchte, im Außenverhältnis aber von einer einheitlichen Mitgliedschaft ausgeht.

249 BGH WM 1969, 989; MünchKomm-HGB/*K. Schmidt*, § 105 Rn. 77; Oetker/*Lieder*, § 105 Rn. 40; Ebenroth/Boujong/Joost/Strohn/*Wertenbruch*, § 105 Rn. 47

250 *Lamprecht*, S. 337 ff.; *Th. Schmidt*, S. 45 ff.; *Söring*, S. 128 ff.; *Baumann*, BB 1998, 225; *Baur/Grunsky*, ZHR 133 (1970), 209; *Esch*, BB 1996, 664; *Fett/Brand*, NZG 1999, 45; *Lüttge*, NJW 1994, 5; *Kanzleiter*, FG Weichler, S. 39; *Kießling*, FS Hadding, S. 477, 496; *Priester*, DB 1998, 55; *Weimar*, ZIP 1997, 1769, 1772 ff.

251 *Ulmer*, ZHR 167 (2003), 103, 114.

252 *Ulmer*, ZHR 167 (2003), 103, 114.

Rechte wie Nießbrauch, Pfandrecht oder Treuhand und erbrechtliche Institute wie Testamentsvollstreckung, Vor- und Nacherbfolge oder Nachlassverwaltung denken.[253] Lastet eines der genannten Rechte auf dem Anteil des ausgeschiedenen Gesellschafters, soll der verbliebene Gesellschafter zwei voneinander getrennte (selbstständige) Anteile halten und die Gesellschaft alleine fortführen dürfen. Begründet wird dies mit dem Erlöschen der Rechte, sollten beide Anteile ineinander aufgehen.[254] Nach Ansicht einzelner Autoren soll das Gleiche gelten, wenn die betreffenden Anteile unterschiedlich ausgestaltet sind[255] oder wenn es im Gesellschaftsvertrag so geregelt ist.[256]

Unabhängig davon, ob der Grundsatz der Einheitlichkeit in den beschriebenen Fällen einzuschränken ist:[257] die Überlegungen, die dahinter stehen, spielen für die Doppelinsolvenz keine Rolle. Den Ausnahmen liegt die Prämisse zugrunde, dass der verbliebene Gesellschafter den Anteil des vorletzten Gesellschafters erwirbt, sei es durch Rechtsgeschäft, sei es durch den Tod des vorletzten Gesellschafters. Es geht um Fälle des „derivativen Hinzuerwerbs",[258] bei dem zwei (unterschiedliche) Anteile in der Hand des verbliebenen Gesellschafters zusammentreffen. In der Insolvenz ist die Ausgangslage anders. Wird über das Vermögen des vorletzten Gesellschafters ein Insolvenzverfahren eröffnet und scheidet er deshalb aus, erwirbt der verbliebene Gesellschafter nicht etwa dessen Anteil; der Anteil erlischt vielmehr und ist nur noch für den Abfindungsanspruch (§ 738

253 Vgl. Staub/*C. Schäfer*, § 105 Rn. 72 m.w.N.; *K. Schmidt*, ZIP 2014, 493, 496.

254 Vgl. *Th. Schmidt*, S. 45; im Übrigen wird die Diskussion weitgehend von Überlegungen zur Zweckmäßigkeit bestimmt, vgl. nur *Söring*, S. 115.

255 Vgl. MünchKomm-HGB/*Grunewald*, § 161 Rn. 4 f.; MünchKomm-HGB/*Priester*, § 120 Rn. 93; *Baumann*, BB 1998, 225; *Esch*, BB 1993, 664, 667 f.; *Kanzleiter*, FG Weichler, S. 39, 49; *Priester*, DB 1998, 55, 58 f. Die unterschiedliche Ausgestaltung kann auf dem Gesellschaftsvertrag (Beispiele: Gewinnvorzüge, Mehrstimmrechte, Stimmbindungen etc.) oder auf dem Gesetz beruhen (Beispiel: Komplementär- und Kommanditanteil).

256 So vor allem *Priester*, DB 1998, 55, 59.

257 Nach inzwischen herrschender Meinung kommen einzelne Ausnahmen in Betracht. Es ist indes umstritten, in welchen Fällen vom Grundsatz der Einheitlichkeit abgewichen werden kann, näher MünchKomm-HGB/*K. Schmidt*, § 105 Rn. 25. Die Rechtsprechung lässt eine Abweichung jedenfalls dann zu, wenn der Anteil des ausgeschiedenen Gesellschafters der Testamentsvollstreckung unterliegt, vgl. BGHZ 98, 48, 57 f.

258 Vgl. *Lamprecht*, S. 344 ff.

Abs. 1 BGB) von Bedeutung.[259] Damit fehlt es bereits an zwei unterschiedlichen Beteiligungen, die für den Fortbestand der Gesellschaft erforderlich wären.[260]

Wollte man sich über diese dogmatischen Bedenken hinwegsetzen, scheiterte eine mehrfache Beteiligung auch daran, dass die Interessenlage nicht vergleichbar ist. Maßgebliche Erwägung für die Zulässigkeit einer mehrfachen Beteiligung ist die drohende Benachteiligung Dritter. Hat ein Dritter ein Recht erworben, das ihm den Anteil an der Gesellschaft (wirtschaftlich) zuweist, soll er dieses Recht auch dann behalten dürfen, wenn es wegen der Vereinigung zweier Anteile an sich erlöschen müsste.[261] Dafür spreche nicht zuletzt, dass die Rechtslage aufgrund der „quasi-dinglichen Mitbeteiligung" des Dritten einer zwei- oder mehrgliedrigen Gesellschaft angenähert ist.[262] Bei der unvollkommenen Doppelinsolvenz scheint dies ähnlich zu sein. Nimmt die Doppelinsolvenz ihren Anfang bei der Gesellschaft und ist über deren Vermögen ein Insolvenzverfahren eröffnet, weist die InsO das Vermögen haftungsrechtlich den Gläubigern zu.[263] Diese haben ein (vorrangiges) Recht auf den Verwertungserlös, was durch § 80 Abs. 1 InsO sichergestellt wird.[264] Erlischt nun die Gesellschaft, wenn der vorletzte Gesellschafter ausscheidet, und geht das Vermögen auf den verbliebenen Gesellschafter über, wird diese haftungsrechtliche Zuordnung aufgehoben. Der Insolvenzbeschlag endet und das ehemalige Gesellschaftsvermögen ist dem Zugriff sämtlicher Gläubiger, vor allem der Gläubiger des verbliebenen Gesellschafters preisgegeben. Es liegt deshalb nahe, die Gesellschaft fortbestehen

---

259 *Lamprecht*, S. 361 f.; *Bork/Jacoby*, ZGR 2005, 611, 626 f.; nach anderer Ansicht wächst der Anteil dem verbliebenen Gesellschafter an, vgl. Staub/*C. Schäfer*, § 105 Rn. 70. Das Ergebnis ist beide Male das Gleiche.

260 Das Erfordernis mindestens zweier Beteiligungen ist unbestritten, sieht man von den in Fn. 241 und 242 genannten Stimmen einmal ab, vgl. MünchKomm-HGB/*K. Schmidt*, § 105 Rn. 24 f.; ähnlich *Korkmaz*, S. 207 f.

261 Vgl. *K. Schmidt*, GesR § 45 I 2 b bb für den Fall der Vor- und Nacherbfolge.

262 MünchKomm-BGB/*C. Schäfer*, § 705 Rn. 63 f.; ähnlich *Ulmer*, ZHR 167 (2003), 103, 114: „Eintritt des Dritten (…) in den Gesellschaftsverband"; zur weitergehenden Frage, ob beispielsweise der Nießbraucher einer Beteiligung wie ein Gesellschafter zu behandeln ist, vgl. *Wedemann*, ZGR 2016, 799.

263 Vgl. *Bork*, Rn. 117 und 128; *Häsemeyer*, Rn. 1.15; *ders.*, KTS 1982, 507, 534; *Henckel*, JuS 1985, 836.

264 Vgl. *Henckel*, FS Weber, S. 237 f., der den Konkursbeschlag mit Verweis auf *Kohler*, Lehrbuch des Konkursrechts, 1891, als „dingliches Recht mit Wertzwecken" bezeichnet, einem Pfandrecht ähnlich oder verwandt.

zu lassen,[265] um die Gesellschaftsgläubiger vor dem Verlust ihrer Rechtsposition zu bewahren.[266]

Wer die Erlöschensfolge etwas näher betrachtet, erkennt indes, dass die Gesellschaftsgläubiger überhaupt keinen Schutz benötigen. Verneint man nämlich die Möglichkeit einer mehrfachen Beteiligung, verlieren die Gesellschaftsgläubiger zwar ihr „Beschlagsrecht"; sie können aber weiter auf das Vermögen zugreifen, das ihnen vormals haftungsrechtlich zugewiesen war.[267] Die Zugriffsmöglichkeit rührt daher, dass der verbliebene Gesellschafter zum Rechtsnachfolger der Gesellschaft wird (unten 2). Er übernimmt nicht nur das gemeinsame Vermögen, sondern muss auch für die entstandenen Verbindlichkeiten einstehen (unten II 2). Dabei ist seine Einstandspflicht nicht auf das übernommene Vermögen beschränkt; der verbliebene Gesellschafter haftet grundsätzlich mit seinem gesamten Vermögen, das heißt den Gesellschaftsgläubigern steht theoretisch eine umfangreichere Haftungsmasse zur Verfügung.[268] Da sie außerdem von den Zwängen des Insolvenzverfahrens befreit sind, gibt es keinen vernünftigen Grund, die Gesellschaft in Person des verbliebenen Gesellschafters fortbestehen zu lassen.[269] Davon abgesehen würde das Argument versagen, wenn die Insolvenz bei den Gesellschaftern beginnt. Die Gesellschaft wäre erloschen, bevor die Gesellschaftsgläubiger ein „Beschlagsrecht" erworben hätten. Die mehrfache Beteiligung könnte also nur ein Teil des Problems lösen. Das ist zu wenig.

Damit ist festzuhalten: Der verbliebene Gesellschafter ist auch unter dem Gesichtspunkt einer mehrfachen Beteiligung nicht in der Lage, die Gesellschaft vor dem Zusammenbruch zu bewahren.

c) Kein Erwerb eigener Anteile

Für den Fortbestand der Gesellschaft gibt es neben der (generellen) Zulässigkeit einer Einmann-Personengesellschaft und neben der Zulässigkeit einer

---

265 Der dogmatische Weg ist zweifelhaft: Denkbar wäre, den Anteil des ausgeschiedenen Gesellschafters als fortbestehend anzusehen (bzw. den Fortbestand zu fingieren) und von zwei selbstständigen (fiktiven) Anteilen in der Hand des verbliebenen Gesellschafters auszugehen. Überzeugend ist dies aber nicht.

266 In diesem Sinne wohl *Korkmaz*, S. 206 f.

267 Vgl. *Bork/Jacoby*, ZGR 2005, 611, 627.

268 Vgl. *Bork/Jacoby*, ZGR 2005, 611, 627.

269 Anders *Haas/Holla* (DStR 2001, 1264), nach denen „zumindest für das Insolvenzverfahren (...) die Ein-Personen-(Personen-)Gesellschaft als fortbestehend anzusehen [ist]". Dieser Sichtweise stehen aber die bereits beschriebenen dogmatischen Bedenken entgegen.

mehrfachen Beteiligung einen weiteren Denkansatz, den jüngst *Priester* ins Spiel gebracht hat: den Erwerb eigener Anteile durch die Gesellschaft.[270] Entgegen der einhelligen Meinung[271] sollen nicht nur Kapitalgesellschaften in der Lage sein, Anteile an sich selbst zu erwerben (§§ 71 ff. AktG, § 33 GmbHG); auch Personengesellschaften hätten diese Möglichkeit, da sie einer AG oder GmbH wegen ihrer fortschreitenden Verselbstständigung weitgehend gleichzustellen seien.[272] Wollte man den Gedanken für die unvollkommene Doppelinsolvenz weiterspinnen, könnte das bedeuten: Die Gesellschaft erwirbt beim Wegfall des vorletzten Gesellschafters dessen Anteil; sie müsste nicht erlöschen, weil es weiterhin zwei unterschiedliche Anteile gäbe, die von zwei unterschiedlichen Rechtsträgern – nämlich von der Gesellschaft und dem verbliebenen Gesellschafter – gehalten würden.

Sieht man von grundlegenden dogmatischen Bedenken einmal ab,[273] kann der Ansatz *Priesters* aber schon aus konzeptionellen Gründen nicht zu diesem Ergebnis führen. Ähnlich wie eine mehrfache Beteiligung setzt auch der Erwerb eigener Anteile voraus, dass der Anteil des vorletzten Gesellschafters (jedenfalls theoretisch) auf den neuen Rechtsträger übergehen kann. Da das Gesetz hierfür keine Grundlage bereithält, könnte allein der Gesellschaftsvertrag bestimmen, ob und unter welchen Voraussetzungen die Anteile ausgeschiedener Gesellschafter an die Gesellschaft (zurück-)fallen.[274] Kein Gesellschaftsvertrag dürfte indes eine solche Bestimmung enthalten, das heißt es fehlte schon am nötigen Mechanismus, mit dessen Hilfe die Gesellschaft den Anteil auf sich überleiten könnte. Denkbar wäre freilich, dass der Insolvenzverwalter den Anteil für die Gesellschaft erwirbt. Das müsste aber schon vor Eröffnung des Verfahrens über das Vermögen des vorletzten Gesellschafters geschehen, da der Anteil sonst erlischt. Davon abgesehen dürfte ein solcher Erwerb kaum im Interesse der Gesellschaftsgläubiger liegen. Diese behielten wegen des Fortbestands der Gesellschaft zwar ihr Beschlagsrecht; die Gesellschaft müsste aber bei Übernahme des Anteils eine Gegenleistung an den vorletzten Gesellschafter erbringen, die (anders als eine

270 *Priester*, ZIP 2014, 245.

271 Baumbach/Hopt/*Roth*, § 105 Rn. 30; Staub/*C. Schäfer*, § 105 Rn. 97; MünchKomm-HGB/ *K. Schmidt*, § 105 Rn. 93; Ebenroth/Boujong/Joost/Strohn/ *Wertenbruch*, § 105 Rn. 16; *Nägel*, S. 139; *C. Schäfer*, Gutachten, S. E 47 f.; *Ulmer*, ZIP 2001, 585, 588; *Wiedemann*, JZ 2001, 661, 663.

272 *Priester*, ZIP 2014, 245, 246 f.

273 Hierzu ausführlich *K. Schmidt*, ZIP 2014, 493.

274 Die Zulässigkeit einer solchen Bestimmung hinge davon ab, ob man den Erwerb eigener Anteile bei Personengesellschaften zulassen möchte.

Abfindung nach § 738 Abs. 1 BGB) nicht als reine Insolvenzforderung einzuordnen wäre, sondern als Masseverbindlichkeit im Sinne des § 55 Abs. 1 Nr. 1 InsO. Ein hoher Preis, wenn man bedenkt, dass die Gläubiger trotz Erlöschen der Gesellschaft weiterhin auf das ehemalige Gesellschaftsvermögen zugreifen können.

2. Übergang des Gesellschaftsvermögens

Nach den vorausgehenden Überlegungen erlischt eine Gesellschaft, wenn sie ihren vorletzten Gesellschafter verliert. Das führt zu der Frage, was mit ihrem Vermögen geschieht. Die Antwort ist einfach: es geht auf den verbliebenen Gesellschafter über; streitig ist indes, wie sich der Übergang vollzieht.

a) Keine Anwachsung

Die ältere Rechtsprechung und ein Teil der Literatur wollen den Übergang als Anwachsung einordnen. Scheidet der vorletzte Gesellschafter aus, dann wachse sein Anteil dem verbliebenen Gesellschafter an. Dieser werde zum Alleininhaber des Vermögens.[275] – Die Auffassung wäre richtig, wenn man eine Gesellschaft immer noch als Gesamthand ansähe.[276] Dann nämlich wäre „ihr" Vermögen nichts anderes als ein (gesamthänderisch gebundenes) Sondervermögen der Gesellschafter, was bedeutete: Fiele der Anteil des ausscheidenden Gesellschafters dem verbliebenen Gesellschafter zu, erhielte dieser das Sondervermögen mit dinglicher Wirkung; die gesamthänderische Bindung wäre entfallen.[277] Die frühere Gesamthandslehre ist heute überholt. Nicht die Gesellschafter sind die Träger des Vermögens, sondern die Gesellschaft selbst. Das heißt, die Anwachsung hat auf die dingliche Zuordnung keinen Einfluss mehr.[278] Sie kann erklären, wie sich im Innenverhältnis die Anteile ändern; mit dem Übergang des Vermögens hat sie nichts zu tun.

---

275 RGZ 65, 227, 240; BGHZ 32, 307, 314; *Flume*, Allgemeiner Teil I/1, § 17 VIII; *U. Huber*, S. 70 f.; *Rimmelspacher*, AcP 173 (1973), 1, 18 f.; wohl auch MünchKomm-BGB/*Schäfer*, § 718 Rn. 13.

276 Vgl. *Schlottmann*, S. 187 f.

277 Vgl. *Schlottmann*, S. 187.

278 Vgl. *Wiedemann*, GesR II § 9 II 6 b: „§ 738 BGB ist nicht einschlägig, weil er gerade umgekehrt die Vermögenszuordnung des Rechtsträgers erhalten und nicht auf einen neuen Rechtsträger transferieren will."

b) Gesamtrechtsnachfolge

Die neuere Rechtsprechung und der überwiegende Teil der Literatur begründen den Übergang mit der Gesamtrechtsnachfolge. Der verbliebene Gesellschafter nehme die Position der erloschenen Gesellschaft ein; er sei ihr Rechtsnachfolger.[279] Für diesen Ansatz spricht, dass die Ausgangslage die gleiche ist wie im klassischen Fall der Gesamtrechtsnachfolge. Ein Rechtsträger verschwindet.[280] Beim Erbfall ist es eine natürliche Person, die verstirbt; hier eine Gesellschaft, die erlischt. Beide Male wäre die eigentliche Konsequenz, dass das Vermögen herrenlos wird. Weil aber keine Rechte ohne Rechtsträger entstehen sollen,[281] ordnet § 1922 Abs. 1 BGB für den Erbfall an, dass der Erbe an die Position des Erblassers rückt. Im vorliegenden Fall kann nichts anderes gelten, zumal die beiden Mechanismen, die dies verhindern könnten, nicht helfen: Eine Anwachsung hat keine dingliche Wirkung (oben 1) und eine Abwicklung, an deren Ende die vermögenslose „Gesellschaft" stünde, ist nicht mehr möglich (unten 3). Im Umwandlungsrecht hat die Gesamtrechtsnachfolge noch eine weitere Funktion. Sie soll das Vermögen eines erloschenen Rechtsträgers als Haftungseinheit erhalten. Diese Funktion erfüllte sie auch hier.

c) Einfluss des Insolvenzbeschlags?

Nach Auffassung von *Liebs* tritt die Gesamtrechtsnachfolge nicht ein.[282] Ähnlich wie bei der Umwandlung einer Gesellschaft oder beim Tod einer natürlichen Person verhinderten die Verfügungsbeschränkungen der InsO, dass das Vermögen auf den verbliebenen Gesellschafter übergeht.

Dem ist nicht zu folgen. Die Verfügungsbeschränkungen haben den Zweck, die Masse für die Gläubiger zu erhalten. Der Schuldner soll nicht mehr über Masse verfügen, er soll sie nicht mehr durch eine Rechtshandlung schmälern können. Es ist daher richtig, wenn die herrschende Meinung annimmt, dass Umwandlungsvorgänge ausgeschlossen sind. Der vorliegende Fall liegt anders. Die Gesamtrechtsnachfolge beruht auf dem Gesetz;[283] außerdem wird die Masse

---

279 BGHZ 71, 296, 300; Henssler/Strohn/*Klöhn*, § 131 Rn. 63; Staub/*C. Schäfer*, § 131 Rn. 8; MünchKomm-HGB/*K. Schmidt*, § 131 Rn. 105; *ders.*, GesR § 11 V 3 a aa; *Schlottmann*, S. 189 ff.; *Bork/Jacoby*, ZGR 2005, 611, 627 f.; *Görg*, FS Runkel, S. 313, 314.

280 Vgl. *Schlottmann*, S. 190.

281 Vgl. *v. Tuhr*, Allgemeiner Teil I, § 2 VII.

282 Vgl. *Liebs*, ZIP 2002, 1716.

283 Das ist beim Tod einer natürlichen Person auch so (vgl. § 1922 Abs. 1 BGB); dass deren Insolvenzverfahren nicht endet, hat aber nichts mit den Verfügungsbeschränkungen zu tun, sondern mit den §§ 11 Abs. 2 Nr. 2, 315 ff. InsO. Diese erlauben ein Insolvenzverfahren über den Nachlass.

nicht beeinträchtigt. Hält man nämlich an der Ausscheidensfolge fest, könnte das Gesellschaftsinsolvenzverfahren als Sonderinsolvenzverfahren fortgesetzt werden (unten III 2). Die Masse bliebe die gleiche, sie unterläge weiterhin dem Insolvenzbeschlag.[284] Die Lösung, die hier vorgeschlagen wird, ist eine andere, gleichwohl: Der Insolvenzbeschlag kann am Erlöschen der Gesellschaft und am Übergang ihres Vermögens auf den verbliebenen Gesellschafter nichts ändern.

3. Ende des Gesellschaftsinsolvenzverfahrens

Das Ausscheiden des vorletzten Gesellschafters wirkt sich nicht nur auf den Bestand der Gesellschaft und auf die Zuordnung ihres Vermögens aus; es hat auch Folgen für ihr Insolvenzverfahren.

a) Verlust der Insolvenzfähigkeit

Zu Beginn der Untersuchung (Kapitel 1, B I 2) wurde bereits festgehalten, dass eine Gesellschaft nur solange insolvenzfähig ist, wie sie ein Vermögen besitzt. Ihre Insolvenzfähigkeit endet, wenn das Vermögen restlos verteilt ist; wenn es keinen Vermögenswert mehr gibt, der zur Befriedigung der Gläubiger verwendet werden kann. Das war die Aussage des § 11 Abs. 3 InsO.

Erlischt eine Gesellschaft und geht ihr Vermögen auf einen neuen Rechtsträger über, gilt nach überwiegender Auffassung das Gleiche.[285] Die Gesellschaft büße ihre Insolvenzfähigkeit ein, weil sie rechtlich nicht mehr existiere und weil sie kein Vermögen mehr habe, das in einem (Gesellschafts-)Insolvenzverfahren zu verteilen wäre; das Vermögen sei durch die Gesamtrechtsnachfolge als vollständig verteilt anzusehen.[286] Lässt man die Möglichkeit eines Sonderinsolvenzverfahrens vorerst beiseite,[287] bedeutet das im Fall der unvollkommenen Doppelinsolvenz: War vor dem Ausscheiden des vorletzten Gesellschafters ein Insolvenzverfahren über das Vermögen der Gesellschaft eröffnet, muss das

---

284 Details unter V 1 d aa (2).

285 Vgl. MünchHdbGesR I/*Butzer*/*Knof*, § 85 Rn. 8; Uhlenbruck/*Hirte*, § 11 Rn. 245; K. Schmidt/*K. Schmidt*, § 11 Rn. 21; *Häsemeyer*, Rn. 31.05; *Voß*, EWiR 2001, 573, 574; implizit auch MünchKomm-InsO/*Ott*/*Vuia*, § 11 Rn. 71b (im Ergebnis gehen die beiden Autoren davon aus, dass ein bereits eröffnetes Verfahren als Sonderinsolvenzverfahren fortgeführt wird; dazu ausführlich unter III 2 und V 1 d aa).

286 Vgl. *Gerhardt*, ZIP 2000, 2181, 2182; *Kruth*, NZI 2011, 844, 847; auch unter der KO galt ein selbstständiger Gesellschafterkonkurs in diesen Fällen als ausgeschlossen, vgl. dazu Jaeger/*Weber*, KO §§ 209, 210, Rn. 11 m.w.N.

287 Die Möglichkeit eines Sonderinsolvenzverfahrens analog §§ 11 Abs. 2 Nr. 2, 315 ff. InsO wird unter D III 2 ausführlich behandelt.

Verfahren eingestellt werden;[288] war noch keines eröffnet, darf ein Eröffnungsbeschluss nicht mehr ergehen.[289] Nur wenn der verbliebene Gesellschafter später ebenfalls insolvent wird, kommt ein Verfahren über dessen Vermögen in Betracht.[290] Mit der ursprünglichen Gesellschaftsinsolvenz hat das aber nichts mehr zu tun.

b) Kein § 11 Abs. 3 InsO

Nach Auffassung von *Gundlach/Frenzel/N. Schmidt* ist § 11 Abs. 3 InsO anders zu verstehen. Wie ein Blick in die Gesetzesmaterialien zeige, habe sich die Vorschrift vom schuldnerbezogenen Ansatz des Konkursrechts gelöst[291] und knüpfe nunmehr vorrangig an das Vermögen der Gesellschaft an. Eine Gesellschaft sei daher solange insolvenzfähig, wie sie ein (unverteiltes) Vermögen besitze. Weil das Vermögen der maßgebliche Anknüpfungspunkt sei, gehe § 11 Abs. 3 InsO auch Regelungen vor, die zu einer Vollbeendigung der Gesellschaft führten: Verliere die Gesellschaft ihren vorletzten Gesellschafter, so ende sie nicht; vielmehr bleibe sie bis zu ihrer insolvenzrechtlichen Abwicklung als Schuldnerin bestehen.[292] Die anders lautende Sichtweise der herrschenden Meinung greife zu kurz, weil es bei der Regelung nicht allein um die Verteilung des Aktivvermögens gehe; Ziel sei, das Vermögen den Gläubigern haftungsrechtlich zur Verfügung zu stellen.[293]

Die Begründung der drei Autoren, vor allem der letzte Gedanke, erinnert an eine Überlegung, die schon von der mehrfachen Beteiligung bekannt ist. Dort war die haftungsrechtliche Zuordnung des Vermögens als Rechtfertigung in Betracht gezogen worden, um die Gesellschaft in Person des verbliebenen Gesellschafters fortbestehen zu lassen. Hintergrund war, dass mit dem Erlöschen der Gesellschaft die haftungsrechtliche Zuordnung endet und die

288 Vgl. *Korkmaz*, S. 153; *Schlicht*, S. 23; *Bork/Jacoby*, ZGR 2005, 611, 630; *Liebs*, ZIP 2002, 1716, 1717 („Horrorvision"); implizit *Engeler*, S. 24.

289 Ein gleichwohl ergangener Eröffnungsbeschluss ist nach BGH ZIP 2008, 1677 nichtig; kritisch *C. Keller*, NZI 2009, 29. Auf die Entscheidung wird später (unter D IV 3) noch zurückzukommen sein.

290 Vgl. Uhlenbruck/*Hirte*, § 11 Rn. 244; *Gerhardt*, ZIP 2000, 2181, 2182.

291 Vgl. schon *Gundlach/N. Schmidt/Schirrmeister*, DZWIR 2004, 449; zur Konkursfähigkeit als passive Parteifähigkeit *Prütting*, ZIP 1997, 1725, 1728 f.

292 *Gundlach/Frenzel/N. Schmidt*, DStR 2004, 1658, 1660; vgl. auch Gottwald/*Gundlach*, § 5 Rn. 24 und 25; mit Sympathien für diese Sichtweise HK-*Marotzke*, Vor § 315 Rn. 12.

293 *Gundlach/Frenzel/N. Schmidt*, DStR 2004, 1658, 1661.

Gesellschaftsgläubiger mit den Privatgläubigern des verbliebenen Gesellschafters konkurrieren.[294] Nichts anderes haben offenbar *Gundlach et al.* im Sinn, wenn sie § 11 Abs. 3 InsO den Vorrang vor § 131 Abs. 3 Satz 1 Nr. 2 HGB einräumen. Sie wollen gewährleisten, dass das Vermögen den Gesellschaftsgläubigern weiterhin zugewiesen bleibt.[295] Für dieses Vorhaben findet sich aber weder im Wortlaut eine Stütze noch in der ratio legis.

Liest man in § 11 Abs. 3 InsO die Formulierung: „Nach Auflösung (...) einer Gesellschaft ohne Rechtspersönlichkeit ist die Eröffnung des Insolvenzverfahrens zulässig, solange die Verteilung des Vermögens nicht vollzogen ist", dann ist der Anwendungsbereich der Vorschrift klar umschrieben. Eine aufgelöste Gesellschaft soll insolvenzfähig sein, solange die Liquidatoren das Gesellschaftsvermögen nicht vollständig verteilt haben.[296] Die Vorschrift nimmt damit Bezug auf das Ende einer Gesellschaft, das mit der vollständigen Verteilung des Vermögens unwillkürlich eintritt.[297] Daraus abzuleiten, dass ein Insolvenzverfahren stets bis zur vollständigen Verteilung des Vermögens dauern muss, wäre aber verfehlt; denn § 11 Abs. 3 InsO beschreibt nur den Zeitpunkt, bis zu dem die Eröffnung eines Verfahrens maximal möglich ist, nämlich bis zur Vollbeendigung der Gesellschaft.[298] Diese Deutung wird vom Zweck der Vorschrift bestätigt. § 11 Abs. 3 InsO möchte sicherstellen, dass das Vermögen einer Gesellschaft nach deren Auflösung in einem ordnungsgemäßen Verfahren verteilt wird. Weil das gesellschaftsrechtliche Liquidationsverfahren diese Aufgabe nicht erfüllen kann (das Vermögen reicht zur Befriedigung der Gläubiger nicht aus), muss auch die aufgelöste Gesellschaft als insolvenzfähig angesehen werden.[299] Auf diese Weise wird vermieden, dass einzelne Gläubiger den Vorzug erhalten, während andere leer ausgehen. Erlischt eine Gesellschaft und geht ihr Vermögen auf den

---

294 Näher unten II 1 b.

295 Darauf deuten die Überlegungen von *Gundlach/N. Schmidt/Schirrmeister* in DZWIR 2004, 449, 451 hin.

296 Vgl. Kapitel 1, B I 2; dazu gehört auch der Fall, dass nach der Verteilung des bekannten Vermögens weitere Vermögenswerte auftauchen (etwa aufgrund von Anfechtungslagen oder Ansprüchen gegen die Gesellschafter), die eine Nachtragsliquidation erfordern, vgl. Uhlenbruck/*Hirte*, § 11 Rn. 243; K. Schmidt/*K. Schmidt*, § 11 Rn. 19.

297 Das gilt nur für Personengesellschaften. Juristische Personen hören erst auf zu existieren, wenn sie vermögenslos und im Handelsregister gelöscht sind, vgl. bereits Fn. 7.

298 Zutreffend *Schlottmann*, S. 302; *Reiswich*, ZInsO 2010, 1809, 1812; *Korkmaz* (S. 270) weist ergänzend darauf hin, dass schon der Wortsinn des Begriffs „Auflösung" eine andere Lesart verbietet.

299 Vgl. *Kruth*, NZI 2011, 844, 847.

verbliebenen Gesellschafter über, ist die Steuerungsfunktion des Insolvenzverfahrens nicht mehr nötig. Das Vermögen ist einem neuen Rechtsträger zugeordnet, das heißt es gibt nichts mehr,[300] was an die Gläubiger verteilt werden könnte. Man möchte vielleicht einwenden, dass die Gläubiger bei dieser Sichtweise ihr „Beschlagsrecht“ verlieren und daher mit den Privatgläubigern des verbliebenen Gesellschafters um das Vermögen streiten müssen. Das stimmt; § 11 Abs. 3 InsO ist aber nicht der richtige Weg, um den Nachteil zu verhindern.[301] Es bleibt vorerst nur die Möglichkeit, ein Insolvenzverfahren über das Vermögen des verbliebenen Gesellschafters zu eröffnen, wenn dieser Mühe hat, die Forderungen aller Gläubiger zu erfüllen.

Damit ist festzuhalten: § 11 Abs. 3 InsO dient nicht dazu, die Zuweisung des Vermögens an die Gesellschaftsgläubiger aufrechtzuerhalten; er beschreibt nur das Ende der Insolvenzfähigkeit, das im Fall der unvollkommenen Doppelinsolvenz mit dem Ausscheiden des vorletzten Gesellschafters eintritt.

4. *Sonderfall EWIV*

Nach den Überlegungen unter 1 gibt es keinen vernünftigen Weg, auf dem sich eine Gesellschaft vor dem Zusammenbruch bewahren ließe, wenn sie ihren vorletzten Gesellschafter verliert. Die naheliegende Lösung einer „Einmann-Gesellschaft“ wird durch den numerus clausus der Gesellschaftsformen ausgeschlossen; eine mehrfache Beteiligung und ein Erwerb eigener Anteile scheitern an den Besonderheiten im Recht der Personengesellschaften. Auf europäischer Ebene, namentliche bei der EWIV, ist dies anders.

Eine EWIV, die ihren Sitz in Deutschland hat, unterliegt gemäß Art. 2 Abs. 1 EWIV-VO deutschem Recht. Sie wird wie eine OHG behandelt, das heißt sie müsste im Grunde ebenfalls erlöschen, wenn sie ihr vorletztes Mitglied verliert. Was die Beendigung angeht, enthält die EWIV-VO aber eine eigenständige Regelung, die dem nationalen Recht vorgeht. Nach den Art. 31 f. EWIV-VO wird die Vereinigung entweder durch Beschluss ihrer Mitglieder oder durch

300 Die Formulierung „es gibt durchaus Fallgestaltungen, in denen gesellschaftsrechtlich eine Beendigung der Gesellschaft vorliegt, obgleich noch Gesellschaftsvermögen vorhanden ist“ (*Gundlach/N. Schmidt/Schirrmeister*, DZWIR 2004, 449) ist missverständlich; denn gäbe es noch ein Gesellschaftsvermögen, wäre die Gesellschaft nicht beendet. Gemeint war wohl, dass ein Verband enden kann, ohne dass sein Vermögen zuvor in einem förmlichen Liquidationsverfahren verteilt wurde.

301 Vgl. Uhlenbruck/*Hirte*, § 11 Rn. 244 f.; MünchKomm-InsO/*Ott/Vuia*, § 11 Rn. 71b; K. Schmidt/*K. Schmidt*, § 11 Rn. 21.

Entscheidung des Gerichts aufgelöst.[302] Auflösungsgründe, die nach dem Vorbild des 131 HGB automatisch zur Abwicklung führen, existieren grundsätzlich keine.[303] Ein Beschluss oder eine Entscheidung werden auch dann nicht entbehrlich, wenn die EWIV eine zwingende Voraussetzung verliert und nach nationalem Verständnis erlöschen müsste. Für den Verlust des vorletzten Mitglieds ist dies in Art. 31 Abs. 3 EWIV-VO ausdrücklich bestimmt. Danach muss die Vereinigung „durch Beschluss (…) des verbleibenden Mitglieds aufgelöst werden, wenn die Bedingungen des Art. 4 Abs. 2 EWIV-VO nicht mehr erfüllt sind"; wenn die Vereinigung nicht mehr über mindestens zwei Gesellschafter verfügt.

Nimmt man den Wortlaut der Regelung ernst, dann bleibt die Vereinigung bei Wegfall des vorletzten Mitglieds zunächst einmal erhalten. Anders als eine OHG oder KG deutschen Rechts hört sie nicht unversehens auf zu existieren, sondern besteht (vorübergehend) als „Einmann-Vereinigung" fort. Sie endet erst, wenn sie vom verbliebenen Mitglied aufgelöst und nach Art. 35 EWIV-VO abgewickelt wurde.[304] Trotz des klaren Wortlauts teilen nicht alle Autoren diese Deutung. In einzelnen Stellungnahmen wird die Möglichkeit einer Einmann-Vereinigung auch verneint. Dabei wird entweder auf das deutsche Rechtsverständnis verwiesen und ein Beschluss des verbliebenen Mitglieds für entbehrlich gehalten,[305] oder unter Berufung auf Art. 4 Abs. 2 EWIV-VO davon ausgegangen, dass

---

302 Ein Beschluss ist jederzeit möglich und nur in den Fällen des Art. 31 Abs. 2, 3 EWIV-VO geboten. Kommen die Mitglieder dem Gebot nicht nach oder liegt ein wichtiger Grund vor, kann das Gericht die Auflösung aussprechen, vgl. Art. 32 EWIV-VO. Die Abwicklung und das endgültige Erlöschen der Vereinigung richten sich wiederum nach nationalem Recht, vgl. Art. 35 Abs. 2 EWIV-VO.

303 Ausnahme ist die Insolvenz: Über Art. 36 Satz 1 EWIV-VO ist § 131 Abs. 1 Nr. 3 HGB anwendbar; das bedeutet, die Vereinigung ist auch ohne Beschluss aufgelöst, wenn über ihr Vermögen ein Insolvenzverfahren eröffnet wird, vgl. MünchHdbGesR I/*Salger* § 99 Rn. 9; *Ganske*, S. 70; *Lentner*, S. 147; *Meyer-Landrut*, S. 115 f.

304 Vgl. *Hartard*, S. 167; *Hatzig*, S. 59; *Lentner*, S. 143 f.; *Nägel*, S. 83; *Pfister*, S. 160 ff.; *Th. Schmidt*, S. 15 ff.; *Weimar*, NWB Fach 18, 3031, 3037; *ders.*, ZIP 1997, 1769, 1775; *Weimar/Delp*, WPg 1989, 89, 94 f.; *Weimar/Grote*, NWB Fach 18, 3533, 3538 f. Von der Notwendigkeit eines Auflösungsbeschlusses ist die Frage zu unterscheiden, wie die Vereinigung abzuwickeln ist. Nach Auffassung von *Nägel* (S. 84 ff.) wird die Abwicklung durch den Übergang des Vermögens auf das verbliebene Mitglied ersetzt, das heißt die Vereinigung erlischt unmittelbar mit dem Auflösungsbeschluss. In diesem Sinn sind wohl auch die anderen Autoren zu verstehen, die von einem Fortbestand der EWIV bis zu ihrer Auflösung sprechen.

305 *K. Schmidt*, GesR § 66 II 4 a.

die Vereinigung erlischt.[306] Doch gleich welchem Ansatz man folgt: beide sind mit dem Zweck der Regelung nicht zu vereinbaren. Art. 31 Abs. 3 EWIV-VO möchte dem verbliebenen Mitglied die Entscheidung überlassen, ob es die Vereinigung auflöst oder durch Aufnahme eines neuen Mitglieds in den regulären Zustand zurückversetzt. Verbrieft wird diese Entscheidungsbefugnis durch Art. 32 EWIV-VO.[307] Nach dessen Abs. 1 hat das Gericht eine Auflösung (nur dann) auszusprechen, wenn der Mangel der Vereinigung nicht behoben werden kann und vor der Entscheidung in der Sache nicht behoben wird. Die EWIV soll demnach für einen begrenzten Zeitraum als Einmann-Vereinigung fortbestehen können; sie soll ein vorübergehendes Stadium bilden, das die Vereinigung durchschreitet, bis sie entweder aufgelöst ist oder die Voraussetzungen des Art. 4 Abs. 2 EWIV-VO wieder erfüllt.[308] Bestätigt wird diese Sichtweise durch den zwölften Erwägungsgrund der Verordnung. Darin heißt es, die Gründe für die Auflösung sind (europaweit einheitlich[309]) festzulegen. Dieses Ziel würde verfehlt, wollte man nationale Besonderheiten berücksichtigen und die EWIV automatisch erlöschen lassen.[310]

Der Fortbestand der Vereinigung erweist sich im Fall der unvollkommenen Doppelinsolvenz als glückliche Fügung. Denn unabhängig davon, wo die

---

306 *Autenrieth*, Rn. 9 (der Autor spricht zwar von Art. 4 Abs. 1 EWIV-VO; er meint aber offenkundig Abs. 2, wenn er annimmt, dass die Vorschrift „zwingend die Zweigliedrigkeit voraussetzt"); ähnlich *Scriba* (S. 81), der eine Einmann-Vereinigung prinzipiell ablehnt („eine Ein-Mann-Kooperationsvereinigung wäre ein Unding!"), an anderer Stelle (S. 171) aber am Beschlusserfordernis festzuhalten scheint.

307 *Th. Schmidt*, S. 19; implizit auch *Nägel*, S. 83 f.; *Weimar*, ZIP 1997, 1769, 1775.

308 Vgl. *Lentner*, S. 144; ähnlich *Müller-Gugenberger*, in: Die EWIV in Europa, S. 207: „[Die Einmann-Vereinigung] ist eine nur kurzfristig hinnehmbare Unregelmäßigkeit, die alsbald zu beheben ist". Eine tatsächliche Begrenzung der Übergangszeit, wie sie beispielsweise das französische Recht kennt (ein Jahr, vgl. Art. 1844–5 Code de commerce), gibt es nicht; es kann deshalb recht lange dauern, bis die Einmann-Vereinigung tatsächlich endet, vgl. *Hatzig*, S. 59; *Th. Schmidt*, S. 17; *Weimar/Delp*, WPg 1989, 89, 95.

309 Vgl. *Th. Schmidt*, S. 21.

310 In den anderen Mitgliedstaaten mag diese Rechtsfolge weniger problematisch sein, weil die Vereinigung dort als juristische Person ausgestaltet ist (als Personengesellschaft gibt es die EWIV nur in Deutschland und Italien); das ändert aber nichts am Erfordernis einer einheitlichen Auslegung, zumal der europäische Gesetzgeber keine Unterscheidung nach der Rechtspersönlichkeit beabsichtigte, *Th. Schmidt*, S. 20. Rückschlüsse auf das nationale Recht, wie sie *Weimar* (ZIP 1997, 1769, 1775) für sämtliche Personengesellschaften ziehen möchte, sind nicht möglich, da es sich bei der EWIV um eine Ausnahmeerscheinung handelt.

Insolvenz ihren Anfang nimmt: sie verliert ihre verhängnisvolle Wirkung. Wird zunächst ein Insolvenzverfahren über das Vermögen der Vereinigung eröffnet und später über das Vermögen des vorletzten Mitglieds, muss weder die Vereinigung enden noch das Insolvenzverfahren über ihr Vermögen. Das Verfahren kann unverändert fortgeführt werden, das heißt die Vereinigung wird nach den Regeln der InsO abgewickelt und anschließend aus dem Handelsregister gelöscht (Details in Kapitel 1, B II 1). Im umkehrten Fall besteht die Vereinigung ebenfalls weiter. Solange das verbliebene Mitglied nicht die Auflösung beschließt,[311] kann jederzeit ein Insolvenzverfahren über ihr Vermögen eröffnet werden.

Zusammengefasst: Die unvollkommene Doppelinsolvenz bereitet bei der EWIV keine Probleme;[312] eine Koordinierung der einzelnen Verfahren bleibt trotz Insolvenz des vorletzten Mitglieds möglich.

5. *Zwischenfazit*

Verliert eine Gesellschaft im Zuge der Insolvenz ihren vorletzten Gesellschafter, hat das drei bedeutsame Konsequenzen. (1) Die Gesellschaft hört unversehens auf zu existieren, da sie mit nur einem Gesellschafter nicht fortbestehen kann. (2) Das Gesellschaftsvermögen geht auf den verbliebenen Gesellschafter über; dieser wird zum Einzelkaufmann. (3) Wegen der geänderten Vermögenszuordnung darf über das Vermögen der Gesellschaft kein Insolvenzverfahren mehr eröffnet werden; ein bereits eröffnetes Verfahren ist einzustellen.

II. Probleme

Als nächstes soll es um die Probleme gehen, die mit den vorstehenden Rechtsfolgen verbunden sind.

1. *Nachteil der Gesellschaftsgläubiger*

Für die Gesellschaftsgläubiger scheinen die beschriebenen Rechtsfolgen erst einmal unproblematisch oder zumindest ohne größeren Nachteil zu sein. Durch den Wegfall des vorletzten Gesellschafters verlieren sie zwar ihre bisherige Schuldnerin, erhalten aber mit dem verbliebenen Gesellschafter ein

311 Durch den Auflösungsbeschluss würde die Vereinigung (unmittelbar) beendet und könnte nicht mehr Schuldnerin eines Insolvenzverfahrens sein.

312 Wollte man mit den oben (Fn. 305 und 306) genannten Stimmen von einem automatischen Erlöschen der EWIV ausgehen, wären die Probleme die gleichen wie bei einer OHG oder KG (dazu sogleich).

„neues Haftungsobjekt",[313] auf das sie wegen ihrer Forderungen zugreifen können. Reicht dessen Vermögen aus, um alle Forderungen zu erfüllen, stehen die Gesellschaftsgläubiger sogar besser als zuvor; denn die Gesellschaftsinsolvenz hätte ihnen nur einen Bruchteil ihrer Forderungen eingebracht.[314] Probleme entstehen indes, wenn der verbliebene Gesellschafter dem Ansturm der Gläubiger nicht standhalten kann und später ebenfalls insolvent wird.[315]

a) Ende der Gleichbehandlung?

Während des Gesellschaftsinsolvenzverfahrens sind die Gläubiger an den Grundsatz der par conditio creditorum (vgl. § 1 Satz 1 InsO) gebunden.[316] Jeder von ihnen soll die gleiche Quote erhalten, was die InsO in erster Linie durch die §§ 89 und 80 ff. sicherstellt: § 89 InsO verhindert, dass einzelne Gläubiger auf die Insolvenzmasse zugreifen,[317] und die §§ 80 ff. InsO sorgen dafür, dass die Schuldnerin bestimmte Gläubiger nicht willkürlich bevorzugt.[318] Doch damit nicht genug. Die InsO hilft der Gleichbehandlung schon vor der Insolvenz auf,[319] indem sie vollstreckungsrechtliche Sicherungen rückwirkend unwirksam werden lässt (§ 88 InsO) und Möglichkeiten eröffnet, um gläubigerbenachteiligende Handlungen nachträglich zu neutralisieren (näher § 129 ff. InsO).[320] Außerdem – und das ist womöglich die bedeutsamste Einschränkung – ist den Gesellschaftsgläubigern der Zugriff auf das Vermögen der persönlich haftenden

313 Vgl. *Kruth*, NZI 2011, 844, 847.

314 Vgl. *Reiswich*, ZInsO 2010, 1809, 1810.

315 Die Insolvenz des verbliebenen Gesellschafters dürfte der Regelfall sein, denn sonst hätte er die Gesellschaft schon im eigenen Interesse am Leben erhalten, vgl. *Engeler*, S. 27. Der Unterschied zur vollkommenen Doppelinsolvenz besteht darin, dass die Insolvenz erst später eintritt und nicht mit der Insolvenz des vorletzten Gesellschafters zusammenfällt, oben B II und III.

316 Näher zur par conditio creditorum als Verfahrensgrundsatz *Prütting*, Kölner Schrift zur Insolvenzordnung, S. 1, 19 ff.

317 Vgl. MünchKomm-InsO/*Breuer*, § 89 Rn. 4 f.; Kübler/Prütting/Bork/*Lüke*, § 89 Rn. 2; Uhlenbruck/*Mock*, § 89 Rn. 1; *Bork*, Rn. 128.

318 Vgl. MünchKomm-InsO/*Ott*/*Vuia*, § 80 Rn. 1; das Gleiche gilt, wenn das Insolvenzgericht im Eröffnungsverfahren einen vorläufigen Insolvenzverwalter bestellt und der Schuldnerin ein allgemeines Verfügungsverbot auferlegt (§ 21 Abs. 2 Satz 1 Nr. 1 und 2 InsO): Auch in diesem Fall wird die Schuldnerin an einer willkürlichen Bevorzugung einzelner Gläubiger gehindert.

319 Vgl. statt aller *Foerste*, Rn. 9.

320 Vgl. zur Funktion der Insolvenzanfechtung MünchKomm-InsO/*Kirchhof*, Vorbem. vor §§ 129 bis 147, Rn. 1 ff.; *Häsemeyer*, Rn. 21.02.

Gesellschafter verwehrt, weil § 93 InsO die (treuhänderische) Einziehungsbefugnis allein dem Insolvenzverwalter zuweist.[321]

Endet das Insolvenzverfahren der Gesellschaft, fallen die Einschränkungen weg. Die Gesellschaftsgläubiger unterliegen nicht länger der Gleichbehandlung; sie können den verbliebenen Gesellschafter, der das ehemalige Gesellschaftsvermögen übernommen hat, ohne äußere Zwänge in Anspruch nehmen. Dem verbliebenen Gesellschafter steht es frei, die Ansprüche zu erfüllen; erfüllt er sie nicht, können die Gesellschaftsgläubiger nach dem Prioritätsprinzip in sein neues Gesamtvermögen vollstrecken. Einzelne Gläubiger können auch zum Nachteil der anderen davon profitieren, dass sie eine anfechtbare Leistung der früheren Schuldnerin behalten dürfen, zum Beispiel weil die Anfechtungslage bei Einstellung des Verfahrens noch nicht aufgedeckt war oder vom Insolvenzverwalter noch nicht geltend gemacht wurde. Gleichzeitig leben vollstreckungsrechtliche Sicherungen wieder auf, die wegen der Rückschlagsperre unwirksam waren.[322] Was die persönliche Haftung angeht, so können die Gläubiger wieder auf die übrigen Gesellschafter zugreifen und ihre Forderungen im jeweiligen Insolvenzverfahren geltend machen.[323]

Nach dem Vorstehenden scheint das Erlöschen der Gesellschaft zu einem hoffnungslosen Durcheinander zu führen. Es scheint ein Wettlauf einzusetzen,[324] aus dem derjenige als Sieger hervorgeht, der die Situation am schnellsten durchschaut und rasch handelt. Bei näherem Hinsehen ist die Sorge aber unbegründet. Eine Gleichbehandlung kann nämlich dadurch erreicht werden, dass

---

321 § 93 InsO soll nach dem Willen des Gesetzgebers einen Wettlauf der Gläubiger um das Vermögen der persönlich haftenden Gesellschafter unterbinden und steht damit im Dienste der Gleichbehandlung, vgl. Begr. zu § 105 RegE, BR-Drs. 1/92, S. 140; a.A. *Brinkmann*, S. 96 ff.; *ders.*, ZGR 2003, 264, 272 ff.: Schutz der Sanierungsmasse.

322 § 88 InsO ordnet zwar eine absolute Unwirksamkeit an; die Unwirksamkeit ist aber nach Auffassung des BGH eine „schwebende", das heißt die zwangsvollstreckungsrechtliche Sicherung entsteht nach dem Gedanken des § 185 Abs. 2 Satz 1 Var. 2 BGB neu, wenn ihre Voraussetzungen nach Beendigung des Insolvenzverfahrens weiterhin vorliegen, vgl. BGHZ 166, 74, 82; kritisch MünchKomm-InsO/*Breuer*, § 88 Rn. 33 f.; *Keller*, ZIP 2006, 1174, 1178 ff. (Sicherungshypothek nach §§ 866, 867 ZPO); zur Rangproblematik bei Grundpfandrechten *Kohler*, ZIP 2015, 1471, 1472 ff.

323 Die persönliche Haftung bleibt trotz Erlöschen der Gesellschaft bestehen, das heißt die Gesellschafter können für Verbindlichkeiten in Anspruch genommen werden, die vor dem Erlöschen der Gesellschaft (und bis zu ihrem Ausscheiden, vgl. Kapitel 4, A II) begründet wurden, vgl. MünchKomm-HGB/*K. Schmidt*, § 128 Rn. 7 f.

324 So auch die Befürchtung von *Albertus/Fischer*, ZInsO 2005, 246, 247; den beiden folgend *Korkmaz*, S. 171 f.

ein neues Verfahren eröffnet wird, diesmal über das Vermögen des verbliebenen Gesellschafters. Mit der Eröffnung greifen sämtliche Beschränkungen wieder ein, das heißt errungene Vorteile entfallen von selbst oder können vom Insolvenzverwalter (rückwirkend) beseitigt werden.[325] Das Problem ist also nicht die Gleichbehandlung. Es ist vielmehr der Gläubigerkreis, der nunmehr der Gleichbehandlung unterliegt:

b) Konkurrierende Gläubigergruppen

Blendet man die vorrangigen Gläubiger[326] einmal aus, dann konkurrieren in der Gesellschaftsinsolvenz zwei verschiedene Gläubigergruppen[327] um das verbliebene Gesellschaftsvermögen: die Gesellschaftsgläubiger, von denen schon mehrfach die Rede war, und die (ehemaligen) Gesellschafter. Letztere dürfen ihre Forderungen im Insolvenzverfahren anmelden, wenn es sich um Abfindungs- (§ 738 BGB) oder Aufwendungsersatzansprüche (§§ 713, 670 BGB, § 110 HGB) handelt[328] oder wenn die Forderungen auf einem eigenständigen Rechtsverhältnis mit der Gesellschaft beruhen.[329] Bei der Verteilung stehen sich beide Gruppen weitgehend gleichrangig gegenüber; lediglich mit bestimmte Forderungen, namentlich mit Forderungen auf Rückgewähr eigenkapitalersetzender Darlehen, treten die betroffenen Gesellschafter im Rang zurück (vgl. § 39 Abs. 1 Nr. 5, Abs. 4 und Abs. 5 InsO).[330]

---

325 Das gilt freilich nur, wenn die Voraussetzungen der §§ 88 und 129 ff. InsO erfüllt sind.

326 „Vorrang" haben die aus- und absonderungsberechtigten Gläubiger und die Gläubiger von Masseverbindlichkeiten. Für sie gilt der Grundsatz der par conditio creditorum nicht, jedenfalls nicht im Verhältnis zu den einfachen Insolvenzgläubigern, vgl. *Baur/Stürner*, Rn. 5.37: „Par conditio creditorum bedeutet (...) gemeinschaftliche Befriedigung, die Gleiches gleich, aber Ungleiches ungleich behandelt."

327 Der Begriff der Gläubigergruppe ist hier nicht im Sinne von § 222 InsO zu verstehen; er soll lediglich bei der Unterscheidung helfen, indem er Gläubiger mit gleichen Forderungen zusammenfasst und Gläubiger mit verschiedenen Forderungen auseinanderhält.

328 In beiden Fällen muss der Anspruch schon vor der Eröffnung des Insolvenzverfahrens entstanden sein, das heißt der betreffende Gesellschafter muss schon vorher ausgeschieden sein oder die Aufwendungen zu diesem Zeitpunkt vorgenommen haben, vgl. *Häsemeyer*, Rn. 31.23 f.; Uhlenbruck/*Hirte*, § 11 Rn. 293.

329 Der Gesellschafter muss der Gesellschaft wie ein Dritter gegenüberstehen; als Beispiele lassen sich Ansprüche aus Kauf, Miete oder Darlehen denken, vgl. Uhlenbruck/*Hirte*, § 11 Rn. 293; *Häsemeyer*, Rn. 31.22; oben Kapitel 2, B I 1 b.

330 Sollte der (unwahrscheinliche) Fall eintreten, dass sämtliche Insolvenzforderungen erfüllt werden, ist der Überschuss nach § 199 Satz 2 InsO an die Gesellschafter herauszugeben.

Die Verhältnisse ändern sich, wenn die Gesellschaft durch den Wegfall des vorletzten Gesellschafters erlischt. Weil in diesem Fall auch das Insolvenzverfahren endet, entfällt zum einen die Rückstufung im Rang,[331] das heißt die Forderungen auf Rückgewähr eigenkapitalersetzender Darlehen schließen wieder zu den übrigen Forderungen auf. Weil außerdem das ehemalige Gesellschaftsvermögen auf den verbliebenen Gesellschafter übergeht und mit dessen Privatvermögen zu einer einheitlichen Haftungsmasse verschmilzt (unten 2 a), kommen zum anderen weitere Gläubiger hinzu, denen der Gesellschafter bislang nur mit seinem Privatvermögen haftete.[332] Im Unterschied zur Gesellschaftsinsolvenz gibt es also nunmehr drei Gläubigergruppen, die gleichrangig um das (Gesamt-) Vermögen des verbliebenen Gesellschafters streiten: die Gesellschaftsgläubiger, die ehemaligen Gesellschafter und die Privatgläubiger des verbliebenen Gesellschafters.

Die Konkurrenz mit den beiden anderen Gläubigergruppen muss für die Gesellschaftsgläubiger nicht unbedingt ein Nachteil sein. Haftete der verbliebene Gesellschafter zum Beispiel beschränkt (weil er Kommanditist war), können sie nun auf ein Vermögen zugreifen, das ihnen vorher nicht zur Verfügung stand.[333] Dieses zusätzliche Vermögen müssen sie (wie das ehemalige Gesellschaftsvermögen) mit den Privatgläubigern teilen, stehen aber besser, wenn deren Befriedigungsquote höher war;[334] denn wird der verbliebene Gesellschafter insolvent, gleichen sich die Quoten an und es profitieren diejenigen Gläubiger, die zuvor auf eine niedrigere Quote verwiesen waren.[335] Die Konkurrenz kann aber auch unangenehme Folgen haben, nämlich dann, wenn das Privatvermögen des verbliebenen Gesellschafters schon vor dem Übergang des Gesellschaftsvermögens unzulänglich war. Unterstellt man etwa, die privaten Verbindlichkeiten des verbliebenen Gesellschafters waren derart hoch, dass ein Insolvenzverfahren über sein Vermögen gar nicht erst eröffnet werden durfte (näher § 26 Abs. 1 Satz 1 InsO). In diesem Fall führte der Übergang des Gesellschaftsvermögens entweder

331 Vgl. zu diesem Gedanken *Marotzke*, ZInsO 2009, 590, 595.

332 Vgl. *Engeler*, S. 130; *Korkmaz*, S. 169 f.; *Bork/Jacoby*, ZGR 2005, 611, 631; *Reiswich*, ZInsO 2010, 1809, 1810.

333 Auf das Vermögen eines persönlich haftenden Gesellschafters konnten sie schon immer zugreifen; zur Haftung des verbliebenen Kommanditisten sogleich (unter 2).

334 Ein Beispiel: Das Vermögen des Kommanditisten reichte aus, um seine privaten Schulden zu erfüllen; mit der Gesamtrechtsnachfolge wurde es unzulänglich.

335 Ob die Gesellschaftsgläubiger tatsächlich profitieren, hängt von weiteren Umständen ab; etwa davon, inwieweit das Vermögen von den aufgerückten Gesellschafterforderungen wieder aufgezehrt wird.

dazu, dass die Massearmut auf Kosten der Gesellschaftsgläubiger überwunden wird – die Gesellschaftsgläubiger würden das Insolvenzverfahren „finanzieren“;[336] oder er ließe auch das neue Gesamtvermögen unzulänglich werden und verhinderte so ein Insolvenzverfahren, das zuvor noch möglich war.[337] Man muss freilich nicht die Massearmut und damit gleich den schlimmsten Fall heraufbeschwören, um die Gesellschaftsgläubiger im Nachteil zu sehen. Es genügt schon, dass der verbliebene Gesellschafter zahlungsunfähig war und den Privatgläubigern eine Quote beließ, die rechnerisch niedriger ist als die Quote der Gesellschaftsgläubiger. Umgekehrt wie im ersten Beispiel sind es nun die Gesellschaftsgläubiger, die eine Kürzung ihrer Quote hinnehmen müssen.[338]

Die Beispiele zeigen, was einige Absätze zuvor schon angedeutet war: Wenn die Gesellschaftsinsolvenz endet und die Gesellschaftsgläubiger ihr Beschlagsrecht verlieren, entbrennt ein erbitterter Streit um das neue (Gesamt-)Vermögen des verbliebenen Gesellschafters. Aus diesem Streit gehen die Gesellschaftsgläubiger in der Regel mit einem Nachteil hervor, weil die Privatgläubiger nun auf das ehemalige Gesamthandsvermögen zugreifen können. Dieser Nachteil wird in den wenigsten Fällen dadurch aufgewogen, dass die Gesellschaftsgläubiger andersherum auf das Privatvermögen des verbliebenen Gesellschafters zugreifen können: Haftete der verbliebene Gesellschafter unbeschränkt, konnten sie das ohnehin schon. War er Kommanditist, erhalten sie nur dann einen Vorteil, wenn seine Gläubiger vor der Gesamtrechtsnachfolge günstiger standen. Davon abgesehen dürfte ein Vorteil meist nur theoretischer Natur sein, weil mit den aufgerückten Gesellschafterforderungen gleichsam neue Begehrlichkeiten entstehen.

c) Zwischenfazit

Erlischt die Gesellschaft und endet das Insolvenzverfahren über ihr Vermögen, entsteht für die Gesellschaftsgläubiger in der Regel ein Nachteil.

2. Haftung des Kommanditisten

Unter I 2 b wurde bereits festgehalten, dass der verbliebene Gesellschafter die Rechtsnachfolge der erloschenen Gesellschaft antritt. War die Gesellschaft eine BGB-Gesellschaft oder einer OHG, ergeben sich keine grundlegenden Änderungen für ihn: er haftet für die Unternehmensschulden nach wie vor persönlich.

---

336 Vgl. *Marotzke*, ZInsO 2009, 590, 595.

337 Vgl. *Korkmaz*, S. 170; *Reiswich*, ZInsO 2010, 1809, 1810.

338 Was für die Gesellschaftsgläubiger ein Nachteil ist, erweist sich für die Privatgläubiger als ein „Geschenk des Himmels“, vgl. *Reiswich*, ZInsO 2010, 1809, 1810.

Was aber gilt, wenn es sich bei der Gesellschaft um eine KG handelte und der Gesellschafter ursprünglich ein Kommanditist war? Haftet er nun genauso unbeschränkt wie seine Rechtsgenossen in der BGB-Gesellschaft und in der OHG?

a) Wegen der Gesamtrechtsnachfolge

Früher bestimmte § 142 HGB a.F. genau dies. Und auch § 419 BGB a.F. ordnete an, dass derjenige, der ein Vermögen übernimmt, zugleich für die Schulden einstehen muss. Die beiden Regelungen sind inzwischen außer Kraft.[339] Es besteht jedoch kein Zweifel daran, dass ihre Rechtsfolge die einzig sinnvolle ist: Würden die Schulden erlöschen oder könnte der Kommanditist sich weiter auf die Haftungsbeschränkung berufen, wäre das Gesellschaftsvermögen für die Gesellschaftsgläubiger verloren; sie könnten nicht mehr darauf zugreifen. Mit dem Erwerb des Vermögens muss deshalb auch eine Haftung verbunden sein.[340] Begründen ließe sich die Haftung mit den §§ 1922, 1967 BGB. Es ist zwar umstritten, ob der Erbe schon nach der einen oder erst nach der anderen Regelung Schuldner wird.[341] Im Ergebnis macht das aber keinen Unterschied: wenn man den Übergang des Vermögens auf den Gesellschafter als Gesamtrechtsnachfolge ansieht, dann bedeutet dies, dass er für die Schulden der Gesellschaft einzustehen hat.

b) Wegen der Unternehmensfortführung

Die „erbrechtliche" Haftung ist das eine. Man darf aber nicht vergessen, dass zum Gesellschaftsvermögen in der Regel ein Unternehmen gehört. Führt der verbliebene Gesellschafter dieses Unternehmen fort, dann muss er analog § 27 Abs. 1 HGB für die Unternehmensschulden einstehen.[342] Die Regelung ist nicht direkt anwendbar, weil der Gesellschafter das „Handelsgeschäft" nicht als Erbe erhält; ihr Zweck trifft aber auch hier zu,[343] weil Gesellschafter- und Unternehmensvermögen langsam zu einem werden.[344]

---

339 *Wiedemann* (GesR II § 9 II 6 b) möchte § 142 HGB a.F. analog anwenden; § 419 BGB a.F. sei dagegen nicht einschlägig

340 Vgl. *Schlottmann*, S. 194 ff.

341 Vgl. MünchKomm-BGB/*Leipold*, § 1922 Rn. 15.

342 Vgl. *Bork*/*Jacoby*, ZGR 2005, 611, 636.

343 Vgl. *Bork*/*Jacoby*, ZGR 2005, 611, 636.

344 Vgl. *Bork*/*Jacoby*, ZGR 2005, 611, 636.

c) Zwischenfazit

Wenn die KG erlischt, haftet der verbliebene Kommanditist für deren Schulden persönlich. Ihn trifft eine „erbrechtliche" Haftung, weil er zum Rechtsnachfolger wird, und eine „handelsrechtliche" Haftung, weil er das Unternehmen fortführt.

3. Verlust des Haftungszentrums

Das Erlöschen der Gesellschaft mag für die Gläubiger und für den verbliebenen Gesellschafter unangenehme Folgen haben. Im Hinblick auf die Ausgangsfrage hat es eine noch viel gravierendere Konsequenz. Mit der Gesellschaft geht zugleich der Ausgangspunkt einer koordinierten Insolvenzabwicklung verloren.

Wie noch in Kapitel 4 unter A II zu zeigen sein wird, betrifft das vor allem die persönliche Haftung. Sie würde eigentlich „über die Gesellschaft" abgewickelt, was ausgeschlossen ist, wenn die Gesellschaft nicht mehr existiert.

4. Wegfall der Reorganisation

Das Erlöschen der Gesellschaft beeinträchtigt nicht nur die Haftungsabwicklung; es ist außerdem zu befürchten, dass es die Chancen einer Unternehmenssanierung mindert.[345] Was auf den ersten Blick seltsam erscheint (was hat das Erlöschen der Gesellschaft mit den Sanierungschancen zu tun?), sollen die nachfolgenden Zeilen erhellen. Dabei ist zwischen der Sanierung des Unternehmens und der Sanierung des Unternehmensträgers (der sog. Reorganisation[346]) zu unterscheiden.

a) Sanierungsmethoden

Eine Sanierung, von § 1 Satz 1 InsO als „Erhalt des Unternehmens" umschrieben, ist prinzipiell auf zweierlei Weise möglich:[347] Das Unternehmen wird dem

---

345 Dieser Gesichtspunkt wird von *Engeler* im Ansatz bedacht (S. 155 ff., S. 163 f.), von *Korkmaz* weitgehend ausgeblendet (lediglich an drei Stellen findet sich der kurze Hinweis, dass die Sanierung der Gesellschaft problematisch sein könnte: auf S. 195, 266 und 314); ausführlich *Schlicht* (S. 14 ff.) für den Fall einer typischen GmbH & Co. KG; angedeutet bei *Albertus/Fischer*, ZInsO 2005, 246, 247.

346 Der Begriff der Reorganisation stammt aus dem U.S.-amerikanischen Recht – genauer: aus Chapter 11 des Bankruptcy Codes – und bezeichnet dort die Sanierung innerhalb eines gesetzlich geregelten Insolvenzverfahrens. Hier soll er als Sanierung des Unternehmens in der Hand des bisherigen Unternehmensträgers verstanden werden; vgl. dazu *Eidenmüller*, S. 15; *ders.*, in: Effiziente Verhaltenssteuerung und Kooperation im Zivilrecht, S. 145.

347 Vgl. statt vieler *Spetzler*, S. 3 f.; *Noack*, FS Röhricht, S. 455, 456.

Schuldner belassen und von ihm fortgeführt – sei es im Wege der Eigenverwaltung, sei es nach Maßgabe eines Insolvenzplans[348] – oder es wird im Ganzen veräußert. Im ersten Fall geht es um die Reorganisation des Unternehmensträgers, also darum, die Insolvenz zu beseitigen, ohne den Unternehmensträger zu liquidieren. Dazu werden nach innen die gesellschaftsrechtlichen Verhältnisse und nach außen die Gläubigerbeziehungen neu geordnet. Im zweiten Fall steht das Unternehmen im Vordergrund. Es soll als wirtschaftliche Einheit auf einen neuen Rechtsträger übergehen, um aus dem Erlös die Gläubiger zu befriedigen;[349] man spricht daher von einer „übertragenden" Sanierung.[350]

Die beiden Sanierungsmethoden sind im Gesetz nicht näher geregelt. Bei der übertragenden Sanierung ist das nicht nötig, weil sie eine Spielart der Liquidation ist. Statt einzelner Vermögenswerte wird das Unternehmen insgesamt veräußert, um auf diese Weise einen höheren Preis zu erzielen. Das macht neben „allgemeinen" Verwertungsregeln nur solche Regeln erforderlich, die eine Veräußerung zu einem angemessenen Preis gewährleisten.[351] Bei der Reorganisation rührt das Schweigen des Gesetzes daher, dass man sich entschieden hatte, die InsO gesellschaftsrechtlich „neutral" zu gestalten. Die Beteiligten sollten auf die Struktur eines insolventen Verbands keinen Einfluss nehmen können – zumindest nicht mit den Mitteln des (gläubigerbestimmten) Insolvenzrechts.[352] Sieht

---

348 Denkbar und praktisch sinnvoll ist auch eine Kombination der beiden Verfahren, vgl. MünchKomm-InsO/*Tetzlaff*, Vorbem. vor §§ 270 bis 285 Rn. 93; die Koordination ist dann Aufgabe des Sachwalters (vgl. § 284 InsO).

349 Zu einzelnen Varianten (Zahlung des Kaufpreises aus den künftigen Erträgen, Beteiligung der Gläubiger am neuen Rechtsträger etc.) vgl. *Noack/Bunke*, KTS 2005, 129, 132 ff.

350 Grundlegend *K. Schmidt*, ZIP 1980, 328, 336; weil der bisherige Unternehmensträger abgewickelt wird, könnte man die Methode auch als „sanierende Liquidation" bezeichnen, vgl. *Bork*, Rn. 434; kritisch *Brüning*, S. 19 f. („Übertragung").

351 Diese Regeln finden sich zum Beispiel in den §§ 160 Abs. 2 Nr. 1 und 163 InsO, vgl. *Noack*, FS Zöllner, S. 411, 415 f. Um die Veräußerung des Unternehmens zu erleichtern, wurde § 419 BGB a.F. mit Einführung der InsO gestrichen; § 25 HGB, der eigentlich eine Haftungskontinuität vorsieht, ist nach h.M. nicht anzuwenden, vgl. BGHZ 104, 151, 153; MünchKomm-HGB/*Thiessen*, § 25 Rn. 36 m.w.N. Kritisch zu dieser „Trennung" des Unternehmens von seinen Verbindlichkeiten *K. Schmidt*, ZIP 1980, 328, 336 (unten d cc).

352 Die Insolvenzrechtskommission hatte ursprünglich noch vorgeschlagen, den Beteiligten eine Änderung der gesellschaftsrechtlichen Verhältnisse zu ermöglichen (Erster Bericht der Kommission für Insolvenzrecht, S. 162 f.). Der Gesetzgeber hat sich aber gegen diesen Vorschlag entschieden, näher *Göb*, NZG 2012, 371, 375; *Noack*,

man von der Eigenverwaltung und dem Insolvenzplan[353] einmal ab, haben erst mit dem ESUG einzelne Vorschriften Eingang in die InsO gefunden; ein eigenständiges Verfahren, wie es zum Beispiel der U.S.-amerikanische Bankruptcy Code kennt,[354] gibt es nicht.

Die Reorganisation und die übertragende Sanierung sind als gleichwertige Alternativen gedacht; gleichwertig in dem Sinn, dass sie zwei Handlungsoptionen bilden, von denen keine aus sich heraus den Vorrang hat.[355] Ob das tatsächlich so ist, werden spätere Überlegungen ergeben (unten d). Vorerst muss es um die Frage gehen, ob die beiden Handlungsoptionen auch in dem Fall bestehen, in dem die unternehmenstragende Gesellschaft erlischt. Denn nur, wenn die Frage zu verneinen ist, kommt es auf das Verhältnis der beiden Methoden an: Wäre eine Methode generell vorzugswürdig oder wäre sie (wirtschaftlich gesehen) die einzig sinnvolle Option, könnte ihr Verlust den Sanierungserfolg gefährden.

b) Übertragende Sanierung bleibt möglich

Die Möglichkeit einer übertragenden Sanierung, die als erstes betrachtet werden soll, wird durch das Erlöschen der Gesellschaft nicht vereitelt. Man könnte zunächst etwas anderes vermuten, weil der Unternehmensträger verschwunden ist, doch ließe eine solche Sichtweise die Gesamtrechtsnachfolge außer Betracht: Der bisherige Unternehmensträger (die Gesellschaft) mag zwar nicht mehr existieren, an seine Stelle ist aber ein neuer getreten (der verbliebene Gesellschafter). Wird über das Vermögen des verbliebenen Gesellschafters ein Insolvenzverfahren eröffnet,[356] ist das Unternehmen Teil der Insolvenzmasse;

FS Röhricht, S. 455, 458 f.; *K. Schmidt*, ZGR 2012, 566, 568 f.; *Uhlenbruck*, FS Lüer, S. 461, 463; *Verse*, ZGR 2010, 299, 303.

353 Wenn man bei der Reorganisation zwischen Innen- und Außenseite unterscheiden möchte (*Eidenmüller*, ZGR 2001, 680, 680 f.; *Gottwald*, KTS 1984, 1, 3 f.), war das Planverfahren anfangs allein auf die Außenseite ausgerichtet; es ermöglichte nur eine Neuordnung der Gläubigerbeziehungen, nicht dagegen eine Neugestaltung der gesellschaftsrechtlichen Verhältnisse, vgl. § 217 InsO a.F. (nunmehr § 217 Satz 1 InsO).

354 Bei der Reform des Insolvenzrechts hat sich die Kommission am U.S.-amerikanischen Bankruptcy Code orientiert. Speziell das in Chapter 11 geregelte Sanierungsverfahren war Ausgangspunkt für die Überlegungen zur Eigenverwaltung und zum Planverfahren, vgl. Erster Bericht der Kommission für Insolvenzrecht, S. 155 ff.

355 So schon die Allg. Begr. zum RegE, BT-Drs. 12/2443, S. 94; vgl. auch *Braun*, FS Fischer, S. 53, 54; *Noack*, FS Zöllner, S. 411, 415 (kein „normatives Sanierungsleitbild").

356 Auf eine (übertragende) Sanierung kommt es nur an, wenn der verbliebene Gesellschafter später ebenfalls insolvent wird. Reichen seine Mittel aus, um alle Schulden zu erfüllen und gelingt es ihm, dem Unternehmen wieder auf die Beine zu helfen, spielen

wie in der Gesellschaftsinsolvenz kann es zum Zwecke der Gläubigerbefriedigung veräußert werden.

Einen Unterschied zur Gesellschaftsinsolvenz gibt es indes. Er hängt mit dem zusammen, was unter 1 b festgehalten wurde: Während die Veräußerung in der Gesellschaftsinsolvenz alleine den Gesellschaftsgläubigern zugute kam, begünstigt sie nun auch die Privatgläubiger des verbliebenen Gesellschafters. Gleichwohl: Die übertragende Sanierung ist möglich; der Wert des Unternehmens als wirtschaftliche Einheit ist weiterhin realisierbar.

c) Reorganisation der Gesellschaft ist ausgeschlossen

Man könnte nun geneigt sein, mit einer ähnlichen Überlegung die Reorganisation für möglich zu halten – oder anders gewendet: man könnte in ihr kein Problem sehen. Teilweise ist das auch richtig. Als Beispiel soll der Sachverhalt dienen, der dem Urteil des OLG Hamm aus dem Jahr 2003 (oben Kapitel 1, B IV 3) zugrunde lag. Dort waren neben der unternehmenstragenden KG die beiden Gesellschafter insolvent geworden, und zwar zur gleichen Zeit. Wandelt man den Sachverhalt geringfügig ab, nämlich in der Weise, dass die Kommanditistin (ebenfalls eine KG) zunächst von der Insolvenz verschont bleibt, so kann sie, wenn sie später doch zahlungsunfähig wird, reorganisiert und in reorganisierter Form fortgeführt werden; sie ist schließlich die neue Trägerin des Unternehmens. Gelingt die Reorganisation, profitieren wiederum alle Gläubiger (1 b), doch im Unterschied zur übertragenden Sanierung ist das kein Problem. Der Wert des Unternehmens wird durch dessen Fortführung realisiert; das bedeutet, wenn das Unternehmen wieder aufblüht und regelmäßig Gewinne verzeichnet, ist sein Wert nicht irgendwann „erschöpft".[357] Die Gewinne können solange an die Gläubiger ausgeschüttet werden, bis auch die letzte Forderung erlischt; einen Nachteil braucht niemand zu fürchten.

Was auf den ersten Blick logisch erscheint, wird widersinnig, wenn man den Sachverhalt ein weiteres Mal abwandelt. Denkt man sich als Kommanditistin

---

die folgenden Überlegungen keine Rolle. Dieser Fall ist aber eher unwahrscheinlich (vgl. oben Fn. 315).

357 Auch bei der übertragenden Sanierung wird der Fortführungswert realisiert. Die Gläubiger haben daran aber nicht mehr teil; ihnen kommt lediglich der (einmalige) Veräußerungserlös zugute, der nach seiner Verteilung aufgebraucht ist. Kritisch daher *K. Schmidt*, ZIP 1980, 328, 336: Durch die übertragende Sanierung werde „eine Teilhabe der Altgläubiger am Sanierungserfolg (…) systematisch vereitelt". Die Kritik ist vor KO zu sehen, die praktisch nur die übertragende Sanierung zuließ, vgl. *H.-Fr. Müller*, S. 281 und unten d cc.

eine natürliche Person, so ist die Reorganisation ausgeschlossen – jedenfalls in dem Sinn, dass sie ihre innere Seite verliert: Eine „Neustrukturierung" ist bei einer natürlichen Person nicht möglich; vor allem nicht in der Weise, dass sie zu einer Gesellschaft wird, an der die Gläubiger sich im Wege eines sog. Debt-Equity-Swaps beteiligen könnten (arg. e contrario § 217 Satz 2 InsO).[358] Lediglich die äußere Seite bleibt erhalten, das heißt die Möglichkeit, die Gläubigerbeziehungen neu zu ordnen. Doch ohne einen „Ausgleich" (etwa durch einen Debt-Equity-Swap; unten e bb) werden die Gläubiger kaum bereit sein, auf ihre Forderungen oder auch nur auf einen Teil davon zu verzichten.[359] Auch die Beschaffung von Fremdkapital wird wenig Erfolg haben. Gesellschafterdarlehen scheiden von vorneherein aus; Sanierungskrediten fehlt die Aussicht, alsbald zurückgezahlt zu werden.[360] Davon abgesehen dürfte ein Kommanditist nur selten Interesse an einer Unternehmensfortführung haben, wenn er sich anfangs für eine rein kapitalmäßige Beteiligung entschieden hat.[361] Kurzum: Die Beseitigung der Insolvenz wird ohne die Veräußerung des Unternehmens nicht gelingen.

Die Beispiele zeigen: so einfach wie bei der übertragenden Sanierung ist es bei der Reorganisation nicht. Ob eine Reorganisation möglich ist, hängt zunächst einmal vom Zufall ab – nämlich davon, ob als letztes Mitglied eine Gesellschaft verbleibt oder eine natürliche Person. Nur im ersten Fall können die Gläubiger für eine Reorganisation der insolventen Rechtsnachfolgerin stimmen (vgl. § 157 InsO); im zweiten Fall verlieren sie diese Option. Die Abhängigkeit vom Zufall darf aber nicht die einzige Erkenntnis sein. Viel wichtiger ist es, den Blick auf die frühere Unternehmensträgerin (im Beispiel: die ursprünglich unternehmenstragende KG) zu richten und ein weiteres festzuhalten: Die frühere

---

358 Ebenso *Schlicht*, S. 32; zur Frage, ob ein Debt-Equity-Swap bei Personengesellschaften überhaupt möglich ist, unten e bb (1).

359 Vgl. *Braun*, FS Fischer, S. 53, 54 f.: „Kein Gläubiger entschuldet eine Gesellschaft durch eigene Verzichte und versorgt sie mit neuem Kapital, wenn dann die alten Gesellschafter davon (alleine) profitieren". Was auf die fehlende Kooperationsbereitschaft nach altem Recht bezogen ist, muss auch dann gelten, wenn die Gläubiger keine Möglichkeit haben, das insolvente Unternehmen gesellschaftsrechtlich zu „übernehmen". In der Regel wird nur eine „kombinierte Sanierung" (*Uhlenbruck*, BB 1998, 2009, 2013) Aussicht auf Erfolg haben, vgl. *H.-Fr. Müller*, S. 262.

360 Der ehemalige Kommanditist ist nur durch Zufall Träger des Unternehmens geworden. Da sich seine Fähigkeiten zur Unternehmensführung nur schwer abschätzen lassen, werden potentielle Kreditgeber eher zögerlich reagieren.

361 Seine Bereitschaft wird weiter schwinden, wenn man ihm ein Sonderinsolvenzverfahren ermöglicht. Die damit bezweckte Haftungsbeschränkung (unten III 2) tritt nur ein, wenn er von einer Fortführung des Unternehmens absieht.

Unternehmensträgerin ist mit dem Ausscheiden des vorletzten Gesellschafters erloschen. Was für die übertragende Sanierung nur bei der Erlösverteilung eine Rolle spielte (oben b), bedeutet für die Reorganisation das Ende. Das Insolvenzrecht kann der Gesellschaft weder zu neuer Blüte verhelfen, noch kann es sie überhaupt ins Leben zurückholen; ihr Erlöschen ist endgültig.[362]

d) Verhältnis der beiden Sanierungsmethoden?

Das vorstehende Ergebnis wirft zwei Fragen auf. (1) Ist es ein Nachteil, wenn nach dem Erlöschen der Gesellschaft eine natürliche Person verbleibt und die Beteiligten deshalb eine Handlungsoption (die Reorganisation) einbüßen? (2) Was ist mit der erloschenen Gesellschaft – kann deren Reorganisation durch die Reorganisation der nunmehr unternehmenstragenden Gesellschaft oder durch eine Veräußerung des Unternehmens „ersetzt" werden? Beide Fragen führen zum schwierigen Verhältnis von Reorganisation und übertragender Sanierung.

aa) Gemeinsamer Ausgangspunkt

Die Reorganisation und die übertragende Sanierung haben einen gemeinsamen Ausgangspunkt. Beide existieren nicht um ihrer selbst willen, sondern allein im Interesse der Gläubiger:[363] Eine Sanierung kommt nur dann in Betracht, wenn die Fortführung des Unternehmens wirtschaftlich sinnvoll erscheint und wenn sie einen höheren Ertrag verspricht als die Zerschlagung des Unternehmens in seine einzelnen Teile.[364] Auf eine knappe Formel gebracht könnte man sagen: der Fortführungswert muss den Liquidationswert übersteigen.[365] Wie Fortführungs- und Liquidationswert im Detail zu bestimmen sind, soll nicht weiter vertieft werden.

---

362 Implizit *Schlicht*, S. 14 f.: „entscheidende Vorteile, die eine Rechtsträgersanierung der GmbH & Co. KG mit sich bringt, [könnten] nicht genutzt werden".

363 *Grünewald*, S. 26 f.; *Flöther*, ZIP 2012, 1833, 1840; Im Schrifttum ist die Bedeutung der Sanierung umstritten: Zum Teil wird sie als (partielles) Verfahrensziel angesehen; zum Teil versteht man sie als Mittel zur Befriedigung der Insolvenzgläubiger, vgl. im Einzelnen MünchKomm-InsO/*Ganter*/*Lohmann*, § 1 Rn. 85 m.w.N.

364 *Bitter*, ZGR 2010, 147, 152; *Brinkmann*/*Zipperer*, ZIP 2011, 1337, 1338; *Eidenmüller*, ZIP 2010, 649, 650; aus rechtsvergleichender Sicht *Jungmann*, ZVglRWiss 104 (2005), S. 60: „If the going-concern value is less than the liquidation value, creditors will suffer harm from a continuation of the business. In these cases, liquidation is the only desirable approach".

365 MünchKomm-InsO/*Eidenmüller*, Vorbem. vor §§ 217 bis 269, Rn. 7; *ders.*, in: Effiziente Verhaltenssteuerung und Kooperation im Zivilrecht, S. 145, 157; *Spetzler*, S. 3 f.; aus ökonomischer Sicht *Drukarczyk*, S. 258 ff.; *Huelsdunk*, KTS 1999, 291, 293.

Nur soviel: Für den Liquidationswert sind die einzelnen Teile des Unternehmens und deren Ertragswert maßgebend, für den Fortführungswert das Unternehmen und dessen (künftige) Ertragskraft.[366]

Überwiegt der Fortführungswert, haben die Gläubiger die Wahl: Sie können entweder für eine Reorganisation des Unternehmensträgers stimmen oder für eine Veräußerung des Unternehmens. Doch wie sollen sie sich entscheiden? Welche Methode ist sinnvoller? Eingangs (oben 4 a) wurde schon festgehalten, dass die beiden Methoden als gleichwertige Alternativen gedacht sind. Aus dem Attribut „gleichwertig" könnte man nun folgern, dass es keinen Unterschied macht, welche Methode die Gläubiger wählen. Reorganisation und übertragende Sanierung – so könnte die Schlussfolgerung weiter lauten – gewährleisten den gleichen Erfolg, nämlich die bestmögliche Befriedigung der Gläubiger. Indes hat die Vergangenheit gezeigt, dass dem nicht so ist. Beide Sanierungsmethoden haben sich unterschiedlich entwickelt, was den Gesetzgeber erst mit der InsO und später mit dem ESUG zum Handeln veranlasst hat (unten bb). Und auch jenseits ihrer praktischen Bedeutung war man sich lange uneins, ob man bei Reorganisation und übertragender Sanierung von gleichwertigen Alternativen sprechen kann (unten cc und dd). Um das Ergebnis vorwegzunehmen: Man kann es nicht; vielmehr hängt die Wahl der einen oder der anderen Methode von den Umständen des Einzelfalls ab.

bb) Bedeutung und Reformbemühungen

Die Reorganisation führte lange Zeit ein bloßes Schattendasein. Erst litt sie unter den Schwächen der KO (und der VerglO),[367] dann unter einem Verfahren, das schwerfällig und unvorhersehbar war und das nur begrenzte Möglichkeiten bot, die gesellschaftsrechtlichen Verhältnisse zu ändern.[368] In der Hoffnung, die

---

366 Vgl. *Eidenmüller*, S. 31; *Schmerbach/Staufenbiel*, ZInsO 2009, 458, 462 f.; ausführlich *C. Schäfer/Wüstemann*, ZIP 2014, 1757, 1758 ff.

367 Vgl. *H.-Fr. Müller*, S. 281; die größte Schwäche war die hohe Mindestbefriedigungsquote von 35% bzw. 40% bei Zahlungsfristen von mehr als einem Jahr, vgl. § 7 Abs. 1 Satz 2, Abs. 2 VerglO; zu weiteren Schwächen MünchKomm-InsO/*Eidenmüller*, Vorbem. vor §§ 217 bis 269, Rn. 3 f.; *Baur/Stürner*, Rn. 4.6; *K. Schmidt*, Gutachten, S. D 44; Erster Bericht der Kommission für Insolvenzrecht, S. 155 f.; zu Koordinationsproblemen mit anderen Verfahren *Flessner*, S. 147 f.

368 Vgl. *Brinkmann*, WM 2011, 97, 97 f.; *Hölzle*, NZI 2011, 124, 127; *Verse*, ZGR 2010, 299, 300 ff. Für eine Änderung der gesellschaftsrechtlichen Verhältnisse (zum Beispiel durch Umwandlung von Forderungen in Anteilsrechte; sog. Debt-Equity-Swap) war bislang eine Änderung des Gesellschaftsvertrags erforderlich. Ein entsprechender Beschluss konnte nur als Bedingung (§ 249 InsO) in den Insolvenzplan aufgenommen

Sanierung des Unternehmensträgers werde bedeutsamer, hat der Gesetzgeber jüngst das ESUG erlassen und die Reorganisation in einzelnen Punkten aufgewertet. Eine Aufwertung haben vor allem die Eigenverwaltung und das Insolvenzplanverfahren erhalten.[369] Beide Instrumente sollten die Reorganisation fördern, spielten in ihrer bisherigen Ausgestaltung aber kaum eine Rolle.[370] Bei der Eigenverwaltung wurden daher die Anforderungen „maßvoll gelockert" und die Gläubiger in die gerichtliche Entscheidung miteinbezogen; außerdem wurde das sog. Schutzschirmverfahren geschaffen, das dem Schuldner Gelegenheit gibt, eine Sanierung vorzubereiten, vgl. Kapitel 2, F I 2.[371] Beim Insolvenzplanverfahren ist das ESUG vom ursprünglichen Konzept der gesellschaftsrechtlichen Enthaltsamkeit abgewichen. Im Insolvenzplan kann nun jede Regelung beschlossen werden, die gesellschaftsrechtlich zulässig ist, vgl. § 225a Abs. 2 und 3 InsO. Beispiele sind die Umwandlung von Forderungen in Anteilsrechte, die Kapitalherabsetzung oder Kapitelerhöhung, die Leistung von Sacheinlagen und der Ausschluss von Bezugsrechten – zusammengenommen also das, was man unter dem Begriff des Debt-Equity-Swaps versteht.[372] Alle Regelungen können gegen den Willen der Gesellschafter durchgesetzt werden, da das bisherige Beschlusserfordernis durch den insolvenzrechtlichen Abstimmungsmechanismus ersetzt wurde;[373] an die Stelle der Einstimmigkeit[374] sind die Mehrheit

werden; außerdem verschaffte er den Gesellschaftern eine Blockadeposition, vgl. *Eidenmüller*, ZGR 2001, 680, 688 ff.; *Noack/Bunke*, KTS 2005, 129, 130 f.; *K. Schmidt*, ZGR 2012, 566, 568; a.A. *Bitter*, ZGR 2010, 147 (Aufopferungspflicht der Gesellschafter).

369 Weitere Punkte waren der Einfluss der Gläubiger auf die Wahl des Insolvenzverwalters und die Konzentration von Zuständigkeiten, vgl. Allg. Begr. zum RegE, BT-Drs. 17/5712, S. 17 ff.; sie sind hier ohne Bedeutung.

370 Die Verantwortung sieht der Gesetzgeber bei den Gerichten. Diese hätten vor allem die Eigenverwaltung zu zaghaft angeordnet, vgl. Allg. Begr. zum RegE, BT-Drs. 17/5712, S. 17 und 19; ähnlich *Eidenmüller*, ZHR 175 (2011), 11, 24 f.; *Uhlenbruck/Vallender*, NZI 2009, 1, 6; zweifelnd *Brinkmann/Zipperer*, ZIP 2011, 1337, 1337 f.

371 Das Schutzschirmverfahren soll zugleich Anreiz für einen frühzeitigen Insolvenzantrag sein, vgl. unten dd (1).

372 Zum Debt-Equity-Swap eingehend *H.-Fr. Müller*, S. 397 ff. und *Eidenmüller/Engert*, ZIP 2009, 541 (beide zur Rechtslage vor dem ESUG); *K. Schmidt*, ZGR 2012, 566.

373 Vorbild war das U.S.-amerikanische Chapter-11-Verfahren, vgl. *Hölzle*, NZI 2011, 124, 128. Umgekehrt kann ein Gläubiger nicht zur Übernahme einer Beteiligung gezwungen werden (§ 230 Abs. 2 InsO).

374 Der Gesellschaftsvertrag konnte in der Regel nur durch einstimmigen Beschluss geändert werden, vgl. *K. Schmidt*, ZGR 2012, 567, 568.

innerhalb der Gruppe (§ 244 InsO) und das Obstruktionsverbot (§ 245 InsO) getreten.[375]

Nach alldem hat der Gesetzgeber viel getan, um der Reorganisation zu einer größeren Bedeutung zu verhelfen. Ob das gelungen ist, werden erst die Erfahrungen zeigen.

cc) Kein normatives Leitbild

Lässt man die praktische Bedeutung beiseite, stellt sich die Frage, ob es zwischen Reorganisation und übertragender Sanierung ein „Rangverhältnis" gibt. Ist eine der beiden Methoden vorzugswürdig oder sind beide ebenbürtig?[376] – Unter Geltung der KO hat *K. Schmidt* für den Vorrang der Reorganisation plädiert. Eine Neuordnung der Vermögensverhältnisse sei grundsätzlich sinnvoller, weil sie diejenigen am Sanierungserfolg beteilige, die von der Insolvenz des Unternehmens betroffen sind (Gesellschafter, Gläubiger etc.). Die übertragende Sanierung schließe die Gläubiger aus,[377] weshalb sie nur eine „Hilfslösung" sei und nur dort in Betracht komme, wo die Reorganisation gescheitert ist.[378] In die gleiche Richtung wiesen die Vorschläge der Insolvenzrechtskommission. Die Kommission warb in ihrem ersten Bericht für ein eigenständiges Reorganisationsverfahren, das – als Leitbild eines reformierten Insolvenzrechts – die

375 Um das Verfahren von zu vielen Unwägbarkeiten frei zu halten und den Gesellschaftern ein (verfahrensrechtliches) Blockadepotential zu nehmen, sind gleichsam die Rechtsbehelfe gegen den Insolvenzplan eingeschränkt worden.

376 Die Frage wird vor allem im U.S.-amerikanischen Recht diskutiert. Die Reorganisation galt dort lange Zeit als Paradigma, ist aber wegen schlechter Erfahrungen in die Kritik geraten, vgl. *H.-Fr. Müller*, S. 282 f. (m.w.N. aus der U.S.-amerikanischen Literatur).

377 Bei der übertragenden Sanierung kommt den Gläubigern nur der Kaufpreis zugute; die Gewinne aus der Fortführung des Unternehmens verbleiben dem neuen Rechtsträger (das gilt auch, wenn die Veräußerung in einem sog. Übertragungsplan geregelt wird: Die Gewinne werden hier zur Finanzierung des Kaufpreises verwendet, eine weitergehende Teilhabe der Gläubiger findet nicht statt). Zweifel an dieser Sichtweise haben *Brüning* (S. 24 f.) und *Bitter* (ZGR 2010, 147, 153 f.): Die Gläubiger profitierten auch bei einer Veräußerung vom Fortführungswert, weil der Fortführungswert den Kaufpreis erhöhe.

378 *K. Schmidt*, Gutachten, S. D 83 f.; um die übertragende Sanierung zurückzudrängen, schlug er vor, auf eine teleologische Reduktion der §§ 419 BGB a.F., 25 HGB zu verzichten und den Erwerber für die Altverbindlichkeiten haften zu lassen, vgl. *K. Schmidt*, ZIP 1980, 328, 337; dagegen *Canaris*, ZIP 1989, 1161, 1163 f.; *Stürner*, ZZP 94 (1981), 263, 281.

übertragende Sanierung verdrängen sollte.[379] Trotz der beiden Fürsprecher hat sich der Gesetzgeber gegen einen Vorrang der Reorganisation entschieden. Er hat die Reorganisation nicht zum Leitbild erhoben, sondern lediglich von ihren Schwächen befreit. Als Begründung findet man den Hinweis, dass sich die übertragende Sanierung in der Vergangenheit bewährt habe und den Beteiligten als gleichrangige Handlungsoption zur Verfügung stehen soll.[380] Für das Verhältnis der beiden Methoden bedeutet das: Es existiert kein normatives Ideal;[381] die Wahl der einen oder der anderen Methode obliegt allein den Beteiligten.[382]

dd) Effizienzvergleich

Überlässt man die Entscheidung den Beteiligten, können es allein wirtschaftliche Überlegungen sein, die den Ausschlag geben. Denn zur Erinnerung: Die Sanierung erfüllt keinen Selbstzweck; sie steht vielmehr im Dienste der Gläubigerbefriedigung (oben aa). Maßgebend ist daher, welche Methode den Fortführungswert effizienter realisiert[383] – oder anders formuliert: bei welcher Methode der Fortführungswert höher ist.[384] Die bisherigen Überlegungen in der Literatur sind entweder allgemein gehalten oder beziehen sich überwiegend auf das Verhältnis von Reorganisation und übertragender Sanierung bei

---

379 Erster Bericht der Kommission für Insolvenzrecht, S. 152 ff.; nach Leitsatz 1.3.4.4 sollte eine Liquidation (zu der die übertragende Sanierung rechtstechnisch zählte) nur möglich sein, wenn die Reorganisation aussichtslos war; dagegen *Balz*, S. 19 ff., 53 ff. und passim.

380 Vgl. Allg. Begr. zum RegE, BT-Drs. 12/2443, S. 94. Ein weiterer Grund besteht darin, dass die Reform des Insolvenzrechts einen „ordnungspolitischen Schwenk“ vollzogen hat: Nach einer anfänglichen „Sanierungseuphorie“ (kritisch *Stürner*, ZIP 1982, 761) stand mit dem DiskE die Haftungsverwirklichung im Vordergrund. Die Sanierung im Allgemeinen und die Reorganisation im Besonderen sind damit von einem eigenständigen Verfahrensziel zu einem bloßen Mittel der Haftungsverwirklichung abgeschwächt worden, vgl. im Einzelnen MünchKomm-InsO/*Eidenmüller*, Vorbem. vor §§ 217 bis 269, Rn. 5 f.

381 Ausführlich *H.-Fr. Müller*, S. 281 f.

382 Heute herrschende Meinung, vgl. *Balz/Landfermann*, S. 143 ff.; *Bork*, Rn. 434; *Bitter*, ZGR 2010, 147, 152 ff.; *Braun/Uhlenbruck*, S. 400 f.; *Eidenmüller*, Finanzkrise, S. 19; *Huelsdunk*, KTS 1999, 291, 292; *Noack*, FS Röhricht, S. 455, 456; *ders.*, FS Zöllner, S. 411, 414 f.; *Sassenrath*, ZIP 2003, 1517, 1527.

383 Vgl. die zuvor Genannten (Fn. 381 und 382); zur Effizienz als Entscheidungskriterium ausführlich *Eidenmüller*, Effizienz als Rechtsprinzip, S. 77 ff.

384 Vgl. MünchKomm-InsO/*Eidenmüller*, Vorbem. vor §§ 217 bis 269, Rn. 7; *ders.*, ZIP 2010, 649, 651; implizit *Schlicht*, S. 7.

Kapitalgesellschaften. Das ist nicht verwunderlich, weil die Reorganisation dort eine größere Rolle spielt.[385] Die Untersuchung wird sich dem Thema deshalb von dieser Seite nähern und später auf die Personengesellschaften eingehen.

Es sind im Wesentlichen drei Gesichtspunkte, die beim Effizienzvergleich eine Rolle spielen: der Anreiz, frühzeitig einen Insolvenzantrag zu stellen; die Bewertung des Unternehmens durch den Markt; die Vermögenswerte, die an den insolventen Unternehmensträger gebunden sind.[386]

(1) Anreizbezogene Überlegungen

Ein erster Schritt auf dem Weg zum Sanierungserfolg ist die frühzeitige Einleitung des Insolvenzverfahrens.[387] Nur bei einem frühzeitigen Insolvenzantrag kann das Vermögen des Schuldners zusammengehalten und vor einem weiteren Verfall bewahrt werden.[388] In diesem Zusammenhang wird der Reorganisation meist ein Vorteil zugeschrieben: Die Aussicht, ihre Position behalten und die Geschicke der Gesellschaft weiterhin steuern zu können, halte die Unternehmensleiter dazu an, das Insolvenzverfahren rechtzeitig auszulösen. Der Verlust ihrer Position, der ihnen bei einer übertragenden Sanierung droht, verleite sie hingegen, die Krise möglichst lange zu verheimlichen und durch riskante Geschäfte doch noch abzuwenden; eine Schmälerung der Masse sei oft die Folge.[389]

Die Überlegung klingt zunächst einmal plausibel. Wer darauf hoffen darf, die Geschäfte weiterhin zu leiten, der wird sich schon im eigenen Interesse bemühen, das Insolvenzverfahren rechtzeitig auszulösen. Bei näherer Betrachtung muss man aber feststellen, dass es sich nicht immer so verhält. Liegt den Unternehmensleitern besonders viel an der Gesellschaft – etwa, weil sie an ihr beteiligt sind oder weil es sich um eine kleine Gesellschaft mit persönlichen Bindungen handelt –, können sie ebenfalls versucht sein, das Ruder noch herumzureißen. Auch das (vermeintliche) Stigma eines Insolvenzverfahrens kann dazu beitragen. Mit dem Insolvenzantrag wären sie nicht nur gezwungen, ihre Fehlleistungen zu offenbaren; sie müssten sich vielleicht auch eingestehen, dass sie in manchen

385 Vgl. *Eidenmüller/Engert*, ZIP 2009, 541, 545; *Flöther*, ZIP 2012, 1833, 1840.

386 Vgl. statt vieler *Eidenmüller*, S. 32 ff.

387 *Eidenmüller*, ZIP 2010, 649, 651; allgemein lässt sich sagen: Eine Sanierung gelingt eher, wenn sie früh, schnell und still abläuft, vgl. dazu *K. Schmidt*, Gutachten, S. D 133; *Hirte*, ZGR 2010, 224, 233; *Seagon*, Solvenz – Insolvenz – Resolvenz, S. 73 f.

388 Dieser Gesichtspunkt war Anlass, mit dem ESUG das Schutzschirmverfahren einzuführen, vgl. Allg. Begr. zum RegE, BT-Drs. 17/5712, S. 19 und oben Fn. 371.

389 Vgl. *Eidenmüller*, S. 34 f. m.w.N.

Situationen falsch entschieden haben. In beiden Fällen mag es noch so sinnvoll sein, das Verfahren frühzeitig einzuleiten; wenn ein lukratives Geschäft lockt oder wenn sich die Krise aus Sicht der Unternehmensleiter doch noch abwenden lässt, werden sie die Möglichkeit einer Insolvenz zumindest solange ausblenden, wie ihnen die Insolvenzantragspflichten keine andere Wahl mehr lassen. Die Reorganisation kann daher nur vereinzelt Anreize für einen frühzeitigen Insolvenzantrag setzen; ein entscheidender Vorteil ist das nicht.

(2) Unternehmensbewertung

Im eröffneten Verfahren wird die übertragende Sanierung bisweilen als „einfachere" Lösung angesehen. Sie belaste das Gericht nicht mit komplizierten Bewertungen und Prognoseentscheidungen,[390] sondern vertraue auf die Mechanismen des Marktes: Wer sich aus dem Erwerb des Unternehmens einen Nutzen verspricht, werde auch bereit sein, einen angemessenen Preis zu bezahlen.[391] Gegen diese Überlegung, die in der U.S.-amerikanischen Auktionstheorie wurzelt,[392] wird zu Recht eingewandt, dass ein insolventes Unternehmen anderen Gesetzmäßigkeiten unterliegt: Weil das Unternehmen rasch veräußert werden muss,[393] ist der Kreis der Interessenten oft überschaubar und das Maß an Informationen gering. Beide Umstände führen dazu, dass Gebote eher zurückhaltend abgegeben werden und für gewöhnlich einen Risikoabschlag enthalten; dem Fortführungswert kommen sie nur selten nahe.[394] Aus den Schwierigkeiten der übertragenden Sanierung einen Vorteil der Reorganisation abzuleiten,[395] wäre

---

390 Da die Gläubiger bei einer Reorganisation aus den künftigen Erträgen des Unternehmens befriedigt werden, muss das Gericht prognostizieren, mit welcher Wahrscheinlichkeit die Reorganisation gelingt und welche Erträge das reorganisierte Unternehmen voraussichtlich erwirtschaften wird, vgl. ausführlich *Huelsdunk*, KTS 1999, 291, 293. Hintergrund ist der Minderheitenschutz (§§ 245 Abs. 1 Nr. 1, 251 Abs. 1 Nr. 2 InsO): durch den Insolvenzplan darf kein Gläubiger schlechter stehen, als er ohne ihn stünde.

391 Vgl. *Eidenmüller*, in: Effiziente Verhaltenssteuerung und Kooperation im Zivilrecht, S. 152: Ein idealer Markt würde das Unternehmen richtig bewerten und den Verkaufserlös maximieren; weitere Einzelheiten bei *Huelsdunk*, KTS 1999, 291, 301 f.

392 Grundlegend *Baird*, Journal of Legal Studies 15 (1986), 127 ff.; *ders.*, Journal of Law and Economics 36 (1993), 633 ff.

393 Vgl. *Schmerbach/Staufenbiel*, ZInsO 2009, 458, 459 und passim.

394 Ausführlich *Eidenmüller*, S. 36 ff.; *H.-Fr. Müller*, S. 283; *Drukarczyk*, BFuP 1995, 40, 51 f.; *Huelsdunk*, KTS 1999, 291, 303; angedeutet bei *Noack/Bunke*, KTS 2005, 129, 131.

395 So *H.-Fr. Müller* (S. 284), der in der Reorganisation einen möglichen Effizienzvorteil sieht.

indes übereilt. Da die Reorganisation wirtschaftlich gesehen nichts anderes ist als eine Veräußerung des Unternehmens an seine Gläubiger, stehen die Gläubiger vor einem ähnlichen Problem wie die potentiellen Käufer: auch sie können die Unternehmensverhältnisse nicht vollständig einschätzen und werden beim Verzicht auf ihre Forderungen eher vorsichtig sein.[396] Die Bewertung des Unternehmens kann daher auch nicht den Ausschlag geben.

(3) Gebundene Vermögenswerte

Größere Bedeutung als die beschriebenen Anreize und Bewertungsprobleme haben Vermögenswerte, die an den insolventen Rechtsträger gebunden sind. Zu denken ist beispielsweise an öffentlich-rechtliche Genehmigungen,[397] Zertifizierungen[398] und Subventionszusagen[399] oder an privatrechtliche Verträge, die nur mit Zustimmung des Vertragspartners übertragen werden können.[400] Bei diesen Vermögenswerten offenbart die übertragende Sanierung eine Schwäche. Die Schwäche rührt daher, dass sie darauf angelegt ist, das Unternehmen von seinem bisherigen Träger und damit von seinen Verbindlichkeiten zu trennen (vgl. oben a). Um die Trennung zu erreichen, müssen die werthaltigen Bestandteile des Unternehmens einzeln auf den Erwerber übertragen werden (sog. asset deal)[401] – eine Übertragung

---

396 Ähnliches gilt für mögliche Investoren: Wegen der bestehenden Unsicherheiten werden sie von den Gläubigern einen höheren Verzicht verlangen, als dies bei einer vollständigen Information nötig wäre; die Gläubiger müssen daher auch bei der Reorganisation einen Verlust hinnehmen, vgl. *Bitter*, ZGR 2010, 147, 154.

397 Allgemein sind nur solche Genehmigungen an den Rechtsträger gebunden, die ein Element der Höchstpersönlichkeit enthalten (Beispiel: gewerberechtliche Erlaubnis). Nur um sie soll es hier gehen. Rein sachbezogene Genehmigungen (Beispiel: Baugenehmigung) gehen mit dem betreffenden Gegenstand auf den Erwerber über, vgl. *Bitter/Laspeyres*, ZIP 2010, 1157, 1158 ff. mit weiteren Beispielen.

398 Bedeutsam sind in diesem Zusammenhang CE-Kennzeichnungen, ISO-Zertifizierungen oder QS-Vereinbarungen, die grundsätzlich nicht übertragbar sind, vgl. *Bitter/Laspeyres*, ZIP 2010, 1157, 1162 f.

399 Eine Subvention hat in der Regel (auch) personenbezogene Voraussetzungen, sodass eine entsprechende Zusage nicht ohne Zutun der Behörde auf einen Dritten übertragen werden kann, vgl. *Bitter/Laspeyres*, ZIP 2010, 1157, 1164.

400 Die Überleitung eines Vertrags ist im Gesetz nicht näher geregelt. § 415 BGB, der für eine Schuldübernahme die Zustimmung des Gläubigers voraussetzt, ist aber nach einhelliger Meinung anwendbar, vgl. MünchKomm-BGB/*Bydlinski*, Vorbem. vor § 414 Rn. 8 m.w.N.; das Gleiche gilt für einen dreiseitigen Vertrag.

401 Eine Haftung des Erwerbers wegen Unternehmensfortführung wird durch Nichtanwendung des § 25 HGB vermieden (allg.M., vgl. Fn. 351); für Steuerschulden schließt sie das Gesetz aus, § 75 Abs. 2 AO. Unvermeidbar ist indessen der Eintritt

von Anteilen am Unternehmensträger (sog. share deal) oder Maßnahmen nach dem UmwG[402] wären nutzlos, weil sie den Erwerber weiterhin haften ließen.[403] Die Defizite dieser Gestaltung liegen auf der Hand: Öffentlich-rechtliche Positionen bleiben an den bisherigen Rechtsträger gebunden, weil sie nicht durch Rechtsgeschäft übertragen werden können; in bestehende privatrechtliche Verträge kann der Erwerber nur eintreten, wenn der Vertragspartner dies möchte.

(a) Ausgangslage

Dass sich die gebundenen Vermögenswerte nicht oder nur schwierig realisieren lassen, ist im Vergleich zur Reorganisation ein deutlicher Nachteil. Hängt etwa der Betrieb des Unternehmens von einer öffentlich-rechtlichen Genehmigung ab, müsste der Erwerber erst ein Verwaltungsverfahren durchlaufen, bevor er das Unternehmen fortführen könnte.[404] Was nach einer rein formalen Hürde klingt, kann sich schnell zum Alptraum entwickeln. Würde dem Erwerber nämlich die Genehmigung versagt, wäre eine Fortführung ausgeschlossen. Seine Investition wäre vergebens gewesen, ihm verblieben lediglich die einzelnen Bestandteile des Unternehmens, die über ihren Ertragswert hinaus keine Bedeutung mehr hätten.[405] Ein Verlust drohte dem Erwerber aber nicht nur, wenn ihm die Genehmigung versagt wird. Schon allein die Dauer des Verfahrens kann dafür sorgen, dass wichtige Ressourcen verloren gehen oder dass eine Fortführung wirtschaftlich keinen Sinn mehr ergibt. Beide Szenarien wird ein potentieller Käufer in seine Überlegungen miteinbeziehen und entweder vom Kauf absehen oder den Kaufpreis deutlich reduzieren.[406] Ein ähnliches Bild lässt sich für privatrechtliche

---

des Erwerbers in bestehende Arbeitsverhältnisse (§ 613a BGB); aus Gründen der Gleichbehandlung haftet er aber nicht für Forderungen, die bei Verfahrenseröffnung bereits begründet waren, vgl. ausführlich MünchKomm-BGB/*Müller-Glöge*, § 613a Rn. 176 ff. m.w.N.

402 *Eidenmüller*, S. 45 Fn. 59; zur Ausgliederung des Unternehmens auf der Grundlage eines Insolvenzplans sogleich (unter (c)).

403 Beim Share Deal beruht die Haftung darauf, dass der Rechtsträger derselbe bleibt, bei Maßnahmen nach dem UmwG auf dem Gläubigerschutz (vgl. zum Beispiel § 133 Abs. 1 Satz 1, Abs. 3 UmwG für die Spaltung). Davon abgesehen wäre ein Share Deal nur schwer zu realisieren, weil die Anteile nicht zur Insolvenzmasse gehören, vgl. *Noack*, FS Zöllner, S. 411, 416.

404 *Brinkmann*, WM 2011, 97, 98.

405 Ein Unternehmen ist eben mehr als die Summe seiner Teile. Dieses „Mehr" – das man allgemein als den Goodwill bezeichnet – geht verloren, wenn das Unternehmen nicht als wirtschaftliche Einheit fortbesteht.

406 Vgl. *Bitter*/*Laspeyres*, ZIP 2010, 1157, 1159.

Verträge zeichnen. Auch in dieser Hinsicht kann die Fortführung des Unternehmens davon abhängen, dass einzelne Vertragsbeziehungen fortbestehen. Als Beispiele seien günstige Miet- und Pachtverträge genannt, die sich auf Objekte in guter Lage beziehen,[407] oder langfristige Lieferverträge, die der jeweilige Vertragspartner zu den gleichen Bedingungen nicht mehr abschließen wird.[408] Weigerte sich der Vertragspartner in diesen Fällen, den Erwerber als sein neues Gegenüber anzusehen, wäre der Erwerber gezwungen, den Vertrag neu auszuhandeln und andere Bedingungen hinzunehmen. Bei einer Vielzahl wichtiger Verträge kann das dazu führen, dass der Erwerber den Betrieb des Unternehmens einstellen muss. Wie bei einer versagten Genehmigung hätte sich seine Investition als verlorene Liebesmüh erwiesen.

(b) Keine Kontinuität

Einen Ausweg aus diesem Dilemma könnte § 25 HGB bieten. Die Vorschrift befasst sich nach hergebrachter Lesart mit der Haftungskontinuität und dem Schutz des Schuldners bei Firmenfortführung,[409] kann aber deutlich mehr leisten, wenn man ihr das Kontinuitätsmodell von *K. Schmidt* zugrunde legt.[410] Das Kontinuitätsmodell, in ZHR 145 (1981), 2 ff. erstmals erwähnt, ist von dem Gedanken getragen, dass die §§ 25 und 28 HGB an die „Fortführung des Unternehmens durch einen neuen Unternehmensträger an[knüpfen]" und die „Nichtrechtsfähigkeit des Unternehmens kompensieren [sollen]".[411] Die §§ 25 und 28 HGB sorgen demnach nicht nur für eine Haftungskontinuität, sondern dafür, dass unternehmensbezogene Forderungen, Schulden und sogar Rechtsverhältnisse auf den Erwerber übergehen.[412] Zu einem ähnlichen Ergebnis gelangt

407 Vorteilhafte Miet- und Pachtverträge sind vor allem für den „filialisierten Handel" von Bedeutung, vgl. *Braun*, FS Fischer, S. 53, 63 f.

408 *Eidenmüller*, S. 45; *Bitter/Laspeyres* (ZIP 2010, 1157, 1158) weisen darauf hin, dass ein sog. „Listing" bei großen Unternehmen wie ALDI oder LIDL zunehmend wichtig wird; Ähnliches gilt für die Nutzung von Urheberrechten, vgl. *Braun*, FS Fischer, S. 53, 66; weitere Beispiele bei *Simon/Brünkmans*, ZIP 2014, 657, 658.

409 Nach bislang herrschender Meinung führt § 25 Abs. 1 Satz 1 HGB zu einem Schuldbeitritt des Erwerbers; bei § 25 Abs. 1 Satz 2 HGB ist man sich uneins: nach Auffassung des BGH (NJW-RR 1992, 866, 867) und Teilen der Literatur gehen die unternehmensbezogenen Forderungen auf den Erwerber über, nach der Gegenauffassung schützt die Vorschrift nur den Schuldner, vgl. MünchKomm-HGB/*Thiessen*, § 25 Rn. 71 ff. m.w.N.

410 *K. Schmidt*, HandelsR § 7.

411 *K. Schmidt*, HandelsR § 7 III 1 a.

412 *K. Schmidt*, HandelsR § 7 IV; *ders.*, ZHR 145 (1981), 2, 13 ff.; *ders.*, AcP 198 (1998), 516; *ders.*, FS Medicus, S. 555.

J. W. Flume, der sein Modell der „rechtsgeschäftlichen Universalsukzession" ebenfalls auf die beiden Regelungen stützt.[413] Im Unterschied zu *K. Schmidt* geht *J. W. Flume* nicht von einer gesetzlichen Kontinuität aus; er sieht in den §§ 25 und 28 HGB zwei rechtsgeschäftliche Übertragungstatbestände, die in Anlehnung an das UmwG eine „partielle Universalsukzession" ermöglichen, eine privatautonom bestimmte Rechtsnachfolge in das Unternehmensvermögen.[414] Wollte man einem der beiden Autoren folgen, könnte das für die übertragende Sanierung bedeuten: Die gebundenen Vermögenswerte gehen ohne Zutun der Behörde oder des anderen Teils auf den Erwerber über, soweit sie einen Unternehmensbezug haben; der Nachteil, der sich im Vergleich zur Reorganisation ergibt, wäre beseitigt.

Von dogmatischen Bedenken einmal abgesehen,[415] stehen einer solchen Schlussfolgerung gleich mehrere Einwände entgegen. Ein erster Einwand betrifft die öffentlich-rechtlichen Rechtsverhältnisse. Greift man an dieser Stelle das Beispiel der (persönlichen) Genehmigung wieder auf, so ist für den klassischen Fall der Universalsukzession (§ 1922 Abs. 1 BGB) feststellen, dass die Genehmigung mit dem Tod des Berechtigten erlischt.[416] Die grundsätzlich erlaubte Fortführung des Unternehmens durch den Erben oder eine andere Person[417] ändert daran nichts, weil die betreffenden Regelungen nur die Zerstörung wirtschaftlicher Werte verhindern wollen und ein eigenes (originäres) Recht gewähren.[418] Auch

---

413 *J. W. Flume*, S. 116 ff.

414 *J. W. Flume*, S. 123 ff. Im Umwandlungsrecht, namentlich bei der Spaltung, stellt das Attribut „partiell" klar, dass nicht zwingend das gesamte Vermögen übergeht, sondern nur der im Spaltungs- und Übernahmevertrag festgelegte Teil. Für § 25 HGB soll nichts anderes gelten: Veräußerer und Erwerber können bestimmen, welcher Teil des Vermögens „als Gesamtheit" übertragen wird. Ähnlich *Wallner* (ZInsO 2010, 1419), der aber de lege ferenda für eine partielle Universalsukzession wirbt.

415 Bedenken werden vor allem dahin formuliert, dass der Vertragspartner nichts gegen einen Übergang des Schuldverhältnisses tun kann und sich mit dem neuen Gegenüber abfinden muss, vgl. etwa Staub/*Burgard*, § 25 Rn. 77 ff.; *Canaris*, HandelsR § 7 Rn. 41; *Beuthien*, NJW 1993, 1738, 1740.

416 Vgl. Boos/Fischer/Schulte-Mattler/*Fischer*, KWG, § 34 Rn. 1; *Knorre*, GüKG, § 8 Rn. 1; *Metzner*, GaststättenG, § 10 Rn. 1; Spickhoff/*Sieper*, ApthekenG, § 9 Rn. 3 und § 13 Rn. 1; *Willemer*, S. 228 ff.; weitere Nachweise bei *Bitter/Laspeyres*, ZIP 2010, 1157, 1159.

417 Regelungen finden sich zum Beispiel in § 46 GewO, § 4 HandwerksO, § 10 GaststättenG, §§ 9 Abs. 1 Nr. 2 und 3, 13 ApothekenG, § 34 Abs. 2 KWG, § 8 Abs. 1 und 2 GüKG. Da die Fortführungserlaubnis ursprünglich auf den überlebenden Ehegatten beschränkt war, sprach man vom sog. „Witwenprivileg".

418 Die dogmatische Einordnung der Erlaubnis ist umstritten. Zum Teil wird behauptet, der Erbe oder die andere Person trete an die Stelle des ursprünglich Berechtigten, was

im Umwandlungsrecht, dem näher liegenden Fall der Universalsukzession, geht die einhellige Meinung davon aus, dass die öffentlich-rechtlichen Rechtsverhältnisse an den bisherigen Unternehmensträger gebunden bleiben.[419] Doch warum ist das so? Die Antwort fällt nicht schwer: Im öffentlichen Recht gilt der Grundsatz, dass höchstpersönliche Rechte und Pflichten nicht auf eine andere Person übergehen können.[420] Wie das Attribut „höchstpersönlich“ nahelegt, sind sie von bestimmten Eigenschaften und Fähigkeiten abhängig und können deshalb nur demjenigen zustehen, in dessen Person sie entstanden sind.[421] An diesem Grundsatz kann das Privatrecht nichts ändern. Soweit es um öffentlich-rechtliche Rechtsverhältnisse geht, kann vielmehr nur das öffentliche Recht bestimmen, ob und unter welchen Voraussetzungen eine Rechtsnachfolge eintritt.[422] Das bedeutet für die Überlegungen oben: Unabhängig vom privatrechtlichen Hintergrund der Gesamtrechtsnachfolge (§ 1922 Abs. 1 BGB, §§ 20, 131 UmwG oder eben § 25 HGB) kommt ein Übergang der beschriebenen Vermögenswerte nicht in Betracht, solange das öffentliche Recht ihn verbietet.[423] Der Kontinuitätsgedanke hilft daher unter diesem Gesichtspunkt nicht weiter.[424]

---

im Grunde eine Rechtsnachfolge bedeutet (vgl. etwa Tettinger/Wank/Ennuschat/*Ennuschat*, § 46 Rn. 9, 12 ff.). Die herrschende Meinung versteht sie indessen als originäres Recht, das lediglich an die Rechtsstellung des ursprünglich Berechtigten anknüpft, vgl. die in Fn. 416 Genannten und *Heitmann*, S. 32. Der herrschenden Meinung ist in den Fällen zu folgen, in denen die betreffende Vorschrift (wenigstens auch) auf persönliche Eigenschaften des neu Berechtigten abstellt oder in denen sie die Erlaubnis zeitlich begrenzt; in diesen Fällen liegt die Entstehung eines neuen Rechts näher, vgl. MünchKomm-BGB/*Leipold*, Einleitung vor §§ 1922 ff., Rn. 185 und 208.

419 Vgl. statt vieler Lutter/*Grunewald*, § 20 Rn. 13 (Verschmelzung) und Lutter/*Teichmann*, § 131 Rn. 65 (Spaltung) m.w.N.; *Odenthal*, GewArch 2005, 132, 133 f.

420 BVerwGE 15, 234, 235 f.; 16, 214, 215; 70, 156, 157; *Riedl*, S. 149 mit umfassenden Nachweisen in Fn. 763.

421 Treffend *v. Mutius*, VerwArch 62 (1971), 83, 85.

422 BVerwGE 16, 68, 69; 21, 302, 303; *Riedl*, S. 127. Fehlt es an ausdrücklichen Vorschriften, darf nicht vorschnell auf das BGB zurückgegriffen werden; zunächst ist innerhalb des öffentlichen Rechts nach einer Lösung zu suchen, etwa durch Rückgriff auf allgemeine Grundsätze, vgl. MünchKomm-BGB/*Leipold*, Einleitung vor §§ 1922 ff., Rn. 180; ein solcher allgemeiner Grundsatz ist die Unübertragbarkeit höchstpersönlicher Rechte und Pflichten (oben Fn. 420).

423 Diesen Gesichtspunkt übersieht *Wallner* (ZInsO 2010, 1419), dessen rechtspolitischer Vorschlag daher abzulehnen ist. Durch das ESUG ist der Vorschlag ohnehin in weiten Teilen überholt.

424 So wohl auch *Schlicht*, S. 53.

Ein zweiter Einwand gilt den privatrechtlichen Rechtsverhältnissen. Möchte man mit dem Kontinuitätsgedanken Ernst machen, dann müssten Forderungen, Verbindlichkeiten und Vertragsbeziehungen der insolventen Gesellschaft auf den Erwerber übergehen. Für Forderungen und günstige Vertragsbeziehungen wäre das gewollt, für ungünstige Vertragsbeziehungen ließe sich ein Übergang vermeiden (nämlich mithilfe der §§ 103 ff. InsO). Unvermeidbar wäre hingegen der Übergang der unternehmensbezogenen Verbindlichkeiten, vor allem solcher, die bei Eröffnung des Insolvenzverfahrens bereits begründet waren. Diese Verbindlichkeiten gingen zwangsläufig auf den Erwerber über, was unter zweierlei Gesichtspunkten Probleme bereitet. Zum einen würde der Grundsatz der Gleichbehandlung durchbrochen, weil die Gläubiger einen neuen Schuldner erhielten,[425] zum anderen würden mögliche Käufer abgeschreckt, weil das Unternehmen überschuldet bliebe.[426] Beides zwingt nach herrschender Meinung zur Nichtanwendung des § 25 HGB.[427]

(c) Keine beschränkte Vertragsübernahme

Als Verfechter des Kontinuitätsgedankens könnte man auf die Idee verfallen, die Kontinuität des Unternehmens zu beschränken und die Altverbindlichkeiten bei der insolventen Gesellschaft zu behalten. Dafür gäbe es theoretisch zwei Wege. Ein erster Weg bestünde darin, § 25 HGB anzuwenden und die Lösung in Abs. 2 zu sehen. Das hieße entweder die Haftung auszuschließen oder die Verbindlichkeiten von der Veräußerung auszunehmen.[428] Doch was unter gewöhnlichen

425 Die Überlegung ist die gleiche wie bei der unvollkommenen Doppelinsolvenz (oben II 1): Die Gläubiger können auf das Vermögen des neuen Unternehmensträgers zugreifen. Reicht das Vermögen nicht aus, um alle Verbindlichkeiten zu erfüllen, müssen sie in einem neuen Insolvenzverfahren mit den übrigen Gläubigern des Unternehmensträgers konkurrieren, vgl. *Noack/Bunke*, KTS 2005, 129, 130. Davon abgesehen wären diejenigen Gläubiger im Nachteil, deren Forderungen keinen Unternehmensbezug haben (etwa die Gesellschafter), dazu ausführlich *Gerhardt*, JZ 1988, 976, 976 f.; *Henckel*, ZIP 1980, 2, 5.

426 So vor allem die Befürchtung in der älteren Rechtsprechung, vgl. RGZ 58, 166, 168; BGHZ 104, 151, 154 f.

427 Bei der dogmatischen Begründung ist man sich uneins: ein Teil des Schrifttums bezeichnet die Unanwendbarkeit des § 25 HGB als „genuin insolvenzrechtlich", vgl. Staub/*Burgard*, § 25 Rn. 46 m.w.N.; andere gehen von einer teleologischen Reduktion aus, vgl. *Canaris*, FS Frotz, S. 11, 26 ff.; *K. Schmidt*, HandelsR § 7 VI 1 a.

428 Wer mit *K. Schmidt* (oben Fn. 412) von einem gesetzlichen Übergang ausgeht, muss die Haftung ausschließen; wer mit *J. W. Flume* (oben Fn. 413) einen rechtsgeschäftlichen Übergang zulässt, muss die Verbindlichkeiten von der Veräußerung ausnehmen.

Bedingungen funktioniert, ist in der Insolvenz unmöglich. Der Insolvenzverwalter kann schon deshalb keine Verbindlichkeiten zurückhalten, weil ihm sonst eine Haftung droht. Er ist den Gläubigern verpflichtet, die Masse optimal zu verwerten. Daran hielte er sich nicht, wenn er mit dem Erwerber einen Haftungsausschluss vereinbarte oder die Verbindlichkeiten von der Veräußerung ausnähme. Realistischer ist daher der zweite Weg. Der zweite Weg bestünde darin, die Anwendung des § 25 HGB nur zum Teil auszuschließen, nämlich im Hinblick auf die Altverbindlichkeiten. Das ist durchaus denkbar, wie ein Vergleich mit § 613a BGB zeigt.[429] § 613a BGB bestimmt für die Betriebsveräußerung, dass der Erwerber in die bestehenden Arbeitsverhältnisse eintritt. Er wird zum neuen Arbeitgeber; die Arbeitsverhältnisse mit dem Veräußerer erlöschen. War der Veräußerer insolvent, führt die Regelung zum gleichen Problem wie § 25 HGB auf der Grundlage des Kontinuitätsmodells: die Gleichbehandlung ist nicht mehr gewährleistet, weil bestimmte Gläubiger (die Arbeitnehmer) einen neuen Schuldner erhalten. Um das Problem zu lösen, ist nach herrschender Meinung eine teleologische Reduktion erforderlich. Der Erwerber soll nicht für Verbindlichkeiten haften, die bei Eröffnung des Verfahrens bereits begründet waren, sondern nur für Verbindlichkeiten, die später entstehen.[430]

Es fällt schwer, dem zweiten Weg nicht zu folgen. Zum einen, weil er sich auf ein gesetzliches Exempel stützen kann; zum anderen, weil er zu einem Ergebnis führt, das dem Idealbild der übertragenden Sanierung entspricht: Forderungen und Vertragsbeziehungen gehen zusammen mit dem restlichen Unternehmen auf den Erwerber über, während die Verbindlichkeiten beim Veräußerer bleiben. Wer sich das Konstrukt einer „beschränkten Vertragsübernahme" etwas näher ansieht, erkennt indes, dass es die Defizite der übertragenden Sanierung nicht beseitigen kann.

Zunächst einmal ist die dogmatische Begründung zweifelhaft. Um über § 25 HGB eine beschränkte Vertragsübernahme zu erreichen, müsste die Vorschrift erst auf der Grundlage des Kontinuitätsmodells erweitert und anschließend wieder beschränkt werden. Vor allem der zweite Schritt stimmt argwöhnisch, weil er das Kontinuitätsmodell auf seine positiven Wirkungen reduziert. Der Erwerber kommt in den Genuss der vorteilhaften Rechtspositionen, darf die Gläubiger aber wegen ihrer bestehenden Verbindlichkeiten auf den

429 Ausführlich *Noack*, FS Röhricht, S. 455, 462 ff.; *Noack/Bunke*, KTS 2005, 129, 150 ff. mit Verweis auf Nörr/Scheyhing/Pöggeler/*Nörr*, § 20 II 1 für das Modell einer „beschränkten Vertragsübernahme".

430 Ob das auch für Masseverbindlichkeiten gilt, ist umstritten.

insolventen Schuldner verweisen. Man mag das für legitim halten, weil die Gläubiger an der Veräußerungsentscheidung beteiligt sind. Gleichwohl bleibt ein gewisses Unbehagen. Dieses Unbehagen kommt daher, dass die Beschränkung des Kontinuitätsmodells dem Grundgedanken der Unternehmenskontinuität widerspricht. Schließt man die Altverbindlichkeiten aus, dann steht der Erwerber dem Vertragspartner so gegenüber, als wären sie die Vertragsbeziehung erst eingegangen. Das hat wenig mit Kontinuität zu tun, sondern vielmehr mit dem Versuch, die an sich nötige Zustimmung des Vertragspartners zu umgehen. Darüber kann auch ein Vergleich mit § 613a BGB nicht hinwegtäuschen: Bei § 613 a BGB geht es nicht um die Kontinuität des Unternehmens, sondern um den Schutz der Arbeitsnehmer.[431] Diesem Schutz ist bereits durch das Fortbestehen der Arbeitsverhältnisse gedient, sodass es keinen gedanklichen Bruch darstellt, wenn man die Regelung einschränkt und den Erwerber nur für die Neuverbindlichkeiten haften lässt.

Wollte man über die dogmatischen Schwächen hinwegsehen, wäre der Nutzen einer „beschränkten Vertragsübernahme" zu bezweifeln. Die meisten Verträge, die auf Dauer angelegt sind, enthalten eine sog. Change-of-Control-Klausel. Hinter dem Begriff verbirgt sich nichts anderes als ein Kündigungsrecht für den Fall, dass der Inhaber des Unternehmens wechselt oder dass sich seine gesellschaftsrechtlichen Verhältnisse ändern.[432] Für die übertragende Sanierung bedeutete das: Die Verträge gingen zwar auf den Erwerber über, der Vertragspartner könnte sie aber jederzeit kündigen. Man möchte vielleicht einwenden, dass dies bei einer Reorganisation genauso ist, etwa bei einem Debt-Equity-Swap. Das ist für die Vergangenheit richtig; seit dem ESUG spielen sie dort aber keine Rolle mehr. § 225a Abs. 4 InsO verbietet den Vertragspartnern die Ausübung ihrer Gestaltungsrechte, um so eine Reorganisation zu erleichtern.[433] Freilich muss nicht jeder Vertrag eine Change-of-Control-Klausel enthalten. Doch

---

431 Vgl. *Danko*, FS Kübler, S. 99, 100.

432 Ausführlich *Cramer*, S. 75 ff. (Formulierungsbeispiele in Anhang 1); *Meyer-Sparenberg*, in: Beck'sches Formularbuch Bürgerliches, Handels- und Wirtschaftsrecht, Formular III A 2 § 7 Abs. 3 und Anm. 13 (Rahmen-Liefervertrag); *Brinkmann/Steinhauser*, FS Kübler, S. 87, 87 f.; *Mielke/Nguyen-Viet*, DB 2004, 2515.

433 Anders *Brinkmann*, WM 2011, 97, 101 f. Der Aufsatz bezieht sich allerdings auf den DiskE, der eine entsprechende Regelung noch nicht enthielt. Die Regelung wurde später auf Anregung des Bundesrats eingeführt, vgl. BT-Drs. 17/5712, S. 55. Ausführlich zur Rechtsfolge des § 225a Abs. 4 InsO *Längsfeld*, NZI 2014, 734, 736 ff. Eine andere Frage ist freilich, ob Insolvenz- und Eigenverwaltung ein Change of Control bewirken, vgl. dazu *Rosenberg*, S. 48 ff.; *Brinkmann/Steinhauser*, FS Kübler, S. 87, 90 ff.

selbst in dem Fall, in dem keine solche Klausel existiert, wird man dem Vertragspartner ein Kündigungsrecht nach § 314 BGB einräumen müssen, um den Eingriff in seine Privatautonomie zu rechtfertigen.[434] Der Vertragspartner kann sich daher stets von der vertraglichen Beziehung mit dem Erwerber lösen.

Die beiden Einschränkungen entwerten die Vorteile, die durch das Modell einer „beschränkten Vertragsübernahme" entstünden. Sie belegen die übertragende Sanierung mit einer Unsicherheit, weil ein möglicher Käufer nicht weiß, ob seine Vertragspartner die Rechtsbeziehung fortführen oder von ihrem Kündigungsrecht Gebrauch machen. Im letzten Fall müsste er die Verträge doch neu aushandeln, was den vielzitierten Pyrrhussieg bedeutete.

(d) Keine partielle Universalsukzession

Ein (vorerst) letzter Gedanke soll der Möglichkeit gelten, das Unternehmen auf der Grundlage eines Insolvenzplans zu veräußern. Die übertragende Sanierung ist nicht zwingend auf das Regelverfahren beschränkt; wie jede andere Maßnahme kann sie auch in einem Insolvenzplan beschlossen werden. Aber warum sollte man auf das Planverfahren ausweichen? – Wenn man dem Asset Deal nur ein privatautonomes Fundament geben möchte,[435] wäre wenig gewonnen. Das Planverfahren ist deutlich aufwändiger als das Regelverfahren und das Ergebnis bliebe das Gleiche.[436] Der Gedanke zielt indes weniger auf den Asset Deal ab, sondern auf Maßnahmen nach dem UmwG, vor allem auf die Ausgliederung.[437] Denkbar wären zum Beispiel folgende Gestaltungen:

Das Unternehmen wird im Wege der Ausgliederung auf einen neu gegründeten oder einen bereits bestehenden Rechtsträger übertragen. Als Gegenleistung

---

434 *Noack*, FS Röhricht, S. 455, 466; allein aus dem Übergang des Schuldverhältnisses dürfte sich noch kein Kündigungsrecht ergeben. Die Fortführung muss für den Vertragspartner aus anderen Gründen unzumutbar sein, vgl. *J. W. Flume*, S. 175 ff.

435 Der Insolvenzplan ist rechtlich als Vertrag zwischen dem Schuldner und seinen Gläubigern einzuordnen, vgl. MünchKomm-InsO/*Eidenmüller*, § 217 Rn. 6 ff.; grundlegend *Madaus*, S. 173 ff.

436 Freilich nur, soweit es um die Maximierung der Haftungsmasse geht. Ansonsten ließe sich in einem Insolvenzplan „ein Plus an Legitimation" sehen, vgl. *K. Schmidt*, HandelsR § 7 VI 1 b; ähnlich *Noack/Bunke*, KTS 2005, 129, 134: „tragfähigere Legitimationsgrundlage".

437 Die Ausgliederung ist eine Variante der Spaltung. Eine andere Variante – Abspaltung oder Aufspaltung – oder eine Verschmelzung kommen nicht in Betracht, weil die Gegenleistung in diesen Fällen allein den Gesellschaftern zugute käme; zur Gegenleistung sogleich.

erhält die insolvente Gesellschaft Anteile am neuen Unternehmensträger (Variante 1).

Das Unternehmen wird im Wege der Ausgliederung auf einen Rechtsträger übertragen, den die Gläubiger zuvor gegründet und in den sie ihre Forderungen gegen die insolvente Gesellschaft eingebracht haben. Als Gegenleistung erhält die Gesellschaft wiederum Anteile am neuen Unternehmensträger (Variante 2).

Bevor es um den Nutzen der beiden Gestaltungsvarianten gehen kann, muss noch die Frage beantwortet werden, ob eine Umwandlung möglich ist. Können die einzelnen Umwandlungvorgänge in einem Insolvenzplan beschlossen werden oder sind sie auf eine Sanierung außerhalb der Insolvenzverfahrens beschränkt? Nach der bisherigen Rechtslage war eine Umwandlung jedenfalls mit Schwierigkeiten verbunden. Sie verlangte nicht nur eine Fortsetzungsmöglichkeit,[438] die während des Insolvenzverfahrens ausgeschlossen war;[439] sie setzte auch eine Kompetenz voraus, die den Beteiligten nach dem anfänglichen Konzept der InsO fehlte: die Kompetenz, im Insolvenzplan gesellschaftsrechtliche Maßnahmen zu vereinbaren.[440] Die einzige Option bestand darin, einen bedingten Insolvenzplan (vgl. § 249 InsO) in Betracht zu ziehen und darauf zu hoffen, dass die Gesellschafter später[441] die Umwandlung beschließen[442] – insgesamt eine unbefriedigende und vor allem unsichere Lösung. Mit dem ESUG hat sich die Situation geändert. Die Fortsetzung der aufgelösten Gesellschaft kann nun schon während des Verfahrens beschlossen werden[443] und Umwandlungsvorgänge sind

---

438 Vgl. § 3 Abs. 3 UmwG (Verschmelzung), auf den § 124 Abs. 2 UmwG für die Spaltung verweist, und § 191 Abs. 3 UmwG (Formwechsel).

439 Ein Fortsetzungsbeschluss hätte dem Zweck des Insolvenzverfahrens widersprochen; außerdem wäre er (wie der Umwandlungsbeschluss) von den Gesellschaftern zu fassen gewesen, vgl. *Heckschen*, FS Widmann, S. 31, 44; *Noack*, FS Zöllner, S. 411, 425. Nach anderer Auffassung war die Umwandlungsfähigkeit schon wegen des Insolvenzbeschlags zu verneinen, vgl. Lutter/*Drygala*, § 3 Rn. 10 m.w.N.

440 Vgl. oben 4 a; anders *Spetzler*, S. 108 ff.: eine Ausgliederung setze nach § 13 Abs. 1 Satz 1, § 125 Satz 1 UmwG einen Beschluss der Gesellschafter voraus; dieser Beschluss sei aber entbehrlich, weil die Ausgliederung nur einen „Aktivtausch" bewirke und die Rechte der Gesellschafter nicht berühre.

441 Nach Bestätigung des Insolvenzplans und Aufhebung des Insolvenzverfahrens.

442 MünchKomm-InsO/*Eidenmüller*, § 225a Rn. 97; *Noack*, FS Zöllner, S. 411, 425 f.

443 Einem unbedingten Beschluss stünde zwar immer noch der Zweck des Insolvenzverfahrens entgegen (vgl. oben Fn. 439; würde er gleichwohl gefasst, wäre er bis zur Aufhebung des Verfahrens schwebend unwirksam); für die Umwandlungsfähigkeit genügt es indes, wenn der Beschluss zumindest theoretisch gefasst werden könnte. Diese Möglichkeit hat der Gesetzgeber mit § 225a Abs. 3 InsO eröffnet.

als gesellschaftsrechtlich zulässige Maßnahmen im Sinne des § 225a Abs. 3 InsO einzuordnen.[444] Den Beteiligten steht es demnach frei, im Insolvenzplan für eine Ausgliederung zu stimmen und das Unternehmen auf einen neuen Rechtsträger zu übertragen.

Vergleicht man die beiden Gestaltungsvarianten mit dem Asset Deal, hätte Variante 1 den Vorteil, dass neben einzelnen Wirtschaftsgütern auch die günstigen Vertragsbeziehungen übertragen werden könnten. Denn im Unterschied zum Asset Deal erlaubt die Ausgliederung eine partielle Universalsukzession – eine von den Beteiligten bestimmte Rechtsnachfolge in das Unternehmensvermögen. Weil die Beteiligten den Umfang der Rechtsnachfolge bestimmen, ließen sich gleichzeitig die ungünstigen Vertragsbeziehungen und die Verbindlichkeiten vom Übergang ausschließen.[445] Das muss den Gläubigern nicht unbedingt missfallen. Sie würden nämlich davon profitieren, dass die insolvente Gesellschaft einen Anteil am neuen Unternehmensträger erhielte. Der Insolvenzverwalter könnte den Anteil veräußern und den Erlös an die Gläubiger verteilen. Auch in Variante 2 – dem sog. Reverse-Debt-Equity-Swap[446] – gingen die günstigen Vertragsbeziehungen auf den Erwerber über. Doch dabei bliebe es nicht. Im Unterschied zu Variante 1 würden zusätzlich die Verbindlichkeiten übertragen, was dazu führte, dass die von den Gläubigern eingebrachten Forderungen im Wege der Konfusion erlöschen. Damit wäre das Unternehmen auf einen Schlag entschuldet; die Gläubiger würden für ihr „Opfer" belohnt, indem sie an den künftigen Erträgen des Unternehmens teilhaben dürften.

Wie schon das Modell der „beschränkten Vertragsübernahme" scheinen auch die beiden Gestaltungsvarianten ganz dem Idealbild der übertragenden Sanierung zu entsprechen. Beide Male gehen die vorteilhaften Rechtspositionen auf den Erwerber über, während die Verbindlichkeiten beim Veräußerer bleiben (Variante 1) oder durch Konfusion erlöschen (Variante 2). Weil die Ausgliederung im Insolvenzplan geregelt ist und als gesellschaftsrechtlich zulässige Maßnahme gilt, kommt sogar noch ein weiteres hinzu: § 225a Abs. 4 InsO nimmt

---

444 MünchKomm-InsO/*Eidenmüller*, § 225a Rn. 97 ff.; Uhlenbruck/*Hirte*, § 225a Rn. 44; *Priester*, FS Kübler, S. 557, 558; ausführlich *Becker*, ZInsO 2013, 1885, 1886 f.

445 Bei der Zuordnung der Verbindlichkeiten ist auf den Grundsatz der Gleichbehandlung zu achten: Entweder bleiben alle Insolvenzforderungen bei der insolventen Gesellschaft oder sie werden allesamt auf den neuen Rechtsträger übertragen. Jede andere Gestaltung würde eine gleichmäßige Befriedigung vereiteln, vgl. *Simon/Brünkmans*, ZIP 2014, 657, 661.

446 Vgl. dazu *Drouven*, ZIP 2009, 1052, 1053.

Change-of-Control-Klauseln ihre rechtliche Wirkung, sorgt also dafür, dass die Vertragspartner an ihre Verträge gebunden bleiben.[447]

Wenn man den Blick auf § 133 UmwG richtet, trübt sich das Bild recht schnell. Denn obschon die Beteiligten (wie in Variante 1) einen Übergang der bestehenden Verbindlichkeiten ausschließen können, muss der Erwerber für die Erfüllung dieser Verbindlichkeiten einstehen. Dem Wortlaut nach gemeinsam mit dem Veräußerer; weil der Veräußerer insolvent ist, haftete der Erwerber aber in der Regel alleine. Das ist freilich keine ungewöhnliche Situation. Ähnliche Probleme verursachten § 25 HGB, § 613a BGB und § 75 AO beim Asset Deal. Auch hier musste der Erwerber fürchten, für die bestehenden Verbindlichkeiten in Anspruch genommen zu werden. Doch während die Probleme beim Asset Deal gelöst sind, zur Erinnerung: die drei Vorschriften sind in der Insolvenz nicht anzuwenden, ist die Rechtslage bei der Ausgliederung noch unklar.[448] Zum Teil wird die Auffassung vertreten, § 133 UmwG sei teleologisch zu reduzieren.[449] Wie bei § 25 HGB müsse eine Anwendung unterbleiben, weil sonst der intendierte Schutz der Gläubiger in sein Gegenteil verkehrt würde. Statt sie vor der Willkür der Vertragsschließenden zu bewahren,[450] nähme man ihnen eine Verwertungsoption.[451] Die Gegenauffassung verneint eine teleologische Reduktion.[452] Die Erwägungen zu § 25 HGB ließen sich nicht übertragen, da § 133 UmwG zwingend sei. Außerdem finde sich in den §§ 217 ff. InsO nirgendwo der Hinweis, dass die Vorschrift in der Insolvenz nicht gelten soll; der Verweis auf

---

447 Vgl. *Thole*, S. 104.

448 Klar ist nur eines: § 25 HGB, § 613a BGB und § 75 AO sind auch auf eine Ausgliederung anwendbar, da es keine Rolle spielt, wie das Unternehmen übertragen wird – durch Einzel- oder durch Gesamtrechtsnachfolge. Eine Haftung ist gleichwohl ausgeschlossen, weil die Vorschriften teleologisch zu reduzieren (§ 25 HGB und § 613a BGB) oder in der Insolvenz nicht anzuwenden sind (§ 75 Abs. 2 AO). Insoweit ergibt sich kein Unterschied zum Asset Deal.

449 Kübler/Prütting/Bork/*Spahlinger*, § 225a Rn. 84; *K. Schmidt*, HandelsR § 7 VI 1 b; *Brünkmans*, ZInsO 2014, 2533, 2552; *Kahlert/Gehrke*, DStR 2013, 975, 977 ff.; *Simon/Brünkmans*, ZIP 2014, 657, 664 ff.; ähnlich *Spetzler*, S. 146 ff.: auf § 133 UmwG könne (de lege ferenda) verzichtet werden; mit Bedenken *Becker*, ZInsO 2013, 1885, 1890 f.

450 § 133 UmwG ist das notwendige Gegenstück zur Spaltungsfreiheit: Da es den Beteiligten freisteht, Verbindlichkeiten und haftendes Vermögen zu trennen oder ungleichmäßig zu verteilen, haften sie den Gläubigern des übertragenden Rechtsträgers als Gesamtschuldner, vgl. Lutter/*Schwab*, § 133 Rn. 12.

451 Kübler/Prütting/Bork/*Spahlinger*, § 225a Rn. 84; *Kahlert/Gehrke*, DStR 2013, 975, 978.

452 MünchKomm-InsO/*Eidenmüller*, § 225a Rn. 100 f.; Uhlenbruck/*Hirte*, § 225a Rn. 44; K. Schmidt/*Spliedt*, § 225a Rn. 46; *Madaus*, ZIP 2012, 2133, 2136.

die „gesellschaftsrechtlich zulässigen Regelungen" lege eher das Gegenteil nahe. Eine Korrektur der Haftungsfolge sei daher Sache des Gesetzgebers.[453]

Für eine teleologische Reduktion spricht immerhin, dass die Gläubiger am Umwandlungsbeschluss beteiligt sind. Anders als bei Umwandlungsvorgängen außerhalb der Insolvenz sind sie es, die über die Aufteilung von Aktiva und Passiva entscheiden. Man könnte daher annehmen, dass § 133 UmwG in seiner Funktion als gläubigerschützende Vorschrift entbehrlich ist, zumal der insolvenzrechtliche Abstimmungsmechanismus für einen Schutz der überstimmten Minderheit Sorge trägt. Ähnlich wie beim Modell einer beschränkten Vertragsübernahme bleiben aber Zweifel. Wiederum entsteht der Eindruck, die Vorzüge der Ausgliederung sollen nutzbar gemacht werden, während man die negativen Konsequenzen einfach ausblendet. Kaum ist der Weg zu den Umwandlungsvorgängen frei, werden sie für das Insolvenzrecht eingenommen und an die (vermeintlich) vorrangigen Ziele des Insolvenzverfahrens angepasst; ein Vorgehen, das an sich dem Gesetzgeber obliegen sollte und nicht dem Rechtsanwender. Die Zweifel lassen sich auch nicht durch einen Verweis auf § 25 HGB beseitigen. Denn zum einen ist dessen Haftungsfolge disponibel; zum anderen ist die Schutzrichtung verschieden. Bei § 25 HGB geht es um Verkehrs- und Vertrauensschutz (oben Fußnote 409), bei § 133 UmwG um den Schutz der Gläubiger vor den Folgen der Spaltungsfreiheit.[454]

Wer vor einer teleologischen Reduktion des § 133 UmwG zurückschreckt, weil ihm der Schutzgedanke nicht generell entbehrlich erscheint, der mag noch an eine andere Art der Enthaftung denken, nämlich an den Verzicht der Gläubiger. Die Gläubiger könnten auf eine Haftung des Erwerbers verzichten und sich mit ihrem bisherigen Schuldner zufrieden geben, weil ein entschuldetes Unternehmen eher einen Erwerber findet und sie letzten Endes vom Erwerb profitieren: Ihr Schuldner erhält einen Anteil am neuen Unternehmensträger, den der Insolvenzverwalter für sie verwertet. Im Unterschied zu einer teleologischen Reduktion hätten sie ihr fehlendes Schutzbedürfnis auch kundgetan, sodass man es nicht zu unterstellen bräuchte. Doch können die Gläubiger überhaupt einen Verzicht erklären? Außerhalb des Insolvenzverfahrens steht es den Gläubigern frei, mit den Vertragsschließenden einen Haftungsausschluss zu vereinbaren und den Erwerber aus seiner Haftung nach § 133 UmwG zu entlassen.[455] § 1 Abs. 3 UmwG steht dem nicht entgegen, weil er nur die Vertragsschließenden

---

453 MünchKomm-InsO/*Eidenmüller*, § 225a Rn. 100.

454 Vgl. *Becker*, ZInsO 2013, 1885, 1890 f.

455 Vgl. *Becker*, ZInsO 2013, 1885, 1891.

bindet.[456] Im Insolvenzverfahren verhält es sich nach herrschender Meinung ähnlich. Hier sind es ohnehin die Gläubiger, die über die Aufteilung von Aktiva und Passiva entscheiden. Sie könnten auf eine Haftung des Erwerbers verzichten, zumal § 254b InsO auch die widersprechenden und diejenigen Gläubiger miteinbeziehe, die ihre Forderungen nicht angemeldet haben.[457]

Nach alldem bleibt festzuhalten: Variante 1 kann den Übergang vertraglicher Beziehungen ermöglichen; ob sie auch die Haftung des Erwerbers für bestehende Verbindlichkeiten beseitigen kann, ist zweifelhaft. Eine teleologische Reduktion des § 133 UmwG wäre (wohl) ausgeschlossen, ein Verzicht der Gläubiger immerhin denkbar. Hält vielleicht Variante 2 einen Ausweg bereit? In Variante 2 werden die Hauptforderungen durch Konfusion zum Erlöschen gebracht. Eine teleologische Reduktion oder ein Verzicht der Gläubiger wäre damit überflüssig. Doch auch Variante 2 ist kein Allheilmittel. Bei den öffentlich-rechtlichen Genehmigungen ist ihr Potential erschöpft. Das Gleiche gälte im Übrigen für Variante 1. Selbst wenn eine Enthaftung möglich wäre, blieben die Genehmigungen beim Veräußerer. Denn wie schon an anderer Stelle festgehalten wurde: Nur das öffentliche Recht kann bestimmen, wann eine solche Genehmigung auf eine andere Person übergeht. Für höchstpersönliche Rechtspositionen ist das von vorneherein ausgeschlossen, das heißt dieses Defizit einer Unternehmensveräußerung ließe sich nicht beheben.[458]

(4) Zwischenfazit

Wenn es um gebundene Vermögenswerte geht, ist die übertragende Sanierung im Nachteil. Der Nachteil lässt sich weder durch das Kontinuitätsmodell noch durch eine Ausgliederung verhindern.

ee) Zwischenergebnis

In der Theorie ist die Reorganisation die effizientere Sanierungsoption, weil nur sie die gebundenen Vermögenswerte nutzen kann. Im Einzelfall wäre entscheidend, ob derlei Vermögenswerte vorhanden sind.

---

456 Vgl. *K. Schmidt/Schneider*, BB 2003, 1961, 1964.

457 Die widersprechenden Gläubiger sind durch die §§ 245, 251 InsO ausreichend geschützt, näher *Becker*, ZinsO 2013, 1885, 1891 f.

458 Ebenso *Spetzler*, S. 95; *Kresser*, ZInsO 2010, 1409, 1413 f.; diese Einschränkung wird von den Fürsprechern einer Ausgliederung übersehen.

e) *Reorganisation bei Personengesellschaften*

Sämtliche Überlegungen zur Effizienz waren bislang von einer Kapitalgesellschaft ausgegangen. Wie oben (unter dd) erwähnt, spielt die Sanierung dort eine größere Rolle als bei einer Personengesellschaft und entsprechend umfangreich sind die Stellungnahmen im rechtswissenschaftlichen Schrifttum. Vergleichsweise wenig findet, wer nach dem Verhältnis der beiden Sanierungsmethoden in der Insolvenz einer Personengesellschaft fragt.[459] Das ist nicht weiter verwunderlich, weil bei ihr die Reorganisation lange Zeit bedeutungslos war; sie war aufgrund der strukturellen Besonderheiten einer Personengesellschaft mit zu vielen Unwägbarkeiten belastet und kam deshalb nur selten in Betracht. Mit dem ESUG hat die Reorganisation an Bedeutung gewonnen, was vor allem an den §§ 217 Satz 2 und 225a InsO liegt. Die beiden Regelungen, die eine Neuordnung der Vermögensverhältnisse erleichtern sollen, gelten nicht nur für Kapitalgesellschaften, sondern auch für „Gesellschaften ohne Rechtspersönlichkeit".

aa) Reorganisation als Sanierungsoption

Versteht man die Reorganisation als Sanierung des Unternehmens in der Hand des bisherigen Unternehmensträgers (vgl. oben 4 a), so ist sie grundsätzlich auch bei einer Personengesellschaft möglich. Wie bei einer Kapitalgesellschaft lassen sich Maßnahmen denken, die nach innen die gesellschaftsrechtlichen Verhältnisse und nach außen die Gläubigerbeziehungen neu ordnen. Einfache Beispiele sind die Übernahme neuer Anteile im Wege des Debt-Equity-Swaps oder die Umwandlung der Personengesellschaft in eine Kapitalgesellschaft.[460] Beweggrund ist jeweils die Entschuldung der Gesellschaft, im zuerst genannten Fall durch die Aufnahme neuer Gesellschafter, die als Einlage ihre Forderungen gegen die Gesellschaft einbringen (was zum Erlöschen der Forderungen führt); im zuletzt genannten Fall durch eine Haftungsbeschränkung für die Zukunft und die Zuführung neuen Kapitals.[461]

---

459 Als Beispiel kann die Arbeit von *Schlicht* (S. 14 ff.) gelten, wenngleich der Autor die Besonderheiten einer Personengesellschaft weitgehend ausblendet.

460 Für die zuletzt genannte Maßnahme, bei der es sich rechtstechnisch um einen Formwechsel nach den §§ 190 ff. UmwG handelt, hatten sich die Beteiligten der Suhrkamp-Insolvenz entschieden. Dort ging es allerdings nicht (nur) um die Beseitigung der Insolvenz, sondern vor allem um eine Änderung der Gesellschaftsstruktur; zur Zulässigkeit einer Umwandlung im Insolvenzverfahren vgl. oben d dd (3) (c).

461 Neben einer Sanierung durch Fremdkapital kommen freilich auch Eigenkapitalmaßnahmen in Betracht, zum Beispiel Einlagen der Gesellschafter, Forderungsverzichte, Rangrücktritte etc., vgl. Buth/Hermanns/*Buth/Hermanns*, § 16 Rn. 5 ff. Alleine reichen

Was vor dem Hintergrund des § 225a Abs. 2 und 3 InsO wie selbstverständlich erscheint, war bis zum Inkrafttreten des ESUG eher schwierig umzusetzen. Beispiel ist der Debt-Equity-Swap, der typischerweise (vgl. oben d bb) aus einer nominellen Kapitalherabsetzung, einer Kapitalerhöhung und der Schaffung neuer Kapitalanteile besteht (zur Zulässigkeit bei Personengesellschaften sogleich). Jede einzelne dieser Maßnahmen war von den Gesellschaftern – wenn sie nicht ausnahmsweise eine Mehrheitsklausel vereinbart hatten – einstimmig zu beschließen.[462] Einstimmigkeit oder Mehrheit ließen sich aber nur schwer erreichen. Das lag vor allem daran, dass viele Gesellschafter um ihren künftigen Einfluss fürchteten oder ihre Zustimmung möglichst teuer „verkaufen" wollten.[463] Da halfen auch die Treuepflichten[464] und das Konzept „Sanieren oder Ausscheiden"[465] wenig. Denn zum einen war (und ist) die Reichweite der Treuepflichten ungewiss; zum anderen wäre im Streitfall erst der Zivilrechtsweg zu beschreiten gewesen, was den praktischen Nutzen des Konzepts erheblich einschränkte.[466]

Um den Gesellschaftern das beschriebene „Blockadepotential" zu nehmen, hat der Gesetzgeber die Beschlusskompetenz neu verteilt. Er hat sie auf die Beteiligten übertragen und ihr den insolvenzrechtlichen Abstimmungsmechanismus zur Seite gestellt: Werden Anteils- oder Mitgliedschaftsrechte der insolventen Gesellschaft in den Insolvenzplan einbezogen, sind die Gesellschafter nur noch eine von mehreren Gruppen (§ 222 InsO), die nach Kopf- und Summenmehrheit (244 Abs. 1 InsO) über die einzelnen Maßnahmen entscheiden. Stehen sie durch den Insolvenzplan nicht schlechter als sie ohne ihn stünden,[467] können die

---

derlei Maßnahmen aber selten aus; im Fall einer Doppelinsolvenz sind sie offenkundig ausgeschlossen.

462 Vgl. § 709 Abs. 1 BGB, § 119 Abs. 1 HGB.

463 *Spetzler*, S. 10 f.; *Braun*, FS Fischer, S. 53, 69; *Eidenmüller/Engert*, ZIP 2009, 541, 542 f.

464 Dazu ausführlich *Bitter*, ZGR 2010, 147, 163 ff.

465 Nach dem BGH (Z 183, 1) dürfen die Gesellschafter in bestimmten Fällen vor die Wahl gestellt werden, entweder einen Sanierungsbeitrag zu leisten oder aus der Gesellschaft auszuscheiden. Ihre Treuepflicht halte sie dazu an, einer entsprechenden Änderung des Gesellschaftsvertrags zuzustimmen. Stimmten sie (treupflichtwidrig) nicht zu, seien sie so zu behandeln, als hätten sie die Zustimmung erteilt. Ähnlich bereits BGHZ 129, 136 („Girmes"). Zu neueren Entwicklungen *Westermann*, NZG 2016, 9.

466 *Wertenbruch*, ZIP 2013, 1693.

467 Dass die Gesellschafter durch den Insolvenzplan schlechter stehen, dürfte so gut wie nie vorkommen; der Wert ihrer Beteiligung ist bei einer Überschuldung ohnehin mit „Null" anzusetzen, vgl. *Altmeppen*, FS Hommelhoff, S. 1, 9 und 19 f.

Maßnahmen auch gegen ihren Willen durchgesetzt werden; ihre Zustimmung gilt nach § 245 InsO als erteilt.

Nach alldem ist eine Reorganisation unter verfahrensrechtlichen Vorzeichen möglich. Aber ist sie bei einer Personengesellschaft auch wirtschaftlich sinnvoll? Wenn man beim Beispiel des Debt-Equity-Swaps bleibt, ergeben sich Zweifel, weil eine Personengesellschaft anders strukturiert ist als eine Kapitalgesellschaft. Sie hat kein festes Stammkapital und noch viel wichtiger: ihre Gesellschafter haften in der Regel persönlich.

bb) Insbesondere: Der Debt-Equity-Swap

Die einzelnen Elemente des Debt-Equity-Swaps waren einige Zeilen zuvor schon angeklungen. Zunächst wird das nominelle Kapital auf das verbliebene Vermögen herabgesetzt; anschließend wird es erhöht, wobei die neu entstehenden Anteile von den Gläubigern übernommen werden. Als (Sach-)Einlage bringen die Gläubiger ihre Forderungen gegen die insolvente Gesellschaft ein, entweder durch Abtretung, wodurch die Forderungen erlöschen, oder durch Verzicht.[468]

(1) Geeignetes Sanierungsinstrument?

Schon die beiden grundlegenden Elemente des Debt-Equity-Swaps wecken Zweifel daran, dass eine Personengesellschaft für derlei Maßnahmen geeignet ist. Anders als eine GmbH oder eine AG hat sie nämlich kein festes Stammkapital, das sich in einem förmlichen Verfahren herabsetzen ließe und das gleichsam als Fixpunkt für neue Kapitalanteile dienen könnte. War der Gesetzgeber also etwas voreilig, als er die §§ 217 Satz 2 und 225a InsO rechtsformneutral gehalten hat? – Mitnichten. Wer eine Personengesellschaft näher betrachtet, der mag zwar kein Stammkapital im Sinne der §§ 5 GmbHG, 6 AktG finden, oft aber etwas Vergleichbares. Wo nämlich das Gesetz für die Gesellschafter von einheitlichen Kapitalkonten mit beweglichem Kapitalanteil ausgeht (vgl. § 120 Abs. 2 HGB),[469] bestimmt der Gesellschaftsvertrag in der Regel ein Mehrkontenmodell.[470] Ein

468 Vgl. *Brinkmann*, WM 2011, 97.

469 Für die Gesellschafter einer BGB-Gesellschaft geht das Gesetz stillschweigend von einem beweglichen Kapitalanteil aus. Für den Kommanditisten schreibt es den Kapitalanteil fest (§ 167 Abs. 2 HGB), damit der Kommanditist seine Stellung nicht zulasten der persönlich haftenden Gesellschafter verbessern kann, vgl. dazu MünchHdbGesR II/*v. Falkenhausen*/ *Schneider*, § 22 Rn. 13.

470 Grundlegend *U. Huber*, S. 236 ff.; *ders.*, ZGR 1988, 1, 42 ff.; für die BGB-Gesellschaft MünchHdBGesR I/*Gummert*, § 13 Rn. 32 ff.; für OHG und KG MünchKomm-HGB/ *Priester*, § 120 Rn. 101 ff.; zur vertraglichen Gestaltung *Marsch-Barner*, in: Münchener

solches Modell unterscheidet zwischen einem festen, an der Einlage orientierten Kapitalkonto I und einem beweglichen, auf Buchungs- und Entnahmevorgänge beschränkten Kapitalkonto II.[471] Nimmt man die festen Kapitalkonten (Kapitalanteile) zusammen, erhält man nichts anderes als ein „Stammkapital" der Personengesellschaft, das – wieder aufgeschlüsselt – die Vermögens- und Verwaltungsrechte innerhalb der Gesellschaft widerspiegelt.[472]

Eben dieses „Stammkapital" kann herabgesetzt oder erhöht werden. Nicht auf die gleiche Weise, wie man es von den Kapitalgesellschaften gewohnt ist, da die betreffenden Vorschriften nicht (auch nicht entsprechend) gelten; praktisch kann man sich das vielmehr so vorstellen: Die Festkapitalkonten der Gesellschafter werden anteilig gekürzt, wodurch zugleich das Stammkapital sinkt; anschließend werden neue Kapitalkonten gebildet, wodurch das Stammkapital wieder steigt.[473] Die neu geschaffenen Kapitalkonten werden von den Gläubigern übernommen, die als Einlage ihr Forderungen gegen die Gesellschaft einbringen. Das führt wiederum dazu, dass die Forderungen erlöschen. Wirtschaftlich gesehen passiert genau das Gleiche wie bei einer Kapitalgesellschaft; der einzige Unterschied besteht darin, dass man auf ein förmliches Verfahren nach dem Vorbild des GmbHG oder des AktG verzichtet und eine Änderung des Gesellschaftsvertrags genügen lässt. Aber auch ohne vertraglich vereinbarte Festkapitalkonten

---

Vertragshandbuch, Band 1, Gesellschaftsrecht, Formular I 4 (BGB-Gesellschaft), §§ 7, 8, 14 und 15; *Schmidt-Husson*, ebd., Formular II 3 (OHG), §§ 4, 12 und 13.

471 Vereinzelt kommt noch ein Privat- oder Entnahmekonto dazu, das die entnahmefähigen Gewinne von den Gewinnen separiert, die einbehalten und auf dem Kapitalkonto II verbucht werden, vgl. Staub/*C. Schäfer*, § 120 Rn. 66, 70 f.; *Wiedemann*, GesR II § 4 III 3.

472 *U. Huber*, S. 238; *K. Schmidt*, ZGR 2012, 566, 569 f.; *ders.*, ZGR 1982, 519, 537 f. Bei der BGB-Gesellschaft gilt dies freilich nur, wenn der Gesellschaftsvertrag eine Verbindung zwischen den Kapitalanteilen und den mitgliedschaftlichen Rechten und Pflichten herstellt; ansonsten wird beispielsweise der Gewinn nach Köpfen verteilt (vgl. § 722 BGB) und jedem Gesellschafter das gleiche Stimmrecht zuteil (vgl. § 709 BGB); anders *K. Schmidt* (GesR § 58 V 2, § 59 III 4), nach dem auf unternehmenstragende BGB-Gesellschaften das Innenrecht der OHG analog anwendbar ist (vgl. dazu oben Kapitel 1, B II 2 b).

473 Vgl. Westermann/Wertenbruch/*Sassenrath*, Rn. 587a; *C. Schäfer*, Gesellschaftsrecht in der Diskussion 2007, S. 137, 149 f.; *K. Schmidt*, JZ 2010, 125, 127; implizit *Armbrüster*, ZGR 2009, 1, 17 f. Die anteilige Kürzung alter und die Bildung neuer Kapitalkonten sind gesellschaftsrechtlich zulässig Maßnahmen im Sinne des § 225a Abs. 3 InsO. Sie können im Insolvenzplan vereinbart und wegen des insolvenzrechtlichen Abstimmungsverfahrens auch gegen den Willen der Altgesellschafter durchgesetzt werden (vgl. oben aa).

ist ein Debt-Equity-Swap bei einer Personengesellschaft denkbar. Der Insolvenzplan kann etwa vorsehen, dass die sanierungswilligen Gläubiger der Gesellschaft beitreten und im Gegenzug einzelne oder alle Altgesellschafter ausscheiden. Beides lässt sich auch kombinieren. Die Gläubiger können die Anteile der ausscheidenden Gesellschafter übernehmen, um so an deren Stelle einzurücken.

Damit kann festgehalten werden: Der Debt-Equity-Swap mag seinen Ursprung im Recht der Kapitalgesellschaften haben und vor allem dort eine Rolle spielen; er ist aber (dogmatisch betrachtet) auch bei einer Personengesellschaft möglich. Eine andere Frage ist freilich, ob er bei einer OHG oder KG Sinn ergibt, oder anders formuliert: ob er für die Gläubiger wirtschaftlich reizvoll erscheint. Um diese Frage soll es in den folgenden Zeilen gehen.

(2) Ausschluss von Bezugsrechten?

Ein erstes Hindernis könnten die Bezugsrechte der Gesellschafter sein.[474] Wird das Grund- oder Stammkapital einer Gesellschaft erhöht, dürfen grundsätzlich auch die Gesellschafter neue Kapitalanteile erwerben. Das AktG räumt den Aktionären in § 186 ein Bezugsrecht in Höhe ihrer bisherigen Beteiligung ein; das Gleiche gilt in analoger Anwendung der Vorschrift für die Gesellschafter einer GmbH.[475] Bei einer Personengesellschaft wird man Ähnliches annehmen können,[476] vor allem, wenn man die Festkapitalkonten in ihrer Summe als Grund- oder Stammkapital begreift.

Das Bezugsrecht soll sicherstellen, dass die Gesellschafter ihren Einfluss in der Gesellschaft und ihren Anteil am Gewinn behalten können; ihre mitgliedschaftlichen und vermögensmäßigen Rechte sollen durch die Kapitalerhöhung nicht entwertet werden.[477] Einem sanierungswilligen Gläubiger oder einem

---

474 Die Bezugsrechte der Gesellschafter und ihr Ausschluss sind kein spezifisches Problem der Personengesellschaften; sie betreffen in erster Linie die Aktiengesellschaften und die Gesellschaften mbH. Vor dem ESUG war ein Ausschluss der Bezugsrechte aber nahezu unmöglich, weil er als Grundlagengeschäft der Einstimmigkeit bedurfte. Das scheint nun wegen § 225a Abs. 2 Satz 3 InsO anders zu sein. Wenn also ein Bezugsrechtsausschluss möglich sein sollte, könnte dies ein (weiterer) Grund sein, der die Reorganisation bei Personengesellschaften (aus Gläubigerperspektive) ein wenig attraktiver macht.

475 Statt vieler MünchKomm-GmbHG/*Lieder*, § 55 Rn. 67 ff.

476 Implizit MünchKomm-InsO/*Eidenmüller*, § 225a Rn. 71; *K. Schmidt*, ZGR 2012, 566, 580; *Wertenbruch*, ZIP 2013, 1693, 1695 ff. Eine Pflicht, das Bezugsrecht geltend zu machen, besteht nicht; sie liefe nämlich auf eine Nachschusspflicht hinaus, die im Gesetz nicht vorgesehen ist, vgl. *K. Schmidt*, GesR § 29 III 2 d.

477 Vgl. für die Aktiengesellschaft Hüffer/J. Koch, § 186 Rn. 2.

investitionsbereiten Dritten kann das missfallen. Beide, der Gläubiger und der Dritte, werden in der Regel nur dann ein wirtschaftliches Engagement in Betracht ziehen, wenn sie die Geschicke der Gesellschaft künftig steuern können und wenn sie maßgeblich am Gewinn beteiligt sind; schließlich gehen sie mit ihrer Investition ein Risiko ein, das sich nur bei einer entsprechenden Gewinnchance rechnet. Um zu verhindern, dass die Gesellschafter von ihrem Bezugsrecht Gebrauch machen und die Beteiligung der Gläubiger schmälern, liegt es nahe, das Bezugsrecht einfach auszuschließen. Auf diese Weise können die Gläubiger die Gesellschaft „übernehmen" und gleichzeitig sicher sein, ihre Forderungen im gewollten Umfang einbringen zu können. Für die Gesellschafter ist der Ausschluss allerdings ein Nachteil; er wird zum Problem, wenn das Kapital auf null herabgesetzt wird: Bei einer AG oder einer GmbH hieße das nichts anderes, als die Gesellschafter vollständig auszuschließen;[478] bei einer Personengesellschaft, die eine Mitgliedschaft ohne Kapitalanteil kennt,[479] immerhin die Einbuße der Gewinnbeteiligung und den Verlust jedweden Einflusses.[480]

Die unbefangene Lektüre des § 225a Abs. 2 Satz 3 InsO erweckt den Eindruck, die Bezugsrechte der Gesellschafter könnten ohne Weiteres ausgeschlossen werden. Das überrascht etwas, weil ein Bezugsrechtsausschluss nach gesellschaftsrechtlichen Regeln zwar möglich (§ 186 Abs. 3 und 4 AktG), aber von bestimmten materiellen Voraussetzungen abhängig ist – zum Beispiel von einer sachlichen Rechtfertigung oder von der Verhältnismäßigkeit.[481] Ein Teil der Literatur geht denn auch davon aus, dass diese materiellen Voraussetzungen im Insolvenzverfahren einzuhalten sind. *Wertenbruch* etwa möchte einen Bezugsrechtsausschluss nur zulassen, wenn er erforderlich ist, wenn also kein milderes Mittel zur Verfügung steht, mit dem die Gesellschafter in das Sanierungskonzept eingebunden werden können.[482] Ähnlich formuliert *K. Schmidt*, die Gesellschafter

---

478 Vgl. *K. Schmidt*, ZIP 2012, 2085, 2086.

479 Vgl. MünchHdbGesR I/*Gummert*, § 13 Rn. 20; MünchKomm-HGB/*Priester*, § 120 Rn. 91; Staub/*C. Schäfer*, § 120 Rn. 75; *U. Huber*, S. 289 ff.; *K. Schmidt*, GesR § 47 III 1 b; *ders.*, Zur Stellung der oHG im System der Handelsgesellschaften, S. 193 f.

480 Das gilt freilich nur, wenn die Gewinnbeteiligung und der Einfluss mit dem Kapitalanteil verbunden sind (vgl. oben Fn. 472); ist dies nicht der Fall, kann der Insolvenzplan auch einen vollständigen Ausschluss vorsehen.

481 Grundlegend BGHZ 71, 40, 44 f.; vgl. für die AG MünchKomm-AktG/*Peifer*, § 186 Rn. 71 ff., für die GmbH MünchKomm-GmbHG/*Lieder*, § 55 Rn. 86 ff., jeweils m.w.N.

482 *Wertenbruch*, ZIP 2013, 1693, 1689 f.; ebenso *Gräfin v. Spee*, S. 194 f.; *H.-Fr. Müller*, KTS 2012, 419, 441; *C. Schäfer*, ZIP 2016, 1911, 1914; *Simon/Merkelbach*, NZG 2012, 121, 125.

müssten sich einen Bezugsrechtsausschluss nur gefallen lassen, wenn von ihnen kein effektiver Sanierungsbeitrag zu erwarten ist.[483] Hintergrund ist jeweils die Erwägung, dass ein Bezugsrechtsausschluss in die verfassungsrechtlich geschützte Position der Gesellschafter eingreift und deshalb gerechtfertigt werden muss.[484] Im Gegensatz dazu fordert *Eidenmüller*, auf jedwede materielle Voraussetzungen zu verzichten.[485] Die Gesellschafter hätten „verspielt", weshalb sich ihr Schutz auf eine verfahrensrechtliche Mitwirkung beschränke. Eine verfahrensrechtliche Mitwirkung erlaube ihnen eine einvernehmliche Lösung und erhalte ihnen über das Obstruktionsverbot (§ 245 InsO) den verbliebenen Teil des Unternehmenswertes. Mehr könnten sie nicht verlangen.[486]

Für die erste Sichtweise spricht, dass die Mitgliedschaft in einer Gesellschaft mehr bedeutet als die bloße Beteiligung am wirtschaftlichen Erfolg.[487] Sie bindet die Gesellschafter nicht nur an Gewinn und Verlust, sondern vermittelt ihnen weiter gehende Schutz- und Teilhaberechte,[488] die bei einer Publikumsgesellschaft weniger bedeutsam sein mögen als bei einer Familiengesellschaft,[489] die aber gleichwohl in der Insolvenz erhalten bleiben. Diese Rechte, so könnte man argumentieren, dürfen den Gesellschaftern nicht ohne sachlichen Grund genommen werden.[490] Blickt man indes auf das normative Umfeld des § 225a InsO, könnte man genauso gut zu einer anderen Einschätzung gelangen. Durch die Einordnung der Regelung im Anschluss an § 225 InsO (Rechte der nachrangigen Gläubiger) scheint der Gesetzgeber davon auszugehen, dass Gesellschafter wie letztrangige Gläubiger zu behandeln sind. Träfe das zu, hätte ihre Beteiligung an Bedeutung verloren und könnte ihnen nur noch zu verfahrensrechtlichen

483 *K. Schmidt*, ZGR 2012, 566, 580. Ob die Gesellschafter ihre (nachrangigen) Forderungen gegen die Gesellschaft einbringen können, ist zumindest zweifelhaft; näher *Habersack*, FS Kübler, S. 219; *K. Schmidt*, ebd. (580 f.).

484 Ausdrücklich *Wertenbruch*, ZIP 2013, 1693, 1696 f.

485 MünchKomm-InsO/*Eidenmüller*, § 225a Rn. 49 f., 71. Seine rechtspolitische Forderung, die Bezugsrechte der Gesellschafter beim Debt-Equity-Swap gesetzlich auszuschließen, blieb ungehört; vgl. dazu *Eidenmüller/Engert*, ZIP 2009, 541, 549.

486 MünchKomm-InsO/*Eidenmüller*, § 225a InsO Rn. 50; *ders.*, NJW 2014, 17, 18; ebenso *Thole*, S. 94; *Decher/Voland*, ZIP 2013, 103, 106 f.

487 Bei einer Personengesellschaft zeigt sich das schon daran, dass sie eine Mitgliedschaft ohne Kapitalanteil kennt, vgl. oben Fn. 479.

488 Vgl. *K. Schmidt*, GesR § 19 III 3 c.

489 Vgl. *Brinkmann*, WM 2011, 97, 100.

490 So vor allem *Wertenbruch*, ZIP 2013, 1693, 1696 f. mit Verweis auf Art. 14 GG; anders etwa *Verse* (ZGR 2010, 299, 310), der nur den vermögensrechtlichen Bestandteil der Mitgliedschaft als geschützt ansieht.

Befugnissen verhelfen; einem Bezugsrechtsausschluss hätte sie nichts entgegenzusetzen.[491]

Unabhängig davon, welcher Sichtweise man zugeneigt ist: die Interessen der Gläubiger lassen sich angemessen berücksichtigen. Die zuletzt genannte Sichtweise macht daraus keinen Hehl; denn wo keine besonderen Voraussetzungen zu erfüllen sind, ist ein Bezugsrechtsausschluss vergleichsweise einfach zu vereinbaren.[492] Doch auch die zuerst genannte Sichtweise ist nicht derart einschränkend, wie sie auf den ersten Blick scheint. Kommt eine Sanierung zum Beispiel nur in Betracht, wenn die Bezugsrechte der Gesellschafter ausgeschlossen werden, ist die Verhältnismäßigkeit zu bejahen: es gibt einen sachlichen Grund und kein milderes Mittel.[493] Existieren weitere Sanierungskonzepte, die eine Einbeziehung der Gesellschafter erlauben, wäre ein Bezugsrechtsausschluss zwar unverhältnismäßig; seine Wirkungen könnten aber auf anderem Weg erreicht werden – namentlich durch eine Änderung der Beschlussquoren.[494] Für Grundlagengeschäfte könnte das Einstimmigkeitserfordernis auf drei Viertel oder zwei Drittel herabgesetzt werden; für Handlungen im Sinne des § 116 Abs. 2 HGB ließe sich eine einfache Mehrheit vorsehen.[495] Die Gefahr einer Blockade durch Minderheitsgesellschafter ließe auch so bannen. Und wenn sie sich nicht bannen ließe, wären entsprechende Maßnahmen kein milderes Mittel und es bliebe dabei, dass der Bezugsrechtsausschluss verhältnismäßig ist. Lediglich in dem Fall, in dem ein Bezugsrechtsausschluss überhaupt keinen Sinn ergäbe, wäre eine restriktivere Sicht am Ende; für diesen Fall wird ein Bezugsrechtsausschluss aber auch von niemandem befürwortet.

Zusammenfassend ist festzuhalten: Die Bezugsrechte der Gesellschafter sind kein Hindernis. Wenn es das Sanierungskonzept zwingend verlangt, können sie

---

491 MünchKomm-InsO/*Eidenmüller*, § 225a InsO Rn. 50.

492 Die Gesellschafter können ihn jedenfalls nicht verhindern: Misst man ihrem Anteil nur noch eine verfahrensrechtliche Bedeutung bei, stehen sie mit dem Bezugsrechtsausschluss nicht schlechter als sie ohne ihn stünden – jedenfalls dann, wenn ihnen der Insolvenzplan den verbliebenen Teil des Unternehmenswertes zuweist.

493 Vgl. *Wertenbruch*, ZIP 2013, 1693, 1697 mit Verweis auf LG Heidelberg, ZIP 1988, 1257; im zugrunde liegenden Fall bestand die Wahl zwischen einem Sanierungskonzept, das die Bezugsrechte der Gesellschafter ausschloss, und der Einstellung des Verfahrens mangels Masse; ähnlich *Schmidt-Preuß*, NJW 2016, 1269, 1272.

494 Ein Verweis auf die gesellschaftsrechtlichen Treuepflichten hilft nicht weiter. Wie unter aa gesehen wäre im Streitfall erst der Rechtsweg zu beschreiten, was den sanierungswilligen Gläubigern nicht zumutbar ist, vgl. *Wertenbruch*, ZIP 2013, 1693, 1698 f.

495 Vgl. *Wertenbruch*, ZIP 2013, 1693, 1698.

ausgeschlossen werden. Existieren weitere Alternativen, kann der Einfluss der Gesellschafter auf andere Weise begrenzt werden.

(3) Persönliche Haftung

Ein weiterer Hemmschuh ist die persönliche Haftung. Erhielte der Gläubiger einer BGB-Gesellschaft oder OHG einen Anteil an der Gesellschaft oder übernähme der Gläubiger einer KG die Rolle eines Komplementärs, käme er zwar in den Genuss der künftigen Gewinne; er müsste aber zugleich für die Verbindlichkeiten einstehen, für die alten wie für die neuen, vgl. §§ 128, 130 HGB (analog).

Vor allem die Altverbindlichkeiten dürften dem Gläubiger Sorgen bereiten, weil sie ihn womöglich selbst an den wirtschaftlichen Abgrund brächten.[496] Die Zusammenhänge wurden in Kapitel 2 (unter A II 2, 3) näher beleuchtet. Anders als ein „originärer" Gesellschafter braucht ein sanierungswilliger Gläubiger die persönliche Haftung aber nicht zu fürchten. Das liegt an § 227 InsO. Nach dessen Abs. 1 wird der Schuldner „mit der im gestaltenden Teil vorgesehenen Befriedigung der Insolvenzgläubiger von seinen restlichen Verbindlichkeiten (...) befreit", was in diesem Fall bedeutet: die Altverbindlichkeiten der Gesellschaft gelten als erlassen, soweit der Insolvenzplan nicht deren Erfüllung verlangt.[497] Für die akzessorische Gesellschafterhaftung heißt das: sie endet im gleichen Umfang (vgl. Abs. 2), der Gläubiger ist also in der Regel entlastet.[498]

§ 227 InsO betrifft nur die Altverbindlichkeiten. Er schützt den Gläubiger nicht davor, für Verbindlichkeiten in Anspruch genommen zu werden, die erst nach seinem Eintritt entstehen.[499] Doch auch in dieser Hinsicht lässt sich eine Haftung vermeiden – entweder durch die Umwandlung der Personengesellschaft in eine Kapitalgesellschaft oder durch die Übernahme eines Kommanditanteils.[500]

An anderer Stelle (unter d dd (3)) wurde bereits festgehalten, dass eine Umwandlung während des Insolvenzverfahrens möglich ist. Das gilt nicht nur

496 Vgl. *Wertenbruch*, ZIP 2013, 1693, 1695 f.

497 Die Verbindlichkeiten erlöschen nicht; sie sind als sog. unvollkommene Verbindlichkeiten nur nicht mehr durchsetzbar, vgl. Uhlenbruck/*Lüer*/*Streit*, § 227 Rn. 5. Eine vergleichbare Regelung trifft § 225 Abs. 1 InsO für die nachrangigen Verbindlichkeiten: Sie gelten als (vollständig) erlassen, soweit der Insolvenzplan nicht etwas anderes bestimmt.

498 Vgl. MünchKomm-InsO/*Eidenmüller*, § 225a Rn. 71; diesen Gesichtspunkt übersehen Gottwald/*Haas*/*Mock*, § 94 Rn. 91.

499 Vgl. *Wertenbruch*, ZIP 2013, 1693, 1696.

500 Vgl. *Wertenbruch*, ZIP 2013, 1693, 1696.

für eine Ausgliederung, wie sie zuvor erwogen wurde, sondern auch für einen Formwechsel.[501] Wenn die Sachgründungsvorschriften – insbesondere die Vorgaben für die Kapitalaufbringung (§ 220 Abs. 1 UmwG) – eingehalten sind,[502] kann die Personengesellschaft in eine GmbH oder in eine AG umgewandelt werden. Der Debt-Equity-Swap wird in diesem Fall mit der Umwandlung verzahnt; das heißt die Gläubiger erwerben Anteile an der neuen Rechtsform und bringen im Gegenzug ihre Forderungen gegen die (rechtlich identische) Gesellschaft ein.[503] Wollen die Beteiligten die Rechtsform einer Personengesellschaft beibehalten, können sie den sanierungswilligen Gläubigern auch einen Kommanditanteil einräumen. Bei einer KG ist dies ohne weiteres möglich; bei einer BGB-Gesellschaft oder OHG wäre noch ein weiterer Schritt vonnöten, nämlich die Umwandlung der Gesellschaft in eine KG. Eine solche Umwandlung vollzöge sich nicht in den Bahnen des UmwG (vgl. § 190 Abs. 2 UmwG);[504] sie ließe sich vielmehr durch eine Änderung des Gesellschaftsvertrages erreichen,[505] die – frühere Überlegungen hatten es schon angedeutet – nicht von den Gesellschaftern beschlossen werden müsste, sondern von den Beteiligten in einem insolvenzrechtlichen Abstimmungsverfahren. Unabhängig davon, wie die Beteiligten sich entscheiden, die Gesellschaft wäre entschuldet und das Haftungsrisiko der ehemaligen Gläubiger wäre eingedämmt.[506] Die Übernahme eines Kommanditanteils kann den Gläubiger aber nicht vollständig vom Risiko einer persönlichen Haftung befreien:

(4) Differenzhaftung bei Überbewertung

Ein Kommanditist wird von seiner Haftung frei, sobald er die versprochene Einlage geleistet hat (vgl. § 171 Abs. 1 HGB). Hat er sie noch nicht oder nur unvollständig geleistet, haftet er persönlich, und zwar nach außen gegenüber

501 Vgl. *Madaus*, ZIP 2012, 2133, 2135.

502 Die Umwandlung einer OHG in eine GmbH wäre zum Beispiel nur möglich, wenn das Vermögen der OHG das Stammkapital der GmbH deckt, vgl. *Heckschen*, FS Widmann, S. 31, 40.

503 Zu beachten wäre freilich, dass das Grund- oder Stammkapital (oben Fn. 502) in jedem Fall aufgebracht werden muss.

504 Vgl. statt vieler Lutter/*Decher*, § 190 Rn. 12.

505 Im Fall einer BGB-Gesellschaft müssten zudem die Voraussetzungen des § 105 HGB erfüllt sein.

506 Einem Gläubiger mag als Kommanditist der Einfluss auf die Geschicke der Gesellschaft fehlen. Das muss aber kein Grund sein, auf die Übernahme eines Kommanditanteils zu verzichten. Der Einfluss ließe sich ihm zum Beispiel durch eine Prokura verschaffen und zwar direkt durch den Insolvenzplan.

den Gläubigern der Gesellschaft.[507] Eben diese persönliche Haftung kann auch den sanierungswilligen Gläubiger treffen, nämlich dann, wenn seine Forderung beim Debt-Equity-Swap zu hoch bewertet war. Ein Beispiel: Angenommen, der Gläubiger will eine Forderung einbringen, deren Nennwert 100.000 Euro beträgt. Weil er davon ausgeht, die Forderung zum Nennwert einbringen zu können oder weil er sie trotz Insolvenz für vollwertig hält, übernimmt er einen Kommanditanteil mit einer Haftsumme von 100.000 Euro;[508] anschließend verzichtet er auf seine Forderung. Stellt sich später heraus, dass die Forderung weniger wert war, beispielsweise 10.000 Euro, haftet er den übrigen Gläubigern in Höhe der Differenz, das heißt in Höhe von 90.000 Euro persönlich.

Das Problem der persönlichen Haftung entsteht deshalb, weil die Forderung in der Insolvenz nicht mit ihrem Nennwert eingebracht werden kann.[509] Einige Autoren sehen dies anders,[510] ihnen ist aber schon wegen § 254 Abs. 4 InsO nicht zu folgen (dazu sogleich), weil die Regelung sonst keinen Sinn ergäbe.[511] Wie die Forderung stattdessen zu bewerten ist, wird nicht einheitlich beurteilt – zum Teil wird für den Liquidationswert plädiert,[512] zum Teil wird der Fortführungswert bevorzugt;[513] doch gleich welchem Ansatz man folgen möchte: Beide Ansätze weichen vom Nennwert der Forderung ab, das heißt dem sanierungswilligen Gläubiger droht in der Regel eine persönliche Haftung.[514]

Eine Möglichkeit, die persönliche Haftung zu vermeiden, bestünde darin, bei der Bewertung der Forderung vorsichtiger zu sein. In dem Beispiel oben wäre

507 Die persönliche Haftung ist der Höhe nach beschränkt, nämlich auf die im Handelsregister eingetragene Haftsumme, vgl. MünchKomm-HGB/*K. Schmidt*, § 172 Rn. 4.

508 Einlage und Haftsumme müssen sich nicht entsprechen, vgl. *K. Schmidt*, GesR § 54 I 2 a; für das Beispiel soll aber davon ausgegangen werden.

509 Vgl. BGHZ 110, 47, 61; *Altmeppen*, FS Hommelhoff, S. 1, 13 ff.; *Ekkenga*, DB 2012, 331, 334 f.; *Priester*, DB 2010, 1445, 1447; *K. Schmidt*, ZGR 1982, 519, 521; *ders.*, ZGR 2012, 566, 573; *Wertenbruch*, ZIP 1693, 1699.

510 Zum Beispiel MünchKomm-InsO/*Eidenmüller*, § 225a Rn. 51 ff.; *ders.*, in: Schriftenreihe der bankrechtlichen Vereinigung, Band 33, 2011, S. 129, 149; K. Schmidt/*Spliedt*, § 225a Rn. 25; *Cahn/Simon/Theiselmann*, CFL 2010, 238, 242 ff.; *dies.*, DB 2010, 1629, 1630 ff.; *dies.*, DB 2012, 501, 502 f.

511 *Wertenbruch*, ZIP 2013, 1693, 1699; weitere Argumente bei *Altmeppen*, FS Hommelhoff, S. 1, 13 ff.

512 *Simon/Merkelbach*, NZG 2012, 121, 124.

513 Kübler/Prütting/Bork/*Spahlinger*, § 225a Rn. 21; *Priester*, DB 2010, 1445, 1448.

514 Eine persönliche Haftung droht ihm freilich nur, wenn seine Forderung falsch bewertet wurde. Wegen der vielen Unsicherheiten (welcher Wert ist maßgebend? Wie ist der Wert zu berechnen?) dürfte dies aber der Regelfall sein.

es etwa ratsam, die Forderung nicht mit dem Nennwert einzubringen, sondern mit dem Liquidationswert oder wenigstens mit dem Fortführungswert. Alternativ ließe sich auch die Haftsumme begrenzen.[515] Statt die Haftsumme mit dem Nennwert der Forderung gleichzuschalten,[516] könnte sie dem Fortführungs- oder Liquidationswert angenähert oder zumindest so kalkuliert werden, dass der Gläubiger durch eine Differenzhaftung nicht in wirtschaftliche Schwierigkeiten gerät. Denkbar wäre auch, dem Gläubiger statt des Kommanditanteils eine atypische stille Beteiligung einzuräumen.[517] Eine stille Beteiligung ist dem Kommanditanteil ähnlich, weil sie den Stillen am wirtschaftlichen Erfolg teilhaben lässt und weil sie ihn von der Geschäftsführung ausschließt (oben Kapitel 1, B I 3). In einer atypischen Form gleicht sie ihm fast völlig: Wird der Stille am Vermögen des Geschäftsinhabers beteiligt, ist er ebenso Mitunternehmer wie der Kommanditist; der Unterschied besteht nur noch darin, dass er nach außen nicht in Erscheinung tritt (er ist im Grunde ein „Innen-Kommanditist", die Gesellschaft eine „Innen-KG").[518] Für das Haftungsrisiko bedeutete dies: weil der Gläubiger nach außen nicht in Erscheinung tritt, bräuchte er eine persönliche Haftung nicht zu fürchten. Eine dritte Lösung entdeckt, wer auf die Kapitalgesellschaften blickt. Dort hat eine Überbewertung nicht zur Folge, dass der Gesellschafter den Gläubigern persönlich haftet; es entsteht vielmehr eine Differenzhaftung gegenüber der Gesellschaft (vgl. §§ 9, 56 GmbHG; § 36a AktG).[519] Ist der Debt-Equity-Swap Bestandteil eines Insolvenzplans, wird diese Differenzhaftung durch § 254 Abs. 4 InsO ausgeschlossen. Wenn also die Forderung zu hoch bewertet war, muss der Gläubiger keine Nachschusspflicht fürchten; mit der Bestätigung des Insolvenzplans ist seine Einlageschuld als erfüllt anzusehen. Könnte Ähnliches nicht für eine Personengesellschaft gelten? Eine Personengesellschaft kennt zwar keine Differenzhaftung im Innenverhältnis, die Überlegung wäre aber die gleiche: der Gläubiger soll sicher sein, dass ihn nach der Bestätigung des Insolvenzplans keine Verpflichtungen mehr treffen. Die bisherigen Stellungnahmen in der Literatur gehen allesamt davon aus, dass § 254 Abs. 4 InsO analog anwendbar

---

515 Das muss nicht zwangsläufig bedeuten, dass auch der Anteil kleiner wird. Der ist nämlich von der Haftsumme unabhängig, vgl. *K. Schmidt*, ZGR 2012, 566, 582; oben Fn. 508.

516 Ähnlich Braun/*Braun*/*Frank*, § 225a Rn. 23 und § 254 Rn. 10: Der Insolvenzplan kann vorsehen, dass „eine hohe Einlage im Innenverhältnis mit einer niedrigen Haftsumme im Außenverhältnis kombiniert wird".

517 Vgl. *K. Schmidt*, ZGR 2012, 566, 582.

518 Vgl. *K. Schmidt*, NZG 2016, 4, 5; *ders.*, ZHR 178 (2014), 10, 21 f.

519 Näher *K. Schmidt*, GesR § 29 II 1 b, § 34 II 3 a; *Wiedemann*, GesR I § 10 IV 2 a.

ist.[520] Für die beschränkte Außenhaftung des Kommanditisten existiere keine Regelung und die Interessenlage sei vergleichbar. Bedenken werden lediglich im Hinblick auf das gesellschaftsrechtliche Prüfverfahren formuliert, das es bei einer Personengesellschaft so nicht gibt.[521] Allerdings liegt die Zuständigkeit für das Verfahren beim Insolvenzgericht,[522] sodass es keinen Grund gibt, von einer Analogie abzusehen: Das Insolvenzgericht kann auch bei einer Personengesellschaft die Werthaltigkeit der einzubringenden Forderung prüfen.[523]

(5) Zwischenfazit

Die vorausgehenden Zeilen haben gezeigt, dass ein Debt-Equity-Swap auch bei einer Personengesellschaft möglich ist. Eine Personengesellschaft besitzt zwar kein Grund- oder Stammkapital, wie man es von einer Kapitalgesellschaft kennt; die Kautelarpraxis verhilft ihr aber (mit festen Kapitalkonten) zu etwas Ähnlichem, weshalb eine Kapitalherabsetzung und eine Kapitalerhöhung auch bei ihr denkbar sind. Die Bezugsrechte der Altgesellschafter sind ebenso wenig ein Hindernis wie die persönliche Haftung. Die Bezugsrechte können entweder ausgeschlossen oder in das Sanierungskonzept eingebunden werden. Die persönliche Haftung lässt sich vermeiden. Für Altverbindlichkeiten nach § 227 InsO; für Neuverbindlichkeiten durch Umwandlung der Personengesellschaft in eine Kapitalgesellschaft oder durch Übernahme eines Kommanditanteils. In letzterem Fall braucht der Kommanditist eine Differenzhaftung (§ 171 Abs. 1 HGB) wegen § 254 Abs. 4 InsO (analog) nicht zu fürchten.

cc) Relevanz gebundener Vermögenswerte?

Wie bisher festgestellt wurde, ist eine Neuordnung der Vermögensverhältnisse auch bei einer Personengesellschaft möglich (oben aa). Nicht nur theoretisch, wie in der Vergangenheit, sondern auch praktisch, was an den Regelungen des ESUG liegt; anschauliches Beispiel war der Debt-Equity-Swap (oben bb). Es soll nun der Frage nachgegangen werden, welchen Wert die Reorganisation hat, wenn man ihr die übertragende Sanierung gegenüberstellt. Zur Erinnerung: Bei einer GmbH oder AG war sie im Vorteil. Entscheidend waren die gebundenen Vermögenswerte, vor allem die öffentlich-rechtlichen Rechtsverhältnisse. Nur die Reorganisation konnte diese Vermögenswerte nutzen, bei der übertragenden

---

520 MünchKomm-InsO/*Eidenmüller*, § 225a Rn. 71; *K. Schmidt*, ZGR 2012, 566, 581 ff.; *Wertenbruch*, ZIP 2013, 1693, 1699 f.

521 *Wertenbruch*, ZIP 2013, 1693, 1700.

522 *Wertenbruch*, ZIP 2013, 1693, 1700.

523 *Wertenbruch*, ZIP 2013, 1693, 1700.

Sanierung gingen sie verloren. Die Frage soll daher lauten: Ist das Ergebnis bei den Personengesellschaften das gleiche oder gibt es einen Unterschied?

Intuitiv möchte man vielleicht antworten: Das Ergebnis ist das gleiche. Eine Personengesellschaft ist schließlich rechtsfähig (vgl. § 124 HGB); das heißt sie kann Partei öffentlich-rechtlicher Rechtsverhältnisse und Trägerin subjektiv öffentlicher Rechte wie zum Beispiel einer Genehmigung sein. Wird die Gesellschaft im Wege Reorganisation erhalten, können diese Vermögenswerte genutzt werden; trennt man das Unternehmen von ihr ab und liquidiert man die Gesellschaft, gehen sie verloren. Auch wenn die Antwort nahe liegt, entspricht sie (noch) nicht der herrschenden Meinung. Eine Personengesellschaft mag zwar grundrechtsfähig sein und als solche an einem Verwaltungsverfahren teilnehmen können;[524] es gilt aber der Grundsatz, dass eine Genehmigung nicht ihr erteilt werden darf, sondern nur den einzelnen Gesellschaftern.[525] Zum Teil wird verlangt, die Genehmigung müsse allen persönlich haftenden Gesellschaftern erteilt werden;[526] zum Teil wird die Erlaubnispflicht auf die geschäftsführungs- und vertretungsbefugten Gesellschafter beschränkt.[527] Doch gleichwohl: Um ein genehmigungspflichtiges Unternehmen betreiben zu können, müssen in der Regel alle Gesellschafter einer BGB-Gesellschaft[528] oder einer OHG[529] und sämtliche Komplementäre einer KG[530] die Genehmigungsvoraussetzungen erfüllen. Das heißt, die öffentlich-rechtlichen Rechtsverhältnisse sind nicht allein an die Gesellschaft gebunden; soweit es um subjektiv öffentliche Rechte geht, sind vielmehr die Gesellschafter die entscheidenden Figuren.

Was das für das Verhältnis von Reorganisation und übertragender Sanierung bedeutet, liegt auf der Hand: Bei einer BGB-Gesellschaft oder einer OHG kann die Reorganisation ihren Vorteil nicht mehr ausspielen. Jeder Gesellschafter, der

---

524 MünchKomm-HGB/*K. Schmidt*, § 124 Rn. 8.

525 Einzige Ausnahme ist § 1 Abs. 1 HandwerksO: in die Handwerksrolle kann auch eine Personengesellschaft als solche eingetragen werden.

526 Vgl. BVerwGE 22, 16, 20 (GewO); 37, 130, 132 (sämtliche persönlichen Erlaubnisse); Boos/Fischer/Schulte-Mattler/*Fischer*, KWG, § 32 Rn. 35; *Knorre*, GüKG, § 3 Rn 16; *Metzner*, GaststättenG, § 2 Rn. 18. Eine Apotheke darf von mehreren nur in Form einer BGB-Gesellschaft oder einer OHG betrieben werden, vgl. § 8 Abs. 1 Satz 1 ApothekenG; in diesem Fall benötigen alle Gesellschafter eine Erlaubnis.

527 Vgl. zum Beispiel Tettinger/Wank/Ennuschat/*Ennuschat*, § 35 Rn. 89 m.w.N.

528 Vgl. §§ 709 Abs. 1, 714 BGB.

529 Vgl. §§ 114 Abs. 1, 125 Abs. 1 HGB.

530 Über § 161 Abs. 2 HGB gelten die §§ 114 Abs. 1, 125 Abs. 1 HGB auch für eine KG. Die Kommanditisten sind nach den §§ 164, 170 HGB von der Geschäftsführung und von der (organschaftlichen) Vertretung ausgeschlossen.

im Wege eines Debt-Equity-Swaps oder auf andere Weise hinzukäme, müsste erst eine entsprechende Genehmigung beantragen. Bis die Genehmigung erteilt wird, dürfte die Gesellschaft das Unternehmen nicht fortführen; sie müsste den Gesellschafter von der Geschäftsführung und von der Vertretung ausschließen. Ein Gläubiger wird sich aber ohnehin nur selten an einer BGB-Gesellschaft oder OHG beteiligen, weil er sonst für deren Schulden persönlich einstehen müsste (oben bb (3)). Anders sieht dies bei einer KG aus. Möchten die Gläubiger lediglich einen Kommanditanteil übernehmen und bleiben die persönlich haftenden Gesellschafter die gleichen, liegt der Vorteil wieder aufseiten der Reorganisation. Die Gesellschaft kann, wenn sie reorganisiert und in reorganisierter Form fortgeführt wird, weiterhin von „ihrer“ Erlaubnis Gebrauch machen. Aus diesem Grund ist die Reorganisation im Vorteil, wenn es um eine GmbH & Co. KG oder eine Publikums-KG geht. Beide zeichnen sich dadurch aus, dass einer kleinen oder auch großen Zahl von Kommanditisten in der Regel nur eine Komplementärin (nämlich eine GmbH) gegenübersteht. Wird die Komplementärin in der Insolvenz gestützt, bleibt der Gesellschaft die Erlaubnis erhalten. Das Unternehmen kann fortgeführt werden und zwar unabhängig davon, wie sich die Gesellschafterstruktur auf der Seite der Kommanditisten ändert. In den übrigen Fällen leistet die übertragende Sanierung gute Dienste. Lediglich bei den privatrechtlichen Rechtsverhältnissen (bei günstigen vertraglichen Beziehungen) wäre zu überlegen, ob eine Ausgliederung nicht sinnvoller ist. Weigerte sich der Vertragspartner, den Vertrag mit dem Erwerber des Unternehmens zu den gleichen Bedingungen fortzuführen, könnte er durch die partielle Universalsukzession dazu gezwungen werden – zumindest für eine gewisse Zeit.

Abschließend ist damit festzuhalten: Auch bei einer Personengesellschaft kann die Reorganisation im Vergleich zur übertragenden Sanierung im Vorteil sein. Der Vorteil ist nicht mehr so bedeutend wie bei den Kapitalgesellschaften, weil er sich auf bestimmte Gesellschaftsformen beschränkt; bei einer GmbH & Co. KG oder bei einer Publikums-KG kann er aber den Ausschlag geben.

f) Folgerungen für die unvollkommene Doppelinsolvenz

Wenn die unternehmenstragende Gesellschaft erlischt, verlieren die Beteiligten eine Sanierungsoption (die Reorganisation; oben c). Niemand kann einer erloschenen Gesellschaft zu neuer Blüte verhelfen; sie ist als Rechtsträgerin verschwunden. Der Verlust der Sanierungsoption wiegt schwer, wenn die Gesellschaft Vermögenswerte besaß, die mit ihr verbunden waren – zum Beispiel privatrechtliche Verträge oder öffentlich-rechtliche Genehmigungen. Erlischt nämlich die Gesellschaft und geht das Unternehmen auf den verbliebenen

Gesellschafter über, tritt dieser zwar in die bestehenden Vertragsbeziehungen ein; die Genehmigungen gehen aber verloren, weil sie nicht übertragbar sind oder weil sie nicht der Gesellschaft erteilt wurden, sondern den persönlich haftenden Gesellschaftern. Der verbliebene Gesellschafter erhält also ein Unternehmen, das er selbst nicht nutzen kann; und wenn er es nutzen könnte, weil er als persönlich haftender Gesellschafter eine Genehmigung besitzt, könnte er es nur schwerlich veräußern: Der Erwerber müsste erst eine Genehmigung beantragen, bevor er es fortführen dürfte; außerdem könnten die privatrechtlichen Verträge nicht auf ihn übertragen werden, weil ein asset deal dies nicht leisten kann und weil eine Ausgliederung nur möglich ist, wenn es sich beim verbliebenen Gesellschafter um eine Gesellschaft handelt (arg. e § 152 Satz 2 UmwG). Wird der verbliebene Gesellschafter insolvent, sähe sich sein Insolvenzverwalter den gleichen Problemen gegenüber. Er müsste ein Unternehmen veräußern, das zunächst nicht betrieben werden könnte und das bei seiner Übertragung auch noch die günstigen Vertragsbeziehungen verlöre. Bedauerlich sind diese Folgen vor allem dann, wenn der Gesellschaft eine positive Fortführungsprognose zu attestieren war, und wenn die Gläubiger willens waren, ihr wieder auf die Beine zu helfen.

Der Verlust der Sanierungsoption ist bedeutungslos, wenn der Fortbestand der Gesellschaft keinen Nutzen verspricht. Angenommen, die Gesellschaft besitzt keine gebundenen Vermögenswerte oder nur solche, die für eine Sanierung nicht entscheidend sind. In diesem Fall geht das Unternehmen mit all seinen Bestandteilen auf den verbliebenen Gesellschafter über, der es fortführen oder zugunsten der Gläubiger veräußern kann. Möchte er es veräußern, muss er sich über notwendige Genehmigungen ebenso wenig Gedanken machen wie über bestehende Verträge: beide Positionen spielen keine Rolle. Wird über das Vermögen des verbliebenen Gesellschafters ein Insolvenzverfahren eröffnet, kann der Insolvenzverwalter das Unternehmen verwerten; er kann es auf gewohnte Weise (nämlich als asset deal) auf den Erwerber übertragen und den Erlös an die Gläubiger verteilen. Die Beispiele zeigen: Anders als zuvor macht es keinen Unterschied, ob das Unternehmen in der Gesellschaftsinsolvenz, nach der Übernahme durch den verbliebenen Gesellschafter oder in dessen eigener Insolvenz veräußert wird. Sieht man von zeitlich bedingten Wertverlusten einmal ab, behält es seine ursprüngliche (wertmäßige) Gestalt.

Die Einordnung des Verlustes als bedauerlich oder bedeutungslos ist nicht allein vom Vorhandensein gebundener Vermögenswerte abhängig. Es ist durchaus denkbar, dass die Gesellschaft über gebundene Vermögenswerte verfügte und eine Reorganisation deshalb sinnvoll erschien, die Gläubiger aber dagegen stimmten. Im Unterschied zu den Gesellschaftern können die Gläubiger nicht zu einer Sanierung gezwungen werden, vor allem nicht zu einer Umwandlung ihrer

Forderungen in Anteilsrechte (vgl. § 230 Abs. 2 InsO). Erlischt die Gesellschaft, ist die Situation die gleiche wie zuvor: Die gebundenen Vermögenswerte können nicht genutzt werden und das Unternehmen muss auf andere Weise verwertet werden; der Verlust der Sanierungsoption ist bedeutungslos. Umgekehrt ist der Fall vorstellbar, dass die Gesellschaft über keine relevanten Vertragsbeziehungen oder Genehmigungen verfügte, die Gläubiger aber eine Reorganisation bevorzugten, sei es, weil sie sich davon einen größeren Nutzen versprachen, sei es, weil sich für das Unternehmen kein Käufer gefunden hätte. In diesem Fall macht das Erlöschen der Gesellschaft eine Sanierung zunichte, der Verlust der Sanierungsoption ist bedauerlich.

Um damit abschließend zu der Frage zurückzukehren, ob das Erlöschen der Gesellschaft eine Sanierung erschwert (oben 4), lautet die Antwort: ja; allerdings nicht immer, sondern nur in dem Fall, in dem eine Reorganisation ernstlich in Betracht kam und in dem sie einer übertragenden Sanierung vorzuziehen war. Eine Reorganisation kam ernstlich in Betracht, wenn die Gläubiger mit ihr einverstanden waren. Und sie war einer übertragenden Sanierung grundsätzlich vorzuziehen, wenn die Gesellschaft über vorteilhafte Vertragsbeziehungen verfügte oder durch ihre persönlich haftenden Gesellschafter eine öffentlich-rechtliche Genehmigung besaß; denn diese Vermögenswerte sind kaum realisierbar oder gehen unwiederbringlich verloren, wenn der vorletzte Gesellschafter ausscheidet und die Gesellschaft in sich zusammenfällt.

III. Überblick der Lösungsansätze

Wie soeben gesehen verursacht die unvollkommene Doppelinsolvenz eine Reihe schwerwiegender Probleme: Die Gesellschaftsgläubiger verlieren ihr Beschlagsrecht (oben II 1); der Kommanditist haftet persönlich (oben II 2); das Haftungszentrum verschwindet (oben II 3); eine Reorganisation ist unmöglich (oben II 4). Zur Lösung dieser Probleme werden in Rechtsprechung und Literatur drei unterschiedliche Ansätze vertreten: eine teleologische Reduktion der gesetzlichen oder vertraglichen Ausscheidensregel, eine Analogie zu den Regeln der Nachlassinsolvenz und eine ergänzende Auslegung des Gesellschaftsvertrags.[531]

531 Neben diesen drei Lösungsansätzen sind noch zwei weitere denkbar. Der eine hat mit § 11 Abs. 3 InsO zu tun und möchte die Gesellschaft für die Dauer des Insolvenzverfahrens fortbestehen lassen (vgl. oben I 3 b); der andere sieht die Lösung im Insolvenzbeschlag (vgl. oben I 2 c). Beide Ansätze sind nach der hier vertretenen Auffassung abzulehnen.

1. Teleologische Reduktion der Ausscheidensregel

Der erste Ansatz geht auf *K. Schmidt* zurück.[532] Nach dessen Auffassung ist eine gesetzliche (§ 131 Abs. 3 Satz 1 Nr. 2 HGB) oder vertragliche Ausscheidensregel teleologisch zu reduzieren, wenn sie die Gesellschaft zum Erlöschen brächte und dadurch eine koordinierte Insolvenzabwicklung vereitelte.[533] Eine koordinierte Insolvenzabwicklung sei in den Fällen nötig, in denen die Doppelinsolvenz nicht dem Zufall zu verdanken, sondern Ausdruck einer Unternehmensinsolvenz ist („Simultaninsolvenz").[534] Das sei zum Beispiel anzunehmen, wenn die Verfahren zur gleichen Stunde eröffnet werden, wenn sie sich zeitlich überschneiden oder wenn die Insolvenz der Gesellschafter maßgeblich auf den Verbindlichkeiten der Gesellschaft beruht.[535] In den übrigen Fällen („Sukzessivinsolvenz") bewende es bei der vorgesehenen Ausscheidensfolge.[536]

Das bedeutet: Wäre die Doppelinsolvenz eine „Simultaninsolvenz", dann blieben die insolventen Gesellschafter Mitglied der insolventen Gesellschaft. Die Gesellschaft bestünde zunächst einmal fort, sie bräche nicht zusammen. Da es der Zusammenbruch der Gesellschaft war, der die einzelnen Probleme verursachte, hieße das zugleich: die Probleme lösten sich in Luft auf. Die Gläubiger behielten ihr Beschlagsrecht, der Kommanditist haftete weiterhin beschränkt, die Haftung der Gesellschafter könnte über die insolvente Gesellschaft abgewickelt werden und eine Sanierung bliebe möglich. Lediglich in den Fällen einer Sukzessivinsolvenz wären die Probleme die gleichen wie zuvor.

2. Analogie zur Nachlassinsolvenz

Der zweite Ansatz hält an der Ausscheidensregel fest und versucht, die ungewollten Rechtsfolgen auf andere Weise zu vermeiden.[537] Den gedanklichen

532 MünchKomm-HGB/*K. Schmidt*, § 131 Rn. 76 f.; *ders.*, GmbHR 2002, 1209, 1213 f.; *ders.*, GmbHR 2003, 1404, 1406; *ders.*, ZIP 2008, 2337, 2343 ff.; *ders.*, KTS 2011, 161, 166 f.; ihm folgend Staub/*C. Schäfer*, § 131 Rn. 92 und 95; *Seeger*, S. 76 ff.; *Görg*, FS Runkel, S. 313, 326 ff.; *Westermann*, FS Röhricht, S. 655, 669 ff.

533 *K. Schmidt*, GmbHR 2002, 1209, 1213 f.

534 *K. Schmidt*, GmbHR 2002, 1209, 1214.

535 *K. Schmidt*, ZIP 2008, 2337, 2346 f.

536 *K. Schmidt*, ZIP 2008, 2337, 2347.

537 BGH ZIP 2008, 1677, 1678; ZIP 2014, 1280, 1281 f.; BVerwG ZIP 2011, 1868, 1869; OLG Hamm ZIP 2007, 1233, 1238; AG Hamburg ZIP 2006, 390, 391; ZInsO 2009, 2404, 2404 f.; Gottwald/*Haas*/*Mock*, § 94 Rn. 107; Henssler/Strohn/*Klöhn*, § 131 Rn. 52; *Göcke*, S. 271; *Schlottmann*, S. 303 ff.; *Albertus*/*Fischer*, ZInsO 2005, 246, 248 ff.; *Bork*/*Jacoby*, ZGR 2005, 611, 624 ff.; *Herchen*, EWiR 2005, 809, 810; *ders.*, EWiR 2007,

Ausgangspunkt bilden die Regeln der Nachlassinsolvenz: Wenn eine natürliche Person verstirbt, gehen ihre Rechte und Pflichten auf den Erben über; der Erbe wird zum Eigentümer, Besitzer, Gläubiger etc., er muss für die Schulden des Erblassers einstehen. Weil dies ohne seinen Willen geschieht, gewährt ihm das Gesetz in § 1975 BGB die Möglichkeit einer Haftungsbeschränkung. Ist der Nachlass zahlungsunfähig oder überschuldet, kann der Erbe die Eröffnung eines Nachlassinsolvenzverfahrens (§§ 11 Abs. 2 Nr. 2, 315 ff. InsO) beantragen. Das Verfahren verhindert, dass der Nachlass mit dem Eigenvermögen des Erben verschmilzt, und es beschränkt die Einstandspflicht auf das übernommene Vermögen.

Bork und *Jacoby* wollen diese Regeln auf den verbliebenen Kommanditisten anwenden.[538] Der Kommanditist werde (wie der Erbe) zum Rechtsnachfolger eines nicht mehr existierenden Rechtsträgers und könne (wie der Erbe) nichts dagegen tun. Überfordere ihn die Gesamtrechtsnachfolge, dürfe er analog § 1975 BGB, §§ 11 Abs. 2 Nr. 2, 315 ff. InsO die Eröffnung eines Sonderinsolvenzverfahrens über das ehemalige Gesellschaftsvermögen beantragen.[539] Die Eröffnung eines Sonderinsolvenzverfahrens helfe nicht nur dem Kommanditisten; sie löse auch die übrigen Probleme, was mit den Wirkungen des Verfahrens zusammenhänge. Werde das Verfahren eröffnet, führe dies zunächst zu einer Trennung der Vermögen: Das ehemalige Gesellschaftsvermögen werde vom Eigenvermögen des Kommanditisten abgeschottet; es bilde ein Sondervermögen.[540] Dieses Sondervermögen unterliege dem Insolvenzbeschlag und sei allein den Gesellschaftsgläubigern zugewiesen. Weil das Verfahren damit das frühere Gesellschaftsinsolvenzverfahren ersetze, könne die persönliche Haftung der Gesellschafter analog § 93 InsO miteinbezogen werden; ein zum Sondervermögen gehörendes Unternehmen ließe sich sanieren.[541] Mit der Vermögenssonderung verbunden ist die Haftungsbeschränkung: Der Kommanditist müsse für die Verbindlichkeiten der Gesellschaft nicht mehr unbeschränkt einstehen, sondern nur noch mit dem übernommenen Vermögen.[542] Das Verfahren befreie ihn

---

527; *Keller*, NZI 2009, 29, 30; *Kruth*, NZI 2011, 844, 845 ff.; *Marotzke*, ZInsO 2009, 590, 593 f.; *Reiswich*, ZInsO 2009, 1809, 1812 ff.; *Schmittmann*, ZInsO 2005, 1314, 1315 f.

538 *Bork*, Insolvenzjahrbuch 2006, S. 10, 11 f.; *Bork/Jacoby*, ZGR 2005, 611, 624 ff.; den beiden Autoren folgen die zuvor Genannten (mit Ausnahme des BGH, vgl. dazu Fn. 543) und MünchKomm-InsO/*Ott/Vuia*, § 11 Rn. 71b.

539 *Bork/Jacoby*, ZGR 2005, 611, 632 ff.

540 *Bork/Jacoby*, ZGR 2005, 611, 637 ff.

541 *Bork/Jacoby*, ZGR 2005, 611, 643 f. und 651.

542 *Bork/Jacoby*, ZGR 2005, 611, 643.

allerdings nur von jener Haftung, welche auf der Gesamtrechtsnachfolge beruht („erbrechtliche" Haftung). Die „handelsrechtliche" Haftung, die ihn treffe, weil er zum Einzelkaufmann wurde (§ 27 Abs. 1 analog i.V. mit § 25 HGB), bleibe davon unberührt. Um diese Haftung zu vermeiden, sei es nötig, dass er den Betrieb des Unternehmens innerhalb der Frist des § 27 Abs. 2 HGB einstellt.[543]

Obwohl der Ansatz in erster Linie auf den Kommanditisten zielt, soll er auch für eine OHG gelten. Dort sei zwar die Haftung kein Problem, weil der verbliebene Gesellschafter ohnehin für die Gesellschaftsschulden einzustehen hat; die übrigen Probleme entstünden aber ebenfalls und seien durch eine Sonderung des ehemaligen Gesellschaftsvermögens zu lösen.[544]

3. *Ergänzende Vertragsauslegung*

Die Insolvenz des vorletzten Gesellschafters würde keinerlei Probleme bereiten, wenn die Gesellschafter vorgesorgt und für diesen Fall eine passende Rechtsfolge vereinbart hätten – zum Beispiel die Auflösung der Gesellschaft.[545] Die Gesellschaft wäre dann (wie nach früherem Recht, oben A II) aus zweifachem Grund aufgelöst und könnte unter Einschluss ihrer Gesellschafter abgewickelt werden. Nun enthalten aber die wenigsten Gesellschaftsverträge eine solche Regelung, weshalb der dritte Ansatz versucht, die übrigen Verträge ergänzend auszulegen.

Der Gedanke einer ergänzenden Auslegung findet sich erstmals in einem Urteil des BFH.[546] Dort waren eine KG und zwei ihrer Gesellschafter insolvent geworden; der Kommanditist blieb verschont. § 14 des Gesellschaftsvertrags sah vor, dass die Gesellschafter ausscheiden, was das Erlöschen der KG bedeutet hätte.[547] Nach Auffassung des BFH war die Regelung aber so auszulegen,

543 *Bork/Jacoby*, ZGR 2005, 611, 636 f. und 640 f.; der BGH hat sich in seiner Entscheidung vom 15.3.2004 (ZIP 2004, 1047) auf die Feststellung beschränkt, dass der verbliebene Kommanditist „nach den in BGHZ 113, 132, 134 ff. vorgezeichneten Grundsätzen (...) nur mit dem ihm zugefallenen Vermögen haftet". Da die Fundstelle in einem anders liegenden Fall (ein Kommanditist beerbt einen Komplementär) lediglich § 27 HGB heranzieht, ist die Meinung des BGH zu einer analogen Anwendung der §§ 11 Abs. 2 Nr. 2, 315 ff. InsO unklar. Die jüngeren Entscheidungen (ZIP 2008, 1667; ZIP 2014, 1280) betreffen andere Gesichtspunkte.

544 *Bork/Jacoby*, ZGR 2005, 611, 646 f.

545 Formulierungsbeispiele finden sich bei *Blaum/Scholz*, in: Beck'sches Formularbuch Bürgerliches, Handels- und Wirtschaftsrecht, Formular VIII A 1 § 11 Abs. 3; *Götze*, in: Münchener Vertragshandbuch, Band 1, Gesellschaftsrecht, Formular III 1, § 13 Abs. 1; *K. Schmidt*, ZIP 2008, 2337, 2342 f.

546 BFHE 215, 183.

547 BFHE 215, 183, 184.

dass sie nicht mehr gilt, wenn ein Insolvenzverfahren über das Vermögen der Gesellschaft eröffnet wurde;[548] ein Erlöschen der Gesellschaft und ein Ende des Verfahrens hätten die Gesellschafter nicht gewollt. *Korkmaz* hat den Gedanken aufgegriffen und präzisiert: Haben die Gesellschafter keine Regelung getroffen, haben sie auf das Gesetz verwiesen oder eine inhaltsgleiche Fortsetzungsklausel vereinbart, sei der Gesellschaftsvertrag lückenhaft; denn in keinem dieser Fälle sei ihm eine Lösung für das Problem der unvollkommenen Doppelinsolvenz zu entnehmen.[549] Die Lücke sei auch planwidrig, weil die Gesellschafter in der Regel nicht an eine unvollkommene Doppelinsolvenz gedacht hätten.[550] Der hypothetische Parteiwille ergebe, dass die Lücke durch eine andere Rechtsfolge zu schließen sei, nämlich durch die Auflösung der Gesellschaft.[551]

IV. Ergänzende Auslegung des Gesellschaftsvertrags?

Welche Lösung den Vorzug verdient, ist zunächst eine methodische Frage. Die drei Ansätze stimmen darin überein, dass die unvollkommene Doppelinsolvenz eine Regelungslücke offenbart; doch während Ansatz 1 und 2 von einer gesetzlichen Lücke ausgehen, die durch Rechtsfortbildung (teleologische Reduktion; Analogie) auszufüllen ist, nimmt Ansatz 3 eine vertragliche Lücke an, die sich im Wege der ergänzenden Auslegung schließen lässt. Bevor die Ansätze im Detail betrachtet werden, ist daher der Frage nachzugehen, ob nicht eine Methode vorrangig ist und den Rückgriff auf die andere verbietet.

Zuerst ist aber noch eine allgemeine Frage zu streifen, nämlich die nach dem Nutzen der Methodik. Wäre denn überhaupt etwas gewonnen, wenn man wüsste, dass die ergänzende Auslegung der Rechtsfortbildung vorzuziehen ist? Oder wäre das unwichtig, weil beide Methoden das gleiche Ziel haben und nur den Prozess der Lückenschließung anders bezeichnen? – Die Antwort lautet: Man braucht die Methodik. Denn zum einen ist die Legitimation verschieden. Bei der ergänzenden Auslegung bildet der Parteiwille die Richtschnur, bei der Rechtsfortbildung der Gesetzgeberwille. Zum anderen ist das Resultat ein anderes. Bei der ergänzenden Auslegung soll der Vertrag zu Ende gedacht werden, bei der Rechtsfortbildung das Gesetz; es geht auf der einen Seite um eine individuelle Regelung, auf der anderen Seite um eine typische.

---

548 BFHE 215, 183, 185 f.

549 *Korkmaz*, S. 241.

550 *Korkmaz*, S. 242 f.

551 *Korkmaz*, S. 243 ff.

Die Frage, ob eine der beiden Methoden – Rechtsfortbildung oder ergänzende Auslegung – vorrangig ist, wird in Rechtsprechung und Schrifttum nur wenig diskutiert;[552] eine zufriedenstellende Antwort gibt es nicht. In den folgenden Zeilen wird deshalb der Versuch unternommen, für die Doppelinsolvenz eine stimmige Lösung zu finden. Auf allgemeine Erwägungen zum Verhältnis der Methoden folgen Überlegungen zu den verschiedenen Gestaltungsmöglichkeiten und zum Inhalt einer Ergänzung.

1. Verhältnis von Rechtsfortbildung und ergänzender Auslegung

Wer das Verhältnis von Rechtsfortbildung und ergänzender Auslegung bestimmen möchte, der muss sich als Erstes überlegen, wie sich die ergänzende Auslegung zum dispositiven Gesetzesrecht verhält. Denn ginge sie dem dispositiven Gesetzesrecht vor, müsste dies auch in dem Fall gelten, in dem das Gesetz lückenhaft ist. Nur wenn umgekehrt dem dispositiven Gesetzesrecht der Vorrang gebührte, wäre zu erwägen, ob das auch dann gelten kann, wenn das Gesetz zuvor ergänzt werden müsste.

a) Die Bedeutung des dispositiven Gesetzesrechts

Das Verhältnis von ergänzender Auslegung und dispositivem Gesetzesrecht war anfänglich durch den Streit bestimmt, wie die ergänzende Auslegung dogmatisch einzuordnen ist. *Henckel* vertrat die Auffassung, die ergänzende Auslegung ist nicht mehr Auslegung des Vertrags, sondern Anwendung und Fortbildung objektiven Rechts.[553] Die Ergänzung beruhe nicht auf dem Willen der Parteien, sie leite ihre Richtigkeit allein aus objektiven Kriterien ab.[554] Eine vertragliche Lücke sei deshalb durch das dispositive Gesetzesrecht zu schließen.[555] Die Gegenauffassung verstand die ergänzende Auslegung als Auslegung im Sinne des § 157 BGB. Ihr Ergebnis sei dem rechtsgeschäftlichen Willen der Parteien zuzurechnen, der dem dispositiven Gesetzesrecht wegen der Privatautonomie vorgehe.[556]

552 Stellung nehmen lediglich *Canaris*, Die Feststellung von Lücken im Gesetz, S. 53 f.; *ders.*, ZIP 1996, 1109, 1115 ff. (§ 6 Abs. 2 AGBG a.F. analog oder ergänzende Auslegung?); *Möslein*, S. 434 f.; *Sandrock*, S. 57 ff.

553 *Henckel*, AcP 159 (1960/61), 106, 110 ff.

554 *Henckel*, AcP 159 (1960/61), 106, 117.

555 *Henckel*, AcP 159 (1960/61), 106, 121; ähnlich *v. Tuhr*, Allgemeiner Teil II/1, § 64 II.

556 *Larenz*, Allgemeiner Teil des deutschen bürgerlichen Rechts (7. Auflage 1989), S. 539; *ders.*, NJW 1963, 737, 738 ff.; einschränkend *W. Flume*, in: Hundert Jahre deutsches Rechtslebeben, S. 135, 197: Von einer Auslegung kann „nur insoweit die Rede sein, als

Bei der dogmatischen Einordnung hat sich die zuletzt genannte Auffassung durchgesetzt. Es entspricht heute der herrschenden Meinung, dass die ergänzende Auslegung als Auslegung des Vertrags zu verstehen ist.[557] Gleichwohl wird damit nicht die Konsequenz verbunden, dass die ergänzende Auslegung dem dispositiven Gesetzesrecht stets vorgeht; Vertrag und Gesetz wirken vielmehr zusammen: Enthält ein Vertrag eine Lücke, so ist er grundsätzlich zu Ende zu denken, das heißt auf der Grundlage des hypothetischen Parteiwillens zu ergänzen. Eine Ausnahme ist dort zu machen, wo dieser Wille bereits im Gesetz zum Ausdruck kommt, wo das Gesetz den typischen Willen der Parteien wiedergibt.[558] Das ist zum Beispiel im Schuldrecht anzunehmen. Haben die Parteien einen Kaufvertrag geschlossen und keine Regelung zur Mängelhaftung getroffen, gelten die §§ 434 ff. BGB. Für die Frage, welche Rechte dem Käufer einer mangelhaften Sache zustehen, wird nicht der hypothetische Parteiwille erforscht; die Antwort wird vielmehr dem Gesetz entnommen, weil die §§ 433–453 BGB genau das bestimmen, was die Parteien in der Regel vereinbart hätten. Bei einer ergänzenden Auslegung bleibt es indes, wenn die Parteien vom gesetzlichen Leitbild abweichen, wenn das Gesetz nicht passt oder wenn es veraltet ist.[559] Das Gleiche gilt, wenn die Parteien die gesetzliche Regelung ablehnen; denn andernfalls würde man ihre Privatautonomie ignorieren.[560]

Im bürgerlichen Recht führt ein solches Verständnis zu einem Vorrang des dispositiven Gesetzesrechts. Weite Teile des BGB, vor allem das Schuldrecht, sind so ausgestaltet, dass sie die rechtliche Beziehung der Parteien bis ins kleinste Detail regeln. Tut sich im Vertrag eine Lücke auf, genügt ein Blick ins Gesetz, um die Lücke zu schließen; eine ergänzende Auslegung ist nur ausnahmsweise nötig. Im Gesellschaftsrecht ist es nach herkömmlicher Auffassung umgekehrt.[561] Weil

---

die vertragliche Regelung per analogiam angewandt oder per argumentum e contrario nicht angewandt wird, wenn es sich also um die Grenzen der Geltung der vertraglichen Regelung handelt".

557 BGHZ 9, 273, 278; 164, 286, 289; Erman/*Armbrüster*, § 157 Rn. 15; Staudinger/*Roth*, § 157 Rn. 2; *Sandrock*, S. 103 f.; *Finkenauer*, AcP 213 (2013), 619, 620; *Kötz*, FS Zeuner, S. 219, 231; *ders.*, JuS 2013, 289, 290 f.; a.A. MünchKomm-BGB/*Busche*, § 157 Rn. 28: Rechtsfortbildung auf der Grundlage des § 242 BGB; ähnlich *Wolf/Neuner*, § 35 Rn. 69; *Ehricke*, RabelsZ 60 (1996), 662, 667 f.; *Neuner*, FS Canaris, S. 901, 918 ff.

558 Grundlegend *Larenz*, NJW 1963, 737, 740 f.

559 Staudinger/*Roth*, § 157 Rn. 23 ff.

560 BGHZ 107, 351, 355; MünchKomm-BGB/*Busche*, § 157 Rn. 45.

561 BGH NJW 1979, 1705, 1706; NJW-RR 1986, 256, 257; Staub/*C. Schäfer*, § 105 Rn. 197; MünchKomm-BGB/*ders.*, § 705 Rn. 174; *Wiedemann*, GesR II § 2 II 2 b; *Grunewald*, ZGR 1995, 86, 70 f.

das Gesetz nur wenige Regelungen bereithalte und weil die Regelungen oft veraltet seien (sie entsprächen nicht mehr der wirtschaftlichen Realität), gehe die ergänzende Auslegung in der Regel vor. – An die herkömmliche Auffassung scheinen auch die Überlegungen von *Korkmaz* anzuknüpfen. Auch wenn er es nicht explizit ausspricht, geht *Korkmaz* offenbar davon aus, dass die Regelung des § 131 HGB veraltet ist. Sie bringe den typischen Gesellschafterwillen nicht mehr zum Ausdruck; dem Willen sei vielmehr durch ergänzende Auslegung zur Wirksamkeit zu verhelfen.[562]

Der Gedanke wäre richtig, wenn man es weiterhin mit der alten Fassung des § 131 HGB zu tun hätte. Sähe die Vorschrift immer noch vor, dass die Gesellschaft durch die Insolvenz eines Gesellschafters aufgelöst wird, entspräche dies tatsächlich nicht mehr der wirtschaftlichen Realität. Denn das Band zwischen Gesellschaftern ist nicht mehr so eng, wie es der Gesetzgeber des 19. Jahrhunderts noch annehmen durfte.[563] Beispiele sind die GmbH & Co. KG, bei der keine natürliche Person ein wirtschaftliches Risiko übernimmt, oder die Publikums-KG, die den Gesellschaftern lediglich als (steuerlich vorteilhafte) Anlagemöglichkeit dient. Doch nicht nur bei kapitalistisch strukturierten Personengesellschaften, auch bei einer gewöhnlichen OHG oder KG ist die Kontinuität des Unternehmens wichtiger geworden als die Kontinuität des anfänglichen Gesellschafterkreises. Dieser Wandel hat sich im alten Recht durch die vertraglichen Ausscheidensregeln abgezeichnet; und er ist im neuen § 131 HGB nachempfunden, wo der Gesetzgeber den früheren Auflösungsgrund in einen Ausscheidensgrund umgedeutet hat. Man darf also im Fall des § 131 HGB nicht von einem veralteten Rechtssatz ausgehen, sondern muss die Vorschrift als novelliert und an die wirtschaftliche Realität angepasst ansehen. Das bedeutet, man kann auf sie zurückgreifen, wenn der Gesellschaftsvertrag zur Insolvenz eines Gesellschafters schweigt.[564]

---

562 Diese Deutung legen die Nachweise in den Fn. 714 und 918 nahe. Sie beruhen auf der Überlegung, dass die handelsrechtlichen Vorschriften veraltet sind und die ergänzende Auslegung deshalb den Vorzug verdient (einzige Ausnahme ist BGHZ 123, 281, in der das Gericht den Vorrang der ergänzenden Auslegung lediglich behauptet).

563 In den Motiven zum Entwurf eines Handelsgesetzbuchs für die Preußischen Staaten 1857 hieß es etwa: „(…) denn durch das Ausscheiden auch nur eines Mitglieds ist die ganze Gesellschaft zu einer wesentlich anderen geworden“.

564 Ähnlich Staudinger/*Roth*, § 157 Rn. 26: „Diesem Ansatz (dem Vorrang der ergänzenden Auslegung, Anm. des Verf.) kann zugestimmt werden, soweit nicht der Gesetzgeber Einzelheiten modernisiert hat (zB § 131 Abs. 3 Nr. 1 HGB durch das HRefG v 1998)“; was der Autor für § 131 Abs. 3 Nr. 1 HGB (heute § 131 Abs. 3 Satz 1 Nr. 1 HGB) annimmt, dürfte wohl auch für Nr. 2 gelten.

Einwenden ließe sich freilich, dass die Vorschrift dann nicht mehr passt, wenn die Gesellschaft nur (noch) aus zwei Gesellschaftern besteht. In diesem Fall – so könnte der Einwand lauten – entspreche es gerade nicht mehr dem typischen Willen der Gesellschafter, ein insolventes Mitglied ausscheiden und die Gesellschaft enden zu lassen. Die Vorschrift könne daher nicht maßgebend sein; maßgebend sei die ergänzende Auslegung. Ein solcher Einwand wäre indes eine petitio principii. Der Vorrang der ergänzenden Auslegung würde damit begründet, dass das dispositive Gesetzesrecht in einer bestimmten Konstellation nicht passt, weil es eine „verdeckte" Regelungslücke offenbart. Damit wäre man aber wieder bei der ursprünglichen Frage, was gilt, wenn weder der Vertrag noch das Gesetz eine Regelung bereithalten. Diese Frage ist für die Handelsgesellschaften unter b zu beantworten.

Anders ist die Ausgangslage im Fall einer BGB-Gesellschaft. Wer nicht das Innenrecht der OHG anwenden möchte (vgl. oben Kapitel 1, B II 2 b), der muss zu dem Schluss kommen, dass die gesetzlichen Regelungen veraltet sind, vor allem die Regelung des § 728 BGB. Dessen Abs. 2 Satz 1 geht wie § 131 Nr. 5 HGB a.F. davon aus, dass die Gesellschaft durch die Insolvenz eines Gesellschafters aufgelöst wird. Das mag für schuldrechtliche Innengesellschaften eine passende Rechtsfolge sein; für unternehmenstragende Außengesellschaften entspricht dies hingegen nicht mehr der wirtschaftlichen Realität.[565] Im Unterschied zu OHG und KG kann also nicht auf das dispositive Gesetzesrecht zurückgegriffen werden, wenn sich im Vertrag eine Lücke auftut; die Lösung ist vielmehr im hypothetischen Parteiwillen zu suchen. Auf der gleichen Linie dürften sich diejenigen bewegen, die von einer teleologischen Reduktion der vertraglichen Ausscheidensregel sprechen.[566] Eine teleologische Reduktion hieße bei einer gesetzlichen Regelung, die Regelung auf diejenigen Konstellationen zu beschränken, die ihr Schöpfer (der Gesetzgeber) im Sinn hatte.[567] Schöpfer einer vertraglichen Regelung sind die Parteien. Da es somit um deren hypothetischen Willen bei der Frage geht, wann die Ausscheidensregel eingreift und wann nicht, handelt es sich um nichts anderes als eine ergänzende Auslegung des Vertrags.

Damit ist festzuhalten: Das dispositive Gesetzesrecht geht der ergänzenden Auslegung vor, soweit es den typischen Parteiwillen zum Ausdruck bringt. Im

---

565 Statt vieler *K. Schmidt*, ZIP 2008, 2337, 2337 f.

566 Zum Beispiel *Görg*, FS Runkel, S. 313, 317; *K. Schmidt*, ZIP 2008, 2337, 2345.

567 Zumindest wenn man der subjektiven Theorie folgt; wer der objektiven Theorie nahesteht, bestimmt die Reichweite aus dem normativen Sinn, vgl. *Larenz/Canaris*, S. 137 ff.

Gesellschaftsrecht ist das selten der Fall, weil das Gesetz wenig regelt und weil die Regelungen oft veraltet sind. Wenn es um die Insolvenz eines Gesellschafters geht, existiert aber eine Regelung, die der wirtschaftlichen Realität entspricht und den typischen Gesellschafterwillen abbildet: § 131 Abs. 3 Satz 1 Nr. 2 HGB. Ist der Gesellschaftsvertrag einer OHG oder einer KG lückenhaft, kann auf diese Regelung zurückgegriffen werden; eine ergänzende Auslegung ist nicht erforderlich. Anders bei einer BGB-Gesellschaft. Dort hilft nur eine ergänzende Auslegung weiter, weil § 728 Abs. 2 Satz 1 BGB veraltet ist.

b) Lückenhaftes Gesetzesrecht

Steht das Verhältnis von ergänzender Auslegung und dispositivem Gesetzesrecht damit fest, kann der Frage nachgegangen werden, was gilt, wenn sowohl der Vertrag als auch das Gesetz eine Regelung vermissen lassen. Für *Henckel* wäre die Antwort einfach gewesen: Dann muss eben das Gesetz durch teleologische Reduktion oder Analogie fortgebildet werden. Auch seine damaligen Kontrahenten hätten nicht lange gezögert und geantwortet: Der Vertrag ist zu ergänzen. Aus heutiger Sicht ist die Frage ungleich schwieriger zu beantworten, was daran liegt, dass die herrschende Meinung weder dem Vertrag noch dem Gesetz einen absoluten Vorrang einräumt, sondern beide als einander ergänzende Rechtsquellen versteht (oben a).

Geht man vom Verständnis der herrschenden Meinung aus, liegt es nahe, die ergänzende Auslegung zu favorisieren. Wo kein dispositives Gesetzesrecht existiert, scheint es sinnvoller zu sein, die Lösung gleich im hypothetischen Parteiwillen zu suchen. Methodisch ließe sich dies damit begründen, dass die unvollkommene Doppelinsolvenz ein eher seltener Fall ist, der kein Regelungsbedürfnis auslöst, der mit anderen Worten keine planwidrige Gesetzeslücke darstellt. Für diese Sichtweise könnte die Begründung des HRefG sprechen, wo es zu § 131 heißt:[568] „An diesem (…) Mechanismus (nämlich am Ausscheiden des Gesellschafters und am Erlöschen der Gesellschaft, Anm. des Verf.) ändert sich durch die Neuregelung nichts. (…) Angesichts der Vielfalt der in Betracht kommenden Sachverhalte muss dies der individuellen Gestaltung der Vertragspartner überlassen bleiben." Von einem lückenlosen Plan des Gesetzgebers auszugehen und der ergänzenden Auslegung den Vorrang einzuräumen, wäre aber keine gute Idee. Wie bereits gesehen ist die unvollkommene Doppelinsolvenz kein seltener Fall; im Gegenteil: Wegen ihrer persönlichen Haftung stehen die Gesellschafter oft selbst am wirtschaftlichen Abgrund (vgl. oben Kapitel 1, B IV

---

568 Begr. zu § 131 RegE, BT-Drs. 13/8444, S. 65 f.

1). Und weil die Verfahren so gut wie nie zur gleichen Stunde eröffnet werden, tritt fast immer der Fall ein, dass der vorletzte Gesellschafter ausscheidet und die Gesellschaft erlischt. Davon abgesehen hat der Gesetzgeber selbst die Lücken seines Regelungsplans eingestanden. Einige Zeilen nach dem Zitat schreibt er: „Bei unangemessenen Ergebnissen kann im Einzelfall (…) die Rechtsprechung eingreifen". Die leisen Zweifel, die wegen des Wörtchens „Einzelfall" bleiben (ist damit nicht nur die ergänzende Auslegung gemeint?), lassen sich dadurch beseitigen, dass man sich das Resultat einer ergänzenden Auslegung ansieht: Wollte man jeden Gesellschaftsvertrag ergänzen, der zur unvollkommenen Doppelinsolvenz schweigt, würde die ergänzende Auslegung nicht mehr dazu dienen, den konkreten Vertrag zu Ende zu denken; das Ziel wäre vielmehr, einen dispositiven Rechtssatz zu schaffen, der die unpassende Rechtsfolge (Ausscheiden) durch die gewollte Rechtsfolge (Auflösung) ersetzt. Das aber kann nur Aufgabe der Rechtsfortbildung sein.[569]

Doch auch die Rechtsfortbildung kann für sich alleine nicht die richtige Lösung sein. Angenommen, die teleologische Reduktion wäre der Analogie vorzuziehen; durch den Vorrang der Rechtsfortbildung würden die Gesellschafter dann zwingend in der Gesellschaft gehalten und die Gesellschaft würde zwingend vor dem Zusammenbruch bewahrt. Das mag objektiv vernünftig sein, weil es die beschriebenen Probleme löst. Was aber, wenn der Gesellschafterwille ein anderer war? Was, wenn sie eine unvollkommene Doppelinsolvenz bedacht hätten und an der Rechtsfolge des § 131 Abs. 3 Satz 1 Nr. 2 HGB hätten festhalten wollen? Es bliebe dann keine Möglichkeit, diesen abweichenden Willen zu berücksichtigen; die Gesellschafter wären an die Entscheidung des Rechtsanwenders gebunden. Weil das nicht sein darf,[570] kann nur eine Kombination aus Rechtsfortbildung und ergänzender Auslegung („doppelte Fortbildung") richtig sein.[571] Danach ist nicht nur eine Lücke zu schließen, sondern sind beide auszufüllen: zunächst die gesetzliche Lücke durch Rechtsfortbildung, anschließend die vertragliche durch ergänzende Auslegung. In einem ersten Schritt wäre demnach zu überlegen, welche Regelung für den Fall einer unvollkommenen Doppelinsolvenz die passende wäre, und zwar aus objektiver Sicht. In einem zweiten Schritt wäre dann zu fragen, ob die vertragliche Lücke durch das ergänzte Gesetzesrecht

---

569 *Wiedemann*, GesR II § 2 II 2 b; ähnlich *Canaris*, S. 53 f.

570 Ist eine Regelung dispositiv, muss dies in der Regel auch für den fortgebildeten Teil gelten, oder anders gewendet: auch in diesem Fall muss der Parteiwille vorgehen, vgl. *Möslein*, S. 436 mit Verweis auf *W. Flume*, Allgemeiner Teil II, § 16 4 d.

571 *Möslein*, S. 434 ff.

geschlossen werden kann oder ob der Regelungsplan der Gesellschafter ausnahmsweise etwas anderes verlangt. Ein abweichender Wille wird selten sein, wenn er denn überhaupt einmal vorkommt; aber immerhin ist auf diese Weise die Privatautonomie gewährleistet.[572]

2. *Einzelne Gestaltungsvarianten*

Nach den allgemeinen Erwägungen unter 1 sollen nun einige Gestaltungsvarianten betrachtet werden. Die ersten drei beziehen sich auf eine OHG oder KG, die letzte auf eine unternehmenstragende BGB-Gesellschaft. Ziel ist, die jeweils maßgebende Methode zu bestimmen.

a) OHG oder KG ohne vertragliche Regelung

In der ersten Variante haben die Gesellschafter ihre Insolvenz nicht bedacht; der Gesellschaftsvertrag schweigt. – Kommt es in dieser Variante zur Insolvenz eines Gesellschafters, kann § 131 Abs. 3 Satz 1 Nr. 2 HGB angewendet werden. Wie gesehen entspricht die Regelung dem typischen Gesellschafterwillen, das heißt der insolvente Gesellschafter scheidet aus. Das Gleiche müsste im Fall einer unvollkommenen Doppelinsolvenz gelten, wenn einer von zwei Gesellschaftern oder (allgemein) der vorletzte Gesellschafter der Insolvenz anheimfällt. Das aber kann nicht gewollt sein, wie die vielen Probleme belegen; die gesetzliche Regelung ist lückenhaft. Man steht damit vor der Frage, was gilt, wenn weder der Vertrag noch das Gesetz eine Regelung bereithalten. Nach den allgemeinen Überlegungen unter 1 b fällt die Antwort nicht mehr schwer: Zunächst ist das Gesetz zu ergänzen, entweder durch eine teleologische Reduktion des § 131 Abs. 3 Satz 1 Nr. 2 HGB oder durch eine Analogie zu den Regeln der Nachlassinsolvenz; anschließend ist die vertragliche Lücke durch das ergänzte Gesetzesrecht zu schließen, es sei denn, der Regelungsplan der Gesellschafter sieht etwas anderes vor.

Die Handelsgesellschaft ohne vertragliche Regelung ist damit paradigmatisch für die „doppelte Fortbildung“: § 131 Abs. 3 Satz 1 Nr. 2 HGB ist ein Rechtssatz, der den typischen Gesellschafterwillen abbildet, der also herangezogen werden kann, wenn die Gesellschafter den Insolvenzfall nicht bedacht haben. Geht es – wie bei der unvollkommenen Doppelinsolvenz – um den vorletzten Gesellschafter, ist der Rechtssatz aber lückenhaft. Bevor er herangezogen werden kann, muss er um die fehlende Regelung ergänzt werden. Die Lösung allein

572 *Möslein*, S. 435 f.

im hypothetischen Willen der Gesellschafter zu suchen, wäre verfehlt. Denn es geht nicht darum, den konkreten Vertrag zu Ende zu denken, sondern darum, eine generelle Lösung für das Problem der unvollkommenen Doppelinsolvenz zu finden. Der Wille der Gesellschafter ist daher nur insofern relevant, als ihnen keine Lösung aufgezwungen werden darf, die sie ersichtlich nicht gewollt hätten.

b) OHG oder KG mit Verweis auf die gesetzliche Regelung

In der zweiten Variante haben die Gesellschafter den Insolvenzfall bedacht; der Gesellschaftsvertrag enthält aber keine eigenständige Regelung, sondern verweist auf § 131 Abs. 3 Satz 1 Nr. 2 HGB. – Es liegt auf der Hand, dass diese zweite Variante nicht anders zu beurteilen ist als die erste. Kommt es zur Insolvenz eines Gesellschafters, gilt § 131 Abs. 3 Satz 1 Nr. 2 HGB, das heißt der Gesellschafter scheidet aus. Im Fall einer unvollkommenen Doppelinsolvenz ist die Regelung durch teleologische Reduktion oder Analogie zu ergänzen; anschließend ist mit ihr die Vertragslücke zu schließen. Weil die Gesellschafter die gesetzliche Regelung ausdrücklich gewollt haben, ist beim zweiten Schritt Vorsicht geboten: Finden sich Anhaltspunkte dafür, dass die Regelung ohne Ausnahmen gelten soll, darf den Gesellschafter durch teleologische Reduktion nicht etwas anderes vorgeschrieben werden. Eine solche Konstellation wird aber selten vorkommen. Kommt sie doch einmal vor, bliebe immer noch die Analogie; denn gegen die Möglichkeit einer Haftungsbeschränkung werden zumindest die Gesellschafter einer KG kaum etwas einzuwenden haben.

c) OHG oder KG mit Fortsetzungsklausel

In der dritten Variante enthält der Gesellschaftsvertrag eine eigenständige Regelung (eine sog. Fortsetzungsklausel), die inhaltlich dem § 131 Abs. 3 Satz 1 Nr. 2 HGB entspricht. – Auf den ersten Blick scheint diesmal allein die ergänzende Auslegung den Weg zu weisen: Die Ausscheidensfolge beruht nicht mehr auf dem Gesetz, sondern auf dem rechtsgeschäftlichen Willen der Gesellschafter; und wie zuvor unter 1 gesehen kommt die ergänzende Auslegung prinzipiell zum Zuge, wenn die Gesellschafter eine Vereinbarung getroffen haben, die sich vom Gesetz emanzipiert. Doch auch in dieser dritten Variante kann nur eine „doppelte Fortbildung" richtig sein. Anders als eine ergänzende Auslegung voraussetzt, haben die Gesellschafter sich mit ihrer Fortsetzungsklausel nicht vom gesetzlichen Leitbild entfernt, sondern das vereinbart, was auch § 131 Abs. 3 Satz 1 Nr. 2 HGB bestimmt. Sie haben mit anderen Worten keine Regelung getroffen, die auf ihre besonderen Bedürfnisse zugeschnitten wäre; sie haben sich vielmehr auf eine Regelung verständigt, die für den Insolvenzfall „typisch" ist. Weil damit auch die Probleme der unvollkommenen Doppelinsolvenz als typisch anzusehen sind, ist die Lösung dort zu suchen, wo eine typische Regelung vermutet wird, nämlich im Gesetz. Das bedeutet: In einem ersten Schritt ist das Gesetz durch teleologische Reduktion oder Analogie zu ergänzen und in einem zweiten Schritt ist die vertragliche Lücke durch das ergänzte Gesetzesrecht zu schließen. Dem zweiten Schritt kommt wiederum eine besondere Bedeutung zu. Ergeben sich aus dem Vertrag Anhaltspunkte dafür, dass die Gesellschafter für den Fall einer unvollkommenen Doppelinsolvenz an ihrer Fortsetzungsklausel festhalten wollten, muss es dabei bleiben. Freilich wird ein solcher Fall selten sein, vor allem bei einer KG. Denn welcher Kommanditist hätte schon ein Interesse daran, für die Verbindlichkeiten der insolventen Gesellschaft unbeschränkt einstehen zu müssen?

d) BGB-Gesellschaft mit Fortsetzungsklausel

In der letzten Variante, in der es nicht mehr um eine OHG oder KG geht, sondern um eine unternehmenstragende BGB-Gesellschaft, enthält der Gesellschaftsvertrag eine Fortsetzungsklausel nach dem Vorbild des HGB. – Eine „doppelte Fortbildung“ wie in den Varianten zuvor ist hier nicht möglich. Das liegt daran, dass die Regelung in § 728 Abs. 2 Satz 1 BGB veraltet ist. Aus ihr lässt sich schon für den Fall nichts ableiten, dass die Gesellschafter ihre Insolvenz nicht bedacht haben (oben 1 a). Weil die Ausscheidensfolge damit allein auf dem Willen der Gesellschafter beruht – weil sie mit anderen Worten vom gesetzlichen Leitbild abweicht –,[573] muss auch die Sonderregelung für den Fall der unvollkommenen Doppelinsolvenz deren Willen entnommen werden. Der erste Schritt, um gedanklich bei der doppelten Fortbildung zu bleiben, ist demnach auszulassen; es ist gleich zum zweiten überzugehen und der Gesellschaftsvertrag um eine Regelung zu ergänzen, die dem hypothetischen Willen der Gesellschafter entspricht.

Andere Gestaltungsvarianten sind bei der BGB-Gesellschaft uninteressant: Haben die Gesellschafter für den Insolvenzfall nichts geregelt, so ist bei einer unternehmenstragenden Gesellschaft davon ausgehen, dass ein insolventes Mitglied ausscheidet (oben Kapitel 1, B II 2 b). Die Ausgangslage ist dann die gleiche, als hätten die Gesellschafter die Ausscheidensfolge ausdrücklich

---

573 Aus § 736 Abs. 1 BGB ergibt sich nichts anderes. Er weist die Gesellschafter lediglich darauf hin, dass sie vorsorgen müssen, wenn die Gesellschaft in bestimmten Situationen fortbestehen soll, vgl. MünchKomm-BGB/*C. Schäfer*, § 736 Rn. 6.

vereinbart.[574] Bei den übrigen BGB-Außengesellschaften ist § 728 Abs. 2 Satz 1 BGB anwendbar, das heißt das Problem der unvollkommenen Doppelinsolvenz entsteht dort gar nicht erst. Kein Problem entsteht schließlich in dem Fall, in dem die Gesellschafter auf § 728 Abs. 2 Satz 1 BGB verwiesen oder eine inhaltsgleiche Auflösungsklausel vereinbart haben. Wie in der Variante zuvor wäre die Gesellschaft aus mehrfachem Grund aufgelöst.

3. *Inhalt der Ergänzung bei einer BGB-Gesellschaft*

In den Fällen, in denen der Gesellschaftsvertrag durch eine ergänzende Auslegung zu vervollständigen ist, bleibt die Frage, welchen Inhalt die Ergänzung hat – oder anders formuliert: welche Rechtsfolge in den Regelungsplan der Gesellschafter passt. Um diese Frage soll es in den folgenden Zeilen gehen.

a) Reduktion der Fortsetzungsklausel?

Ein erster Ansatz findet sich im Urteil des BFH (oben III 3). Das Gericht vertrat die Auffassung, dass eine Fortsetzungsklausel nicht mehr anwendbar ist, wenn bereits ein Insolvenzverfahren über das Vermögen der Gesellschaft eröffnet wurde. Die Entscheidung betraf zwar eine KG, für die nach den vorstehenden Überlegungen nur eine „doppelte Fortbildung" in Betracht kommt; die Auffassung des Gerichts ließe sich aber vielleicht auf eine BGB-Gesellschaft übertragen, bei der eine ergänzende Auslegung möglich ist. Das bedeutete, die Fortsetzungsklausel würde um eine Regelung ergänzt, nach der die Ausscheidensfolge nicht mehr eingreift, sobald das Insolvenzverfahren der Gesellschaft in Gang gesetzt ist. Ausformuliert könnte die ergänzte Regelung lauten:

(1) Folgende Gründe führen zum Ausscheiden eines Gesellschafters:
1. die Eröffnung des Insolvenzverfahrens über das Vermögen des Gesellschafters,
2. (…)

(2) [1]Absatz 1 Nr. 1 gilt nicht, wenn die Eröffnung des Insolvenzverfahrens über das Vermögen der Gesellschaft beantragt oder wenn das Verfahren bereits eröffnet ist. [2]Wird die Eröffnung des Verfahrens abgelehnt, scheidet der Gesellschafter mit der Rechtskraft des ablehnenden Beschlusses aus.

Abs. 1 enthält nichts Neues; er steht beispielhaft für die Fortsetzungsklausel, die im Gesellschaftsvertrag enthalten oder durch ergänzende Auslegung hinzu

574 Bei einer unternehmenstragenden BGB-Gesellschaft wird der Gesellschaftsvertrag also um zwei Gesichtspunkte ergänzt: zunächst um die prinzipielle Ausscheidensfolge; dann um die Sonderregelung für den Fall der unvollkommenen Doppelinsolvenz.

zu denken ist. Abs. 2 ergänzt die Fortsetzungsklausel um eine Regelung für die unvollkommene Doppelinsolvenz – nämlich für den Fall, dass die Doppelinsolvenz ihren Anfang bei der Gesellschaft nimmt. Fraglich ist nur, ob die Ergänzung auch dem hypothetischen Parteiwillen entspricht. Hätten die Gesellschafter sie in dieser oder ähnlicher Form vereinbart, wenn sie die Konstellation einer unvollkommenen Doppelinsolvenz bedacht hätten?[575]

aa) Hypothetischer Parteiwille

In einer etwas älteren Entscheidung des BGH[576] stößt man auf Bedenken. In der Entscheidung ging es um eine BGB-Gesellschaft, die ihren Zweck erreicht hatte und nach § 726 BGB aufgelöst wurde. Während der Abwicklung fielen einzelne Gesellschafter in Konkurs. Gemäß § 3 des Gesellschaftsvertrags hätte das zur Folge gehabt, dass die betroffenen Gesellschafter ausscheiden.[577] – Die Revision war der Auffassung, dass § 3 nicht mehr gilt, weil die Gesellschaft bereits aufgelöst war. Zur Begründung verwies sie auf ein früheres Urteil, in dem das Gericht ein Ausscheiden während der Abwicklung verneint hatte.[578] Der BGH hat indessen an der Regelung festgehalten.[579] Weil ein insolventer Gesellschafter vom Gedanken einer raschen Verwertung geleitet sei, hätten die übrigen Gesellschafter kein Interesse an dessen Verbleib; sie hätten sich zu einer entsprechenden Abrede nicht bereitgefunden. Wörtlich heißt es in den Entscheidungsgründen: „Ein Gesellschafter, der in Konkurs fällt (…), betrachtet das Schicksal der Gesellschaft von einem anderen Blickpunkt als die übrigen Gesellschafter. Er – oder sein Konkursverwalter – wird allein darauf bedacht sein, möglichst bald durch Verwertung des Gesellschaftsvermögens zu Gelde zu kommen. Es ist deshalb unerwünscht, dass er bei der Beschlussfassung über Angelegenheiten der Gesellschaft mitwirkt.“ Die Doppelinsolvenz liegt zwar etwas anders, die Bedenken ließen sich aber genauso formulieren: Ist es für eine insolvente Gesellschaft nicht ein Nachteil, wenn ihr ein insolventer Gesellschafter weiterhin angehörte?

Die Antwort lautet nein. Ist nämlich die Gesellschaft aufgelöst, weil über ihr Vermögen das Insolvenzverfahren eröffnet wurde, obliegt die Abwicklung nicht

575 Die Vertragslücke soll vorerst unterstellt werden; zu ihr noch ausführlich unter b aa.
576 BGH WM 1964, 1086.
577 BGH WM 1964, 1086, 1087.
578 BGH WM 1962, 728.
579 BGH WM 1964, 1086, 1087. Im Unterscheid zum früheren Urteil (BGH WM 1962, 728) beruhte das Ausscheiden nicht auf einer einseitigen Erklärung – nur für diesen Fall hatte das Gericht ein Ausscheiden während der Abwicklung ausgeschlossen.

mehr den Gesellschaftern. Über das weitere Verfahren und über die Verwertung des Gesellschaftsvermögens entscheiden der Insolvenzverwalter und die Gläubiger. Hielte man einen insolventen Gesellschafter in der Gesellschaft, könnten weder er noch sein Insolvenzverwalter einen negativen Einfluss ausüben.[580] Das Gleiche gilt, wenn es nicht um die Abwicklung der Gesellschaft geht, sondern um die Sanierung. Das ESUG hat den Gesellschaftern die Zuständigkeit für strukturelle Maßnahmen genommen und sie den Beteiligten überantwortet (vgl. oben II 4 e). Ein insolventer Gesellschafter, der nur daran interessiert wäre, seine Zustimmung möglichst teuer zu „verkaufen", könnte nichts gegen einen Insolvenzplan tun; seine Zustimmung würde nach § 245 InsO als erteilt gelten. Die Bedenken des BGH mögen daher bei einer BGB-Gesellschaft durchgreifen, die nach den §§ 731–735 BGB abgewickelt wird, denn dort bestimmen nach wie vor die Gesellschafter über das weitere Schicksal der Gesellschaft; im Insolvenzverfahren verfangen sie hingegen nicht.[581]

Bringt der Verbleib eines insolventen Mitglieds keinen Nachteil mit sich, heißt das noch nicht, dass er auch dem hypothetischen Gesellschafterwillen entspricht. Entscheidend ist, ob er den Gesellschaftern nutzt. Doch nutzte er ihnen überhaupt? Hätten sie mit anderen Worten ein Interesse daran, dass ein insolventes Mitglied statt auszuscheiden weiterhin der insolventen Gesellschaft angehörte?

Der Verbleib eines insolventen Mitglieds verhinderte zunächst einmal den Zusammenbruch der Gesellschaft. Die Gesellschaft bestünde fort und wäre wie bisher der Dreh- und Angelpunkt der Unternehmensinsolvenz; sie könnte entweder abgewickelt oder auf der Grundlage eines Insolvenzplans saniert werden. Schaut man auf die Abwicklung, bedeutete das für die Gesellschafter, dass ihre persönliche Haftung weiterhin dem § 93 InsO unterläge. Die Gesellschafter hätten es nur mit dem Insolvenzverwalter zu tun und nicht mit den einzelnen Gläubigern. Umgekehrt könnten sie beim Insolvenzverwalter ihre Ansprüche gegen die Gesellschaft geltend machen und wären vor den Privatgläubigern der insolventen Gesellschafter sicher. Für die insolventen Gesellschafter würde das Gleiche gelten; außerdem machte es bei ihnen keinen Unterschied, ob sie

580 So zu Recht *Korkmaz*, S. 244 f.

581 In diesem Sinne dürfte auch der BFH zu verstehen sein, wenn er in BFHE 215, 183, 185 formuliert: „Die in Insolvenz gefallenen Gesellschafter (...) können das Insolvenzverfahren der Klägerin (gemeint ist die insolvente Gesellschaft, Anm. des Verf.) nicht nachteilig beeinflussen". Anders BVerwGE 140, 142, 145: möglicher Interessenkonflikt – wann ein Interessenkonflikt bestehen soll, wird nicht näher begründet; zustimmend BGHZ 201, 129, 130 f., ablehnend *K. Schmidt*, ZIP 2010, 1621, 1626.

ausscheiden oder ob sie der Gesellschaft bis zu deren Vollbeendigung angehörten. Für Altverbindlichkeiten werden sie im einen wie im anderen Fall über § 93 InsO in Anspruch genommen; für Neuverbindlichkeiten hafteten sie auch dann nicht, wenn sie Mitglied der insolventen Gesellschaft blieben (unten E II 2 und Kapitel 5, A II). Und ihren Privatgläubigern kann es gleichgültig sein, ob sie auf den Abfindungsanspruch oder auf das Auseinandersetzungsguthaben zugreifen. Letzteres entspräche ohnehin dem gesetzlichen Regelfall. Schaut man auf die Sanierung, bedeutete der Fortbestand der Gesellschaft, dass die Reorganisation als Sanierungsoption erhalten bliebe. Bei der BGB-Gesellschaft besäße sie zwar im Vergleich zur übertragenden Sanierung keine Vorteile; sie kann aber gleichwohl die einzige Möglichkeit sein, um den Fortführungswert zu realisieren (oben II 4 f). Die solventen Gesellschafter könnten bei einer Reorganisation miteinbezogen werden und an den künftigen Gewinnen teilhaben. Die insolventen Gesellschafter stünden jedenfalls nicht schlechter, als sie bei einer Zerschlagung stünden. Dafür sorgt § 245 InsO. In seltenen Fällen können sie sogar von einem Insolvenzplan profitieren, weil er ihnen mehr zuweist, als sie bei einer Zerschlagung erhalten hätten.

bb) Kein Verbot der Reduktion

Entspricht die Ergänzung dem hypothetischen Gesellschafterwillen, bliebe noch die Frage, ob sie rechtlich möglich ist. Zweifel bestünden dann, wenn man einen insolventen Gesellschafter in einer werbenden Gesellschaft halten wollte. Denn entweder muss die Gesellschaft aufgelöst werden oder der Gesellschafter muss ausscheiden;[582] eine dritte Möglichkeit gibt es nicht. In den Fällen, in denen die Fortsetzungsklausel reduziert würde, ist die Gesellschaft bereits aufgelöst, das heißt, es kann dabei bleiben, dass der insolvente Gesellschafter der Gesellschaft weiterhin angehört. Würde die Eröffnung des Gesellschaftsinsolvenzverfahrens abgelehnt und bestünde die Gesellschaft als werbende fort,[583] käme Abs. 2 Satz 2 zum Zuge und der Gesellschafter schiede aus.

b) Umdeutung der Fortsetzungsklausel?

Eine Reduktion der Fortsetzungsklausel hilft in den Fällen weiter, in denen die Doppelinsolvenz ihren Anfang bei der Gesellschaft nimmt. Sie ist nutzlos, wenn

582 Zu den Gründen noch unter b (am Ende).

583 Eine Personengesellschaft wird durch die Abweisung mangels Masse (§ 26 InsO) nicht aufgelöst, es sei denn, es handelt sich um eine Gesellschaft, bei der keine natürliche Person unbeschränkt haftet, vgl. § 131 Abs. 2 Satz 1 Nr. 1 HGB.

zunächst die Gesellschafter der Insolvenz anheimfallen. Wird zum Beispiel der vorletzte Gesellschafter insolvent, bevor es die Gesellschaft trifft, schiede er aus und die Gesellschaft fiele in sich zusammen; denn „Auslöser" für die Reduktion und für den Verbleib des insolventen Gesellschafters ist die Insolvenz der Gesellschaft. Man könnte einwenden, der vorletzte Gesellschafter habe es in der Hand, zunächst einen Antrag für die Gesellschaft und anschließend einen Antrag für sich selbst zu stellen. Diese Möglichkeit setzte aber voraus, dass die Gesellschaft bereits insolvent ist – ist sie es nicht, würde die Eröffnung abgelehnt und der Gesellschafter schiede doch aus; außerdem könnte die Möglichkeit durch einen Gläubigerantrag wieder zunichte gemacht werden. Es wäre deshalb zu überlegen, ob die Fortsetzungsklausel in eine Auflösungsklausel „umgedeutet" werden kann, wenn der vorletzte Gesellschafter der Insolvenz anheimfällt, bevor das Gesellschaftsinsolvenzverfahren beantragt oder eröffnet ist.[584] Eine solche Umdeutung ließe sich erreichen, indem man zur Regelung unter a einen weiteren Absatz hinzudenkt:

> (3) [1]Würde im Fall des Absatzes 1 Nr. 1 das Ausscheiden eines Gesellschafters zum Verbleib nur eines Gesellschafters führen, so tritt an die Stelle des Ausscheidens die Auflösung der Gesellschaft. (…)

Der Absatz entspricht sinngemäß dem, was *Korkmaz* vorschlägt.[585] Er sorgte im Zusammenspiel mit Abs. 2 dafür, dass die Gesellschaft fortbesteht, und zwar unabhängig davon, wo die Doppelinsolvenz beginnt. Wird zunächst die Gesellschaft insolvent, wäre nach Abs. 2 die Ausscheidensfolge suspendiert; die Gesellschafter gehörten weiterhin der insolventen Gesellschaft an (oben a). Werden zunächst die Gesellschafter insolvent, bliebe es bei der Ausscheidensfolge bis entweder die Gesellschaft oder den vorletzten Gesellschafter das gleiche Schicksal ereilte. Im ersten Fall würde wiederum Abs. 2 eingreifen und die verbliebenen Gesellschafter würden in der Gesellschaft gehalten; im zweiten Fall wäre Abs. 3 anwendbar und die Insolvenz des Gesellschafters führte zur Auflösung der Gesellschaft. Man könnte auch darüber nachdenken, Abs. 2 durch Abs. 3 zu ersetzen. Abs. 3 verhinderte den Zusammenbruch der Gesellschaft, ganz gleich, ob die Gesellschaft bereits aufgelöst ist oder nicht.

Beide Möglichkeiten – Ergänzung und Ersetzung – wecken Zweifel. Dabei ist es wiederum die Rechtsprechung, die zweifeln lässt. In BGH ZIP 2008, 1677 ging

---

584 Eine bloße Reduktion der Fortsetzungsklausel wäre nicht möglich, weil man sonst einen insolventen Gesellschafter in einer werbenden Gesellschaft hielte; dazu noch ausführlich am Ende des Abschnitts.

585 *Korkmaz*, S. 243 ff.

es um eine BGB-Gesellschaft, die aus zwei Gesellschaftern bestand. Zunächst wurde das Insolvenzverfahren über das Vermögen des einen eröffnet, wenig später über das Vermögen des anderen. Nach § 17 des Gesellschaftsvertrags hatte das zur Folge, dass zunächst der eine Gesellschafter ausscheidet, wenig später der andere. Doch schon mit dem Ausscheiden des ersten Gesellschafters war das Schicksal der Gesellschaft besiegelt. Ohne ihn konnte sie nicht fortbestehen (vgl. oben D I 1); sie musste erlöschen. Bedauerlich war das vor allem deshalb, weil zwei Jahre später das Insolvenzverfahren über das Vermögen der Gesellschaft eröffnet wurde. Hätte der BGH in diesem Fall Abs. 3 hinzugedacht, wäre alles in Ordnung gewesen. Weder der eine Gesellschafter hätte ausscheiden müssen noch der andere. Beide wären Mitglied der Gesellschaft geblieben, die ihrerseits hätte abgewickelt oder saniert werden können. Das Gericht hat aber keinen Anlass gesehen, von der vereinbarten Rechtsfolge abzuweichen: „Nach der gefestigten (…) Rechtsprechung des Senats führt eine Fortsetzungsklausel (…) bei Ausscheiden des vorletzten Gesellschafters mangels abweichender gesellschaftsvertraglicher Regelung zur liquidationslosen Vollbeendigung der Gesellschaft und Gesamtrechtsnachfolge des (…) verbleibenden Gesellschafters“.[586] Die Gesellschaft war also tatsächlich erloschen, der spätere Eröffnungsbeschluss unwirksam.[587]

Die Begründung des BGH lässt drei unterschiedliche Schlüsse zu: (1) Eine ergänzende Auslegung ist nicht möglich, (2) es fehlt an einer Vertragslücke oder (3) eine Umdeutung entspricht nicht dem hypothetischen Willen der Gesellschafter. Anhaltspunkte dafür, dass eine ergänzende Auslegung ausgeschlossen wäre, finden sich keine. Wie zuvor (unter 1 a und 2 d) festgestellt wurde, ist eine ergänzende Auslegung möglich, weil das dispositive Gesetzesrecht keine passende Regelung bereithält; es ist veraltet.[588] Auch der Wortlaut der Klausel ist kein Hindernis. Der Wortlaut bildet lediglich die Grenze der erläuternden Auslegung. Die ergänzende Auslegung darf sich darüber hinwegsetzen, weil es bei ihr darum geht, eine Lücke im Vertrag zu schließen.

---

586 BGH ZIP 2008, 1677, 1678; zustimmend *Trams*, NZG 2008, 736, 736 f. und *Vortmann*, EWiR 2008, 679, 679 f.

587 Kritisch *K. Schmidt*, ZIP 2008, 2337, 2343 ff.

588 Zur (dogmatischen) Frage, ob das dispositive Gesetzesrecht die ergänzende Auslegung ausschließt oder ob es nur an einer vertraglichen Lücke fehlt, MünchKomm-BGB/*Busche*, § 157 Rn. 39 m.w.N.

aa) Vertragslücke

Fraglich ist indes, ob der Vertrag lückenhaft ist. Ein Vertrag ist nach allgemeinem Verständnis lückenhaft, wenn ihm eine Regelung fehlt, „die erforderlich ist, um den zugrundeliegenden Regelungsplan der Parteien angemessen und interessengerecht zu verwirklichen".[589] Die Lücke muss zugleich „planwidrig" in dem Sinne sein, dass die Parteien die Konstellation nicht vor Augen hatten oder dass sie die Konstellation zwar gesehen haben, aber in der Hoffnung, sie später noch regeln zu können, vorerst ohne Regelung gelassen haben.[590] Wollten sie sie überhaupt nicht regeln, ist eine Vertragslücke zu verneinen.[591]

Im umgekehrten Fall (oben a), in dem zunächst ein Insolvenzverfahren über das Vermögen der Gesellschaft eröffnet wurde, wurde die Lücke unterstellt. Das geschah deshalb, weil sie dort recht offensichtlich war: Eine Fortsetzungsklausel verfolgt den Zweck, private Umstände wie die Gesellschafterinsolvenz von der Gesellschaft fernzuhalten. Eine werbende Gesellschaft soll vor der Auflösung bewahrt, eine aufgelöste Gesellschaft vor negativem Einfluss geschützt werden. Ist die Gesellschaft bereits aufgelöst, weil das Insolvenzverfahren über ihr Vermögen eröffnet wurde, ist dieser Zweck nicht mehr zu erreichen. Die Gesellschaft hat ihren werbenden Status verloren und ein negativer Einfluss ist ausgeschlossen; außerdem ist die Unternehmensinsolvenz ein Umstand, der die gesamte Gesellschaft betrifft. Doch damit nicht genug. Die Wirkung der Fortsetzungsklausel verkehrt sich in ihr Gegenteil und bedroht die aufgelöste Gesellschaft in ihrer rechtlichen Existenz. Dies bleibt den Gesellschaftern in aller Regel verborgen; der Gesellschaftsvertrag ist planwidrig unvollständig.

(1) Vorletzter Gesellschafter

Nimmt die Doppelinsolvenz ihren Anfang bei den Gesellschaftern, kann nicht in gleicher Weise argumentiert werden. Denn hier scheint die Fortsetzungsklausel zunächst einmal das zu bewirken, was sie bewirken soll: Sie hält private Umstände von der Gesellschaft fern und bewahrt die Gesellschaft vor der Auflösung. Erst in dem Moment, in dem die Gesellschaft nur (noch) aus zwei Gesellschafter besteht, scheint sie ihren ursprünglichen Zweck zu verfehlen. Ein erster Denkansatz könnte daher lauten: Der Gesellschaftsvertrag ist unvollständig, weil

---

589 BGHZ 90, 69, 74; BGH ZIP 2015, 1297, 1298 f.; Staudinger/*Roth*, § 157 Rn. 15; *Bork*, Allgemeiner Teil, Rn. 533; *Wolf/Neuner*, § 35 Rn. 70; *Mayer-Maly*, FS W. Flume, Band I, S. 621, 624 f.; *Henckel*, AcP 159 (1960/1961), 106, 115; *Larenz*, NJW 1963, 737, 738 f.

590 BGH ZIP 1982, 958, 959; MünchKomm-BGB/*Busche*, § 157 Rn. 38 und 42; *Cziupka*, JuS 2009, 103, 104; *Finkenauer*, AcP 213 (2013), 619, 619 f.

591 BGHZ 111, 110, 115; Staudinger/*Roth*, § 157 Rn. 17.

er für diese Situation keine Regelung enthält. Ein solcher Ansatz ginge aber zu weit. Er trüge vielleicht noch in Konstellationen, in denen eine mehrgliedrige Gesellschaft nach und nach ihre Gesellschafter verliert, bis nur noch zwei von ihnen übrig sind. In diesen Konstellationen ist es eher der Zufall, der die Gesellschaft in ihrer Existenz bedroht, und man darf vielleicht annehmen, dass dieser Zufall unbemerkt blieb: wer denkt bei Abschluss des Gesellschaftsvertrags schon daran, dass die Gesellschaft durch die Insolvenz ihrer Gesellschafter langsam in sich zusammenfallen kann? Der Ansatz überzeugt aber spätestens dann nicht mehr, wenn die Gesellschaft von vorneherein aus zwei Gesellschaftern bestand. In diesen Konstellationen war den Gesellschaftern in der Regel bewusst, dass eine Fortsetzungsklausel das Ende der Gesellschaft bedeuten kann. Die Klausel wird daher meist als Übernahmerecht des verbliebenen Gesellschafters[592] gedeutet, wenn die Gesellschafter nicht ohnehin ein solches Recht vereinbart haben. Doch nicht nur bei zweigliedrigen Gesellschaft kann von einem Übernahmerecht auszugehen sein; nach herrschender Meinung ist dies grundsätzlich auch bei einer mehrgliedrigen Gesellschaft denkbar, es sei denn, aus dem Vertrag ergeben sich andere Anhaltspunkte.[593] Von einem Übernahmerecht des verbliebenen Gesellschafters war auch der BGH in dem Urteil oben ausgegangen.[594] Das bedeutet, eine Vertragslücke darf nicht allein deshalb angenommen werden, weil der Vertrag für das Vorhandensein nur zweier Gesellschafter keine Sonderregelung enthält.

(2) Vereinbarung zulasten Dritter

Eine Vertragslücke könnte aber deshalb bestehen, weil die Fortsetzungsklausel als Vereinbarung zulasten Dritter unwirksam ist. Es ist weithin anerkannt, dass eine Vertragslücke besteht und die ergänzende Auslegung zum Zuge kommt, wenn eine unwirksame Regelung wegfällt.[595] Doch warum sollte die Klausel unwirksam

---

592 Bei einem Übernahmerecht darf der Berechtigte die Aktiva und Passiva der Gesellschaft übernehmen; eine Liquidation unterbleibt. Ist das Übernahmerecht mit einem eindeutig feststellbaren Ereignis verbunden (etwa mit der Insolvenz des vorletzten Gesellschafters) vollzieht sich die Übernahme automatisch; der verbliebene Gesellschafter wird von selbst zum Rechtsnachfolger der Gesellschaft, vgl. MünchKomm-BGB/*C. Schäfer*, § 730 Rn. 69.

593 MünchKomm-BGB/*C. Schäfer*, § 730 Rn. 69.

594 BGH ZIP 2008, 1677, 1678.

595 Vgl. BGHZ 90, 69, 73 f.; 143, 103, 120 f.; MünchKomm-BGB/*Busche*, § 157 Rn. 41; Staudinger/*Roth*, § 157 Rn. 18; *Hager*, S. 159; a.A. *Ehricke*, RabelsZ 60 (1996), 661, 677; *Häsemeyer*, FS Ulmer, S. 1097, 1100: die Parteien haben das Risiko der Unwirksamkeit zu tragen.

sein? Angenommen, die Gesellschaft stünde vor der Insolvenz. Scheidet nun der vorletzte Gesellschafter aus, bevor die Eröffnung des Insolvenzverfahrens beantragt werden kann, würde die Gesellschaft erlöschen. Das wäre für die Gläubiger ein Nachteil, weil die InsO ihnen allein das Gesellschaftsvermögen zugewiesen hätte. Stattdessen müssen sie sich nun mit den Privatgläubigern des verbliebenen Gesellschafters um das Vermögen streiten (oben II 1). Die Fortsetzungsklausel könnte also unwirksam sein, weil sie das künftige Beschlagsrecht der Gläubiger vereitelt. Anführen ließe sich auch § 730 Abs. 1 BGB, wonach eine Auseinandersetzung (gemeint ist: eine Auseinandersetzung nach den §§ 731–735 BGB) nur stattfindet, wenn nicht über das Vermögen der Gesellschaft das Insolvenzverfahren eröffnet ist. Versteht man die Fortsetzungsklausel als Übernahmerecht des verbliebenen Gesellschafters, wäre sie eine andere Vereinbarung im Sinne des § 731 Satz 1 BGB und müsste dem Insolvenzverfahren eigentlich weichen.

Beiden Denkansätzen ist gemein, dass sie an die bevorstehende Insolvenz der Gesellschaft anknüpfen. Wäre die Gesellschaft insolvent, unterläge ihr Vermögen dem Insolvenzbeschlag und würde sie nach den Regeln der InsO abgewickelt oder saniert. Doch genau das ist das Problem. In dem Moment, in dem der vorletzte Gesellschafter ausscheidet, ist das Insolvenzverfahren noch nicht eröffnet. Die Unwirksamkeit der Fortsetzungsklausel könnte nur damit begründet werden, dass die Eröffnung des Gesellschaftsinsolvenzverfahrens zu erwarten war. Das ist aber zu wenig, zumal der Grundsatz der Gleichbehandlung, dem die beiden Denkansätze verpflichtet sind, nur ausnahmsweise ins Vorfeld der Insolvenz erstreckt wird: bei der Rückschlagsperre nach § 88 InsO und bei der Insolvenzanfechtung nach den §§ 129 ff. InsO; weitere Ausnahmen gibt es nicht.

(3) Unternehmensinsolvenz

Eine „Vorauswirkung" der Gesellschaftsinsolvenz, die zur Unwirksamkeit der Fortsetzungsklausel führte, ist aber auch nicht nötig. Die vertragliche Lücke findet sich an anderer Stelle. Wie zu Beginn der Untersuchung (in Kapitel 2, A) gesehen, ist eine Doppelinsolvenz meist Ausdruck einer Unternehmensinsolvenz. Ist das Unternehmen wirtschaftlich gescheitert, führt dies zur Insolvenz seiner Trägerin und über die persönliche Haftung zur Insolvenz der Gesellschafter. Nimmt die Insolvenz ihren „üblichen" Verlauf und beginnt sie bei der Gesellschaft, kann man von einer Vertragslücke ausgehen, weil die Gesellschafter diese Konstellation nicht bedacht haben. Sie haben nicht bedacht, dass die Unternehmensinsolvenz zum Erlöschen der aufgelösten Gesellschaft führen kann – sei es, weil sie die Tragweite ihrer Regelung unterschätzt haben, sei es, weil sie die Konstellation als entferntes Risiko außer Betracht gelassen haben. Die Unternehmensinsolvenz verläuft aber nicht immer in dieser Reihenfolge. Es ist durchaus vorstellbar, dass sie bei den Gesellschaftern beginnt. Die Gesellschafter fallen der Insolvenz anheim, weil die Gesellschaft Mühe hat, ihre Verbindlichkeiten zu erfüllen, und weil die Gläubiger sich dann an sie halten – das ist den Gläubigern erlaubt, weil die Gesellschafter nicht subsidiär haften wie ein Bürge, sondern unmittelbar. Ähnlich wie in der Konstellation zuvor waren die Gesellschafter sorglos. Sie haben übersehen, dass die Unternehmensinsolvenz sich zunächst bei ihnen Bahn brechen und so die werbende Gesellschaft zum Erlöschen bringen kann; der Gesellschaftsvertrag ist unvollständig.

Was auf den ersten Blick nach zwei verschiedenen Vertragslücken aussieht, ist in Wahrheit eine: die Unternehmensinsolvenz.[596] Der Gesellschaftsvertrag bestimmt (dem Trennungsprinzip folgend; Kapitel 1, B) eine Rechtsfolge für die Insolvenz der Gesellschaft (Auflösung) und eine Rechtsfolge für die Insolvenz der Gesellschafter (Ausscheiden). Während die Auflösung der Gesellschaft zwingend ist, erweist sich die Ausscheidensfolge nur in einem Fall als passende Reaktion; dann nämlich, wenn die Insolvenz des Gesellschafters auf privaten Gründen beruht. In diesem Fall ist es richtig und entspricht es dem Zweck der Fortsetzungsklausel, den Gesellschafter ausscheiden zu lassen: Gehören der Gesellschaft weitere Gesellschafter an, besteht sie fort. Verbleibt nur ein Gesellschafter, erlischt sie; der verbliebene Gesellschafter hat die Möglichkeit, das gesunde Unternehmen fortzuführen. Die Ausscheidensfolge ist dagegen falsch, wenn die Insolvenz des Gesellschafters mit dem Scheitern des Unternehmens zusammenhängt, wenn es materiell um eine Unternehmensinsolvenz geht. Die Fortsetzungsklausel hat hier einen gänzlich anderen Effekt. Sie bewirkt, dass die Gesellschaft gleich einem Kartenhaus in sich zusammenfällt, obwohl sie eigentlich abgewickelt oder saniert werden müsste. Dem verbliebenen Gesellschafter nutzte die Klausel genauso wenig. Zum einen ist das Unternehmen, das ihm zufiele, überschuldet; zum anderen ereilte ihn wegen der persönlichen Haftung bald das gleiche Schicksal. Zusammenfassend ist festzuhalten: In der Unternehmensinsolvenz offenbart der Gesellschaftsvertrag eine verdeckte Lücke. Die Ausscheidensfolge greift ein, obwohl sie es nicht sollte.

Das Eingreifen der Ausscheidensfolge ist auch planwidrig. Die Gesellschafter wollten mit der Regelung sicherstellen, dass ihr Unternehmen fortbestehen kann. Die Insolvenz eines Gesellschafters sollte das Unternehmen nicht berühren; es sollte von der Gesellschaft oder (bei Verbleib nur eines Gesellschafters) vom verbliebenen Gesellschafter fortgeführt werden. Die Ausscheidensfolge wäre dem Regelungsplan gerecht geworden, hätten die Gesellschafter nicht eines

596 Vgl. zu diesem Gedanken *K. Schmidt*, ZIP 2008, 2337, 2345 f.

übersehen: das Unternehmen kann scheitern und die Gesellschafterinsolvenz kann damit zusammenhängen. Dass die Fortsetzungsklausel in diesem Fall den beschriebenen Kartenhauseffekt entfaltet und die Gesellschaft zum Erlöschen bringt, haben sie in der Regel nicht gewollt. Gleichsam war die Übernahme des Gesellschaftsvermögens nur für den Fall geplant, dass das Unternehmen floriert oder zumindest nicht kurz vor der Insolvenz steht. Beide Gesichtspunkte machen den Gesellschaftsvertrag planwidrig unvollständig.

Die näheren Umstände von BGH ZIP 2008, 1677 werden nicht mitgeteilt, es ist aber davon auszugehen, dass dem Urteil ebenfalls eine Unternehmensinsolvenz zugrunde lag. Innerhalb weniger Wochen wurden beide Gesellschafter insolvent; die Gesellschaft folgte einige Zeit später. Davon abgesehen drehte sich der Rechtsstreit um eine Forderung, die der Beklagten (einer Bank) von der Gesellschaft abgetreten worden war. Die Forderung sollte einen Kredit sichern, den die Beklagte der Gesellschaft gewährt hatte. Es liegt nun nahe, dass die Gesellschaft Schwierigkeiten hatte, ihre unternehmensbezogenen Verbindlichkeiten zu erfüllen und dass sich dies in der Insolvenz der beiden Gesellschafter niederschlug. Der Gesellschaftsvertrag sah für diesen Fall keine Sonderregelung vor, was nach den vorausgehenden Überlegungen bedeutet: er war lückenhaft. Auch wenn der BGH an seiner früheren Rechtsprechung festhalten wollte, hätte der Fall Anlass geboten, um über eine ergänzende Auslegung nachzudenken.

bb) Hypothetischer Parteiwille

Kann eine Vertragslücke bejaht werden, stellt sich die Frage, wie sie auszufüllen ist. Oben (unter a) bestand die Lösung darin, dass die Ausscheidensfolge nicht mehr gelten soll, wenn die Gesellschaft insolvent ist und wenn sie aus diesem Grund aufgelöst wurde. Wäre Ähnliches nicht für eine Unternehmensinsolvenz denkbar? Könnte die Ausscheidensfolge nicht einfach reduziert werden, wenn die Insolvenz des Gesellschafters mit dem Scheitern des Unternehmens zusammenhängt? Einzelne Stimmen in der Literatur scheinen davon auszugehen. So spricht etwa *K. Schmidt* in Fällen der „horizontalen Simultaninsolvenz" von der teleologischen Reduktion einer Fortsetzungsklausel.[597] Mit dem Begriff der horizontalen Simultaninsolvenz meint er Fälle, in denen die Gesellschafter nacheinander der Insolvenz anheimfallen, ohne dass zugleich die Gesellschaft betroffen ist. *Görg* scheint ihm zu folgen.[598] – Dürfen die beiden Autoren in diesem Sinn verstanden werden, hätten sie ohne Zweifel den Regelungszweck auf ihrer Seite.

---

597 *K. Schmidt*, ZIP 2008, 2337, 2346 f.

598 *Görg*, FS Runkel, S. 313, 317 ff.

Wie einige Zeilen zuvor (unter aa) gesehen, kann die Fortsetzungsklausel ihren Zweck nicht mehr erfüllen; die Gesellschaft würde erlöschen. Einen anderen Gesichtspunkt hätten sie indessen außer Acht gelassen: Würde die Fortsetzungsklausel reduziert, blieben die insolventen Gesellschafter Mitglied einer werbenden Gesellschaft. Das wäre für die Gesellschaftergläubiger ein Nachteil, weil sie den Gesellschaftsanteil, der zur Insolvenzmasse gehörte, nicht mehr verwerten könnten; sie könnten weder auf ein Auseinandersetzungsguthaben zugreifen noch auf einen Abfindungsanspruch. Dem ließe sich nicht entgegenhalten, dass die Insolvenz der Gesellschaft schon irgendwann eintreten wird, wenn man nur etwas wartet. Wie das Beispiel ZIP 2008, 1677 lehrt, kann es recht lange dauern, bis die Gesellschaft insolvent wird (etwa zwei Jahre). Außerdem zeigen die §§ 728 Abs. 2 Satz 1 und 736 Abs. 1 BGB, dass es für die Gesellschafterinsolvenz nur zwei mögliche Rechtsfolgen gibt: Auflösung oder Ausscheiden. Eine andere Rechtsfolge, und sei sie auch nur vorübergehender Natur, ist ausgeschlossen.[599] Für das Beispiel aus der ZIP hieße das: Eine Reduktion der Fortsetzungsklausel wäre nicht möglich; sie widerspräche dem hypothetischen Parteiwillen.

Ist eine Reduktion ausgeschlossen, bliebe noch die Alternative, die diesem Abschnitt als Abs. 3 vorangestellt war: die „Umdeutung" der Fortsetzungsklausel in eine Auflösungsklausel. Deren Grundgedanke ist schnell erklärt. Bricht sich die Unternehmensinsolvenz bei den Gesellschaftern Bahn und droht die Gesellschaft zu erlöschen, scheiden die Gesellschafter nicht aus; stattdessen wird die Gesellschaft aufgelöst. Weil die Gesellschaft (noch) nicht insolvent ist, fände sie sich zunächst in einem Verfahren nach den §§ 731–735 BGB wieder. Das muss nicht unbedingt heißen, dass sie abgewickelt wird. Kann die Gesellschaft neue Geldgeber auftreiben, könnten diese dem Unternehmen wieder auf die Beine helfen; zum Beispiel, indem sie neue Anteile erwerben oder indem sie die Anteile der insolventen Gesellschafter übernehmen. Der Auflösungsgrund wäre so beseitigt und die Gesellschaft könnte fortgesetzt werden. Finden sich keine neuen Geldgeber oder wird die Gesellschaft trotz aller Bemühungen insolvent, ginge das gesellschaftsrechtliche Verfahren in ein Insolvenzverfahren über. Innerhalb des Insolvenzverfahrens könnte die Gesellschaft abgewickelt oder saniert werden.

599 Keine Ausnahme, sondern Folge der Auflösung wäre es, wenn die Gesellschaft später mit dem insolventen Gesellschafter fortgesetzt würde. Das wäre möglich, wenn der Verwalter dessen Gesellschaftsanteil freigibt, vgl. MünchKomm-BGB/*C. Schäfer*, § 728 Rn. 44.

(1) Keine negative Einflussnahme

Eine Umdeutung wäre nicht in jedem Fall vonnöten. Besteht eine Gesellschaft zum Beispiel aus vier Gesellschaftern, könnte für die ersten zwei an der vereinbarten Ausscheidensfolge festgehalten werden. Es besteht kein Grund, diese Gesellschafter in der Gesellschaft zu halten, vor allem nicht, wenn man mit BGHZ 201, 129 in jedem insolventen Gesellschafter, der Mitglied der Gesellschaft bleibt, die Gefahr einer Interessenkollision sieht (oben Fußnote 581). Erst für den vorletzten und für den letzten Gesellschafter wäre die Fortsetzungsklausel in eine Auflösungsklausel umzudeuten.[600] Aber entspräche eine solche Umdeutung überhaupt dem Willen der Gesellschafter? Hätten die Gesellschafter die Auflösung der Gesellschaft vereinbart, wenn sie an das Scheitern ihres Unternehmens gedacht hätten? Bedenken bestehen deshalb, weil der Auflösung zunächst ein Verfahren nach den §§ 731–735 BGB folgt. Das Verfahren wäre mal kürzer mal länger, manchmal könnte es sogar enden, ohne jemals in ein Insolvenzverfahren überzugehen – gleichwohl: Wer auf dieses Verfahren blickt, der wird sich an den BGH (WM 1964, 1086; oben a) erinnern. Der BGH hatte die Reduktion einer Ausscheidensregel abgelehnt, weil ein insolventer Gesellschafter das Verfahren in seinem Sinne beeinflusse. Nun geht es an dieser Stelle nicht um eine Reduktion, sondern um eine Umdeutung; das Ergebnis wäre aber das gleiche. Man erhielte eine aufgelöste Gesellschaft, die zum Teil aus insolventen Gesellschaftern bestünde.

Im Unterschied zu a könnte man sich nicht mehr auf die Besonderheiten des Insolvenzverfahrens berufen. Diesmal wäre die Gesellschaft nicht aufgelöst, weil sie insolvent ist; es wäre vielmehr die Unternehmensinsolvenz, die ihr den werbenden Status nähme. Das bedeutet zugleich, dass die Abwicklung den Gesellschaftern obläge. Trotzdem können die Bedenken des BGH nicht durchgreifen. Zum einen wäre die Gesellschaft erst in dem Moment aufgelöst, in dem sie ihren vorletzten Gesellschafter verlöre. Die Gefahr einer Einflussnahme wäre also gering, zumal den letzten Gesellschafter bald das gleiche Schicksal ereilte. Zum anderen würden früher oder später die insolvenzrechtlichen Beschränkungen eingreifen. Knüpfte man die Umdeutung der Fortsetzungsklausel an eine Unternehmensinsolvenz, wird die Gesellschaft nicht ewig standhalten können. Greifen die insolvenzrechtlichen Beschränkungen ein, wäre die Überlegung die

600 Anders wäre zu entscheiden, wenn die Insolvenz des vorletzten Gesellschafters mit der Insolvenz eines anderen (nicht des letzten!) Gesellschafters zusammenfällt: Würden von vier Gesellschaftern drei gleichzeitig insolvent, blieben sie alle Mitglied der Gesellschaft; die Gesellschaft wäre aufgelöst.

gleiche wie zuvor: keiner der beiden Gesellschafter könnte einen negativen Einfluss ausüben.

(2) Bündelung der Haftung

Wären keine Nachteile zu besorgen, stellte sich die Frage nach dem Nutzen einer Umdeutung. Der Nutzen einer Umdeutung läge darin, dass die Gesellschaft erhalten bliebe; sie bestünde fort und wäre (wie in der Konstellation zuvor; oben a) der Dreh- und Angelpunkt der Unternehmensinsolvenz. Im gesellschaftsrechtlichen Verfahren, das der Auflösung folgt, bewirkten dies die §§ 733–735, 739 f. BGB. Die Gesellschafter (oder ihre Insolvenzverwalter) hätten aus dem Gesellschaftsvermögen zunächst die gemeinschaftlichen Schulden zu berichtigen.[601] Anschließend könnten sie auf den Überschuss zugreifen, der in ihre Insolvenzmasse fiele.[602] Verbliebe kein Überschuss, sondern ein Fehlbetrag, wären sie zum Ausgleich verpflichtet;[603] sie müssten das Gesellschaftsvermögen wieder auffüllen, was an sich bedeutete: Die Unternehmensverbindlichkeiten würden über die Gesellschaft liquidiert. Dass die Gläubiger auf die Gesellschafter zugreifen können, änderte nichts; die Gesellschafter sind überwiegend insolvent, weshalb die Aufmerksamkeit allein der Gesellschaft gälte. Würde später auch die Gesellschaft insolvent,[604] bliebe sie der Mittelpunkt; sie könnte wie im gesellschaftsrechtlichen Verfahren abgewickelt oder saniert werden.

Blickt man auf die Abwicklung, bedeutete das für die Gesellschafter, dass sie zunächst nach innen (§§ 735, 739 f. BGB) und nach außen (§ 128 HGB) hafteten. Weil die Aufmerksamkeit der Gläubiger allein der Gesellschaft gälte, würde ihre Haftung aber faktisch über die Gesellschaft realisiert. Sie hätten es vor allem mit den Liquidatoren (den Insolvenzverwaltern der verbliebenen Gesellschafter) zu tun, bei denen sie umgekehrt ihre Ansprüche gegen die Gesellschaft geltend

---

601 Vgl. Staudinger/*Habermeier*, § 728 Rn. 22: Ein Insolvenzverwalter ist „nach § 733 Abs. 1 (…) den Gesellschaftern gegenüber gehalten, vor einer Verteilung des Liquidationserlöses für eine Berichtigung der Gesellschaftsschulden Sorge zu tragen, um nach Möglichkeit die persönliche Inanspruchnahme durch die Gesellschaftsgläubiger auszuschließen".

602 Der früheren Rechtsprechung des BGH, wonach das Gesellschaftsvermögen bei Insolvenz aller Gesellschafter anteilig in deren Insolvenzmasse fällt (oben A I 2), ist heute nicht mehr zu folgen. Sie beruhte darauf, dass die BGB-Gesellschaft unter der KO nicht konkursfähig war, vgl. *Noack*, Gesellschaftsrecht, Rn. 549.

603 Der Ausgleichsanspruch steht der Gesellschaft zu; er ist von den Liquidatoren geltend zu machen, vgl. MünchKomm-BGB/*C. Schäfer*, § 735 Rn. 5.

604 Konzentrierte sich alles auf die Gesellschaft, wäre ihre Insolvenz nur eine Frage von Tagen oder Wochen; BGH ZIP 2008, 1677 mag insoweit eine Ausnahme sein.

machen könnten. Vor den Privatgläubigern der anderen Gesellschafter wären sie sicher. Würde später auch die Gesellschaft insolvent, endete die Innenhaftung – § 735 BGB wäre nicht mehr anwendbar, vgl. Kapitel 1, B IV – und die Außenhaftung unterläge dem § 93 InsO. Sonst gälte, was unter a festgehalten wurde: Die Gesellschafter könnten sich wegen ihrer Ansprüche an den Insolvenzverwalter halten; von den Privatgläubigern hätten sie nichts zu befürchten. Blickt man auf die Sanierung, bedeutete das Vorausgehende, dass eine Neuordnung der Vermögensverhältnisse möglich bliebe. Im Verfahren nach den §§ 731–735 BGB könnten die Gläubiger auf ihre Forderungen (oder auf einen Teil davon) verzichten, um das Unternehmen zu entschulden. Sie könnten auch einen Anteil an der Gesellschaft erwerben oder den Anteil eines insolventen Gesellschafters übernehmen, um der Gesellschaft neues Kapital zu verschaffen. Wenn sie eine persönliche Haftung scheuten, sogar nach Umwandlung der Gesellschaft in eine KG; die Einzelheiten wurden unter II 4 e erörtert. Gelänge eine Reorganisation und entfiele der Auflösungsgrund, könnte die Gesellschaft fortgesetzt werden. Die Gesellschafter wären beteiligt oder aus ihrer Haftung entlassen. Im Insolvenzverfahren ließe sich Ähnliches erreichen. Stimmten die Beteiligten einem Insolvenzplan zu, verspräche § 245 InsO den Gesellschaftern einen Teil des verbliebenen Unternehmenswertes.

Unterm Strich stünde, dass die Gesellschaft durch eine Umdeutung im Spiel bliebe. Ihr wäre das Gesellschaftsvermögen, zu dem das Unternehmen gehört, weiter zugeordnet; außerdem bündelte sie die Haftung – zunächst tatsächlich, später rechtlich. Beides käme den (insolventen) Gesellschaftern zugute. Hätten sie einen Anspruch gegen die Gesellschaft, bewahrte sie die Vermögenszuordnung vor einer Konkurrenz mit den Privatgläubigern. Die Haftungsbündelung sorgte dafür, dass ihre persönliche Haftung nicht willkürlich realisiert würde, sondern geordnet über die Gesellschaft. Käme eine Reorganisation in Betracht, böte sich ihnen sogar ein Ausweg aus der Insolvenz; wäre die Unternehmensinsolvenz beseitigt, entfiele ihr Insolvenzgrund.[605] Weil die Umdeutung schließlich den Gesellschaftsgläubigern nutzte,[606] ist anzunehmen, dass sie dem hypothetischen Parteiwillen entspricht. Hätten die Gesellschafter an die Insolvenz ihres Unternehmens gedacht, hätten sie die Auflösung der Gesellschaft vereinbart.

605 Zu den Zusammenhängen oben Kapitel 2, A II.

606 Sie müssten wegen der Vermögenszuordnung nicht mit den Privatgläubigern konkurrieren (dazu oben II 1 b) und würden wegen der Haftungsbündelung gleich behandelt. Außerdem hätten sie von einer Sanierung mehr als von einer Zerschlagung.

Wie die Vereinbarung aussehen könnte, zeigt Abs. 3; zumindest der Idee nach. Die Fassung, in der er vorangestellt war, ginge noch zu weit. Sie gälte nicht nur für die Konstellation einer Unternehmensinsolvenz, sondern für sämtliche Fälle, in denen die Gesellschaft ihren vorletzten Gesellschafter verlöre. Das ist nicht richtig.[607] Um den Absatz auf die Unternehmensinsolvenz zu beschränken, wären ihm gedanklich zwei weitere Sätze hinzuzufügen. Ausformuliert könnte er lauten:

> (3) [1]Würde im Fall des Absatzes 1 Nr. 1 das Ausscheiden eines Gesellschafters zum Verbleib nur eines Gesellschafters führen, so tritt an die Stelle des Ausscheidens die Auflösung der Gesellschaft. [2]Satz 1 gilt nicht, wenn die Insolvenz des Gesellschafters private Gründe hat. [3]Die Insolvenz des Gesellschafters hat private Gründe, wenn sie nicht auf den Schulden der Gesellschaft beruht.

Satz 2 stellt klar, dass die vereinbarte Ausscheidensfolge nur entfällt, wenn die Gesellschafterinsolvenz mit dem Scheitern des Unternehmens zusammenhängt. Nur in diesem Fall ist der Vertrag lückenhaft (oben aa) und nur in diesem Fall entspricht eine Umdeutung dem hypothetischen Parteiwillen. Satz 3 bestimmt, wann der Zusammenhang fehlt; dann nämlich, wenn die Gesellschafterinsolvenz nichts mit den Unternehmensverbindlichkeiten (den Verbindlichkeiten der Gesellschaft) zu tun hat. Gemeinsam bilden die Sätze 2 und 3 eine Ausnahme, denn wie an anderer Stelle gesehen ist die Unternehmensinsolvenz der Regelfall.

cc) Kein Verbot der Umdeutung

Eine Umdeutung der Fortsetzungsklausel ist rechtlich möglich. Ersetzt man das Ausscheiden des insolventen Gesellschafters durch die Auflösung der Gesellschaft, bewegt sie sich innerhalb des Rahmens, den die §§ 728 Abs. 2 Satz 1, 736 BGB vorgeben. Einwände könnten insoweit erhoben werden, als eine Umdeutung die Fortsetzungsklausel in ihr Gegenteil verkehrt. Statt einen insolventen Gesellschafter ausscheiden zu lassen, löste man die Gesellschaft auf. Widerspräche dies nicht der Privatautonomie?[608] Die Antwort ist nein. Zum einen stünde die Umdeutung im Einklang mit dem hypothetischen Parteiwillen; die Parteien hätten die Auflösung vereinbart, wenn sie an die Unternehmensinsolvenz gedacht hätten. Zum anderen hat man es mit einer verdeckten Vertragslücke zu tun. Deren Besonderheit besteht darin, dass die Parteien die Reichweite ihrer Regelung falsch eingeschätzt haben. Sie haben übersehen, dass die Regelung Fälle erfasst, die sie ihrem Zweck nach nicht erfassen sollte (die

---

607 Aus diesem Grund wäre auch der Vorschlag von *Korkmaz* abzulehnen.

608 Vgl. dazu BGHZ 160, 354, 365; Staudinger/*Roth*, § 157 Rn. 38.

Unternehmensinsolvenz). Nur für diese Fälle ist die Regelung zu ergänzen. Die Auflösung der Gesellschaft ist die logische Folge, weil ein insolventer Gesellschafter und eine werbende Gesellschaft nicht zusammenpassen.

c) Kombination aus Reduktion und Umdeutung?

Die Überlegungen haben bisher Folgendes ergeben: Haben die Gesellschafter das Scheitern ihres Unternehmens nicht bedacht, kann die Ausscheidensfolge korrigiert werden – durch Reduktion, wenn die Unternehmensinsolvenz bei der Gesellschaft beginnt; durch Umdeutung, wenn sie ihren Anfang bei den Gesellschaftern nimmt. Beide Male bliebe die (aufgelöste) Gesellschaft erhalten und beide Male wäre sie der Mittelpunkt der Unternehmensinsolvenz.

Im Hinblick auf ihre Anforderungen wäre eine Reduktion enger. Sie setzte nicht nur das Scheitern des Unternehmens voraus, sondern auch die Auflösung der Gesellschaft. Weil eine Reduktion deshalb in manchen Fällen auf eine Umdeutung angewiesen wäre, eine Umdeutung aber ohne Reduktion auskäme, wäre noch zu überlegen, ob nicht die Lösung allein in der Umdeutung liegt. Das hieße, man nähme die Ausscheidensfolge zunächst einmal hin, gleich, ob die Gesellschaft insolvent ist oder nicht; erst in dem Moment, in dem der vorletzte Gesellschafter ausscheiden müsste, würde die Gesellschaft aufgelöst. Ein solcher Ansatz dürfte vor allem diejenigen zufriedenstellen, die in der Reduktion einen Interessenkonflikt sehen. Er hätte außerdem den Vorteil, dass die Korrektur der Fortsetzungsklausel minimal ausfiele; er griffe erst ein, wenn es anders nicht mehr ginge. Obwohl der Ansatz verlockend klingt, ist eine Kombination der beiden Ergänzungen sinnvoller. Zum einen fängt die Unternehmensinsolvenz gewöhnlich bei der Gesellschaft an. Das Unternehmen bildet deren gesamtes Vermögen; ist es insolvent, ist sie es auch (vgl. Kapitel 2, A II). Und ist die Gesellschaft insolvent, sind die Voraussetzungen der Reduktion erfüllt. Fälle wie BGH ZIP 2008, 1677, bei denen eine Umdeutung nötig wäre, sind die Ausnahme. Zum anderen hat die Reduktion nicht mit den gleichen Unsicherheiten zu kämpfen wie die Umdeutung, was an ihrem unterschiedlichen Anknüpfungspunkt liegt; dazu noch unter VI.

Abschließend ist damit festzuhalten: Handelt es sich bei der unvollkommenen Doppelinsolvenz um eine Unternehmensinsolvenz, ist der Gesellschaftsvertrag einer BGB-Gesellschaft zu ergänzen.

4. Zwischenfazit

Am Anfang des Abschnitts stand die Frage, welche Methode den Vorzug verdient, die Rechtsfortbildung oder die ergänzende Auslegung. Um eine Antwort zu finden, war zunächst ein anderes Verhältnis in den Blick zu nehmen: das Verhältnis von ergänzender Auslegung und dispositivem Gesetzesrecht. Dort ist nach herrschender Meinung maßgebend, ob das Gesetz eine Regelung bereithält, die dem typischen Parteiwillen entspricht. Tut es dies, ist eine vertragliche Lücke durch das Gesetz zu schließen; fehlt eine solche Regelung, kommt die ergänzende Auslegung zum Zuge. Im Gesellschaftsrecht hat das zur Folge, dass § 131 Abs. 3 Satz 1 Nr. 2 HGB, nicht aber § 728 Abs. 2 Satz 1 BGB aushelfen kann, wenn der Gesellschaftsvertrag zur Insolvenz eines Gesellschafters schweigt: Während die handelsrechtliche Regelung (Ausscheiden des Gesellschafters) der wirtschaftlichen Realität entspricht, ist ihr bürgerlich-rechtliches Gegenstück (Auflösung der Gesellschaft) veraltet. Bei einer OHG oder KG ist deshalb das Gesetz vorrangig, bei einer BGB-Gesellschaft die ergänzende Auslegung.

Für eine BGB-Gesellschaft ist die Antwort damit schon gefunden. Weil die Ausscheidensfolge allein dem Parteiwillen entspringt, ist die Regelungslücke, die sich in der Unternehmensinsolvenz offenbart, durch ergänzende Auslegung zu schließen; eine Rechtsfortbildung kommt nicht in Betracht. Anders bei einer OHG oder KG. Unabhängig davon, was die Gesellschafter vereinbart haben – nichts, die gesetzliche Regelung oder eine Fortsetzungsklausel –, bieten sich zwei verschiedene Anknüpfungspunkte für eine Ergänzung: das Gesetz und der Vertrag. Für sich alleine sind beide falsch. Ergänzte man das Gesetz, wären die Gesellschafter an die inhaltliche Entscheidung (teleologische Reduktion oder Analogie) gebunden; ihnen könnte etwas aufgedrängt werden, das sie nicht gewollt haben. Vervollständigte man den Vertrag, entstünde ein dispositiver Rechtssatz, dessen Bedeutung über die konkrete Vereinbarung hinausreicht. Die Lösung liegt daher in der Mitte. Zunächst ist das Gesetz zu ergänzen, entweder durch teleologische Reduktion oder Analogie; anschließend ist die Vertragslücke auszufüllen. Insgesamt ist damit festzuhalten: Die unvollkommene Doppelinsolvenz ist bei einer BGB-Gesellschaft durch ergänzende Auslegung zu bewältigen, bei einer OHG oder KG durch doppelte Fortbildung.

Es sind zwei Gesichtspunkte an die eine ergänzende Auslegung anknüpfen könnte: An die Insolvenz der Gesellschaft, indem sie die Fortsetzungsklausel für diesen Fall reduzierte; oder an die Insolvenz des vorletzten Gesellschafters, indem sie die Fortsetzungsklausel für diesen Fall in eine Auflösungsklausel umdeutete. Für sich alleine stünde nur die Umdeutung. Eine Reduktion wäre darauf angewiesen, dass sie notfalls um eine Umdeutung ergänzt wird, nämlich in dem Fall, in dem die Unternehmensinsolvenz ihren Weg über die Gesellschafter nimmt. Ich meine, dass Folgendes richtig wäre: Nimmt die Unternehmensinsolvenz ihren Weg über die Gesellschaft und ist die Gesellschaft bereits aufgelöst, ist die Ausscheidensfolge zu reduzieren und sind die verbliebenen Gesellschafter in der Gesellschaft zu halten. In den übrigen Fällen genügt es, wenn die Ausscheidensfolge in dem Moment in eine Auflösungsfolge umgedeutet wird, in dem der vorletzte Gesellschafter der Insolvenz anheimfällt. Geht es nicht um eine Unternehmensinsolvenz, bewendet es bei der vorgesehenen Ausscheidensfolge. Der verbliebene Gesellschafter übernimmt das Unternehmen und kann entscheiden, ob er es fortführen möchte. Für die Gläubiger ist das kein Nachteil, weil ihnen das ehemalige Gesellschaftsvermögen haftet.

Beide Möglichkeiten – Reduktion und Umdeutung – sind mit Unsicherheiten verbunden. Um diese Unsicherheiten soll es aber erst im Anschluss an den nächsten Abschnitt gehen, denn wie sich dort zeigen wird, hat die teleologische Reduktion des § 131 Abs. 3 Satz 1 Nr. 2 HGB mit ähnlichen Unsicherheiten zu kämpfen. Sie sollen daher gemeinsam unter VI behandelt werden.

V. Doppelte Fortbildung bei OHG und KG

Nachdem für die BGB-Gesellschaft eine Lösung gefunden ist, soll es nun um die beiden Handelsgesellschaften gehen. Bei diesen steht bislang fest: Eine ergänzende Auslegung reicht nicht aus (oben IV 2 a–c); um die Probleme der unvollkommenen Doppelinsolvenz zu lösen, ist sie mit einer Rechtsfortbildung zu kombinieren. Die Überlegungen beginnen bei der Frage, wie das Gesetz zu vervollständigen ist. Als Prätendenten stehen die teleologische Reduktion und die Analogie bereit.

1. Ergänzung des Gesetzes durch teleologische Reduktion oder Analogie?

Eine teleologische Reduktion oder eine Analogie kommt nur in Betracht, wenn ihre Voraussetzungen erfüllt sind.

a) Gesetzeslücke

Die Rechtsfortbildung setzt eine Lücke im Gesetz voraus. Eine Lücke ist zu bejahen, wenn das Gesetz für eine bestimmte Fallgruppe keine Regelung enthält, obwohl es nach dem Plan des Gesetzgebers eine Regelung enthalten sollte (offene Lücke); oder wenn es eine Regelung enthält, die auf die Fallgruppe anwendbar ist, die aber ihrem Sinn und Zweck nach nicht passt (verdeckte Lücke).[609]

609 Vgl. *Larenz/Canaris*, S. 198 f.

aa) Unternehmensinsolvenz als verdeckte Lücke

Die Regelung des § 131 Abs. 3 Satz 1 Nr. 2 HGB enthält eine verdeckte Lücke, wenn sie für die unvollkommene Doppelinsolvenz nicht passt. Ob sie passt oder nicht, entscheidet ihr Zweck. Ihr Zweck ist nach dem Willen des Gesetzgebers ein zweifacher: sie soll den Fortbestand des Unternehmens sicherstellen und gleichzeitig die Gläubiger des insolventen Gesellschafters schützen.[610] Den ersten Zweck erreicht die Regelung, indem sie das Ausscheiden des Gesellschafters anordnet. Scheidet der Gesellschafter aus, muss das Unternehmen nicht abgewickelt werden; es kann von der Gesellschaft oder vom verbliebenen Gesellschafter fortgeführt werden. Den zweiten Zweck erreicht sie, indem sie den Privatgläubigern die Verwertung des Gesellschaftsanteils ermöglicht. Die Gläubiger können auf den Abfindungsanspruch zugreifen, der dem Gesellschafter wegen seines Ausscheidens zusteht.[611]

Beide Zwecke entfallen, wenn die Gesellschafterinsolvenz mit dem Scheitern des Unternehmens zusammenhängt. In dieser Konstellation führte die Regelung dazu, dass die Gesellschaft erlischt und dass der verbliebene Gesellschafter ein Unternehmen erhält, das überschuldet ist. Im Fall einer OHG würde der verbliebene Gesellschafter bald selbst insolvent – nicht nur wegen der Rechtsnachfolge, sondern auch wegen der persönlichen Haftung. Weder er noch die Gesellschaft könnten das Unternehmen fortführen. Bei einer KG scheint dies anders zu sein: Der verbliebene Kommanditist haftete bisher beschränkt; die Insolvenz konnte ihn nicht treffen. Weil der Kommanditist aber zum Einzelkaufmann würde, wenn er das Unternehmen fortführte (§ 27 Abs. 1 HGB; oben II 2 b), und weil sein Schicksal dann das gleiche wäre, ist ein Fortbestand des Unternehmens unwahrscheinlich. Den Gläubigern der insolventen Gesellschafter nutzte die Ausscheidensfolge auch nichts. Zwar richtete sich ein Abfindungsanspruch nach dem Erlöschen der Gesellschaft gegen den Rechtsnachfolger; wenn das Unternehmen insolvent ist, haben die ausgeschiedenen Gesellschafter aber keinen Anspruch, sie sind im Gegenteil zum Verlustausgleich verpflichtet (vgl. §§ 739 f. BGB).[612] Ihr Anteil wäre wertlos.

---

610 Allg. Begr. zum RegE, BT-Drs. 13/8444, S. 41 f.

611 Für gewöhnlich ist der Abfindungsanspruch durch den Gesellschaftsvertrag beschränkt; solange die Beschränkung nicht sittenwidrig ist, haben die Gläubiger das hinzunehmen, vgl. Staub/*C. Schäfer*, § 131 Rn. 89.

612 Das Gleich gälte bei einer Auflösung. Dort wären die Gesellschafter nach § 735 BGB zum Verlustausgleich verpflichtet. In beiden Fällen endete die Pflicht, wenn die Gesellschaft insolvent ist (oben Kapitel 1, B IV 2). Am Wert des Gesellschaftsanteils änderte das nichts.

Im Hinblick auf den Kontinuitätszweck könnte man zweierlei einwenden: Die Regelung erfüllt ihn weiterhin, weil er sich darauf beschränkt, die Notwendigkeit eines Fortsetzungsbeschlusses zu beseitigen;[613] die Regelung erfüllt ihn, weil der verbliebene Gesellschafter das Unternehmen veräußern kann.[614] Am ersten Einwand wäre richtig, dass die Fortführung des Unternehmens leichter fällt, wenn sie nicht einstimmig (vgl. § 119 Abs. 1 HGB) beschlossen werden muss. Wie der BGH in dem Urteil oben IV 3 a aa ausführt, ist ein insolventer Gesellschafter vor allem daran interessiert, durch die Verwertung des Gesellschaftsvermögens zu Gelde zu kommen; es kann schwierig sein, ihm eine Zustimmung abzutrotzen.[615] Gleichwohl darf man nicht übersehen, dass eine Erleichterung nur dort einen Sinn ergibt, wo die Fortführung möglich ist. Ist die Fortführung ausgeschlossen, weil das Unternehmen insolvent ist, nutzt es wenig, wenn die Gesellschafter sie nicht beschließen müssen: sie hätten sie niemals beschlossen oder beschließen dürfen. Dem zweiten Einwand stünde entgegen, dass der Gesetzgeber das Unternehmen nicht um seiner selbst willen erhalten möchte, sondern im Interesse der Gesellschafter. Wenigstens einer von ihnen soll das Unternehmen fortführen können. Die Gesetzesbegründung mag zunächst etwas anderes andeuten: „Die Liquidation des gemeinsamen Vermögens hat im Vergleich zur Veräußerung des Unternehmens erhebliche Wertverluste (…) zur Folge";[616] die nachfolgenden Zeilen machen aber klar, was mit dem Satz gemeint ist: Eine Abwicklung würde den Fortführungswert vernichten und das widerspräche dem Interesse der Gesellschafter. Man könnte vielleicht noch annehmen, dass es den Gesellschaftern genügt, wenn sie das Unternehmen veräußern können, wenn ihnen dessen Wert verbleibt; richtig wäre auch, dass diese Möglichkeit theoretisch besteht. Doch selbst wenn der Zweck der Regelung so zu verstehen sein sollte, würde sie ihn verfehlen: Ein insolventes Unternehmen findet schwerlich einen

613 Vgl. *Bork/Jacoby*, ZGR 2005, 611, 648; der Einwand ist zwar auf das Ausscheiden des einzigen Komplementärs (bei Verbleib mehrerer Kommanditisten) bezogen, er ließe sich aber genauso für die vorliegende Konstellation formulieren.

614 Vgl. *Bork/Jacoby*, ZGR 2005, 611, 631 f.

615 Die Treuepflicht hielte den Gesellschafter dazu an, der Fortsetzung zuzustimmen oder auszuscheiden, vgl. dazu Staub/*C. Schäfer*, § 131 Rn. 68. Ist er insolvent, käme die erste Alternative nur in Betracht, wenn der Verwalter den Anteil freigibt (oben Fn. 599); die zweite Alternative setzte voraus, dass er eine volle Abfindung erhält und von der Haftung für die Gesellschaftsverbindlichkeiten befreit wird, vgl. BGH WM 1986, 68, 69. Der Streit dreht sich daher meist um die Höhe der Abfindung.

616 Allg. Begr. zum RegE, BT-Drs. 13/8444, S. 41 f.

Käufer. Und fände es einen Käufer, wäre der Preis geringer als bei einem gesunden Unternehmen; ob er den Liquidationswert übersteigt, ist zweifelhaft.

Es bleibt dabei, dass § 131 Abs. 3 Satz 1 Nr. 2 HGB seine beiden Zwecke verliert, wenn die Gesellschafterinsolvenz mit dem Scheitern des Unternehmens zusammenhängt. Wie die Fortsetzungsklausel einer BGB-Gesellschaft passt die Regelung nur dort, wo die Insolvenz private Gründe hat.[617] Sie kann daher im Wege der teleologischen Reduktion um eine Einschränkung ergänzt werden.

bb) Gesamtrechtsnachfolge als offene Lücke

Das Gesetz enthält eine offene Lücke, wenn die §§ 11 Abs. 2 Nr. 2, 315 ff. InsO nicht nur für den Erbfall ins Schwarze treffen, sondern auch für die unvollkommene Doppelinsolvenz.[618]

Zusammen mit den §§ 1975 ff. BGB bezwecken die Regelungen zweierlei: Sie wollen den Erben vor einer Überforderung schützen und den Nachlassgläubigern eine geordnete Verwertung des Nachlasses ermöglichen.[619] Ausgangspunkt ist eine Vermögenssonderung. Beantragt der Erbe die Nachlassinsolvenz, wird der Nachlass vom Eigenvermögen des Erben getrennt; er wird zu einem Sondervermögen.[620] Als Sondervermögen ist er allein den Nachlassgläubigern zugewiesen, das heißt die Privatgläubiger des Erben können nicht mehr darauf zugreifen. Um zu verhindern, dass die Nachlassgläubiger auf das Eigenvermögen zugreifen, wird die erbrechtliche Haftung auf das übernommene Vermögen beschränkt. Das Eigenvermögen haftet so den Privatgläubigern, der Nachlass den Gläubigern des Erblassers. Beide Elemente der Nachlassinsolvenz (Vermögenssonderung und Haftungsbeschränkung) gehören nicht zwingend zusammen. Haftet der Erbe unbeschränkt, zum Beispiel, weil er das Unternehmen des Erblassers fortführt (vgl. §§ 27 HGB, 2013 BGB), können die Nachlassgläubiger dennoch eine Nachlassinsolvenz beantragen.[621] Der Erbe haftet dann weiterhin; der Nachlass wird aber vom Eigenvermögen abgeschottet und so dem Zugriff der Privatgläubiger entzogen.

---

617 Ebenso *Görg*, FS Runkel, S. 313, 326 f.

618 Lückenfeststellung und Lückenausfüllung wären in diesem Fall eins, vgl. dazu *Canaris*, S. 139 ff. („notwendige" Analogie); unten b.

619 MünchKomm-InsO/*Siegmann*, Vorbem. vor §§ 315 bis 331 Rn. 1; die Nachlassverwaltung, die in § 1975 BGB genannt und in den §§ 1981 ff. BGB näher geregelt ist, soll dem Erben die Verwertungslast nehmen; sie ist hier ohne Bedeutung.

620 Näher *Dauner-Lieb*, S. 43 ff.

621 MünchKomm-BGB/*Küpper*, § 1975 Rn. 4.

Für die unvollkommene Doppelinsolvenz fehlt eine vergleichbare Regelung, obwohl die Ausgangslage die gleiche ist. Einfaches Beispiel ist die zweigliedrige KG. Wird zunächst die KG und anschließend ihr persönlich haftender Gesellschafter insolvent, steht der Kommanditist wie ein Erbe da. Er ist der Rechtsnachfolger der erloschenen Gesellschaft und nunmehr Träger zweier Vermögen; seines eigenen und des übernommenen. Beide Vermögen werden zwangsläufig zu einem, wodurch die Privatgläubiger auf das Gesellschaftsvermögen und die Gesellschaftsgläubiger auf das Eigenvermögen zugreifen können. Das hat zur Folge, dass der Kommanditist für Verbindlichkeiten einstehen muss, für die er früher nicht haftete (oben II 2); und dass den Gesellschaftsgläubigern neue Konkurrenten erwachsen, die sie vorher nicht fürchten mussten (oben II 1). Man mag einwenden, der Kommanditist erwerbe das Gesellschaftsvermögen nicht im Wege der Gesamtrechtsnachfolge, sondern durch Anwachsung, weshalb die Ausgangslage eine andere ist. Doch zum einen ist das nicht richtig, oben I 2 a. Zum anderen spielte es keine Rolle, wie man den Erwerb des Vermögens einordnet; das Ergebnis wäre nämlich das gleiche.

Anders ist die Ausgangslage, wenn man das Beispiel abwandelt und aus der KG eine OHG macht. Der verbliebene Gesellschafter wäre auch in diesem Fall der Rechtsnachfolger der erloschenen Gesellschaft und auch bei ihm vereinigten sich die beiden Vermögen zu einem; er haftete aber nicht erst von da an für die Schulden der Gesellschaft, sondern von vorneherein, das heißt die Gesamtrechtsnachfolge änderte nichts.[622] Wenn die Gesamtrechtsnachfolge nichts änderte, ist das Gesetz dann lückenhaft? Die Antwort lautet ja. An dieser Stelle kommen nämlich die Gläubiger ins Spiel: Während die Gesellschaftsgläubiger schon früher auf das Eigenvermögen des Gesellschafters zugreifen konnten, war den Privatgläubigern der Zugriff auf das Gesellschaftsvermögen versperrt; das Vermögen war der Gesellschaft zugeordnet, es fiel erst nach deren Erlöschen mit dem Vermögen des verbliebenen Gesellschafters zusammen. Für die Privatgläubiger ist die Gesamtrechtsnachfolge deshalb eine glückliche Fügung, für die Gesellschaftsgläubiger ist sie ein Nachteil; sie müssen nun mit den Privatgläubigern konkurrieren.

Damit ist festzuhalten: Im Fall der unvollkommenen Doppelinsolvenz ist das Gesetz lückenhaft.

---

622 Etwas anderes gälte dort, wo die persönliche Haftung des Gesellschafters ausnahmsweise beschränkt ist (zum Beispiel durch eine Vereinbarung mit dem Vertragspartner): wegen der Gesamtrechtsnachfolge haftete er nun doch, vgl. *Bork/Jacoby*, ZGR 2005, 611, 646.

b) Lückenschließung

Für die unvollkommene Doppelinsolvenz lassen sich eine offene und eine verdeckte Lücke begründen – eine offene, indem man den Fall als regelungsbedürftig ansieht, eine verdeckte, indem man die Ausscheidensfolge als zweckwidrig begreift. Die offene Lücke kann durch eine Analogie zu den Regeln der Nachlassinsolvenz geschlossen werden; die Interessenlage ist vergleichbar. Die verdeckte Lücke kann ausgefüllt werden, indem man der Ausscheidensfolge eine Einschränkung hinzufügt: In denjenigen Fällen, in denen die Gesellschafterinsolvenz auf dem Scheitern des Unternehmens beruht, bleiben die betroffenen Gesellschafter in der Gesellschaft.

Der Analogieschluss ist unproblematisch. Wird die Lücke damit begründet, dass der Gesetzgeber nur den Erbfall und nicht die unvollkommene Doppelinsolvenz bedacht hat (obwohl beide Fälle vergleichbar sind), steht mit der Lücke gleichzeitig die Ergänzung fest: die Regeln der Nachlassinsolvenz gelten analog. Ähnlich scheint dies bei der teleologischen Reduktion zu sein. Geht die Ausscheidensfolge zu weit, ist sie einzuschränken. Wer die Reduktion etwas näher betrachtet, erkennt indes, dass der Gedankenschluss nur dort so einfach ist, wo die Unternehmensinsolvenz bei der Gesellschaft beginnt. In dieser Konstellation wäre die Gesellschaft aufgelöst, die Gesellschafter könnten ihr weiterhin angehören. Beginnt die Insolvenz bei den Gesellschaftern, wäre dies anders: Die Reduktion der Ausscheidensfolge hielte sie in einer werbenden Gesellschaft, was nach den vorausgehenden Überlegungen (oben IV 3 b) bedenklich ist. Wie die §§ 728 Abs. 2 Satz 1, 736 BGB will auch § 131 Abs. 3 Satz 1 Nr. 2 HGB die Gläubiger des insolventen Gesellschafters schützen; sie sollen entweder auf ein Auseinandersetzungsguthaben oder auf einen Abfindungsanspruch zugreifen können.[623] Man möchte vielleicht einwenden, dass die Gesellschaft bald das gleiche Schicksal ereilt; dass sie dann aufgelöst wird. Wie bei der BGB-Gesellschaft hülfe dieser Einwand aber nicht weiter. Zum einen kann es recht lange dauern, bis die Gesellschaft insolvent wird; zum anderen duldet das Gesetz keine Abweichung von der Auflösungs- oder Ausscheidensfolge: entweder wird die Gesellschaft aufgelöst oder der Gesellschafter scheidet aus.[624] Ebenso wenig ließe sich dagegenhalten, dass der Gesellschaftsanteil nunmehr wertlos ist; dass den Gläubigern weder ein Auseinandersetzungsguthaben noch ein Abfindungsanspruch zusteht. Das ist

623 Vgl. *Hueck*, § 23 V 1: In der Gesellschafterinsolvenz „können die Gläubiger verlangen, dass das in der Beteiligung ihres Schuldners steckende Vermögen zu ihrer Befriedigung verwandt, also aus der Bindung der OHG gelöst wird".

624 Vgl. Schlegelberger/*K. Schmidt*, § 131 Rn. 36 und 69.

zwar richtig, wie zuvor (unter a) gesehen. Deshalb von den beiden Alternativen abzuweichen, wäre aber falsch. Der Gesellschaftsanteil fällt in die Insolvenzmasse, gleich, ob er einen realisierbaren Wert hat oder nicht. Nur wenn ihn der Verwalter freigäbe, wäre eine Fortführung der Gesellschaft mit dem insolventen Gesellschafter möglich (oben Fußnote 599).

Es ist demnach zu unterscheiden: Beginnt die Unternehmensinsolvenz bei der Gesellschaft, ist eine Reduktion unproblematisch, nimmt sie ihren Anfang bei den Gesellschaftern, ist eine Reduktion bedenklich – ein Ergebnis, das demjenigen der BGB-Gesellschaft entspricht. Ist eine Reduktion deshalb nutzlos? Nein. Mit ihrer Hilfe lässt sich auch die zweite Konstellation lösen, der gedankliche Aufwand ist nur ein wenig größer. Zu einfach wäre, die zweite Konstellation beiseitezuschieben und darauf zu vertrauen, dass die Unternehmensinsolvenz bei der Gesellschaft beginnt. Wie an verschiedenen Stellen gesehen mag das die Regel sein; jede Regel hat aber ihre Ausnahme. Ein Beispiel war BGH ZIP 2008, 1677. Davon abgesehen wäre eine Rechtsfortbildung, die nur einen Teil des Problems löst, von vorneherein unvollständig.

aa) Keine „einfache" Reduktion

Darüber nachzudenken, wohin die Reduktion führt, brächte einem der Lösung auch nicht näher. Eine Rückkehr zum alten Recht (zu § 131 Nr. 5 HGB a.F.) wäre ausgeschlossen, weil eine Regelung, die nicht mehr gilt, keine Rechtswirkungen entfaltet. Eine Umdeutung der Ausscheidenfolge in eine Auflösungsfolge, wie sie bei der BGB-Gesellschaft erwogen wurde, wäre auch nicht möglich. Das liegt daran, dass die Reduktion nur eines kann: einschränken, nämlich eine Regelung auf diejenigen Fälle, die von ihrem Zweck erfasst sind; die Regelung durch eine andere ersetzen, das kann sie nicht. Denkbar wäre vielleicht noch, auf die Auflösung zu schließen. Kämen für die Gesellschafterinsolvenz zwei verschiedene Rechtsfolgen in Betracht, würde die Ablehnung der einen die Geltung der anderen bedeuten;[625] die Ausscheidensfolge einzuschränken hieße dann die Gesellschaft aufzulösen. Dass es zwei verschiedene Rechtsfolgen gibt, wurde schon festgehalten. Grund war aber nicht die Logik, sondern das Interesse der Gläubiger. Es wäre theoretisch möglich, einen insolventen Gesellschafter in einer werbenden Gesellschaft zu halten;[626] der Gesetzgeber möchte es nur

---

625 Ein Beispiel für einen solchen Schluss ist die Einschränkung des § 181 BGB bei lediglich vorteilhaften Geschäften (vgl. Staudinger/*Schilken*, § 181 Rn. 32): Aus der Einschränkung des Verbots folgt das Gegenteil, nämlich die Erlaubnis des Insichgeschäfts.

626 Vgl. MünchKomm-HGB/*K. Schmidt*, § 131 Rn. 69.

nicht (um ihretwillen). Anders als beim Insichgeschäft (Fußnote 625) wäre der Schluss daher falsch. Aus dem gleichen Grund darf man Auflösung und Ausscheiden nicht als Regel und Ausnahme deuten und aus der Einschränkung der Ausnahme auf die Geltung der Regel schließen.[627] Der Schluss wäre unlogisch; außerdem verhielte es sich genau andersherum.

bb) Kombination mit Analogie

Der richtige Ansatz wäre, in zwei (getrennten) Schritten zu denken. Die bisherigen Überlegungen waren Schritt eins. Es war festzustellen, dass die Insolvenz eines Gesellschafters nicht nur zwei, sondern theoretisch drei verschiedene Rechtsfolgen haben kann, und dass die Reduktion eine von ihnen streicht: das Ausscheiden des Gesellschafters. Übrig bleiben die Auflösung der Gesellschaft und ihr unveränderter Fortbestand. Intuitiv war anzunehmen, die Gesellschaft bestünde fort. Nichts schien näher zu liegen, wenn die Ausscheidensfolge entfällt, es schien logisch. Logisch ist der Schluss aber nicht, denn mit der Auflösung existiert eine weitere Alternative. Weil für die Auflösung das gleiche gälte, ist aus der Einschränkung lediglich zu folgern, dass ein insolventer Gesellschafter in der Gesellschaft bleibt; das Schicksal der Gesellschaft ist offen. Die offene Rechtsfolge ist keine Besonderheit dieses Falls. Es gibt andere Fälle, in denen sich Lückenfeststellung und Lückenausfüllung unterscheiden. Die Fälle eint, dass ein Umstand oder ein Ereignis mehr als zwei Rechtsfolgen haben kann, und dass die Reduktion eine von ihnen (die gesetzliche) eliminiert; die Reduktion ist nur der erste Schritt. In einem zweiten, methodisch getrennten Schritt muss ermittelt werden, welche Rechtsfolge eingreift.[628] Weil die Rechtsfolge meist einer ähnlichen Regelung entstammt, handelt es sich dabei um einen Analogieschluss.[629] Steht also mit der Lücke nicht zugleich ihre Ausfüllung fest, werden Reduktion und Analogie kombiniert: Die Reduktion beschränkt eine Regelung; die Analogie bestimmt, was stattdessen gilt.[630]

Beispiele für eine solche Kombination sind der beiderseitige Motivirrtum und die fehlerhafte Gesellschaft:[631] Schließen zwei Parteien einen Vertrag und irren beide über eine verkehrswesentliche Eigenschaft (§ 119 Abs. 2 BGB), können

627 Ein Beispiel ist hier die Einschränkung des § 400 BGB: Durch die Einschränkung gilt wieder die Grundregel (§ 398 BGB), vgl. *Canaris*, S. 152 Fn. 35.

628 Vgl. *Canaris*, S. 152 f.;

629 Vgl. *Regenfus*, JA 2009, 579, 584.

630 Vgl. *Regenfus*, JA 2009, 579, 584.

631 Beispiele nach *Canaris*, S. 152 f.

beide ihre Willenserklärung anfechten; wer zuerst anficht, haftet dem anderen auf das Vertrauen. Weil es Zufall wäre, wer als erster anficht und dem anderen haftet, und weil dies dem Zweck der Regelung widerspräche, wird § 119 Abs. 2 BGB von der herrschenden Meinung auf den einseitigen Motivirrtum beschränkt.[632] Daraus folgt nicht etwa, dass die Parteien an den Vertrag gebunden bleiben; die Reduktion wird vielmehr durch eine Analogie zu § 313 BGB ergänzt, das heißt der beiderseitige Motivirrtum wird wie das Fehlen der Geschäftsgrundlage behandelt. Ähnlich sah man dies bei der fehlerhaften Gesellschaft. Eine Gesellschaft ist fehlerhaft, wenn ihr Gesellschaftsvertrag nichtig ist – weil er die falsche Form hat, weil er angefochten wurde etc.[633] Hat sie gleichwohl ihre Geschäfte aufgenommen, hat sie Forderungen erworben und Schulden begründet, kann eine Rückabwicklung schwierig sein.[634] Das RG (Z 156, 193) hat deshalb schon früh eine rückwirkende Nichtigkeit verneint; das Schrifttum ist ihm gefolgt.[635] Bei der dogmatischen Begründung war man sich uneins. Vorherrschend war lange Zeit die Auffassung, dass die Nichtigkeitsfolge für eine in Vollzug gesetzte Gesellschaft nicht passe, sie stattdessen aufgelöst und anschließend abgewickelt werden könne.[636] Was sich hinter der Auffassung verbarg, war nichts anderes als eine teleologische Reduktion der §§ 812 ff. BGB, die durch eine Analogie zu den Abwicklungsvorschriften ergänzt wurde.[637] Die Auffassung wird heute kaum mehr vertreten. Sie wurde aber nicht deshalb aufgegeben, weil sie methodisch zweifelhaft war; sie konnte nur nicht erklären, warum die Gesellschaft im Innenverhältnis bis zu ihrer Auflösung wirksam blieb. Hier liefert die Lehre vom fehlerhaften Verband ein passendes Erklärungsmodell.[638] Weil sie sich außerdem auf einen allgemeinen verbandsrechtlichen Grundsatz stützen kann, macht sie eine teleologische Reduktion (samt Analogie) entbehrlich.[639]

---

632 BGH WM 1986, 537, 539; *Bork*, Rn 944; *Wolf/Neuner*, § 42 Rn. 14; *Rösler*, JuS 2005, 120, 122; anders MünchKomm-BGB/*Finkenauer*, § 313 Rn. 149; *W. Flume*, Allgemeiner Teil II, § 24 4; *Medicus*, Rn. 778.

633 Vgl. *Wiedemann*, GesR II § 2 V 1.

634 Vgl. *C. Schäfer*, S. 71 ff.

635 Vgl. *C. Schäfer*, S. 73 f.; *Wiesner*, S. 35 ff.

636 Vgl. *Canaris*, S. 152 f.; *Hueck*, § 7 III; *Larenz*, Methodenlehre, S. 395 f.; die Auffassung wird heute noch vereinzelt vertreten, etwa von *Westermann* in Westermann/Wertenbruch, Rn. 219b („situationsgebundene teleologische Reduktion").

637 So ausdrücklich *Larenz*, Methodenlehre, S. 396.

638 Näher Staub/*C. Schäfer*, § 105 Rn. 327 ff.; *ders*, S. 137 ff.; *K. Schmidt*, GesR § 6 III; *ders.*, AcP 186 (1986), 421, 424 ff.; *Wiedemann*, GesR II § 2 V 1 b.

639 Vgl. Staub/*C. Schäfer*, § 105 Rn. 324.

Die Beispiele zeigen, dass eine kombinierte Rechtsfortbildung näherliegt, als es zunächst scheint. Sie ist keine methodische Spielerei, sondern manchmal vonnöten, um für eine Gesetzeslücke die passende Ergänzung zu finden. Wer sie ablehnt, muss die Reduktion insgesamt ablehnen. Er muss in Beispiel 1 die Parteien anfechten lassen und in Beispiel 2 die rückwirkende Unwirksamkeit anerkennen; und er muss darauf hoffen, dass der Gesetzgeber die unerwünschten Rechtsfolgen korrigiert. Die Rechtsfortbildung abzulehnen wäre klüger, wenn sie sich zu weit vom Gesetz entfernte. Das tut sie aber nicht. Der Regelungsplan des Gesetzgebers ist ihre Richtschnur. Der Plan entscheidet darüber, ob eine Regelung eingeschränkt wird, und er bestimmt, was stattdessen gilt; er verbindet Reduktion und Analogie, wenngleich sie äußerlich getrennt bleiben. Der Unterschied zur einfachen Reduktion ist damit ein kleiner: Bei dieser fügt sich schon das Gegenteil der eingeschränkten Regelung oder deren Grundregel in den Plan des Gesetzgebers; bei der kombinierten Rechtsfortbildung muss die passende Rechtsfolge noch ermittelt werden.

cc) Passende Rechtsfolge?

Ist eine kombinierte Rechtsfortbildung möglich, bliebe noch die Frage, was das für die (werbende) Gesellschaft bedeutet: wird sie aufgelöst oder besteht sie unverändert fort? Die Antwort findet sich im Zweck der Auflösungs- und Ausscheidensfolge, im Plan des Gesetzgebers. Durch die beiden Alternativen soll der Anteil des insolventen Gesellschafters aus seiner Bindung gelöst werden;[640] er soll zu Geld gemacht werden (durch Auseinandersetzung oder Abfindung), um die Gläubiger zu befriedigen. Fällt die eine Alternative weg, wäre noch die andere da, um diesen Zweck zu erfüllen. Die Auflösung verwandelte den Anteil in ein Auseinandersetzungsguthaben, was für die Gläubiger sogar ein Vorteil wäre, wenn die Abfindung vertraglich beschränkt ist; oben Fußnote 611. Der Fortbestand erhielte die Bindung dagegen aufrecht. Er verhinderte, dass der im Anteil steckende Vermögenswert realisiert wird, weshalb die Auflösung den Vorzug verdient. Man möchte vielleicht erneut einwenden, dass der Anteil des insolventen Gesellschafters wertlos ist; dass es keinen Unterschied macht, ob man ihn aus seiner Bindung löst oder nicht. Dieser Einwand wäre richtig, er übersähe aber den Grund, aus dem die Ausscheidensfolge eingeschränkt wird: die Insolvenz des Unternehmens. Ist das Unternehmen insolvent, wäre es sinnlos, die Gesellschaft noch länger fortbestehen zu lassen. Vernünftig wäre, sie aufzulösen.

640 Vgl. *Hueck*, § 23 V 1.

Begründen ließe sich dies mit einer Analogie zu § 131 Abs. 1 Nr. 3 HGB; denn die Unternehmensinsolvenz ist mit der Insolvenz der Gesellschaft vergleichbar.

Für die Gegner einer teleologischen Reduktion mag eine solche Kombination ein Kunstgriff sein, ein fintenreicher Versuch, die Lösung noch zu retten. Ihnen wäre entgegenzuhalten: Zu einem solchen Kunstgriff sind auch sie gezwungen, wenn sie für die vollkommene Doppelinsolvenz eine Reduktion befürworten. Wie zuvor (unter C II) gesehen, ist eine Reduktion dort unverzichtbar, weil das Vermögen der Gesellschaft sonst herrenlos würde; ist die Gesellschaft (noch) nicht insolvent, sei von einem ungeschriebenen Auflösungsgrund auszugehen, der die Anwendung des § 131 Abs. 3 Satz 1 Nr. 2 HGB sperrt. Man kann die Konstruktion bezeichnen wie man möchte; methodisch ist sie nichts anderes als eine teleologische Reduktion, die durch eine Analogie ergänzt wird. Wer für die unvollkommene Doppelinsolvenz eine teleologische Reduktion erwägt, ist deshalb nur konsequent. Er legt beiden Konstellationen den gleichen Ansatz zugrunde und meidet den Zufall: behandelt man beide Konstellationen gleich, spielt es keine Rolle mehr, wann die Insolvenzverfahren des vorletzten und des letzten Gesellschafters eröffnet werden.

Abschließend ist festzuhalten: wer § 131 Abs. 3 Satz 1 Nr. 2 HGB teleologisch reduzieren möchte, muss in zwei Schritten denken. In einem ersten Schritt ist die Regelung einzuschränken: Beruht die Gesellschafterinsolvenz auf dem Scheitern des Unternehmens, scheiden die betroffenen Gesellschafter nicht aus. In einem zweiten Schritt ist zu überlegen, was stattdessen gilt. Besteht die Gesellschaft fort oder wird sie aufgelöst? – Wenn die Unternehmensinsolvenz bei der Gesellschaft beginnt, ist die Rechtsfolge vorgezeichnet. Die Gesellschaft ist bereits aufgelöst; sie wieder zu einer werbenden Gesellschaft zu machen, ist ausgeschlossen. Wenn die Insolvenz dagegen bei den Gesellschaftern beginnt, ist die Einschränkung um eine Analogie zu ergänzen; die Gesellschaft wird aufgelöst.[641]

Wer dieses Ergebnis mit demjenigen der BGB-Gesellschaft vergleichen, der stellt fest: Umdeutung (oben IV 3 b) und kombinierte Rechtsfortbildung sind im Grunde das Gleiche. Beide Male wird die Ausscheidensfolge eingeschränkt und beide Male wird sie durch eine Regelung ersetzt, die dem Willen ihres Schöpfers (der Parteien; des Gesetzgebers) entspricht. Der Unterschied liegt in der Methode (ergänzende Auslegung; Rechtsfortbildung). Im Folgenden soll der Einfachheit halber lediglich von einer (teleologischen) Reduktion die Rede sein.

641 Ähnlich für die Insolvenz des einzigen Komplementärs *Kriebel*, S. 212 ff.; unten E II 1.

c) *Kein methodisches Vorrangverhältnis*

Die bisherigen Überlegungen haben gezeigt: Beide Arten der Rechtsfortbildung sind möglich. Man kann von einer verdeckten Gesetzeslücke ausgehen und sie durch teleologische Reduktion schließen oder von einer offenen und sie durch Analogie ausfüllen. Im Folgenden soll es um die Frage gehen, ob eine der beiden Methoden den Vorrang hat; ob sie der anderen vorgeht.

Ein erster Einfall wäre, bei der Gesetzeslücke anzusetzen. Im Schrifttum wird vereinzelt die Auffassung vertreten, eine teleologische Reduktion sei entbehrlich, weil es die Analogie gebe.[642] Hinter dieser Auffassung steht der Gedanke, dass die Ausscheidensfolge richtig ist (dass sie ihren Zweck erfüllt), wenn man sie um die Regeln der Nachlassinsolvenz ergänzt; schließt man die offene Lücke, gibt es keine verdeckte mehr. Gegen die Auffassung spricht, dass sie sich genauso gut umkehren lässt. Füllt man die verdeckte Lücke aus, indem man der Ausscheidensfolge eine Einschränkung hinzufügt, besteht keine offene mehr; die Gesamtrechtsnachfolge des verbliebenen Gesellschafters entfiele und eine Analogie wäre überflüssig. Aus dem Gleichheitssatz, der die Rechtsfortbildung legitimiert, folgt nichts Anderes. Geht es bei der Analogie darum, Gleiches gleich zu behandeln, ist es bei der teleologischen Reduktion andersherum: Ungleiches wird ungleich behandelt. Dass nun der positive dem negativen Gleichheitssatz vorginge, lässt sich nicht behaupten. Die Auffassung beschreibt damit nur den Zusammenhang, der zwischen den beiden Lücken besteht: Schließt man die eine, entfällt die andere. Welche Lücke man schließt, ist aber nicht vorherbestimmt. Wenn also formuliert wird, aufgrund der Analogie sei eine teleologische Reduktion entbehrlich, ist das nicht mehr als ein frommer Wunsch.

Ein zweiter Gedanke gälte der Rechtssicherheit. Die teleologische Reduktion wird zum Teil abgelehnt, weil die Ausscheidensfolge dispositiv ist; stehe es den Parteien frei, eine abweichende Regelung zu treffen, sei unklar, was gelte, wenn man die gesetzliche Regelung einschränkt.[643] Dieser Einwand betrifft das Verhältnis von Rechtsfortbildung und ergänzender Auslegung, das bereits unter IV 1 und 2 beleuchtet wurde. Zur Erinnerung: Unabhängig davon, was die Parteien vereinbart haben, liegt die Lösung in einer doppelten Fortbildung. Zunächst wird das Gesetz ergänzt, anschließend der Vertrag. Wenn man die gesetzliche Ausscheidensfolge einschränkt, überträgt man die Einschränkung auf den Vertrag, es sei denn, der Regelungsplan der Parteien sieht etwas Anderes vor. Die Unsicherheit, die bleibt, ist der Wille der Parteien. Doch zum einen ist das beim

642 Vgl. *Albertus/Fischer*, ZInsO 2005, 246, 250.
643 Vgl. *Bork/Jacoby*, ZGR 2005, 611, 648.

Willen des Gesetzgebers genauso. Wer über eine Analogie nachdenkt, kann auch nur vermuten, was der Gesetzgeber getan hätte; was er geregelt hätte, wenn die Gesamtrechtsnachfolge des verbliebenen Gesellschafters Teil seines Plans gewesen wäre. Man kann aus dem Zweck der Regelung seine Schlüsse ziehen, letzte Gewissheit wird man nie erreichen. Zum anderen orientiert sich die ergänzende Auslegung zwar prinzipiell am individuellen und nicht am typischen Interesse. Haben die Parteien aber nur die gesetzliche Regelung übernommen oder haben sie eine inhaltsgleiche Vereinbarung getroffen, stimmt das individuelle mit dem typischen Interesse überein, was im Grunde bedeutet: Vertrag und Gesetz sind eins; wird das Gesetz eingeschränkt, wird es der Vertrag auch. Unsicherheiten, die das Verhältnis der beiden Rechtsquellen betreffen, bestehen keine.

Eine letzte Idee beträfe die Legitimation. Man könnte gegen die teleologische Reduktion einwenden, dass sie mit einer Analogie kombiniert werden muss, um alle Konstellationen der unvollkommenen Doppelinsolvenz zu lösen; und dass sie sich deshalb zu weit vom Gesetz entfernt. Wie bereits gesehen, wäre dieser Einwand verfehlt. Auch eine kombinierte Rechtsfortbildung ist an den Plan des Gesetzgebers gebunden; außerdem vermeidet sie den Zufall. Davon abgesehen müsste sich die Analogie den gleichen Einwand gefallen lassen. Im Unterschied zur teleologischen Reduktion kommt sie mit einer Regelung nicht aus. Um die Lücke zu schließen, muss sie eine Vielzahl von Regelungen anwenden, die noch dazu aus drei verschiedenen Gesetzen (BGB, HGB und InsO) stammen. Dass diese Lösung näher am Gesetz liegt, ist zu bezweifeln.[644]

Damit ist festzuhalten: Die Frage, ob eine der beiden Lösungen den Vorzug verdient, lässt sich nicht auf methodischer Ebene beantworten.[645] Es müssen andere Gesichtspunkte sein, die den Ausschlag geben.

d) Schwächen der Analogie

Bisher stand die Methodik im Vordergrund. Es wurde festgestellt, dass beide Arten der Rechtsfortbildung möglich sind und dass keine aus sich heraus den Vorrang hat. In den folgenden Zeilen soll überprüft werden, ob beide die beschriebenen Probleme (oben II) lösen können oder ob eine von ihnen versagt. Helfen sollen einige Beispiele: In Beispiel 1 geht es um eine mehrgliedrige OHG. Die OHG betreibt ein Einzelhandelsunternehmen, zu dem verschiedene Filialen gehören. Die Filialen haben alle eine gute Lage; die Miet- und Lieferverträge sind vorteilhaft ausgehandelt. Beispiel 2 ist eine zweigliedrige GmbH & Co. KG.

---

644 Ähnlich *Görg*, FS Runkel, S. 313, 327.

645 Ebenso *Engeler*, S. 148 f.

Die KG ist Inhaberin eines Unternehmens, das im Inland Güter befördert. Die Genehmigung wurde dem Geschäftsführer der GmbH erteilt; die Funktion der GmbH erschöpft sich in ihrer Eigenschaft als persönlich haftende Gesellschafterin. Beispiel 3 ist erneut eine KG. Sie betreibt wiederum ein Frachtunternehmen. Komplementärin ist aber diesmal keine GmbH, sondern eine weitere GmbH & Co. KG. In allen drei Beispielen ist davon auszugehen, dass das Unternehmen zahlungsunfähig oder überschuldet ist und dass sich dies zunächst in der Insolvenz der Gesellschaft und später in der Insolvenz der persönlich haftenden Gesellschafter niedergeschlagen hat. Weiter ist anzunehmen, dass entweder der Gesellschaftsvertrag oder das Gesetz das Ausscheiden der insolventen Gesellschafter anordnet.

Bei den Überlegungen muss zwischen den Verfahrenszielen unterschieden werden: Die Probleme, die unter II 1–3 behandelt wurden, entstehen bei der Liquidation; Problem II 4 tritt bei der Sanierung auf. Es soll deshalb zunächst um die Liquidation gehen, anschließend um die Sanierung.

aa) Aufwendige Abwicklung

Eine OHG oder KG wird durch die Eröffnung des Insolvenzverfahrens aufgelöst. Kommt eine Reorganisation nicht in Betracht, wird sie abgewickelt (liquidiert) und aus dem Handelsregister gelöscht. Umstritten ist, wem die Abwicklung obliegt: dem Insolvenzverwalter oder den Gesellschaftern in einem separaten Verfahren? Die bislang herrschende Meinung geht davon aus, dass ein Insolvenzverfahren endet, wenn das Gesellschaftsvermögen verteilt ist; bleiben Gegenstände übrig, die keinen Wert haben oder die vom Insolvenzverwalter freigegeben wurden, sei es Aufgabe der Gesellschafter, die Abwicklung zu vollenden. Das Insolvenzverfahren sei ein Vollstreckungsverfahren, das allein der Befriedigung der Gläubiger diene.[646] Nach einer neueren Auffassung ist die Gesellschaft innerhalb des Insolvenzverfahrens abzuwickeln. Das folge aus den §§ 35 Abs. 1 und 199 Satz 2 InsO, die zeigen, dass eine separate Abwicklung nicht gewollt ist.[647] – Der Streit spielt für die weiteren Überlegungen keine große Rolle. Ohne ihn zu vertiefen, soll der zweiten Auffassung gefolgt werden.

---

646 BGHZ 148, 252, 257; 163, 32, 34; BVerwGE 122, 75, 81; Uhlenbruck/*Hirte*, § 35 Rn. 72; Kübler/Prütting/Bork/*Lüke*, § 80 Rn. 9 f.; MünchKomm-InsO/*Peters*, § 35 Rn. 113 f.; wohl auch Gottwald/*Haas*, § 91 Rn. 13 f.

647 Grundlegend *K. Schmidt*, Insolvenzrecht der Unternehmen, S. 26 f.; *ders.*, GesR § 11 VI 4; *ders.*, KTS 1988, 1, 6 f.; *ders.*, ZGR 1998, 633, 635 ff.; ferner Staub/*Habersack*, § 145 Rn. 54 f.; Jaeger/*H.-Fr. Müller*, § 35 Rn. 145 ff.; *ders.*, S. 13 ff.; *Bork*, Rn. 159 ff.; *Noack*, Gesellschaftsrecht, Rn. 86; *Uhlenbruck*, ZIP 1996, 1641, 1646 f.

(1) Grundzüge der Abwicklung

Die Eigenheiten einer insolvenzrechtlichen Abwicklung waren zum Teil schon angeklungen (oben Kapitel 1, B I). Um das Nachfolgende ein wenig verständlicher zu machen, sollen die Grundzüge kurz wiederholt werden. Das Verfahren beginnt mit dem Eröffnungsbeschluss, durch den das Gesellschaftsvermögen beschlagnahmt wird. Beschlagnahme heißt, dass es der Verwaltungs- und Verfügungsbefugnis eines Insolvenzverwalters unterliegt und den Gläubigern haftungsrechtlich zugewiesen ist; Ziel ist deren gleichmäßige Befriedigung. Das Vermögen (die Insolvenzmasse) wird anschließend bereinigt. Der Insolvenzverwalter muss diejenigen Gegenstände aussondern, die nicht der Schuldnerin gehören,[648] und diejenigen Gläubiger vorab befriedigen, deren Forderungen gesichert sind.[649] Er kann günstige Verträge erfüllen und nachteilige Rechtshandlungen anfechten.[650] Ist die Sollmasse gefunden, wird sie verwertet. In Beispiel 1 werden die restlichen Waren veräußert, in Beispiel 2 und 3 der Fuhrpark.[651] Der Erlös fällt schließlich den Gläubigern zu.

Die persönliche Haftung wird über die Gesellschaft (über deren Vermögen) realisiert. Dafür sorgt § 93 InsO. Er ermächtigt den Insolvenzverwalter, die Haftung geltend zu machen; die Gläubiger schließt er aus (näher Kapitel 4, A II). Macht der Insolvenzverwalter die Haftung geltend, darf er die einzelnen Beiträge nicht zur Insolvenzmasse ziehen. Er muss eine Sondermasse bilden, weil die Gesellschafter nur für Insolvenzforderungen und nicht für Masseverbindlichkeiten haften, unten E II 2; ihre Beiträge dürfen allein den Insolvenzgläubigern zugutekommen. Etwas schwieriger wird es, wenn einzelne Gesellschafter nicht allen Gläubigern haften, etwa, weil sie durch Kündigung oder durch Beschluss der übrigen Gesellschafter ausgeschieden sind (um ihre Insolvenz soll es erst später gehen). Wäre in Beispiel 1 Gesellschafter A am 1.2. und Gesellschafter B am 1.5. ausgeschieden und wäre das Gesellschaftsinsolvenzverfahren am 1.8. eröffnet worden, hieße das: A haftet für Forderungen, die bis zum 1.2. begründet wurden, B für Forderungen, die bis zum 1.5. begründet wurden. Die übrigen Gesellschafter (C, D, E etc.) müssen für alle Forderungen einstehen. Zieht der Insolvenzverwalter die Haftung ein,[652] muss er drei Sondermassen bilden: eine

---

648 Vgl. §§ 47 ff., 107 InsO.

649 Vgl. §§ 49 ff., 165 ff. InsO.

650 Vgl. §§ 103 ff.; 129 ff. InsO.

651 Vgl. §§ 159 ff. InsO. Freilich könnte auch das Unternehmen im Ganzen veräußert werden; um die übertragende Sanierung soll es aber erst im Zusammenhang mit der Reorganisation gehen, unten bb.

652 Vgl. zur Anwendung des § 93 InsO auf ausgeschiedene Gesellschafter Uhlenbruck/*Hirte*, § 93 Rn. 10 f.; *Oepen*, S. 71; *Gerhardt*, ZIP 2000, 2181, 2184 ff.

für die Haftung des A, eine für die Haftung des B und eine für die Haftung der übrigen Gesellschafter. A und B haften nur bestimmten Insolvenzgläubigern persönlich; ihre Haftungsbeiträge dürfen deshalb nur diesen zugutekommen.[653] Die Haftungsbeiträge von C, D, E etc. stehen dagegen allen Insolvenzgläubigern zu.

Die Kommanditistenhaftung folgt eigenen Regeln. Hat ein Kommanditist seine Einlage erbracht, ist er von der Haftung frei (vgl. § 171 Abs. 1 HGB); die Einlage ist Teil des Gesellschaftsvermögens. Hat er sie noch nicht erbracht oder wurde sie ihm zurückgewährt, wird seine Schuld vom Insolvenzverwalter geltend gemacht. Dieser kann entweder die Einlage[654] oder nach § 171 Abs. 2 HGB die persönliche Haftung einfordern.[655] Umstritten ist, ob der Insolvenzverwalter ein Wahlrecht hat. Der Streit ist von Bedeutung, wenn die Einlage nicht in einer Geldleistung besteht; wenn etwa in Beispiel 2 der Kommanditist die Einbringung eines Betriebsgrundstücks versprochen hat. Die herrschende Meinung gewährt dem Insolvenzverwalter ein Wahlrecht.[656] Die Gegenauffassung möchte von einem Vorrang der Einlageschuld ausgehen, zumindest solange, wie eine Sacheinlage mit dem Insolvenzzweck noch vereinbar ist.[657] Unabhängig davon, was der Insolvenzverwalter verlangen kann: Fordert er die Einlage ein, wird sie zum Bestandteil des Gesellschaftsvermögens; sie gehört damit zur Insolvenzmasse. Macht er die persönliche Haftung geltend, muss er eine Sondermasse bilden – wenn ein Kommanditist schon früher ausgeschieden ist, sogar mehrere;[658] insoweit gelten die gleichen Grundsätze wie zuvor.

Ist das Gesellschaftsvermögen restlos verteilt und ist die persönliche Haftung ausgeschöpft, wird das Insolvenzverfahren aufgehoben; die Gesellschaft wird aus dem Handelsregister gelöscht (vgl. § 157 HGB).

---

653 Vgl. MünchKomm-InsO/*Brandes*/*Gehrlein*, § 93 Rn. 22.

654 Da die Einlageforderung zum Gesellschaftsvermögen (zur Insolvenzmasse) gehört, kann der Insolvenzverwalter sie aufgrund seiner Verwaltungs- und Verfügungsbefugnis geltend machen; mit § 171 Abs. 2 HGB hat sie nichts zu tun, vgl. MünchKomm-HGB/*K. Schmidt*, § 172 Rn. 98.

655 Die Haftung vor Eintragung (§ 176 HGB) ist kein Fall des § 171 Abs. 2 HGB; wie die persönliche Haftung des Komplementärs unterliegt sie § 93 InsO.

656 Staub/*Schilling*, § 171 Rn. 19; Ebenroth/Boujong/Joost/Strohn/*Strohn*, § 171 Rn. 91 f.; Westermann/Wertenbruch/*Wertenbruch*, Rn. 3155.

657 MünchKomm-HGB/*K. Schmidt*, § 172 Rn. 99; *ders.*, GesR § 54 V 2 c; *ders.*, Einlage und Haftung des Kommanditisten, S. 128.

658 Vgl. *Häsemeyer*, ZHR 149 (1985), 42, 71 f.

(2) Anfängliche Gesellschaftsinsolvenz

Kommt die Insolvenz eines Gesellschafters hinzu, ändert sich erst einmal wenig. Das Verfahren bleibt das gleiche; lediglich die persönliche Haftung hat eine neue Dimension. Will der Insolvenzverwalter die Haftung geltend machen, muss er sie im Gesellschafterinsolvenzverfahren anmelden. Unsicherheiten bestehen bei der Frage, was genau der Insolvenzverwalter anmelden muss – den Ausfall oder den vollen Betrag? Die Antwort wird in Kapitel 5 (unter B I) gesucht.

Problematisch wird es, wenn die Insolvenz den vorletzten Gesellschafter ereilt. Denkbar sind zwei Konstellationen. Der vorletzte Gesellschafter wird insolvent, nachdem das Gesellschaftsinsolvenzverfahren eröffnet wurde; er wird insolvent, bevor das Verfahren eröffnet werden konnte. In diesem Abschnitt soll es um die erste Konstellation gehen. Ist das Insolvenzverfahren eröffnet und wird der vorletzte Gesellschafter insolvent (scheidet er aus), hat das drei verschiedene Folgen: die Gesellschaft erlischt; der verbliebene Gesellschafter wird Gesamtrechtsnachfolger; das Insolvenzverfahren endet – die Einzelheiten sind unter I 1–3 beschrieben. Mit den drei Folgen hängen drei Probleme zusammen (oben II 1–3). Erstens verlieren die Gesellschaftsgläubiger ihr Beschlagsrecht. Das Vermögen ist nicht mehr ihnen allein zugewiesen; die Privatgläubiger des verbliebenen Gesellschafters können ebenfalls darauf zugreifen. Zweitens haftet der verbliebene Gesellschafter für die Gesellschaftsschulden persönlich. War er Mitglied einer OHG, ist das nicht weiter verwunderlich; war er Kommanditist, widerspricht das seiner ursprünglichen Absicht. Drittens geht das Haftungszentrum verloren. Die persönliche Haftung lässt sich nicht mehr bündeln, weil mit der Gesellschaft der Anknüpfungspunkt der §§ 93 InsO, 171 Abs. 2 HGB verschwindet. Kurzum, eine geordnete Abwicklung ist unmöglich.

(a) Lösungsmechanismen

Kann eine Reduktion oder eine Analogie die Probleme beheben? Bei der Reduktion liegt dies auf der Hand. Verhindert man das Ausscheiden des vorletzten Gesellschafters, bleibt alles beim Alten. Die Gesellschaft besteht fort und das Insolvenzverfahren kann fortgeführt werden. Das bedeutet zugleich: die Gläubiger behalten ihr Beschlagsrecht, der Kommanditist haftet weiterhin beschränkt und die Gesellschaft bildet weiter das Zentrum der persönlichen Haftung. Bei der Analogie ist es ein wenig komplizierter. Ausgangspunkt ist der verbliebene Gesellschafter, der nunmehr Träger zweier Vermögen ist, seines eigenen und des übernommenen. Das Sonderinsolvenzverfahren (analog §§ 11 Abs. 2 Nr. 2, 315 ff. InsO) hält die beiden Vermögen auseinander;[659] es macht das

659 Vgl. oben III 1, V 1 a bb.

übernommene Vermögen zu einem Sondervermögen, das dem Insolvenzbeschlag unterliegt und das wieder allein den Gesellschaftsgläubigern zugewiesen ist.[660] Gleichzeitig beschränkt es die Haftung des verbliebenen Kommanditisten. Dieser muss analog § 1975 BGB nur noch mit dem übernommenen Vermögen für die Gesellschaftsschulden einstehen, nicht mehr mit dem eigenen (das Verfahren beschränkt freilich nur die „erbrechtliche" Haftung; die „handelsrechtliche" Haftung, die ihn trifft, wenn er das Unternehmen fortführt, bleibt davon unberührt; oben II 2). Ähnlich wie das frühere Verfahren bündelt es die persönliche Haftung. Es schließt die Gesellschaftsgläubiger aus und überträgt dem Insolvenzverwalter analog §§ 93 InsO, 171 Abs. 2 HGB die treuhänderische Einziehungsbefugnis.[661]

Für die drei Beispiele heißt das: Es macht keinen Unterschied, welcher Lösung man folgt. Werden in Beispiel 1 nach der OHG auch die Gesellschafter A, B und C insolvent, kann man entweder die Ausscheidensfolge reduzieren oder man nimmt die Ausscheidensfolge hin und ermöglichen dem verbliebenen Gesellschafter D ein Verfahren nach dem Vorbild der Nachlassinsolvenz. Beide Lösungen verhindern, dass die Privatgläubiger des D auf das Gesellschaftsvermögen zugreifen; und sie lassen zu, dass die persönliche Haftung von A, B, C und D über die Gesellschaft (oder deren Vermögen) realisiert wird. Ähnliches gilt in Beispiel 2 und 3, wenn nach der KG auch die Komplementärin insolvent wird. Dort vermeiden die beiden Lösungen zudem, dass der Kommanditist für die Schulden der KG einstehen muss.

In Beispiel 2 hat es die Analogie etwas schwerer, wenn nach der KG und der GmbH auch der Kommanditist insolvent wird (wie in OLG Hamm GmbHR 2003, 1361; oben Kapitel 1, B IV 3). Der Kommanditist ist dann nicht nur Schuldner eines Insolvenzverfahrens, sondern gleich zweier, weil zum Sonderinsolvenzverfahren ein Verfahren über sein Eigenvermögen dazukommt. Das zusätzliche Verfahren bereitet in der Regel keine Schwierigkeiten. Wie bei der Lösung über eine Reduktion ist es selbstständig und allein von Bedeutung, wenn der Kommanditist persönlich haftet (§ 171 Abs. 1 HGB) – haftet er persönlich, sorgt § 171 Abs. 2 HGB (analog) für eine Abstimmung mit dem Sonderinsolvenzverfahren.[662] Verwickelter wird das Ganze, wenn der Kommanditist das

---

660 Das Gesellschaftsinsolvenzverfahren geht automatisch in das Sonderinsolvenzverfahren über. Es wird mit dem Erlöschen der Gesellschaft (analog § 239 ZPO i.V. mit § 4 InsO) unterbrochen, bis es der verbliebenen Gesellschafter aufnimmt. Der Eröffnungsbeschluss wird berichtigt. Einzelheiten bei *Bork/Jacoby*, ZGR 2005, 611, 630.

661 Näher *Gerhardt*, ZIP 2000, 2181, 2184 ff.

662 Wiederum gälte: Der Insolvenzverwalter muss die Haftung im (Eigen-)Insolvenzverfahren des Kommanditisten geltend machen.

Unternehmen fortgeführt hat: Ihm können Ansprüche gegen das Sondervermögen zusehen; außerdem hat er seine Haftungsbeschränkung verspielt. Beide Gesichtspunkte machen es erforderlich, Sonder- und Eigeninsolvenz genau aufeinander abzustimmen. Wie eine Abstimmung aussehen kann, wird unter (3) erörtert. Denn nur dort kann der Kommanditist das Unternehmen fortführen. In der ersten Konstellation fehlt ihm diese Möglichkeit, weil das Unternehmen in den Händen des Insolvenzverwalters bleibt (vgl. Fußnote 660).

(b) Doppelstöckige GmbH & Co. KG

In Beispiel 3 wirft die Analogie einige Fragen auf (genau genommen ist es nicht die Analogie, die Fragen aufwirft, sondern ihre Prämisse, das Ausscheiden des vorletzten Gesellschafters). Die erste Frage hat mit den Rechtsfolgen zu tun. Wird neben der unternehmenstragenden KG und der Komplementär-KG auch die GmbH insolvent, steht fest: Die Komplementär-KG erlischt, der Kommanditist (K 1) wird deren Rechtsnachfolger. Unklar ist, was das für die unternehmenstragende KG bedeutet. Erlischt sie ebenfalls oder ist K 1 ihr neuer Komplementär? Die Antwort fällt leicht, wenn die GmbH als letzte (nach den beiden Kommanditgesellschaften) insolvent wird. Dann nämlich gilt § 131 Abs. 3 Satz 1 Nr. 2 HGB, das heißt die Komplementär-KG scheidet aus und die unternehmenstragende KG erlischt. K 1 kann die unternehmenstragende KG nicht retten, weil die Rechtsnachfolge zu spät eintritt; die Mitgliedschaft der Komplementär-KG ist bereits verloren. Die Antwort fällt schwer, wenn die GmbH vor der Komplementär-KG insolvent wird. Weil die Ausscheidensregel dann nicht mehr hilft (die Komplementärin ist erloschen), führt die Antwort zu dem alten Streit, ob das Erlöschen einer Gesellschaft mit dem Tod eines Gesellschafters (§ 131 Abs. 3 Satz 1 Nr. 1 HGB) vergleichbar ist. Wäre es das, schiede die Komplementär-KG aus und löste sich die unternehmenstragende KG in Luft auf. Wäre es das nicht, übernähme K 1 die Rolle des Komplementärs; er hielte die unternehmenstragende KG am Leben. – Vor dem HRefG 1998 war es herrschende Meinung, dass zwar nicht die Auflösung der Gesellschaft, wohl aber deren Vollbeendigung mit dem Tod eines Gesellschafters vergleichbar ist.[663] Ein Teil des Schrifttums sieht das immer noch so und möchte die erloschene Gesellschaft ausscheiden lassen.[664] Die Gegenauffassung hält das für falsch. Bei der Regelung gehe es allein darum, ob die Mitgliedschaft auf den Rechtsnachfolger übergehe oder erlösche. Wird die Gesellschaft aufgelöst, bewirke das keine Rechtsnachfolge; ist sie beendet,

---

663 Grundlegend BGHZ 75, 178, 181 f.

664 Ebenroth/Boujong/Joost/Strohn/*Lorz*, § 131 Rn. 44; MünchHdbGesR I/*Piehler*/*Schulte*, § 74 Rn. 9; Baumbach/Hopt/*Roth*, § 131 Rn. 20; *Schlitt*, NZG 1998, 580, 584.

existiere keine Mitgliedschaft mehr. Als Fallgruppe käme deshalb nur die liquidationslose Vollbeendigung in Betracht.[665] Dort passe die Regelung aber nicht; maßgebend sei vielmehr eine (ergänzende) Auslegung des Gesellschaftsvertrags, die für gewöhnlich einen Übergang der Mitgliedschaft ergebe.[666] Folgte man der ersten Auffassung, erlischt die unternehmenstragende KG. Das Insolvenzverfahren über ihr Vermögen geht in ein Sonderinsolvenzverfahren über; Schuldner ist der verbliebene Kommanditist (K 2). Folgt man der zweiten Auffassung, lebt die KG weiter; das Insolvenzverfahren über ihr Vermögen kann fortgesetzt werden. – Unabhängig davon, was richtig ist, offenbart Beispiel 3 die erste Schwäche der Analogie: den Umgang mit komplexen Sachverhalten. Bliebe es bei der Ausscheidensfolge, wäre zunächst unklar, wer im Mittelpunkt der Unternehmensinsolvenz steht. Ob nämlich die unternehmenstragende KG erlischt oder weiterlebt, hinge zum einen vom Zufall ab (wann wird die GmbH insolvent?), zum anderen von der rechtlichen Subsumtion (ist das Erlöschen der Komplementär-KG deren „Tod"?). Man möchte vielleicht einwenden, es spiele keine Rolle, wer im Mittelpunkt steht, wer der Schuldner ist; die Verfahren unterscheiden sich nicht, weil Masse, Insolvenzverwalter, Gläubiger etc. identisch sind. Ein solcher Einwand wäre aber schon deshalb verfehlt, weil klar sein muss, wer die Schuldnerrechte ausübt. Würde K 2 insolvent, müsste außerdem feststehen, wem das Gesellschaftsvermögen zugeordnet ist. Durch die Insolvenz von K 2 würde auch die Lösung komplex. Die Unternehmensinsolvenz wäre nicht nur im Sondervermögen von K 2 abzuwickeln und mit der Sonderinsolvenz von K 1 abzustimmen; sie müsste zusätzlich mit der Eigeninsolvenz in Einklang gebracht werden, was schwierig sein kann. Käme noch die Insolvenz von K 1 hinzu, würde es unübersichtlich. Die eine Sonderinsolvenz wäre mit der anderen und beide wären mit der jeweiligen Eigeninsolvenz zu koordinieren. Die Lösung über eine Reduktion wäre einfacher. Bei ihr blieben sämtliche Gesellschaften erhalten. Zuerst würde die unternehmenstragende KG abgewickelt, dann die Komplementär-KG und zuletzt die GmbH. Die Lösung hätte außerdem den

---

665 Ausführlich MünchKomm-HGB/*K. Schmidt*, § 131 Rn. 67 f.; *ders.*, GesR § 50 II 2; *ders.*, GmbHR 1980, 261, 264; ihm folgend Henssler/Strohn/*Klöhn*, § 131 Rn. 44; Staub/ *C. Schäfer*, § 131 Rn. 79 f.; *Schlottmann*, S. 276 ff.

666 Enthält der Gesellschaftsvertrag eine Nachfolgeklausel, liege der Übergang nahe; aber auch sonst sei von einem Übergang auszugehen, weil die Interessen der Gesellschafter durch die Möglichkeit einer Auflösungs- oder Ausschließungsklage (§§ 133, 140 HGB) gewahrt blieben, vgl. *Hueck*, § 25 II 4 Fn. 25 (a.E.); *Schlottmann*, S. 281; *Wiedemann*, GS Lüderitz, S. 839, 856 f.

Vorteil, dass die unternehmenstragende KG der Dreh- und Angelpunkt bliebe; sie behielte die Rolle, die sie schon als werbende Gesellschaft hatte.

(c) Sternförmige GmbH & Co. KG

Die zweite Frage betrifft eine besondere Gestaltungsform der KG. Wandelt man das Beispiel ab und macht man aus der doppelstöckigen GmbH & Co. KG eine sternförmige, heißt das zunächst einmal: es gibt mehrere Kommanditgesellschaften (KG 1, KG 2, KG 3 etc.), die um ein und dieselbe Komplementärin (die GmbH) positioniert sind.[667] Es heißt aber auch: wird die Komplementärin insolvent, brechen ringsherum alle Gesellschaften zusammen. Kann das richtig sein? Zweifel ergeben sich nicht deshalb, weil mehrere Sonderinsolvenzverfahren eröffnet und aufeinander abgestimmt werden müssten – die Abstimmung sähe ähnlich aus wie bei einer Reduktion. Sie ergeben sich, weil auf diese Weise eine Gesellschaft erlöschen kann, die mit der Insolvenz nichts zu tun hat. Angenommen, KG 1 wäre insolvent und zöge die GmbH mit in den wirtschaftlichen Abgrund. Die GmbH schiede dann zwangsläufig aus allen Gesellschaften aus, an denen sie beteiligt ist; etwa auch aus KG 2 und KG 3. Verbliebe jeweils nur ein Kommanditist (K 2 und K 3), müssten beide Gesellschaften erlöschen; verblieben mehrere Kommanditisten, verlören beide ihren werbenden Status (näher E II 1). Man mag das als spezifisches Risiko einer sternförmigen GmbH & Co. KG ansehen und man mag dagegenhalten, die gesunden Gesellschaften könnten die GmbH stützen. Gleichwohl wäre die Lösung über eine Reduktion eleganter. Die GmbH bliebe Mitglied aller Gesellschaften; während KG 1 abgewickelt wird, hätten KG 2 und KG 3 die Möglichkeit, die insolvente GmbH auszutauschen und ihre Unternehmen fortzuführen. Freilich wäre auch diese Lösung mit Komplikationen verbunden. KG 2 und KG 3 wären nämlich aufgelöst und in das Stadium der Abwicklung versetzt.[668] Zudem wäre fraglich, ob die Voraussetzungen einer teleologischen Reduktion überhaupt noch vorliegen. Stützt man sie auf die Unternehmensinsolvenz, rechtfertigt das eine Reduktion der Ausscheidensfolge in KG 1. Für KG 2 und KG 3 wäre die Insolvenz aber womöglich ein Umstand, der nichts mit ihrem Unternehmen zu tun hat und deshalb allein die GmbH betrifft. Der Gedanke, der hinter der Reduktion steht, träfe indessen ins Schwarze, wenn die Unternehmen miteinander verbunden sind; wenn sie einen Gleichordnungskonzern unter einheitlicher Leitung der GmbH bilden.[669] Dann

---

667 Vgl. *K. Schmidt*, GesR § 56 II 3; *ders.*, FS Wiedemann, S. 1199, 1201.

668 Die Auflösung wäre bei einer werbenden Gesellschaft notwendige Folge der Reduktion, oben 1 b.

669 Näher zum Gleichordnungskonzern *K. Schmidt*, GesR § 43 III 5, § 56 II 3.

wäre die Reduktion der Analogie überlegen, weil sie den gesamten Verbund aufrechterhielte.

(d) Zwischenfazit

Es kann festgehalten werden: In Beispiel 1 und 2 ist es gleich, welchem Ansatz man folgt. Beide Ansätze können die beschriebenen Probleme lösen, entweder durch Erhalt der Gesellschaft oder durch Anpassung der insolvenzrechtlichen Vorgaben. In Beispiel 3 ist eine Reduktion einfacher. Sie hält beide Gesellschaften am Leben und ermöglicht so eine geordnete Abwicklung. Macht man aus der doppelstöckigen GmbH & Co. KG eine sternförmige, ist eine Reduktion eleganter. Sie bewahrt den gesamten Verbund vor dem Zusammenbruch und gibt den gesunden Gesellschaften Gelegenheit, ihr Unternehmen fortzuführen. – Auch wenn eine Reduktion einfacher oder eleganter erscheint, darf man zwei Dinge nicht vergessen: Zum einen ist die Komplexität kein Argument, das zwingend gegen eine Analogie spricht. Zwingend wäre es nur, wenn die Rechtssicherheit leidet. Das tut sie aber nicht. Der Zufall spielt auch in anderen Konstellationen eine Rolle und die rechtliche Subsumtion fällt auch unter anderen Vorzeichen schwer. Zum anderen verliert die Reduktion an Einfachheit und Eleganz, wenn es um ihren Anwendungsbereich geht. Dazu noch unter VI. Es bleibt damit die Feststellung, dass beide Ansätze die Probleme beheben können, die durch den Wegfall des vorletzten Gesellschafters entstehen. Eindeutige Vorteile hat keiner.

(3) Anfängliche Gesellschafterinsolvenz

Dreht man die Reihenfolge um und lässt man zunächst die Insolvenz des vorletzten Gesellschafters eintreten, sind die Rechtsfolgen ähnlich: Die Gesellschaft erlischt, der verbliebene Gesellschafter wird zum Gesamtrechtsnachfolger. Der Unterschied zu (2) besteht darin, dass (noch) kein Insolvenzverfahren über das Vermögen der Gesellschaft eröffnet war; und weil die Gesellschaft erloschen ist, kann auch keines mehr eröffnet werden. Ein Insolvenzverfahren käme allenfalls in Betracht, wenn der verbliebene Gesellschafter insolvent würde. Das Verfahren wäre aber nicht mehr auf das Gesellschaftsvermögen bezogen, sondern auf das Gesamtvermögen, zu dem Gesellschaftsvermögen und Eigenvermögen verschmolzen sind (oben I 3 a). Die Probleme, die entstehen, sind die gleichen wie zuvor: die Gesellschaftsgläubiger konkurrieren mit den Privatgläubigern; der verbliebene Gesellschafter haftet für die Gesellschaftsschulden persönlich; eine Haftungskoordination ist unmöglich.

(a) Lösungsmechanismen

Die Lösung über eine Reduktion wäre einfach. Der vorletzte Gesellschafter bliebe in der Gesellschaft, die Gesellschaft würde aufgelöst (denn zur Erinnerung: eine

Reduktion der Ausscheidensfolge ist nur möglich, wenn die Gesellschaft ihren werbenden Status verliert; oben b). Das hieße, die Gesellschaft bliebe im Spiel, was wiederum bedeutete: das Gesellschaftsvermögen wäre weiterhin ihr zugeordnet, die Privatgläubiger könnten nicht darauf zugreifen; die Schulden lasteten weiter auf ihr, der verbliebene Gesellschafter müsste nicht dafür einstehen; sie würde abgewickelt und bündelte dabei die persönliche Haftung. – Die Abwicklung folgte zunächst gesellschaftsrechtlichen Regeln.[670] Haftungsprobleme entstehen dadurch keine. Denn zum einen muss die aufgelöste Gesellschaft einen Rechtsformzusatz führen; zum anderen sind Rechtsgeschäfte nur im Rahmen des Abwicklungszwecks möglich. Reicht das Vermögen der Gesellschaft nicht aus, um alle Verbindlichkeiten zu erfüllen, geht das gesellschaftsrechtliche Verfahren in ein Insolvenzverfahren über. Dessen Grundzüge wurden unter (1) wiederholt.

Die Lösung über eine Analogie wäre komplizierter. Sie setzte wieder beim verbliebenen Gesellschafter an, der die Gesellschaft „beerbt". Der Gesellschafter hätte zwei Optionen. Er könnte das Unternehmen fortführen, wodurch das eigene und das übernommene Vermögen zu einem werden; oder er könnte es aufgeben, wodurch die beiden Vermögen getrennt bleiben. Aufgeben meint: die Eröffnung des Sonderinsolvenzverfahrens beantragen. Im ersten Fall hätte der Gesellschafter die Haftungsbeschränkung verspielt; die Privatgläubiger könnten auf das übernommene Vermögen zugreifen, eine Haftungsbündelung wäre ausgeschlossen. Im zweiten Fall wäre die Haftung auf das übernommene Vermögen beschränkt; das Vermögen wäre wieder den Gesellschaftsgläubigern zugeordnet, es bände die persönliche Haftung der übrigen Gesellschafter. – So einfach die zweite Option scheint, so schwierig ist sie im Detail. Unschwer ist noch die Frage zu beantworten, wer für die Eröffnung des Verfahrens zuständig ist und wer sie beantragen kann. Bei der Zuständigkeit knüpfte § 315 InsO an den Rechtsvorgänger an.[671] Es entschiede dasjenige Gericht, das über den Antrag der erloschenen Gesellschaft entschieden hätte. Hätte also in Beispiel 2 die KG ihren Sitz in Hamburg gehabt, wäre die Eröffnung des Verfahrens beim Insolvenzgericht Hamburg zu beantragen, es sei denn, der Schwerpunkt der wirtschaftlichen Tätigkeit lag an einem anderen Ort. Das Antragsrecht stünde dem verbliebenen Gesellschafter (dem Kommanditisten) zu. Weiß er von der Insolvenz des Unternehmens, wandelte sich das Recht zur Pflicht;[672] er müsste das Verfahren zwingend einleiten.

670 Einzelheiten unter IV 3 b bb; die Überlegungen gelten für OHG und KG entsprechend.
671 *Bork/Jacoby*, ZGR 2005, 611, 641 f.
672 *Bork/Jacoby*, ZGR 2005, 611, 641 f.

Indes können auch die Gesellschaftsgläubiger an der Eröffnung interessiert sein, etwa in Beispiel 1. Dort haftete der verbliebene Gesellschafter persönlich, gleich, ob er das Unternehmen fortführt oder nicht. Weil ihn diese Ausweglosigkeit dazu verleiten kann, den Antrag aufzuschieben und das Vermögen weiter zu schmälern, können analog § 317 InsO auch die Gesellschaftsgläubiger die Eröffnung des Verfahrens beantragen.[673] Abweichend von § 319 InsO (zwei Jahre) soll das aber nur innerhalb der Frist des § 27 Abs. 2 HGB (drei Monate) gelten; danach verschmelzen eigenes und übernommenes Vermögen endgültig.[674]

(b) Unternehmensfortführung

Schwieriger wird es, wenn der Kommanditist das Unternehmen vorübergehend fortführt (für drei Monate oder länger). Die Lösung über eine Analogie muss dann zwei weitere Fragen beantworten. Die eine war schon angeklungen (oben (2)) und hat mit der Koordination zu tun: Wenn der Kommanditist sein eigenes Vermögen aufwendet, wenn er Gegenstände mit Unternehmensmitteln erwirbt oder wenn er die Haftungsbeschränkung verspielt,[675] wie ist das im Sonderinsolvenzverfahren zu berücksichtigen? Die andere Frage betrifft die Haftung: Muss der Kommanditist für Verbindlichkeiten einstehen, die er bis zur Eröffnung des Verfahrens eingeht? Für beide Fragen soll erneut Beispiel 2 aufgegriffen werden. Angenommen, die GmbH wäre am 1.2. ausgeschieden und der Kommanditist (alternativ: ein Gläubiger) hätte am 1.5. die Eröffnung eines Sonderinsolvenzverfahrens beantragt. In der ersten Alternative stünde fest, dass die Haftungsbeschränkung eingreift. Der Kommanditist hat das Verfahren in Gang gesetzt und die Dreimonatsfrist eingehalten;[676] er haftet für die Verbindlichkeiten der KG nicht mehr persönlich.[677] Fraglich ist hingegen, was für die Zwischenzeit gilt.

---

673 *Schlottmann*, S. 242; beantragt ein Gesellschaftsgläubiger die Eröffnung des Verfahrens und führt der Kommanditist das Unternehmen fort, bewirkt dies eine Vermögenssonderung nicht aber eine Haftungsbeschränkung, vgl. *Bork/Jacoby*, ZGR 2005, 611, 645; zu Fragen der Koordination sogleich.

674 Näher *Bork/Jacoby*, ZGR 2005, 611, 641 („doppelseitige Sperre").

675 Denkbar wäre, dass der Kommanditist das Unternehmen fortführt und das Verfahren auf Antrag eines Gläubigers eröffnet wird, vgl. oben Fn. 673.

676 Vgl. zur Berechnung der Frist MünchKomm-HGB/*Thiessen*, § 27 Rn. 56; *Schlottmann*, S. 149 ff., 258.

677 Bis das Verfahren eröffnet ist, kann er den Gesellschaftsgläubigern die erbrechtlichen Einreden der §§ 2014, 2015 BGB (analog) entgegenhalten und sich analog § 780 ZPO die beschränkte Erbenhaftung vorbehalten. Privatgläubiger, die auf das Gesellschaftsvermögen zugreifen wollen, darf er analog § 783 ZPO auf Sicherungsmaßnahmen verweisen, vgl. dazu *Schlottmann*, S. 258 f.

Muss er für Verbindlichkeiten einstehen, die er vom 1.2. bis zum 1.5. begründet hat? § 1975 BGB und § 27 Abs. 2 HGB helfen hier nicht weiter. Beide Regelungen beziehen sich nur auf diejenigen Verbindlichkeiten, die beim Rechtsübergang (am 1.2.) begründet waren; zu späteren Verbindlichkeiten schweigen sie.[678] Auch die Möglichkeit, eine Haftungsbeschränkung zu vereinbaren, ist wenig hilfreich. Die Rechtsprechung mag insoweit großzügig sein,[679] mehr als eine Notlösung bietet sie nicht. Ein Teil der Literatur will daher § 139 Abs. 4 HGB analog anwenden. Wenn schon der Erbe eines Komplementärs in den Genuss einer Haftungsbeschränkung komme, müsse das für den Erben eines Einzelkaufmanns (für den „Erben" einer KG) erst recht gelten.[680] Dem halten andere entgegen, dass den Gläubigern im ersten Fall die weiteren Gesellschafter haften. Im zweiten Fall bliebe Ihnen nur der Nachlass, weshalb die Interessenlage nicht vergleichbar sei; der Erbe müsse die Beschränkung seiner Haftung aushandeln.[681] Für eine Analogie spricht, dass der Grundgedanke der §§ 139, 27 HGB der gleiche ist. Der Erbe soll in Ruhe überlegen können, ob er das Risiko einer persönlichen Haftung auf sich nimmt. Entscheidet er sich dagegen, ist eine Einstandspflicht unnötig;[682] sie wäre schädlich, wenn sie ihn zu einer übereilten Entscheidung drängte. Davon abgesehen bleibt § 139 Abs. 4 HGB nach einhelliger Meinung auch dann anwendbar, wenn der einzige Komplementär ausscheidet und die KG aufgelöst wird oder liquidationslos erlischt.[683] Die Haftungsbeschränkung kann

---

678 Vgl. für § 1975 BGB MünchKomm-BGB/*Küpper*, § 1975 Rn. 8; Jauernig/*Stürner*, § 1976 Rn. 6; für § 27 Abs. 2 HGB Staub/*Burgard*, § 27 Rn. 46 und 74; Heymann/*Emmerich*, § 27 Rn. 15; Ebenroth/Boujong/Joost/Strohn/*Reuschle*, § 27 Rn. 36; *Friedrich*, S. 141.

679 Nach BGH WM 1968, 798 genügt es, „wenn der Vertrag erkennbar ohne jede Bezugnahme auf die Person des Erben, etwa nur unter der Firma des Erblassers geschlossen worden ist"; kritisch *Dauner-Lieb*, S. 168 ff.; *K. Schmidt*, HandelsR § 8 III 1 a.

680 MünchKomm-HGB/*Thiessen*, § 27 Rn. 57 f.; *Harms*, S. 167 f.; *Schlottmann*, S. 259 ff.; ähnlich *Hüffer*, ZGR 1986, 603, 636; *K. Schmidt*, ZHR 157 (1993), 600, 613 f.

681 Staudinger/*Dutta*, § 1967 Rn. 60; Heymann/*Emmerich*, § 27 Rn. 15; Erman/*Horn*, § 1967 Rn. 12; Ebenroth/Boujong/Joost/Strohn/*Reuschle*, § 27 Rn. 37 f.; *Ernst*, S. 61 ff.; *Grote*, BB 2001, 2595, 2598; wohl auch *Bork*/*Jacoby*, ZGR 2005, 611, 646 Fn. 123.

682 Vgl. *Hüffer*, ZGR 1986, 603, 636. Unnötig ist die Einstandspflicht freilich nur, wenn der Erbe (Kommanditist) das Unternehmen pflichtgemäß fortführt. Verletzt er seine Pflichten, ist er den Gläubigern zum Schadensersatz verpflichtet, §§ 1978 Abs. 1, 280 Abs. 1 BGB.

683 Das Ausscheiden des einzigen Komplementärs ist ein ungeschriebener Auflösungsgrund; jedenfalls nach herrschender Meinung, unten E II 1. Zur Anwendbarkeit des § 139 HGB in diesem Fall Heymann/*Emmerich*, § 139 Rn. 37; Staub/*C. Schäfer*, § 139 Rn. 117.

deshalb nicht davon abhängen, dass den Gläubigern neben dem Nachlass auch die Gesellschafter haften.[684] Ist die eine Frage damit beantwortet, bliebe noch die andere, was wäre, wenn der Kommanditist zur Unternehmensfortführung eigenes Vermögen aufgewendet oder Gegenstände mit Unternehmensmitteln erworben hat.[685] Hat er eigenes Vermögen aufgewendet, steht ihm analog §§ 1978, 1979, 670 BGB ein Anspruch gegen das Sondervermögen zu; der Anspruch ist im Sonderinsolvenzverfahren (analog § 324 Abs. 1 Nr. 1 InsO) als Masseverbindlichkeit zu behandeln. Hat er Gegenstände mit Unternehmensmitteln erworben, kann der Insolvenzverwalter analog §§ 1978, 667 BGB die Herausgabe des Erlangten fordern. Der Ausgleich zwischen Sonder- und Eigenvermögen richtete sich somit nach Auftragsrecht.

In der zweiten Alternative hätte der Kommanditist die Haftungsbeschränkung verspielt. Der Gläubigerantrag und das darauf eröffnete Verfahren entließen ihn zwar aus der „erbrechtlichen" Haftung, vgl. § 1975 BGB; weil er das Unternehmen fortgeführt hat, hielte § 27 HGB ihn aber in der „handelsrechtlichen" Haftung. Er müsste für die Schulden der KG einstehen. Wie verhielte sich diese Einstandspflicht zum Sonderinsolvenzverfahren? Dürften die KG-Gläubiger den Kommanditisten in Anspruch nehmen oder wären sie davon ausgeschlossen? Solange der Kommanditist solvent ist, wären die Gläubiger frei, sie dürften gegen ihn vorgehen. Allerdings ist das ein eher theoretischer Fall. Meist wird der Kommanditist Mühe haben, alle Verbindlichkeiten zu erfüllen, und selbst insolvent werden; dazu, was dann wäre, sogleich. Hat der Kommanditist zur Unternehmensfortführung eigenes Vermögen aufgewendet oder hat er Gegenstände mit Unternehmensmitteln erworben, gälte das gleiche wie zuvor: der Ausgleich richtete sich nach Auftragsrecht. Ergänzend könnte der Insolvenzverwalter Schadensersatz verlangen, wenn der Kommanditist das Unternehmen sorglos geführt und dadurch einen Schaden verursacht hat.

(c) Kommanditisteninsolvenz

Wem diese Mechanismen noch nicht kompliziert genug sind, der kann sich die Insolvenz des Kommanditisten hinzudenken. Angenommen, dieser hätte am 1.8. die Eröffnung des Insolvenzverfahrens über sein Eigenvermögen beantragt. In der ersten Alternative, in der er auch die Eröffnung des Sonderinsolvenzverfahrens beantragt hatte, wäre zu überlegen, wie sich die Eigeninsolvenz auf den Ausgleich der beiden Vermögen auswirkt. Für den Anspruch des Kommanditisten

---

684 Vgl. MünchKomm-HGB/*Thiessen*, § 27 Rn. 58.

685 Vgl. zum Folgenden *Bork*/*Jacoby*, ZGR 2005, 611, 644 f.

auf Ersatz seiner Aufwendungen wurde schon festgehalten, dass er als Masseverbindlichkeit zu behandeln ist. Er ist vorab aus dem Sondervermögen zu erfüllen. Der Anspruch des Insolvenzverwalters auf Herausgabe des Erlangten wäre eine Insolvenzforderung; wie der Anspruch des Treugebers gegen den Treuhänder[686] oder der Anspruch auf Rückgewähr nach Anfechtung[687] sei er aber haftungsrechtlich zu privilegieren und aus dem Eigenvermögen auszusondern.[688] Nur wenn der Kommanditist das Erlangte nicht in Natur herausgeben kann oder wenn er zum Schadensersatz verpflichtet ist, sei der Anspruch als reine Insolvenzforderung anzusehen. Der Insolvenzverwalter könne dann gegen den Anspruch des Kommanditisten aufrechnen.[689] In der zweiten Alternative, in der ein Gläubiger die Eröffnung des Sonderinsolvenzverfahrens beantragt hatte, gälte im Grunde das Gleiche. Wegen § 27 Abs. 1 HGB wäre aber zusätzlich die Haftung des Kommanditisten zu berücksichtigen. Wie, das bestimme § 331 InsO: nach dem Ausfallprinzip.[690] Ausfallprinzip bedeutet, dass die Gläubiger ihre Forderungen in beiden Verfahren anmelden können, in der Eigeninsolvenz aber nur mit dem Betrag, mit dem sie in der Sonderinsolvenz ausgefallen sind. Hatte also ein Gläubiger eine Forderung gegen die KG in Höhe von 100.000 Euro und hat er im Sonderinsolvenzverfahren auf diese Forderung eine Quote von 5% erhalten, darf er sie im Eigeninsolvenzverfahren nur noch mit 95.000 Euro geltend machen.

Verworren wird es, wenn man sich Beispiel 3 zuwendet und das Beispiel ein wenig abwandelt. Die Abwandlung könnte so aussehen, dass die GmbH am 1.2. ausgeschieden wäre und K 1 die Eröffnung des Insolvenzverfahrens beantragt hätte, zunächst (am 1.5.) über das Vermögen der erloschenen Komplementärin, wenig später (am 1.8.) über sein Eigenvermögen. Außerdem wäre K 1 an die Stelle der Komplementärin gerückt und hätte als persönlich haftender Gesellschafter eine alte Schuld der unternehmenstragenden KG erfüllt und eine neue begründet; beides in der Zeit vom 1.2. bis zum 1.5. Zu guter Letzt wäre die

686 Vgl. BGH ZIP 1993, 213, 214; Gottwald/*Adolphsen*, § 40 Rn. 39; Uhlenbruck/*Brinkmann*, § 47 Rn. 79; MünchKomm-InsO/*Ganter*, § 47 Rn. 369a; *Häsemeyer*, Rn. 11.15 b.

687 Vgl. BGHZ 156, 350, 358 ff.; Uhlenbruck/*Brinkmann*, § 47 Rn. 65; Jaeger/*Henckel*, § 47 Rn. 116; Kübler/Prütting/Bork/*Jacoby*, § 143 Rn. 18; MünchKomm-InsO/*Kirchhof*, § 143 Rn. 20a; K. Schmidt/*K. Schmidt*, § 129 Rn. 12. Die Vertreter einer rein schuldrechtlichen Theorie sehen dies naturgemäß anders: Für sie ist der Anspruch eine Insolvenzforderung; näher Gottwald/*M. Huber*, § 52 Rn. 3 f. und 7.

688 *Bork/Jacoby*, ZGR 2005, 611, 645.

689 *Bork/Jacoby*, ZGR 2005, 611, 645.

690 *Bork/Jacoby*, ZGR 2005, 611, 645 f.

unternehmenstragende KG durch die Sonder- oder Eigeninsolvenz von K 1 in sich zusammengefallen; K 2 hätte am 1.11. die Eröffnung eines dritten Insolvenzverfahrens beantragt, über das Vermögen eben jener KG. Die Beziehungen der Vermögensmassen zueinander wären in dieser Abwandlung recht verwickelt: K 1 hätte gegen das Vermögen der Komplementärin einen Anspruch auf Ersatz seiner Aufwendungen, weil er deren Verbindlichkeit erfüllt hat: die Komplementärin haftete der unternehmenstragenden KG persönlich. Weil daher die zuerst Genannte auch eine Verbindlichkeit der zuletzt Genannten erfüllt hat, hätte der Insolvenzverwalter des einen Sondervermögens (Komplementärin) einen ähnlichen Anspruch gegen den Insolvenzverwalter des anderen Sondervermögens (unternehmenstragende KG), nämlich einen Anspruch gemäß § 110 Abs. 1 HGB. Der Anspruch von K 1 wäre eine Masseverbindlichkeit, der Anspruch der Komplementärin eine Insolvenzforderung. Hätte K 1 Gegenstände mit Mitteln der Komplementärin erworben, könnte deren Insolvenzverwalter die Herausgabe des Erlangten fordern. Wäre die Herausgabe in Natur möglich, würde das Erlangte ausgesondert; andernfalls erhielte er eine Quote. Im ersten Fall müsste der Insolvenzverwalter das Erlangte an die unternehmenstragenden KG weitergeben, weil die Komplementärin persönlich haftet. Im zweiten Fall könnte er gegen den Anspruch von K 1 aufrechnen. Wäre K 1 eine neue Verbindlichkeit eingegangen, haftete dafür allein das Vermögen der Komplementärin, sofern er mit seinem Antrag die Dreimonatsfrist eingehalten hat; hat er sie nicht eingehalten, haftete er dem Sondervermögen der unternehmenstragenden KG nach dem Ausfallprinzip. Hätte schließlich K 2 das Unternehmen (vorübergehend) fortgeführt, wäre ein Ausgleich zwischen dessen Eigenvermögen und dem Vermögen der unternehmenstragenden KG vorzunehmen. Der Ausgleich folgte dem Mechanismus, den die vorausgehenden Absätze beschreiben.

(d) Zwischenfazit

Damit ist festzuhalten: In Beispiel 1 und 2 ist es wiederum gleich, welchem Ansatz man folgt. Beide Ansätze können die Probleme lösen, die durch den Wegfall des vorletzten Gesellschafters entstehen. Im Vergleich zu (2) hätte es die Analogie noch ein wenig schwerer. Führt nämlich der Kommanditist das Unternehmen fort, muss sie einige schwierige Koordinations- und Haftungsfragen beantworten; Fragen, die in Beispiel 2 überschaubar bleiben, in Beispiel 3 aber schnell unübersichtlich werden. Das ist bei der Reduktion anders. Weil sie die beteiligten Gesellschaften aufrechterhält, folgt die Abwicklung stets dem gleichen Muster; nämlich dem, das unter (1) beschrieben ist. In Beispiel 3 wären zwei Verfahren gleichen Musters hintereinandergeschaltet (Komplementär-KG und unternehmenstragende KG, beide verknüpft durch die persönliche Haftung), was die Abwicklung erschweren kann; gleichwohl bliebe sie übersichtlicher als bei der Analogie. – Ist die Reduktion der Analogie deshalb vorzuziehen? Die Antwort lautet nein. Wie schon zuvor ist die Komplexität kein Argument, das zwingend gegen die Analogie spricht. Ein solches Argument ist erst im nächsten Abschnitt zu finden

bb) Eingeschränkte Sanierungsmöglichkeiten

Die bisherigen Überlegungen waren auf die Abwicklung bezogen. Eine insolvente Gesellschaft wird aber nicht immer abgewickelt. Sie kann auch saniert werden, was in Betracht kommt, wenn der Fortführungswert höher ist als der Liquidationswert; oben II 4 d. Die Gläubiger haben dann prinzipiell zwei Optionen: Sie können der Gesellschaft wieder auf die Beine helfen (Reorganisation) oder für die Veräußerung des Unternehmens stimmen (übertragende Sanierung). Die Einzelheiten wurden an anderer Stelle behandelt.

(1) Verlust der Reorganisation als Sanierungsoption

Die Gläubiger verlieren eine Option, wenn der vorletzte Gesellschafter ausscheidet und die Gesellschaft erlischt. Niemand kann einer erloschenen Gesellschaft wieder auf die Beine helfen, sie ist als Rechtsträgerin verschwunden. In Beispiel 1 wäre es daher ausgeschlossen, dass die Gläubiger die OHG „übernehmen"; dass sie durch einen Debt-Equity-Swap zu Gesellschaftern werden und künftig die Geschicke der Gesellschaft steuern. Ähnliches gälte in Beispiel 2. Dort wäre es unmöglich, die KG in Eigenverwaltung fortzuführen, weil sie mit der GmbH ihre Führung verloren hat. Können die beiden Ansätze auch dieses Problem lösen? Bei der Reduktion lautet die Antwort ja. Da sie das Ausscheiden des Gesellschafters verhindert und dadurch die Gesellschaft vor dem Zusammenbruch bewahrt, ist eine Reorganisation weiterhin möglich. Das heißt, in Beispiel 1 können die Gläubiger zu Gesellschaftern werden (wenn sie eine persönliche Haftung scheuen, sogar nach Umwandlung der OHG in eine KG; Details unter II 4 e), in Beispiel 2 kann die KG unter Aufsicht eines Sachwalters fortgeführt werden. Bei der Analogie lautet die Antwort nein. Da sie an der Ausscheidensregel festhält und die Gesellschaft erlöschen lässt, bleibt den Gläubigern nur die zweite Option, die Veräußerung des Unternehmens.

Der Verlust der Reorganisation wäre bedeutungslos, wenn ohnehin nur eine Veräußerung infrage käme. Dann machte es keinen Unterschied, welchem Ansatz man folgt; das Ergebnis wäre das gleiche. Der Verlust wöge dagegen schwer, wenn eine Veräußerung aussichtslos wäre, zum Beispiel, weil das Unternehmen einem kleinen Wirtschaftszweig angehört oder weil es ein spezielles Knowhow verlangt; denn fände sich kein Käufer, ließe sich der Fortführungswert nicht realisieren. Der Verlust wöge ebenfalls schwer, wenn die Gesellschaft

Vermögenswerte besaß, die an sie gebunden waren – in Beispiel 1 die Miet- und Lieferverträge; in Beispiel 2 die Genehmigung, die freilich nicht der KG erteilt wurde, sondern dem Geschäftsführer der GmbH. Die Verträge gingen (durch das Erlöschen der Gesellschaft) auf den verbliebenen Gesellschafter über und wären an diesen gebunden; die Genehmigung wäre (durch das Ausscheiden der GmbH) verloren. Kurzum, ohne Reorganisation ließen sich auch die gebundenen Vermögenswerte nicht verwirklichen.

(2) Keine Kompensation durch Umwandlung

Die übertragende Sanierung kann die Reorganisation nicht ersetzen. Sie ist zwar in verschiedenen Varianten denkbar: als asset deal, als asset deal ergänzt um das Kontinuitätsmodell, als Ausgliederung auf der Grundlage eines Insolvenzplans, oben II 4 d dd (3); aber keine dieser Varianten kann das gleiche vollbringen wie eine Reorganisation. Dazu ein kurzer Blick auf Beispiel 1. Dort hätte der verbliebene Gesellschafter die OHG „beerbt". Er hätte ihr Vermögen erworben und wäre für sie in die Miet- und Lieferverträge eingerückt. Würde ein Sonderinsolvenzverfahren eröffnet, könnte der Insolvenzverwalter das Unternehmen veräußern. Er könnte sämtliche Gegenstände, die zum Unternehmen gehören, im Wege eines asset deals auf den Erwerber übertragen.[691] Die Miet- und Lieferverträge blieben indes an den Gesellschafter gebunden: Es wäre denkbar, den Erwerber in die Verträge einrücken zu lassen, nämlich durch eine Vertragsübernahme; doch ohne die Zustimmung des anderen Teils wäre eine solche Übernahme ausgeschlossen, vgl. § 415 BGB. Der andere Teil wird die Zustimmung verweigern, wenn er den Vertrag zu Bedingungen abgeschlossen hat, zu denen er ihn nicht mehr abschließen würde, oder wenn er am geschäftlichen Erfolg seines Gegenübers zweifelt. Für einen potentiellen Erwerber wäre der Kauf des Unternehmens daher ein Wagnis. Dieses Wagnis wird er in seine Entscheidung miteinbeziehen; er wird entweder von einem Kauf absehen oder das Angebot herabsetzen.

Die Zustimmung des anderen Teils ließe sich umgehen, wenn man dem asset deal das Kontinuitätsmodell zur Seite stellt.[692] Das Kontinuitätsmodell geht davon aus, dass bei der Veräußerung eines Unternehmens nicht nur die Gegenstände auf den Erwerber übergehen, sondern auch die vertraglichen Beziehungen; das heißt, in Beispiel 1 rückte der Erwerber von allein in die Miet- und Lieferverträge der OHG (des Gesellschafters) ein. Das Kontinuitätsmodell müsste aber zum einen begründen, woraus diese partielle Universalsukzession

691 Oben II 4 d dd (3).

692 Oben II 4 d dd (3) (b).

folgt; denn aus den §§ 25 und 28 HGB lässt sie sich nicht ablesen. Es müsste zum anderen erklären, warum den Erwerber nur die künftigen Verbindlichkeiten treffen und nicht diejenigen, die schon auf dem Unternehmen lasten. Davon abgesehen wäre sein Nutzen dadurch begrenzt, dass die meisten Verträge eine Change-of-Control-Klausel enthalten. Enthalten sie keine solche Klausel, wäre dem Vertragspartner ein Kündigungsrecht nach § 314 BGB einzuräumen. Das Kündigungsrecht wird der Vertragspartner in den Fällen ausüben, in denen er auch einer Vertragsübernahme widersprochen hätte. Gewonnen wäre mit dem Kontinuitätsmodell also nichts.

Damit bliebe noch die letzte Variante, die Ausgliederung des Unternehmens auf der Grundlage eines Insolvenzplans.[693] Der Insolvenzplan könnte vorsehen, dass das Unternehmen auf eine Gesellschaft übertragen wird, die die Gläubiger zuvor gegründet und in die sie ihre Forderungen gegen die OHG eingebracht haben. Als Gegenleistung erhielte die OHG (der Gesellschafter) eine Beteiligung. Durch die Übertragung, die neben den Gegenständen auch die Verträge beinhaltete, würde das Unternehmen entschuldet. Außerdem könnte die Beteiligung veräußert werden, sodass den Gläubigern der Veräußerungserlös und die künftigen Gewinne zugute kämen. Ein solcher Reverse-Debt-Equity-Swap sähe sich jedoch einem Einwand gegenüber: § 152 Satz 2 UmwG.[694] Dieser Einwand wurde bislang nur gestreift, er soll daher noch einmal aufgegriffen werden. Gemäß § 152 Satz 2 UmwG kann eine Ausgliederung „nicht erfolgen, wenn die Verbindlichkeiten des Einzelkaufmanns sein Vermögen übersteigen". Der Einzelkaufmann soll das Unternehmen behalten; er soll es nicht übertragen dürfen, wenn er überschuldet ist. Die Regelung wäre in dem Fall anwendbar, in dem der Gesellschafter das Unternehmen für mehr als drei Monate fortgeführt hat. Weil er die Dreimonatsfrist hat verstreichen lassen, ist das OHG-Vermögen (das Unternehmen) mit seinem Eigenvermögen verschmolzen; er ist zum Einzelkaufmann geworden. Kann er die Überschuldung nicht beseitigen, schließt § 152 Satz 2 UmwG eine Umwandlung aus. Ein Reverse-Debt-Equity-Swap wäre unmöglich. Was aber wäre, wenn der Gesellschafter das Unternehmen aufgibt, indem er die Eröffnung eines Sonderinsolvenzverfahrens beantragt? Gälte dann das Gleiche, weil das Sondervermögen überschuldet ist? – Der Wortlaut kann bei der Antwort nicht helfen. Das Unternehmen wäre dinglich dem Gesellschafter

693 Oben II 4 d dd (3) (c).

694 Die Haftung des Erwerbers (§ 133 UmwG) bereitet beim Reverse-Debt-Equity-Swap keine Probleme, weil die Forderungen durch Konfusion erlöschen; oben II 4 d dd (3) (c).

und haftungsrechtlich dem Sondervermögen zugeordnet. Das heißt, man kann entweder den Gesellschafter oder das Sondervermögen als „Inhaber" ansehen, die Regelung entweder anwenden oder nicht anwenden. Bezieht man Satz 1 mit ein, scheint das Letztere näher zu liegen. Satz 1, an den Satz 2 anknüpft, spricht vom eingetragenen Einzelkaufmann. Da der Gesellschafter selten eingetragen sein wird, wäre eine Umwandlung möglich. Lässt man indes mit der herrschenden Meinung genügen, dass nur die Firma und nicht deren Inhaber eingetragen ist,[695] ist man der Antwort genauso nah wie vorher. Den Ausschlag kann daher nur der Zweck der Regelung geben. Der Zweck der Regelung ist umstritten. Während ihn die einen im Schutz der Gläubiger vor einer Vermögensverschiebung sehen,[696] sehen ihn die anderen im Schutz der übernehmenden Gesellschaft vor einer verdeckten Überschuldung: Beim Einzelkaufmann ist die Überschuldung kein Eröffnungsgrund. Außerdem weist die Bilanz nicht alle Verbindlichkeiten aus, für die das Unternehmen haftet; die privaten Verbindlichkeiten fehlen.[697] Gleich, welche Sichtweise die richtige ist, der Zweck der Regelung wäre nicht zu erreichen. Ein Schutz wäre nicht erforderlich, weder für die Gläubiger noch für die übernehmende Gesellschaft: Die Gläubiger erhielten das Unternehmensvermögen oder hätten (als Privatgläubiger) niemals darauf zugreifen dürfen; jedenfalls nicht, seit es zum Sondervermögen wurde. Die übernehmende Gesellschaft wäre gewarnt, weil die Überschuldung nunmehr ein Eröffnungsgrund ist; sie müsste vom Gesellschafter offenbart werden. Davon abgesehen würde das Unternehmen entschuldet, weil die Forderungen der Gesellschaftsgläubiger durch Konfusion erlöschen. Das bedeutet, § 152 Satz 2 UmwG wäre nicht anwendbar; entweder aufgrund einer teleologischen Reduktion, wenn man den Gesellschafter als Einzelkaufmann ansieht, oder aufgrund einer teleologischen Auslegung, wenn man das Sondervermögen als „Inhaber" des Unternehmens betrachtet. Zusammenfassend ist damit festzuhalten: In Beispiel 1 wäre eine Umwandlung möglich. Die Gläubiger könnten das Unternehmen mithilfe eines Reverse-Debt-Equity-Swaps erwerben und die vertraglichen Beziehungen fortsetzen.[698] Der Verlust der Reorganisation wäre aufgewogen.

Schaut man auf Beispiel 2, dann wäre das Ergebnis zunächst das gleiche. Die vertraglichen Beziehungen ließen sich durch einen Reverse-Debt-Equity-Swap

---

695 Beispiel ist der Alleinerbe, vgl. Lutter/*Karollus*, § 152 Rn. 8.

696 Schmitt/Hörtnagel/Stratz/*Hörtnagel*, § 152 Rn. 24.

697 Semler/Stengel/*Maier-Reimer/Seulen*, § 152 Rn. 74; ähnlich Lutter/*Karollus*, § 152 Rn. 43 und Widmann/Mayer/*Mayer/Seite*, § 152 Rn. 73: Schutz beider.

698 Change-of-Control-Klauseln nähme § 225a Abs. 4 Satz 3 InsO die rechtliche Wirkung; der andere Teil bliebe jeweils an den Vertrag gebunden.

erhalten; die übernehmende Gesellschaft könnte sie fortsetzen. Verschwunden wäre indes die Genehmigung, die gemäß § 3 GüKG zum Betrieb des Unternehmens erforderlich ist. Zur Erinnerung: Die Genehmigung war dem Geschäftsführer der Komplementär-GmbH erteilt worden. Nach herrschender Meinung im Öffentlichen Recht darf eine Genehmigung nicht der Gesellschaft erteilt werden, sondern nur den persönlich haftenden oder geschäftsführenden Gesellschaftern (oben II 4 e). Mit dem Ausscheiden der Komplementär-GmbH wäre sie deshalb verloren gegangen. Der Kommanditist dürfte das Unternehmen fortführen, § 8 Abs. 1 Satz 1 GüKG analog; die Befugnis endete jedoch nach kurzer Zeit, er müsste bald eine eigene Erlaubnis beantragen.[699] Man könnte vielleicht noch erwägen, dem Insolvenzverwalter des Sondervermögens das gleiche Recht zu gewähren; analog § 8 Abs. 1 Satz 2 GüKG für die Dauer des Verfahrens. Doch spätestens nach einer Veräußerung müsste der Erwerber eine Erlaubnis beantragen und könnte das Unternehmen solange nicht fortführen, bis er sie erhalten hat. Für den Reverse-Debt-Equity-Swap bedeutete das: Die persönlich haftenden oder geschäftsführenden Gesellschafter müssten eine Genehmigung beantragen, bevor die übernehmende Gesellschaft das Unternehmen fortführen dürfte. Denkbar wäre freilich, dass die Gläubiger eine KG gründen und als Komplementärin eine GmbH aufnehmen. Aber selbst in diesem Fall müssten sie warten, bis der Geschäftsführer eine Genehmigung erhält. Das Unternehmen stünde still; und hielte der Stillstand lange genug an, wäre es womöglich am Ende. Der Reverse-Debt-Equity-Swap wäre wirtschaftlich gescheitert.

Eine Reduktion wäre viel einfacher. Wenn nämlich die KG erhalten bliebe, wenn sie ihre Komplementär-GmbH und deren Geschäftsführer behielte, könnte der Insolvenzplan vorsehen, dass die KG in Eigenverwaltung fortgeführt wird und dass die Gläubiger sich durch einen Debt-Equity-Swap an ihr beteiligen; dass sie zu Kommanditisten werden (oben II 4 e). Die Verträge und Genehmigungen könnten dann weiter genutzt, das Unternehmen könnte ohne Unterbrechung weiter betrieben werden. Freilich ist die Reorganisation kein Allheilmittel. Sie kommt nicht immer in Betracht. Manchmal ist ihr die übertragende Sanierung vorzuziehen. Gleichwohl haben die Überlegungen gezeigt: Eine Reduktion der Ausscheidensfolge wahrt zumindest die Möglichkeit einer Reorganisation. Die Gläubiger können – wenn sie es wollen – für eine Neuordnung der

699 Gemäß § 8 Abs. 2 Satz 1 GüKG erlischt die Befugnis, „wenn nicht der Erbe binnen drei Monaten nach Ablauf der für die Ausschlagung der Erbschaft vorgesehenen Frist (…) die Erlaubnis beantragt hat". Da es im vorliegenden Fall keine Ausschlagungsfrist gibt, läge eine Parallele zu § 27 Abs. 2 HGB nahe.

Vermögensverhältnisse stimmen. Diese Möglichkeit wird ihnen durch eine Analogie genommen. Durch eine Analogie sind sie auf die Veräußerung des Unternehmens beschränkt. Das kann genügen, wenn eine Reorganisation aussichtslos ist oder wenn gebundene Vermögenswerte keine Rolle spielen; wenn eine Veräußerung dagegen scheitert oder wenn die gebundenen Vermögenswerte entscheidend sind, vernichtet sie den Fortführungswert.

e) Zwischenfazit

Das Vorstehende hat gezeigt: Eine teleologische Reduktion ist im Vorteil, wenn es um die Sanierung geht. Weil sie damit mehr leisten kann als eine Analogie, ist sie der Analogie vorzuziehen.

2. Ergänzung des Vertrags

Die Überlegungen unter IV 1 haben es angedeutet: Es genügt nicht, das Gesetz zu ergänzen; auch der Gesellschaftsvertrag ist zu vervollständigen. Das bedeutet, die vorstehende Lösung wird auf die vertragliche Regelung übertragen, sofern der Wille der Gesellschafter nicht ausnahmsweise ein anderer ist.

VI. Einschränkungen und verfahrensrechtliche Fragen

Die beiden vorausgehenden Abschnitte sind zu dem Ergebnis gelangt, dass die Probleme der unvollkommenen Doppelinsolvenz durch (teleologische) Reduktion zu lösen sind: Beruht die Insolvenz eines Gesellschafters auf der Insolvenz der Gesellschaft (des Unternehmens), dann scheidet er nicht aus; vielmehr wird die Gesellschaft aufgelöst, wenn sie es nicht ohnehin schon war.

1. Grenzen einer (teleologischen) Reduktion

Gleich, ob die vertragliche oder die gesetzliche Ausscheidensfolge eingeschränkt wird: Es muss klar sein, wann ein insolventer Gesellschafter ausscheidet und wann er Mitglied der Gesellschaft bleibt; der Anwendungsbereich der Reduktion muss hinreichend bestimmt sein.

a) Unternehmensinsolvenz als Ausgangspunkt

Gedanklicher Ausgangspunkt ist die Unternehmensinsolvenz. Sie ist die Ursache der Doppelinsolvenz (Kapitel 2, A II) und sie ist zugleich der Grund, aus dem die Ausscheidensfolge eingeschränkt wird.

b) Schwächen des Ausgangspunktes

Die Schwäche des Ausgangspunktes liegt auf der Hand: wann hat man es mit einer Unternehmensinsolvenz zu tun und wann nicht?

c) Präzisierung

K. Schmidt, auf dessen Überlegungen der Ansatz zurückgeht (oben III 1), nennt in ZIP 2008, 2337 drei Kriterien: Ein Gesellschafter soll nicht ausscheiden, (1) wenn zur gleichen Zeit ein Insolvenzverfahren über das Gesellschaftsvermögen eröffnet wird; (2) wenn ein Insolvenzverfahren noch nicht eröffnet, aber schon beantragt ist; (3) wenn die Insolvenz des Gesellschafters (maßgeblich) auf den Schulden der Gesellschaft beruht.

aa) Verfahrenseröffnung zur gleichen Stunde

Das erste Kriterium leuchtet ein. Werden nämlich die Gesellschaft und der vorletzte Gesellschafter gleichzeitig insolvent, dann ist dies ein deutliches Zeichen dafür, dass die beiden Insolvenzen zusammenhängen; dass die Insolvenz des Gesellschafters auf der Insolvenz der Gesellschaft (des Unternehmens) beruht und keine privaten Gründe hat. Die Ausscheidensfolge ist einzuschränken.

bb) Verfahrenseröffnung und Antrag

Beim zweiten Kriterium ist es ähnlich. Das eine Verfahren ist eröffnet, das andere schon beantragt. Das legt ebenfalls den Schluss nahe, dass die beiden Insolvenzen zusammenhängen. Der Schluss kann jedoch Schwierigkeiten bereiten. Nimmt man zum Beispiel an, am 1.5. wird ein Verfahren über das Vermögen des vorletzten Gesellschafters eröffnet. Die Eröffnung des Gesellschaftsverfahrens war zu diesem Zeitpunkt beantragt. – Wird das Gesellschaftsverfahren später eröffnet, ist alles in Ordnung. Der Gesellschafter bleibt Mitglied der Gesellschaft, die Gesellschaft wird abgewickelt oder saniert. Was aber passiert, wenn die Eröffnung (mangels Masse) abgelehnt wird? Scheidet der Gesellschafter dann doch noch aus, vielleicht sogar rückwirkend? Die Antwort ist nein. Wegen der Ablehnung kann die Gesellschaft zwar nicht nach insolvenzrechtlichen Regeln abgewickelt oder saniert werden; weil sie im Zuge der Reduktion aufgelöst wurde (oben IV 3 b und V 1 b), wird sie aber nach gesellschaftsrechtlichen Regeln abgewickelt und später gelöscht. Der Verbleib des Gesellschafters hat auch in diesem Fall seinen Nutzen. Davon abgesehen wird der Fall nur selten eintreten. Wie in Kapitel 2 unter D I gesehen, kann die persönliche Haftung der Gesellschafter in der Eröffnungsbilanz aktiviert werden; die Eröffnung des Gesellschaftsverfahren muss nicht abgelehnt werden.

Man möchte vielleicht einwenden, dass die Zuständigkeiten verschieden sind und dass die Insolvenzgerichte vom jeweils anderen Verfahren nichts wissen. Doch zum einen ist der Gerichtsstand in der Regel derselbe (Kapitel 2, C II); zum anderen hat das Insolvenzgericht nach § 5 Abs. 1 InsO von Amts wegen alle Umstände zu ermitteln, die für das Insolvenzverfahren von Bedeutung sind. Dazu gehört auch die (beantragte) Eröffnung des Gesellschafts- oder Gesellschafterinsolvenzverfahrens.

Methodisch ließen sich die Kriterien als Beweiserleichterung einordnen, etwa als Beweis des ersten Anscheins (prima facie).[700] Die allgemeine Lebenserfahrung ergibt, dass Gesellschafts- und Gesellschafterinsolvenz zusammenhängen, wenn sie zur gleichen Stunde eröffnet werden oder wenn sich ihre Eröffnungsverfahren überschneiden. Davon abgesehen ist die Unternehmensinsolvenz der Regelfall, oben Kapitel 2, A II. Denkbar wäre auch, die Kriterien als Fallgruppen zu verstehen, die den Anwendungsbereich der Reduktion näher bestimmen.[701]

cc) Haftungszusammenhang

Das letzte Kriterium ist ein rein materielles Kriterium; es bringt den Gedanken der Unternehmensinsolvenz auf den Punkt: Ein Gesellschafter scheidet nicht aus, wenn seine Insolvenz auf den Schulden der Gesellschaft (des Unternehmens) beruht.

Einzelne Stimmen meinen, das Kriterium sei untauglich, weil das Gericht den Haftungszusammenhang überhaupt nicht prüfen könne.[702] Das ist falsch. Wie am Ende des vorausgehenden Abschnitts festgehalten wurde, hat das Gericht von Amts wegen alle Umstände zu ermitteln, die für das Insolvenzverfahren bedeutsam sind. Bedeutsam ist zunächst der Eröffnungsgrund. Das Gericht muss feststellen, ob die Eröffnung des Verfahrens zulässig ist. Dazu muss es das Vermögen und die Verbindlichkeiten (!) des Gesellschafters näher bestimmen. Der Gesellschafter ist zur Mitwirkung verpflichtet. Er wird als Partei vernommen und muss Auskunft erteilen, vgl. § 20 Abs. 1 InsO. Für das Gericht ist es demnach ein Leichtes, der Ursache der Insolvenz nachzuspüren.

Einwenden ließe sich womöglich die Rechtssicherheit. Als Beispiel soll ein letztes Mal BGH ZIP 2008, 1677 dienen. Zur Erinnerung: In der Entscheidung ging es um eine BGB-Gesellschaft, die aus zwei Gesellschaftern bestand. Der eine Gesellschafter wurde um im Juli insolvent, der andere im August; die Gesellschaft

---

700 Vgl. *Engeler*, S. 88 f.
701 Vgl. *Schlicht*, S. 99.
702 Vgl. *Schlicht*, S. 106.

folgte zwei Jahre später. – Wenn man zunächst auf den Zeitpunkt schaut, in dem das erste Verfahren eröffnet wurde (Juli), dann stellt man fest: Eine Reduktion der Ausscheidensfolge ließe sich nicht auf das Gesellschaftsverfahren stützen; es war weder eröffnet noch beantragt. Denkbar wäre vielleicht, den zweiten Gesellschafter miteinzubeziehen. War dessen Verfahren schon beantragt, dann wäre dies ein Indiz für eine Unternehmensinsolvenz. Indes: man weiß nicht, ob das Verfahren schon beantragt war. Das heißt, es bliebe nur der Haftungszusammenhang. Das Gericht müsste prüfen, ob die Insolvenz des Gesellschafters (maßgeblich) auf den Schulden des Unternehmens beruht. – Das erste Problem ist das „Beruhen". Wann ist davon zu sprechen, dass eine Insolvenz auf eben jenen Schulden beruht? Zu weit ginge wohl, ausschließlich Unternehmensschulden zu verlangen oder umgekehrt einzelne unbedeutende Unternehmensschulden genügen zu lassen. Möglich wäre dagegen, das „Beruhen" als „Überwiegen" zu verstehen. Die Unternehmensschulden müssten dann die Hälfte der Schulden ausmachen, bei einem „maßgeblichen" Beruhen eher zwei Drittel. Möglich wäre auch, den Begriff als Wertung zu verstehen und ihn in das Ermessen des Gerichts zu stellen. Beide Möglichkeiten sind (zugegeben) etwas unsicher. Diese Unsicherheit ist aber meiner Meinung nach hinzunehmen. Zum einen wegen des Nutzens, den eine Reduktion hat (oben V 1 d); zum anderen, weil das Kriterium des „Beruhens" eher selten über die Reduktion entscheidet. Bei einer Personengesellschaft, bei der keine natürliche Person unbeschränkt haftet, sind die Geschäftsleiter antragspflichtig. Wie in Kapitel 2 (unter B II) gesehen, führt das bei einer Unternehmensinsolvenz zu gleichzeitigen Anträgen; es wird schon eines der beiden anderen Kriterien erfüllt sein. Bei den übrigen Gesellschaften haben es die Gesellschafter in der Hand, die Anträge zu koordinieren. Sie können sich dazu auf die drohende Zahlungsunfähigkeit stützen, was sie schon im eigenen Interesse tun werden.[703] BGH ZIP 2008, 1677 mag insoweit eine Ausnahme sein. Das zweite Problem ist die Gesellschaftsinsolvenz. Was, wenn sie lange auf sich warten lässt oder gar nicht erst eintritt? Dann gilt das, was zuvor schon festgehalten wurde: Die Gesellschaft ist aufgelöst. Sie wird abgewickelt und später gelöscht.

Nach Auffassung von *Schlicht* ist der Anwendungsbereich der (teleologischen) Reduktion enger. Die Ausscheidensregel sei nur dann einzuschränken, wenn

703 Solange die Gesellschaft (werbend) fortbesteht und Schulden begründet, erhöht sich die persönliche Haftung. Ziel eines einzelnen Antrags mag vielleicht die Ausscheidensfolge sein, weil dadurch die Haftung für neue Schulden endet; bei einem koordinierten Antrag ist das aber genauso, unten E II 2 b.

eine Reorganisation in Betracht komme.[704] Sonst habe die Reduktion keine Vorteile und sei verzichtbar.[705] An der Auffassung ist richtig, dass die (teleologische) Reduktion Vorteile hat, wenn es um die Reorganisation geht. Das wurde unter V 1 d bb bereits festgestellt. Ich meine aber, es ist sinnvoller, immer auf die teleologische Reduktion zu setzen, wenn es um eine Unternehmensinsolvenz geht. Zum einen ist es schon schwierig genug, zu bestimmen, wenn eine Unternehmensinsolvenz vorliegt. Der Vorschlag von *Schlicht* setzte zudem voraus, dass die Gläubiger eine Reorganisation beabsichtigen und dass die Reorganisation nicht offensichtlich aussichtslos ist. Das zweite ist zwar auch Voraussetzung für ein Schutzschirmverfahren; das erste lässt sich aber in diesem frühen Stadium vielleicht noch nicht sagen. Zum anderen ist teleologische Reduktion die einfachere Lösung, wenn es um die Abwicklung geht.

d) Klarstellender Beschluss

Um letzte Zweifel zu beseitigen, könnte das Insolvenzgericht einen klarstellenden Beschluss fassen.[706] Der Beschluss könnte lauten:

> Der Schuldner scheidet nicht aus der Gesellschaft aus. Die Gesellschaft ist aufgelöst.

Der erste Satz stellt klar, dass die Ausscheidensregel unangewendet bleibt. Der zweite Satz macht deutlich, dass die Gesellschaft aufgelöst ist – entweder, weil über ihr Vermögen ein Insolvenzverfahren eröffnet ist; oder, weil die Ausscheidensregel eingeschränkt wurde (oben IV 3 b und V 1 b).

e) Zwischenfazit

Ob die Ausscheidensfolge einzuschränken ist, lässt sich in den meisten Fällen klar bestimmen. Verbleibende Zweifel sind wegen des Nutzens einer teleologischen Reduktion hinzunehmen und können durch einen klarstellenden Beschluss beseitigt werden.

2. Koordinierte Eigenverwaltung

Eine Reorganisation steht oft im Zusammenhang mit einer Eigenverwaltung. Wie bereits in Kapitel 3 unter F II gesehen, lassen sich die einzelnen Verfahren insoweit koordinieren.

---

704 *Schlicht*, S. 106 ff.
705 *Schlicht*, S. 125 ff.
706 *Schlicht*, S. 133 f.

VII. Zwischenfazit

Wie schon bei der vollkommenen Doppelinsolvenz (oben C II) ist die teleologische Reduktion auch bei der unvollkommenen Doppelinsolvenz die richtige Lösung. Die Ausscheidensfolge ist daher einzuschränken, wenn die Insolvenz des Gesellschafters auf der Insolvenz des Unternehmens beruht.

E. Die einfache Doppelinsolvenz

Abschließend soll die Konstellation der einfachen Doppelinsolvenz etwas näher betrachtet werden.

I. Rechtsfolgen

Die Rechtsfolgen einer einfachen Doppelinsolvenz sind auf den ersten Blick eher unproblematisch: Die Gesellschaft wird aufgelöst, die insolventen Gesellschafter scheiden aus; beide Mechanismen greifen nur ineinander. Davon abgesehen bleibt die Gesellschaft erhalten, da zumindest zwei Gesellschafter im aufgelösten Verband verbleiben. Das gilt unabhängig davon, in welcher Reihenfolge die einzelnen Verfahren eröffnet werden.[707]

II. Haftungsrechtliche Probleme?

Problematisch könnte die einfache Doppelinsolvenz aber bei der mehrgliedrigen KG sein, wenn Insolvenzverfahren über das Vermögen der Gesellschaft und über das Vermögen des einzigen Komplementärs eröffnet werden: Die KG wäre aufgelöst; gleichzeitig verlöre sie ihren einzigen persönlich haftenden Gesellschafter.[708]

1. Insolvenz des einzigen Komplementärs

Denkt man die KG-Insolvenz hinweg und betrachtet man allein die Insolvenz des Komplementärs, liegt das Problem auf der Hand: Durch den Wegfall des einzigen Komplementärs verliert die KG eine Rechtsformvoraussetzung. Sie besteht nur noch aus Kommanditisten und nicht (wie § 161 Abs. 1 HGB voraussetzt) aus mindestens einem weiteren persönlich haftenden Gesellschafter. Die

---

707 Vgl. *Reiswich*, ZinsO 2010, 1809, 1811.

708 Das gleiche Problem entstünde freilich, wenn die KG zwar über mehrere Komplementäre verfügte, diese aber allesamt im Zuge der Gesellschaftsinsolvenz zahlungsunfähig werden.

Folgen einer solchen Rechtsformverfehlung sind im Gesetz nicht näher geregelt; es besteht aber weithin Einigkeit, dass der Wegfall des einzigen Komplementärs ein ungeschriebener Auflösungsgrund ist.[709] Was zunächst als Lösung des Problems erscheint, entpuppt sich bald als Ursprung weiterer Unstimmigkeiten. Denn durch die Auflösung und den Übergang ins Stadium der Abwicklung verschwindet die Gesellschaft nicht einfach aus dem Rechtsverkehr; sie besteht bis zur Vollbeendigung fort und kann im Rahmen des Abwicklungszwecks neue Rechtsgeschäfte eingehen.[710] Letzteres kommt zum Beispiel in Betracht, wenn die Kommanditisten[711] das Unternehmen vorübergehend fortführen,[712] um es anschließend zu veräußern.[713]

Für die Verbindlichkeiten, die während der Abwicklung entstehen, haftet allein die Gesellschaft. Die Kommanditisten können sich nach den §§ 156, 171 f. HGB unverändert auf die Beschränkung ihrer Haftung berufen,[714] der ausgeschiedene Komplementär muss (vorbehaltlich des § 15 HGB) nur für die Altverbindlichkeiten einstehen.[715] Das ist aus Sicht der Neugläubiger unbefriedigend; zum einen, weil das Vermögen der Gesellschaft oft begrenzt ist, zum anderen, weil sie bei Eingehung des Rechtsgeschäfts darauf vertraut haben, dass

---

709 BGHZ 8, 35, 37; Baumbach/Hopt/*Roth*, § 131 Rn. 7; Henssler/Strohn/*Klöhn*, § 131 Rn. 23; Ebenroth/Boujong/Jost/Strohn/*Lorz*, § 131 Rn. 29; MünchKomm-HGB/*K. Schmidt*, § 131 Rn. 46 f.; MünchHdbGesR II/*Piehler/Schulte*, § 37 Rn. 6; *Bork/Jacoby*, ZGR 2005, 611, 614; *Frey/v. Bredow*, ZIP 1998, 1621, 1622; zu weiteren Möglichkeiten – Fortsetzung als werbende KG, „Kommanditistengesellschaft" oder OHG – vgl. *Schlottmann*, S. 15 ff.; zur Rechtslage vor der Handelsrechtsreform vgl. *Blaurock/Suttmeyer*, JuS 1989, 96, 98.

710 Vgl. *Bork/Jacoby*, ZGR 2005, 611, 616; umstritten ist in diesem Zusammenhang, ob der Abwicklungszweck die Liquidatoren nur im Innenverhältnis bindet oder ob er auch ihre Vertretungsmacht beschränkt, näher MünchKomm-HGB/*K. Schmidt*, § 149 Rn. 51 f.

711 Nach § 146 Abs. 1 Satz 1 HGB sind sämtliche Gesellschafter zur Liquidation berufen, auch die Kommanditisten, vgl. BGH WM 1982, 1170.

712 Zögern die Kommanditisten die Abwicklung zu lange hinaus, kann der Rechtsformzwang zu einer Umwandlung der aufgelösten KG in eine werbende OHG führen. Drei Monate gelten in Anlehnung an die §§ 139 Abs. 3, 27 Abs. 2 HGB als angemessene Frist, vgl. im Einzelnen Staub/*C. Schäfer*, § 131 Rn. 46; *Bork/Jacoby*, ZGR 2005, 611, 615.

713 Staub/*Habersack*, § 149 Rn. 14; Ebenroth/Boujong/Jost/Strohn/*Hillmann*, § 149 Rn. 5; MünchKomm-HGB/*K. Schmidt*, § 149 Rn. 9; für weitere Beispiele vgl. *Frey/v. Bredow*, ZIP 1998, 1621, 1624.

714 Vgl. *Bork/Jacoby*, ZGR 2005, 611, 619.

715 Vgl. MünchKomm-HGB/*K. Schmidt*, § 128 Rn. 40.

neben der Gesellschaft mindestens ein Gesellschafter mit seinem ganzen Vermögen für die Erfüllung ihrer Forderungen haftet. Denn selbst wenn die KG mit einem Firmenzusatz aufgetreten ist, der ihr Abwicklungsstadium kennzeichnete („i.L."), geht das Fehlen eines Komplementärs meist nicht hervor. Der Wegfall des einzigen Komplementärs wirft daher die Frage auf, ob den Neugläubigern die eintretende Haftungslage zumutbar ist. Dieser Frage haben sich schon einige Monographien angenommen, namentlich die Dissertationen von *Schlottmann*, *Seeger* und *Kriebel*, die hier in der Reihenfolge ihres Erscheinens genannt sind. Sie alle eint das Bemühen, eine stimmige Lösung für die vorstehenden Haftungsprobleme zu finden. Die Vorschläge gehen jedoch weit auseinander:

Nach Auffassung von *Schlottmann* führt der Wegfall des Komplementärs zu einem automatischen Wechsel der KG in die jeweils einschlägige Grundform des Personengesellschaftsrechts.[716] Die KG werde entweder zur OHG oder – wenn es an den Voraussetzungen des § 105 Abs. 1 HGB fehlt – zur BGB-Gesellschaft.[717] Um die ehemaligen Kommanditisten vor der unbeschränkten Haftung zu schützen, die mit dem Rechtsformwechsel unweigerlich einhergeht, sei § 139 Abs. 4 HGB analog anzuwenden.[718] Die Kommanditisten hätten demnach die Wahl, die Gesellschaft aufzulösen, sie nach Aufnahme eines neuen Komplementärs als KG fortsetzen oder zum Zwecke einer individuellen Enthaftung aus ihr auszutreten.[719] Jede dieser drei Möglichkeiten wahre sowohl die Interessen der Neugläubiger als auch die Interessen der ehemaligen Kommanditisten. – *Seeger* möchte an der herrschenden Meinung festhalten und das Ausscheiden des einzigen Komplementärs als Auflösungsgrund ansehen.[720] Die Neugläubiger seien durch die Publizitätspflichten des Handelsrechts ausreichend geschützt.[721] So soll die KG nach § 19 Abs. 2 HGB verpflichtet sein, als „Kommanditistengesellschaft i.L. ohne persönlich haftenden Gesellschafter" zu firmieren. Außerdem seien das Ausscheiden des Komplementärs und die Auflösung der Gesellschaft nach § 143 HGB in das Handelsregister einzutragen.[722] Verstoße die Gesellschaft gegen diese Verpflichtungen, könne der ausgeschiedene Komplementär nach § 15 HGB und könnten die ehemaligen Kommanditisten aus handelsrechtlicher

716 *Schlottmann*, S. 109, 294 f.

717 *Schlottmann*, S. 110 f., 294 f.

718 *Schlottmann*, S. 111 ff., 294 f.; ähnlich *Frey/v. Bredow*, ZIP 1998, 1621, 1623.

719 *Schlottmann*, S. 138 ff., 294 f.

720 *Seeger*, S. 72 ff.

721 *Seeger*, S. 87 ff.; ebenso *Bork/Jacoby*, ZGR 2005, 611, 619.

722 *Seeger*, S. 89 f.; ähnlich Staub/*C. Schäfer*, § 131 Rn. 46 Fn. 125; nach *Bork/Jacoby*, ZGR 2005, 611, 619 Fn. 39 genügt schon der Zusatz „KG ohne Komplementär".

Vertrauenshaftung zum Schadensersatz verpflichtet sein.[723] – *Kriebel* schlägt eine dritte Lösung vor. Nach seiner Auffassung ist die Ausscheidensregel teleologisch zu reduzieren, wenn sie zum Wegfall des einzigen Komplementärs führt.[724] Der insolvente Komplementär bleibe demnach Mitglied der Gesellschaft, die ihrerseits als werbende KG fortbestehe. Da dem Komplementär indes nicht zugemutet werden könne, der Gesellschaft dauerhaft anzugehören, sei die teleologische Reduktion um eine Analogie zu den gesetzlichen Auflösungsgründen zu ergänzen.[725] Die an sich fortbestehende Gesellschaft werde demnach aufgelöst und unter Einschluss des insolventen Komplementärs abgewickelt.

Die drei Vorschläge sollen hier nicht bewertet werden. Für die nachfolgenden Überlegungen ist nämlich eine andere Frage von Bedeutung: Wie ist die Situation zu beurteilen, wenn zur Komplementärinsolvenz die Insolvenz der KG hinzutritt? Ist die Haftungslage vergleichbar und wenn ja: können die Lösungsansätze auch in diesem Fall den richtigen Weg weisen?

2. Insolvenz (auch) der KG

Der Unterschied zur alleinigen Insolvenz des Komplementärs besteht darin, dass die Gesellschaft schon durch ihre eigenen Insolvenz aufgelöst ist; sie muss wegen ihres wirtschaftlichen Scheiterns abgewickelt werden und nicht, weil sie ihren einzigen persönlich haftenden Gesellschafter verloren hat.[726] Das bedeutet zugleich, dass die Abwicklung insolvenzrechtlichen Regeln folgt.

a) Ausgangspunkt

Doch auch in dieser Situation hört die KG nicht unversehens auf zu existieren. Sie besteht bis zu ihrer Vollbeendigung fort und kann durch den Insolvenzverwalter neue Rechtsgeschäfte eingehen.[727] Da der Insolvenzverwalter verpflichtet ist, ein zur Masse gehörendes Unternehmen bis zu einer anders lautenden Entscheidung der Gläubiger (vgl. §§ 157, 160 InsO) fortzuführen,[728] wird die Gesellschaft

---

723 *Seeger*, S. 91 ff.; ebenso *Bork/Jacoby*, ZGR 2005, 611, 619 f.

724 *Kriebel*, S. 191 ff.

725 *Kriebel*, S. 212 ff.

726 Das gleiche gilt, wenn ausnahmsweise zuerst der Komplementär insolvent geworden ist; das daraufhin eingeleitete gesellschaftsrechtliche Liquidationsverfahren geht bei Insolvenz der Gesellschaft in ein Insolvenzverfahren über (vgl. § 145 Abs. 1 HGB).

727 Die Befugnis des Insolvenzverwalters, neue Rechtsgeschäfte abzuschließen, folgt aus § 80 Abs. 1 InsO. Zum überkommenen Streit, wie die Rolle des Insolvenzverwalters dogmatisch einzuordnen ist, vgl. MünchKomm-InsO/*Ott*/*Vuia*, § 80 Rn. 20 ff. m.w.N.

728 Vgl. MünchKomm-HGB/*K. Schmidt*, Anh. § 158 Rn. 42.

in der Regel nicht umhin kommen, neue Verbindlichkeiten zu begründen.[729] Mit Blick auf die Neuverbindlichkeiten, die nach § 55 Abs. 1 Nr. 1 InsO Masseverbindlichkeiten sind, können sich die Kommanditisten wieder auf die Beschränkung ihrer Haftung berufen; sie gilt in der Gesellschaftsinsolvenz unverändert fort.[730] Eine Haftung des ehemaligen Komplementärs scheitert daran, dass er der Gesellschaft nicht mehr angehörte.[731] Den Neugläubigern steht demnach nur das Gesellschaftsvermögen als Haftungsmasse zur Verfügung.

Die einfache Doppelinsolvenz weist damit eine Parallele zur Insolvenz des Komplementärs auf: Hier wie dort wird die Gesellschaft aufgelöst und ins Stadium der Abwicklung versetzt, während der einzige persönlich haftende Gesellschafter ausscheidet.[732] Die Gründe für die Auflösung (Insolvenz der Gesellschaft im einen Fall, Insolvenz des Komplementärs im anderen Fall) und die Regeln, nach denen die Gesellschaft abgewickelt wird (Insolvenzrecht im einen Fall, Gesellschaftsrecht im anderen Fall), mögen verschieden sein; doch es gibt einen Gesichtspunkt der beide Fallgruppen verbindet: Die aufgelöste Gesellschaft kann neue Rechtsgeschäfte eingehen, ohne dass zumindest ein Gesellschafter mit seinem gesamten Vermögen dafür einzustehen hätte.

b) Neuverbindlichkeiten

Auf den ersten Blick ist das Problem das gleiche wie bei der Insolvenz des einzigen Komplementärs; bei näherem Hinsehen jedoch nur, wenn der Komplementär für die Neuverbindlichkeiten einstehen müsste.

aa) Meinungsstand

Es ist seit langem umstritten, ob die Gesellschafter für Masseverbindlichkeiten im Sinne des § 55 Abs. 1 Nr. 1 InsO haften. Nach einer Mindermeinung in der Literatur ja. Die Verbindlichkeiten seien Gesellschaftsschulden, für die nach der

---

729 Auch ein vorläufiger (starker) Insolvenzverwalter kann verpflichtet sein, das Unternehmen fortzuführen (vgl. § 22 Abs. 1 Satz 2 Nr. 2 InsO). Die eingegangenen Verbindlichkeiten gelten später als Masseverbindlichkeiten, vgl. § 55 Abs. 2 Satz 1 InsO.

730 Zu den Ausnahmen oben Kapitel 1, B IV 3. Die persönliche Haftung wird in diesen Fällen vom Insolvenzverwalter geltend gemacht, vgl. § 171 Abs. 2 HGB.

731 Vgl. Ebenroth/Boujong/Joost/Strohn/*Hillmann*, § 128 Rn. 41.

732 Dieser Vergleich trifft freilich nur zu, wenn man den Wegfall des einzigen Komplementärs mit der herrschenden Meinung als ungeschriebenen Auflösungsgrund ansieht.

allgemeinen Regel des § 128 HGB die persönliche Haftung eingreife.[733] Außerdem hänge die Regelung mit der fehlenden Vermögensbindung zusammen und diene dem Schutz der Gläubiger. Wollte man sie einschränken, entstünde eine „Personengesellschaft mit beschränkter Haftung", welche die Gesellschafter privilegierte.[734] Lediglich bei außergewöhnlichen Geschäften könne zu Gunsten der Gesellschafter ein Zustimmungsvorbehalt angenommen werden.[735]

Der BGH und die überwiegende Meinung in der Literatur verneinen eine Haftung der Gesellschafter.[736] Beide sind sich einig, dass allein die Insolvenzmasse aufkommen muss; die dogmatische Begründung ist indes verschieden. Die Literatur geht weithin von einem gesellschaftsrechtlichen Ansatz aus. Schon die grundlegende Arbeit von *Sieveking* aus dem Jahr 1937 deutete an, dass eine Einstandspflicht mit den Legitimationsgründen des § 128 HGB (Selbstorganschaft und Eigennutz) nicht zu vereinbaren sein könnte.[737] Die Gesellschafter könnten weder auf die Person des Verwalters noch auf die Verwaltung selbst Einfluss nehmen; außerdem erfolge die Verwaltung im Fremdinteresse, nämlich im Interesse der Gläubiger.[738] Diesen Gedanken haben später Andere aufgegriffen, allen voran *K. Schmidt*. Auf ihn geht die heute überwiegende Auffassung zurück, wonach § 128 HGB teleologisch zu reduzieren ist.[739] Ausgehend vom Zweck der Regelung sei eine persönliche Haftung nur dann zu rechtfertigen,

---

733 Kübler/Prütting/Bork/*Lüke*, § 93 Rn. 28; Mohrbutter/Ringstmeier/*Homann*, § 26 Rn. 55 f., bis zur 2. Auflage auch noch Braun/*Kroth*, § 93 Rn. 20.

734 Kübler/Prütting/Bork/*Lüke*, § 93 Rn. 29.

735 Kübler/Prütting/Bork/*Lüke*, § 93 Rn. 30; der Gedanke eines Zustimmungsvorbehalts geht auf *M. Wolf* (in: Insolvenzrecht im Umbruch, S. 113, 123) zurück. Der Autor unterbreitete den Vorschlag im Zuge der Arbeiten zur Reform des Insolvenzrechts.

736 BGH ZIP 2010, 2204, 2205 f.; MünchKomm-InsO/*Brandes*/*Gehrlein*, § 93 Rn. 7 ff.; Staub/*Habersack*, § 128 Rn. 73; Ebenroth/Boujong/Jost/Strohn/*Hillmann*, § 128 Rn. 69; Uhlenbruck/*Hirte*, § 93 Rn. 37; Braun/*Kroth*, § 93 Rn. 21; Jaeger/*H.-Fr. Müller*, § 93 Rn. 32 ff.; MünchKomm-HGB/*K. Schmidt*, § 128 Rn. 81; Henssler/Strohn/*Steitz*, § 128 Rn. 66; MünchHdbGesR I/*Butzer*/*Knof*, § 85 Rn. 65 ff.; Gottwald/*Haas*/*Vogel*, § 94 Rn. 76; *Armbruster*, S. 157 ff.; *Brinkmann*, S. 120 ff.; *Häsemeyer*, Rn. 31.16; *Kesseler*, S. 282 ff.; *H.-Fr. Müller*, S 233 ff; *Noack*, Gesellschaftsrecht, Rn. 487 ff; *Zimmermann*, S. 61 ff.; *Marotzke*, DB 2013, 681, 682; *K. Schmidt*, ZHR 174 (2010), 163, 176 f.

737 Die eigentliche Begründung für eine beschränkte Haftung der Gesellschafter beruhte indes auf Überlegungen, die aus heutiger Sicht unrichtig oder zumindest zweifelhaft erscheinen; vgl. hierzu *Zimmermann*, S. 65 ff.; *K. Schmidt*, ZHR 152 (1988), S. 105, 115.

738 *Sieveking*, S. 40.

739 Vgl. *K. Schmidt*, ZHR 152 (1988), 105, 115 f.; *ders.*, ZHR 174 (2010), 163, 176 f.

wenn die Gesellschafter das Schicksal der Gesellschaft steuerten und wenn ihnen die Erträge des Unternehmens zugute kämen.[740] Dies sei in der Gesellschaftsinsolvenz nicht der Fall. Dort übernehme der Insolvenzverwalter die Leitung des Unternehmens; er handle nur noch zum Wohl der Gläubiger. Die Gesellschafter seien deshalb wie ausgeschiedene Gesellschafter zu behandeln, sie müssten für die Neuverbindlichkeiten nicht mehr einstehen.[741] – Der BGH stützt sich auf die Besonderheiten des Insolvenzverfahrens. Nach hergebrachten Grundsätzen fehle dem Insolvenzverwalter die Befugnis, den Schuldner über die Masse hinaus mit seinem freien Vermögen zu verpflichten;[742] er sei nicht der gesetzliche Vertreter des Schuldners.[743] Das Gleiche gelte in der Gesellschaftsinsolvenz. Die Befugnis des Insolvenzverwalters (§ 80 InsO) sei auf das Gesellschaftsvermögen beschränkt; er könne die Gesellschafter nicht mit ihrem Privatvermögen verpflichten, weil er keine „Verpflichtungsermächtigung" der Gesellschafter habe.[744] § 93 InsO ändere daran nichts. Er setze eine bestehende Verbindlichkeit voraus.[745]

bb) Keine persönliche Haftung

Der Mindermeinung ist zuzugeben, dass § 128 HGB dem Wortlaut nach auch in der Insolvenz gilt. Neuverbindlichkeiten sind Gesellschaftsschulden, für die der persönlich haftende Gesellschafter grundsätzlich einzustehen hat. Zum Teil wird das anders gesehen;[746] an der Schuldnerrolle der Gesellschaft und an der daraus im Grundsatz folgenden persönlichen Haftung der Gesellschafter ist aber nicht ernsthaft zu zweifeln.[747] Die weiteren Argumente können weniger überzeugen. Das betrifft zunächst den Gesichtspunkt der Vermögensbindung. Die persönliche Haftung mag damit zu tun haben, dass keine Regeln zum Erhalt des gemeinsamen Vermögens existieren; man darf aber nicht übersehen, das

740 *K. Schmidt*, ZHR 152 (1988), 105, 116.

741 *K. Schmidt*, ZHR 152 (1988), 105, 116.

742 BGHZ 34, 293, 295 f.; BGH NJW 1955, 339.

743 BGH ZIP 2009, 2204, 2206 mit Verweis auf BGH ZInsO 2006, 260.

744 BGH ZIP 2009, 2204, 2206.

745 BGH ZIP 2009, 2204, 2206.

746 Vgl. *Göcke*, S. 128 f.: „Schuldner" des Insolvenzverfahrens ist das Gesellschaftsvermögen; durch Handlungen des Insolvenzverwalters entstünden daher Masseverbindlichkeiten und keine genuinen Gesellschaftsverbindlichkeiten.

747 Vgl. Gottwald/*Haas*/*Vogel*, § 94 Rn. 37; Uhlenbruck/*Sinz*, § 53 Rn. 10; *Kesseler*, S. 282; *Noack*, Gesellschaftsrecht, Rn. 37; MünchKomm-HGB/*K. Schmidt*, § 128 Rn. 76 und 81; Anh. § 158 Rn. 5; *ders.*, ZHR 174 (2010), 163,170.

mit der Eröffnung des Verfahrens eine Bindung eintritt, die weitaus strenger ist als bei einer Kapitalgesellschaft: Ab dem Zeitpunkt der Eröffnung ist nur noch der Insolvenzverwalter befugt, die Masse zu verwalten und über sie zu verfügen (§ 80 InsO); die Gesellschafter sind vollständig ausgeschlossen.[748] Der Vergleich mit einer Kapitalgesellschaft will auch sonst nicht so richtig passen. Das Vermögen, das die §§ 30 ff. GmbHG und 57 AktG zum Schutz der Gläubiger erhalten möchten, reicht in der Insolvenz nicht aus, um alle Schulden zu erfüllen. Gleichwohl tritt bei einer GmbH oder AG keine persönliche Haftung ein, wenn der Insolvenzverwalter neue Verbindlichkeiten begründet,[749] im Gegenteil: trotz Vermögensbindung haftet allein die Gesellschaft.[750] Die fehlende Vermögensbindung kann daher nicht der Grund sein, aus dem die Gesellschafter für Neuverbindlichkeiten haften müssten. Ähnliches gilt für die Befürchtung, bei einer Einschränkung des § 128 HGB entstehe eine „Personengesellschaft mit beschränkter Haftung". Der Gedanke ist im Ausgangspunkt richtig; wie *H.-Fr. Müller* ausführlich belegt,[751] ist diese Folge aber hinnehmbar. Zum einen ist den Geschäftspartnern bewusst, welches Risiko sie eingehen;[752] zum anderen haftet der Insolvenzverwalter persönlich, wenn er Verbindlichkeiten begründet, für deren Erfüllung die Masse nicht ausreicht.[753] Neben die persönliche Haftung tritt außerdem eine Haftung nach Rechtsscheinsgrundsätzen, wenn der Insolvenzverwalter den Eindruck erweckt, es hafte mindestens eine Person mit ihrem gesamten Vermögen.[754] Was schließlich den Vorschlag eines Zustimmungsvorbehalts angeht, so ist er nach geltendem Recht nur eines: ein Gedanke, der im Zuge der Reformüberlegungen vorgebracht wurde, später aber keine weitere Beachtung gefunden hat. Es fehlt daher schon an der gesetzlichen Grundlage.[755] Wollte man sich über dieses Hindernis hinwegsetzen – sei es im Wege der

---

748 Vgl. *K. Schmidt*, ZHR 174 (2010), 163, 176.

749 Vgl. *Marotzke*, DB 2013, 681, 681 f.

750 Vgl. *Marotzke*, DB 2013, 681, 682.

751 Vgl. *H.-Fr. Müller*, S. 235 f.

752 Ähnlich *Kesseler*, S. 287 f.; *Marotzke*, DB 2013, 681, 683.

753 Ebenso MünchHdbGesR I/*Butzer*/*Knof*, § 85 Rn. 68; eine Haftung nach § 61 InsO setzt freilich voraus, dass der Insolvenzverwalter die Unzulänglichkeit der Masse vorhersehen konnte, vgl. *H.-Fr. Müller*, S. 235.

754 Eine Haftung ist denkbar, wenn der Insolvenzverwalter das Unternehmen unter der alten Firma (ohne Insolvenzzusatz) fortführt oder wenn er bei Vertragsschluss verschweigt, dass ein Insolvenzverfahren über das Gesellschaftsvermögen eröffnet wurde, vgl. *H.-Fr. Müller*, S. 235 f.; *K. Schmidt*, ZHR 152 (1988), 105, 114 f.

755 Vgl. BGH ZIP 2009, 2204, 2206.

Rechtsfortbildung, sei es de lege ferenda –, wäre ein Zustimmungsvorbehalt auch nicht mit dem Gesetz in Einklang zu bringen. Ein solches Recht kann allenfalls einem Verfahrensorgan zustehen, nicht aber den Mitgliedern eines insolventen Verbands.[756] Davon abgesehen wäre ein Zustimmungsvorbehalt für außergewöhnliche Geschäfte wenig hilfreich. Selbst wenn solche Geschäfte ein gewisses Haftungsrisiko mit sich bringen, geht die eigentliche Gefahr von den gewöhnlichen Geschäften aus, nämlich von der Fortführung des Unternehmens.[757]

cc) Teleologische Reduktion

Eine teleologische Reduktion kommt in Betracht, wenn die Legitimationsgründe des § 128 HGB (Selbstorganschaft und Eigennutz) in der Insolvenz entfallen und damit eine „verdeckte" Regelungslücke offenbaren. Die Regelung wäre mit anderen Worten einzuschränken, wenn sie für die Gesellschaftsinsolvenz nicht passt.[758] Dies wird vereinzelt mit dem Einwand abgelehnt, die Prinzipien der Selbstorganschaft und des Eigennutzes würden in der Gesellschaftsinsolvenz nicht berührt. Zum einen sei der Insolvenzverwalter kein Organ der Gesellschaft,[759] zum anderen kämen seine Handlungen den Gesellschaftern zugute, indem etwa die Erträge eines fortgeführten Unternehmens deren Haftung reduzierten.[760] – Der Einwand ist auf den ersten Blick berechtigt. Sieht man den Insolvenzverwalter als Partei kraft Amtes an,[761] dann ist das Prinzip der Selbstorganschaft schon formal nicht betroffen.[762] Die Gesellschafter bleiben organschaftliche Vertreter der Gesellschaft und nehmen im Verfahren deren Rechte und Pflichten wahr;[763] der Insolvenzverwalter handelt als Amtstreuhänder der Masse.[764] Doch selbst, wenn man die Funktion des Insolvenzverwalters anders versteht,[765] scheint die Selbstorganschaft nicht das entscheidende Argument zu sein. Denn auch außerhalb des Insolvenzverfahrens unterliegt die

756 Vgl. *K. Schmidt*, ZHR 174 (2010), 163, 176; ähnlich *Kesseler*, S. 284.
757 Vgl. *K. Schmidt*, ZHR 174 (2010), 163, 177.
758 Vgl. oben V 1 a.
759 Vgl. *H.-Fr. Müller*, S. 234.
760 Vgl. *Kesseler*, S. 283; *Zimmermann*, S. 77.
761 Das ist der Standpunkt der herrschenden Meinung, vgl. Uhlenbruck/*Mock*, § 80 Rn. 59 f; ausführlich *Häsemeyer*, Rn. 15.06 ff.
762 Vgl. *H.-Fr. Müller*, S. 234.
763 Näher *Göcke*, S. 20 ff.; *H.-Fr. Müller*, S. 139 ff.
764 MünchKomm-InsO/*Graeber*, § 56 Rn. 146.
765 Vgl. *K. Schmidt*, zuletzt in: Uhlenbruck, Die GmbH in Krise, Sanierung und Insolvenz, Rn. 7.540 ff.; *ders.*, KTS 1984, 345 ff.

Selbstorganschaft gewissen Einschränkungen. So können zum Beispiel einzelne Gesellschafter von der Geschäftsführung oder von der organschaftlichen Vertretung ausgeschlossen oder durch weitreichende Vollmachtsregelungen an die Entscheidungen Dritter gebunden sein.[766] Bei der Abwicklung einer aufgelösten Gesellschaft ist sogar der Einsatz von Fremdliquidatoren möglich, also von solchen Personen, die zu keinem Zeitpunkt an der Gesellschaft beteiligt waren (vgl. § 146 HGB).[767] Obwohl die Gesellschafter in allen diesen Fällen erheblich an Einfluss verlieren, bleibt ihre persönliche Haftung bestehen. Auch der zweite Aspekt leuchtet ein. Die Insolvenzverwaltung mag in erster Linie dem Interesse der Gläubiger dienen, mittelbar begünstigt sie auch die Gesellschafter. Diese werden in dem Umfang von ihrer Einstandspflicht frei, in dem die Insolvenzmasse zur Befriedigung der Gläubiger ausreicht. Eine Vergrößerung der Masse (etwa durch die Erträge des fortgeführten Unternehmens) bedeutet daher zugleich eine Reduzierung der persönlichen Haftung.[768] Wollte man dies anders sehen,[769] bestünden Zweifel, ob die persönliche Haftung zwingend mit dem Prinzip des Eigennutzes verbunden ist. Sie ist es jedenfalls nicht, wenn man den Eigennutz ausschließlich als Beteiligung am wirtschaftlichen Erfolg versteht.[770] Denn die Erfolgsbeteiligung ist kein notwendiges Merkmal einer Gesellschaft; sie kann für einen Teil der Gesellschafter vertraglich ausgeschlossen werden.[771]

Eine teleologische Reduktion scheint nach alldem unnötig zu sein; weder die Selbstorganschaft noch der Eigennutz drängen dazu. Gleichwohl sollte man eines bedenken: Auch wenn die beiden Prinzipien für sich allein keine Einschränkung der persönlichen Haftung fordern, bringen sie doch einen gemeinsamen Gedanken zum Ausdruck. Haften soll nur derjenige, dem ein Mindestmaß an Einfluss zusteht. Eben dieser Einfluss fehlt den Gesellschaftern

---

766 Vgl. *Armbruster*, S. 165. Ein Ausschluss aller Gesellschafter von der Vertretungsmacht ist freilich nicht möglich. Ebenso wenig kann eine Generalvollmacht erteilt werden, durch die eine „organersetzende Kompetenz des Bevollmächtigten" begründet werden soll, näher MünchKomm-HGB/*K. Schmidt*, § 125 Rn. 8.

767 Vgl. *Kesseler*, S. 282 f.; *ders.*, NZI 2008, 42.

768 Dies gilt jedenfalls für diejenigen Verbindlichkeiten, die bei Eröffnung des Verfahrens schon bestanden haben (sog. Altverbindlichkeiten), vgl. *Göcke*, S. 126; *Kesseler*, S. 283; *Zimmermann*, S. 77.

769 *Armbruster*, S. 165.

770 *H.-Fr. Müller* lässt diese Frage unbeantwortet, deutet aber auf den S. 234 f. eine ähnliche Sichtweise an.

771 Vgl. BGH NJW 1987, 3124, 3125 f.; MünchKomm-BGB/*C. Schäfer*, § 705 Rn. 149 ff.; MünchKomm-HGB/*K. Schmidt*, § 105 Rn. 28; *Flume*, Allgemeiner Teil I/1, § 3 II; *Hueck*, § 1 I 1 b; *Wiedemann*, GesR II § 3 III 3 b.

in der Gesellschaftsinsolvenz. Und genau deshalb ist die persönliche Haftung einzuschränken.

Eine teleologische Reduktion könnte jedoch überflüssig sein, wenn sich die Einschränkung schon aus dem Insolvenzverfahren ergäbe. Das war der Ansatz des BGH. Der Ansatz ist aber wenig überzeugend. Zum einen ist der Vergleich mit der natürlichen Person schief. Daraus folgte nämlich nur, dass der Insolvenzverwalter die Gesellschaft nicht mit ihrem freien Vermögen verpflichten kann.[772] Es ist zwar umstritten, ob die Gesellschaft ein solches Vermögen hat;[773] gleichwohl: mit Blick auf die Gesellschafter ließe sich nichts ableiten. Davon abgesehen kann die fehlende Verpflichtungsermächtigung des Insolvenzverwalters nicht mit dem Massebezug der Befugnisse begründet werden. Wie in Kapitel 1 gesehen, sind Gesellschafts- und Gesellschaftervermögen streng zu trennen. Das bedeutet, dem Insolvenzverwalter kann niemals eine solche Ermächtigung zustehen.[774] Dem BGH ist zuzustimmen, dass sich aus § 93 InsO nichts anderes ergibt; aber nicht etwa, weil die Regelung eine bestehende Verbindlichkeit voraussetzt, sondern weil sie dem Insolvenzverwalter lediglich eine treuhänderische Einziehungsbefugnis verleiht. Das alles hat freilich wenig mit der Frage zu tun, ob die Gesellschafter für die Masseverbindlichkeiten haften. Masseverbindlichkeiten sind Gesellschaftsschulden (oben bb). Damit sind sie automatisch Gesellschafterschulden, was heißt, dass die Antwort nur in § 128 HGB liegen kann. Die teleologische Reduktion ist die überzeugendere Lösung.

3. *Zwischenfazit*

Die Doppelinsolvenz von KG und einzigem Komplementär führt haftungsrechtlich zu keinen Problemen. Ein Gleichlauf mit der Insolvenz des Komplementärs scheidet aus, weil der Komplementär in der Insolvenz seiner KG von vorneherein nicht für Neuverbindlichkeiten einstehen muss. Die Haftungslage ist in beiden Fällen verschieden.

III. Erschwerte Sanierung?

Zum Schluss noch ein Blick auf die Sanierung. Unter diesem Aspekt scheint die einfache Doppelinsolvenz unproblematisch zu sein. Die Gesellschaft bleibt nämlich erhalten; eine Reorganisation ist weiterhin möglich. Der BGH (Fußnote

---

772 *K. Schmidt*, ZHR 174 (2010), 163, 172.
773 *K. Schmidt*, ZHR 174 (2010), 163, 172.
774 *K. Schmidt*, ZHR 174 (2010), 163, 172.

581) scheint deshalb richtig zu liegen, wenn er § 131 Abs. 3 Satz 1 Nr. 2 HGB anwendet. Ganz so einfach ist es allerdings nicht. Das Problem sind wiederum die gebundenen Vermögenswerte. Dazu noch einmal Beispiel 2 (oben V 1 d). In Beispiel 2 ging es um eine GmbH & Co. KG, die ein Frachtunternehmen betreibt. Unterstellt man diesmal, dass die KG mehrere Kommanditisten hat, dann bliebe sie bei einer Doppelinsolvenz zwar bestehen. Die Komplementärin schiede aber aus, wodurch die Genehmigung, die zum Betrieb des Unternehmens nötig ist, verloren wäre; denn die Genehmigung wurde nicht der KG erteilt, sondern den Geschäftsführern der Komplementär-GmbH. – Der Verlust der Genehmigung oder allgemein: der Verlust öffentlich-rechtlicher Positionen spricht dafür, die Ausscheidensfolge auch bei der einfachen Doppelinsolvenz einschränken. Jedenfalls in den Fällen, in denen es um eine Unternehmensinsolvenz geht; zu den Kriterien oben VI 1 c.

Die Entscheidung des BGH kann auch sonst nicht überzeugen, wenn es in der Begründung heißt: § 131 Abs. 3 Satz 1 Nr. 2 HGB kommt „uneingeschränkt zur Anwendung, weil die (...) Gesellschafter davor geschützt werden sollen, sich in Angelegenheiten der Gesellschaft mit dem Insolvenzverwalter des insolventen Mitgesellschafters auseinandersetzen zu müssen". Wie unter IV 3 a aa gesehen, ist ein solcher Schutz nicht nötig.[775]

F. Reformüberlegungen

Nach dem Ergebnis der vorausgehenden Überlegungen wirft die Ausscheidensfolge einige schwerwiegende Probleme auf, die (de lege lata) nur durch eine Reduktion zu lösen sind. Abschließend soll es deshalb um die Frage gehen, ob der Gesetzgeber den § 131 Abs. 3 Satz 1 Nr. 2 HGB (de lege ferenda) einschränken sollte. Denkbar wären folgende Gestaltungsvarianten:

> § 131 HGB
> (...)
> (4) [1]Absatz 3 Satz 1 Nr. 2 gilt nicht, wenn die Eröffnung des Insolvenzverfahrens über das Vermögen der Gesellschaft beantragt oder wenn das Verfahren bereits eröffnet ist. [2]Wird die Eröffnung des Verfahrens abgelehnt, scheidet der Gesellschafter mit der Rechtskraft des ablehnenden Beschlusses aus.
> (5) [1]Würde im Fall des Absatz 3 Satz 1 Nr. 2 das Ausscheiden eines Gesellschafters zum Verbleib nur eines Gesellschafters führen, tritt an die Stelle des Ausscheidens die Auflösung der Gesellschaft. [2]Satz 1 gilt nicht, wenn die Insolvenz des Gesellschafters private

775 Ebenso *K. Schmidt*, ZIP 2010, 1621, 1626.

Gründe hat. [3]Die Insolvenz des Gesellschafters hat private Gründe, wenn sie nicht auf den Schulden der Gesellschaft beruht.

Die Abs. 1–3 entsprechen dem geltenden Recht. Abs. 4 und 5 ergänzen Abs. 3 Satz 1 Nr. 2 um eine Regelung für die unvollkommene Doppelinsolvenz – einmal für den Fall, dass die Insolvenz bei der Gesellschaft beginnt (Abs. 4) und einmal für den Fall, dass sie ihren Anfang bei den Gesellschaftern nimmt (Abs. 5). Da sie den vorletzten Gesellschafter in der Gesellschaft hielten, verhinderten sie außerdem eine vollkommene Doppelinsolvenz. Um darüber hinaus eine Einschränkung für die einfache Doppelinsolvenz (bei der KG; oben E III) zu schaffen, wäre zusätzlich eine Ergänzung der §§ 161 ff. HGB vonnöten:

§ 178 HGB
[1]Würde im Fall des § 131 Abs. 3 Satz 1 Nr. 2 das Ausscheiden eines Komplementärs zum Verbleib nur eines oder mehrerer Kommanditisten führen, tritt an die Stelle des Ausscheidens die Auflösung der Gesellschaft. [2]Satz 1 gilt nicht, wenn die Insolvenz des Komplementärs private Gründe hat. [3]Die Insolvenz des Komplementärs hat private Gründe, wenn sie nicht auf den Schulden der Gesellschaft beruht.

Die Ergänzung, die hier als eigenständiger Paragraph vorgeschlagen wird, soll das Ausscheiden des einzigen Komplementärs verhindern, wenn dessen Insolvenz auf der Insolvenz des Unternehmens beruht.

Vorstellbar wäre auch, die Ausscheidensfolge noch weiter einzuschränken. Sie könnte immer dann unangewendet bleiben, wenn nur noch ein Gesellschafter übrig bliebe. Das hätte den Vorteil, dass nicht ermittelt werden müsste, ob die Insolvenz des vorletzten Gesellschafters mit dem Scheitern des Unternehmens zu tun hat:

§ 131 HGB
(…)
(4) Würde im Fall des Absatzes 3 Satz 1 Nr. 2 das Ausscheiden eines Gesellschafters zum Verbleib nur eines Gesellschafters führen, tritt an die Stelle des Ausscheidens die Auflösung der Gesellschaft.

Unabhängig davon, wie eine Einschränkung aussehen sollte, wäre zunächst die Frage zu beantworten, ob es eines legislatorischen Eingriffs überhaupt bedarf. Aus meiner Sicht: nein. Ein „Federstrich“ des Gesetzgebers machte zwar so manche methodische „Verrenkung“ entbehrlich, er nähme der Regelung aber zugleich ihre Flexibilität. Die Flexibilität bliebe erhalten, wenn man auf die Rechtsfortbildung vertraut. Nicht umsonst heißt es in der Gesetzesbegründung: „Bei unangemessenen Ergebnissen kann im Einzelfall (…) die Rechtsprechung eingreifen“, vgl. oben D IV 1 b. Davon abgesehen ist die Ausscheidensfolge disponibel. Die

Gesellschafter können (und sollten!) vorsorgen und für die Unternehmensinsolvenz die Auflösung der Gesellschaft vereinbaren.

Sinnvoll wäre indes, das Recht der unternehmenstragenden BGB-Gesellschaft an das Recht der OHG anzupassen. Insoweit besteht jedoch weithin Einigkeit, vgl. etwa die Beschlüsse des 71. Deutschen Juristentags.

G. Ergebnis

Die Untersuchung hat ergeben: In allen Konstellationen der Doppelinsolvenz ist die (teleologische) Reduktion der Ausscheidensregel die schlüssigste Lösung. Bei der vollkommenen Doppelinsolvenz ist sie unvermeidbar, bei der unvollkommenen und bei der einfachen Doppelinsolvenz ist sie einer Analogie vorzuziehen.

Kapitel 4: Die Haftungsabwicklung

In den vorausgehenden Kapiteln war oft zu lesen, dass die Gesellschafterhaftung nach § 93 InsO oder nach § 171 Abs. 2 HGB abgewickelt werde, wenn über das Gesellschaftsvermögen ein Insolvenzverfahren eröffnet ist. Was das im Einzelnen bedeutet, soll im Folgenden näher betrachtet werden. Dabei soll es – im Anschluss an Kapitel 3 – nicht um allgemeine Fragen gehen,[776] sondern um Zweifelsfragen, die sich ergeben, wenn auch die Gesellschafter insolvent sind.

A. Überblick – Gesellschaftsinsolvenz

Bevor das Augenmerk auf den Zweifelsfragen liegt, ist noch ein Überblick über die Gesellschafterhaftung nötig. Den Anfang macht die Kommanditistenhaftung, weil sie (§ 171 Abs. 2 HGB) Vorbild für § 93 InsO war.

I. Die Kommanditistenhaftung

Beim Kommanditisten ist zu unterscheiden: zwischen der Einlage und der Haftung, die eintritt, wenn er sein Einlageversprechen nicht erfüllt.

1. Einlage und Haftung

Die Haftung des Kommanditisten ist an das Einlageversprechen gebunden: Hat der Kommanditist die Einlage erbracht, haftet er überhaupt nicht, denn die Einlage ist Teil des Gesellschaftsvermögens; sie ersetzt seine Einstandspflicht. Hat er sie noch nicht (oder nicht vollständig) erbracht oder wurde sie ihm zurückgewährt, haftet er persönlich; allerdings nicht unbeschränkt, sondern nur bis zur Höhe der Haftsumme, die er nach dem Handelsregister übernommen hat, vgl. §§ 171 Abs. 1 Halbsatz 1, 172 Abs. 4 HGB.[777] Wie schon in Kapitel 3 (unter II 4 e bb (4)) gesehen, kann die persönliche Haftung vor allem durch eine falsche Bewertung eintreten. Sie tritt aber auch ein, wenn der Kommanditist ausscheidet. Hat er nämlich eine Abfindung erhalten, ist darin die Rückgewähr der Einlage zu sehen.[778] War die KG (noch) nicht im Handelsregister eingetragen

---

776 Die allgemeinen Fragen behandeln schon *Armbruster*, S. 31 ff., *Brinkmann*, S. 96 ff. und die Kommentarliteratur.

777 Einlage und Haftsumme müssen sich (wertmäßig) nicht unbedingt entsprechen.

778 Der ausgeschiedene Kommanditist haftet freilich nur für die Altverbindlichkeiten; seine Haftung endet nach fünf Jahren, vgl. § 160 HGB.

und hat der Kommanditist dem Geschäftsbeginn zugestimmt, haftet er unbeschränkt. Die Haftung entfällt, wenn den Gläubigern seine Beteiligung als Kommanditist bekannt war, § 176 Abs. 1 HGB.

In der KG-Insolvenz ist zwischen Einlage und Haftung zu unterscheiden. Dem Insolvenzverwalter steht es theoretisch frei, vom Kommanditisten die Einlage zu verlangen: Die Einlageforderung gehört zur Masse, das heißt er kann er sie aufgrund seiner Verwaltungs- und Verfügungsbefugnis geltend machen.[779] Er kann aber auch die persönliche Haftung einfordern. Das folgt aus § 171 Abs. 2 HGB, der ihn dazu ermächtigt (und die Gläubiger ausschließt). Streitig ist, ob der Insolvenzverwalter ein Wahlrecht hat. Der Streit ist von Bedeutung, wenn die Einlage nicht in einer Geldleistung besteht; wenn der Kommanditist zum Beispiel die Einbringung einer Sache versprochen hat. Die herrschende Meinung gewährt dem Insolvenzverwalter ein Wahlrecht. Die Gegenauffassung möchte von einem Vorrang der Einlageschuld ausgehen, zumindest solange, wie die Sacheinlage mit dem Insolvenzzweck noch vereinbar ist (vgl. Kapitel 3, V 1 d aa (1)). Wichtig ist hier: § 171 Abs. 2 HGB betrifft nur diejenigen Fälle, in denen der Kommanditist (beschränkt) persönlich haftet – §§ 171 Abs. 1 Halbsatz 1, 172 Abs. 4 HGB.[780] Mit der Einlage hat er ebenso wenig zu tun wie mit § 176 Abs. 1 HGB, der § 93 InsO unterfällt.

2. *Zwischenfazit*

Die Kommanditistenhaftung ist in der Regel uninteressant. Sie wird erst bedeutsam, wenn der Kommanditist (beschränkt) persönlich haftet. Beim persönlich haftenden Gesellschafter ist dies anders:

II. Die persönliche Haftung

Die persönliche Haftung (§ 128 HGB) ist grundsätzlich eine unmittelbare, primäre und unbeschränkte – eine unmittelbare, weil die Gläubiger auf die Gesellschafter zugreifen können; eine primäre, weil sie nicht erst gegen die Gesellschaft vorgehen müssen; eine unbeschränkte, weil die Gesellschafter mit ihrem gesamten Vermögen haften. Außerdem ist sie akzessorisch, das heißt sie ist abhängig vom Bestand der Gesellschaftsschuld.[781] In der Gesellschaftsinsolvenz wirft die

---

779 MünchKomm-HGB/*K. Schmidt*, § 172 Rn. 98.
780 MünchKomm-HGB/*K. Schmidt*, § 172 Rn. 106.
781 Grundlegend *K. Schmidt*, GesR § 49 II 3.

persönliche Haftung zwei Fragen auf: welche Forderungen umfasst sie und wie ist sie abzuwickeln?

1. *Erfasste Forderungen*

Die persönliche Haftung umfasst Forderungen, die bei Eröffnung des Verfahrens begründet waren (sog. Insolvenzforderungen, § 38 InsO). Das ist unstreitig. Streitig ist hingegen, ob sie Masseverbindlichkeiten umfasst.

Für einen Teil der Masseverbindlichkeiten ist der Streit schon entschieden. Die Gesellschafter haften weder für Verfahrenskosten (§ 54 InsO; Kapitel 2, D I) noch für Verbindlichkeiten, die durch Handlungen des Insolvenzverwalters entstanden sind (§ 55 Abs. 1 Nr. 1 InsO; Kapitel 3, E II 2). Auf beides haben die Gesellschafter nämlich keinen Einfluss. Es fehlen damit noch die Forderungen aus gegenseitigen Verträgen (§ 55 Abs. 1 Nr. 2 InsO), aus Dauerschuld- und Dienstverhältnissen und aus einer ungerechtfertigten Bereicherung der Masse (§ 55 Abs. 1 Nr. 3 InsO). Die Entscheidung fällt nicht mehr schwer: Die Gesellschafter haften für Forderungen aus gegenseitigen Verträgen, weil sie deren Entstehung beeinflussen konnten.[782] Das Gleiche gilt für Forderungen aus Dauerschuld- und Dienstverhältnissen.[783] Keine Einstandspflicht besteht dagegen für eine Bereicherung der Masse,[784] denn die Bereicherung kann erst nach der Verfahrenseröffnung eingetreten sein.

2. *Haftungsbündelung*

Die KO hielt im Gesellschaftskonkurs an der Unmittelbarkeit der persönlichen Haftung fest. Jeder Gläubiger konnte weiter auf die Gesellschafter zugreifen, was den vielzitierten Wettlauf auslöste. Die InsO schränkt die Unmittelbarkeit ein. Sie weist die Einziehungsbefugnis dem Insolvenzverwalter zu und orientiert sich dabei an der Kommanditistenhaftung: § 93 InsO ermächtigt den Insolvenzverwalter, die persönliche Haftung geltend zu machen – treuhänderisch, nicht aus eigenem Recht; zugleich schließt er die Gläubiger aus. Die Regelung bewirkt,

---

782 Nach herrschender Meinung gilt das auch für den Anspruch aus § 103 Abs. 2 InsO, der bei Ablehnung entsteht, vgl. BGHZ 48, 203; Uhlenbruck/*Hirte*, § 93 Rn. 36 f.; *K. Schmidt*, ZHR 152 (1988), 105, 114; kritisch *Brinkmann*, S. 124 f.

783 MünchKomm-InsO/*Brandes*/*Gehrlein*, § 93 Rn. 11.

784 MünchKomm-InsO/*Brandes*/*Gehrlein*, § 93 Rn. 11.

dass die persönliche Haftung über die Masse abgewickelt wird.[785] Sie soll einen Wettlauf vermeiden und eine gleichmäßige Befriedigung ermöglichen.

Die Gesellschafter haften (weiterhin) als Gesamtschuldner. Hat eine OHG zum Beispiel Schulden in Höhe von 500.000 Euro gegenüber Gläubiger 1 (G 1), G 2 und G 3, dann bedeutet das: Der Insolvenzverwalter kann die Forderungen nicht nur einzeln und nicht nur anteilig geltend machen; er kann von jedem Gesellschafter die ganze Gesellschaftsschuld einfordern.[786] Das ist nicht unumstritten. Nach anderer Auffassung darf er nur die Unterdeckung geltend machen, also 300.000 Euro, wenn die OHG ein Vermögen von 200.000 Euro hat.[787] Der Streit ist oft irrelevant. Der Insolvenzverwalter muss nämlich einen Überschuss nach § 199 Satz 2 InsO wieder herausgeben. Daraus schließt die herrschende Meinung, dass ein Gesellschafter die dolo-agit-Einrede erheben kann, wenn der Insolvenzverwalter mehr einfordert, als er zur Befriedigung der Gesellschaftsgläubiger benötigt.[788] Relevant wird der Streit, wenn auch die Gesellschafter insolvent sind; dazu ausführlich unter B I 2.

Fraglich ist, wie (persönliche) Sicherheiten zu behandeln sind. Ein Teil der Literatur will sie unter § 93 InsO fassen, das heißt ein Gläubiger soll auch dann nicht auf einen Gesellschafter zugreifen dürfen, wenn dieser persönlich mithaftet, etwa aufgrund einer Bürgschaft.[789] Die herrschende Meinung lehnt dies ab. Die Regelung sei auf die akzessorische Gesellschafterhaftung beschränkt; der Gläubiger könne aus § 765 Abs. 1 BGB vorgehen.[790] Für die Literatur scheinen Wortlaut und Zweck der Regelung zu sprechen. Wer sich für die Gesellschaftsschuld verbürgt, der haftet mit seinem gesamten Vermögen; außerdem ist eine Gleichbehandlung nur denkbar, wenn die Gläubiger vollständig ausgeschlossen sind. Indes: Der Wortlaut ist nicht so klar, wie er scheint. Er ist mit der Überschrift des § 128 HGB identisch, was nahelegt, dass er nur die akzessorische Gesellschafterhaftung meint.[791] Auch der Zweck ließe sich anders deuten. Er

---

785 Der Insolvenzverwalter muss für die persönliche Haftung eine Sondermasse bilden, da die Gesellschafter nur für Insolvenzforderungen haften, oben 1 und Kapitel 3, V 1 d aa (1).

786 Uhlenbruck/*Hirte*, § 93 Rn. 20; Gottwald/*Haas*/*Mock*, § 94 Rn. 62.

787 K. Schmidt/*K. Schmidt*, § 93 Rn. 35; *ders.*, KTS 2001, 373, 392.

788 BGHZ 165, 85, 96; *Noack*, Gesellschaftsrecht, Rn 512.

789 Jaeger/*H.-Fr. Müller*, § 93 Rn. 22 ff.; *Oepen*, S. 148 f; *Pelz*, S. 84 ff.; für eine analoge Anwendung *Bork*, NZI 2002, 362; *ders.*, ZIP 2012, 1001, 1006.

790 Kübler/Prütting/Bork/*Lüke*, § 93 Rn. 63 f.; *Noack*, Gesellschaftsrecht, Rn. 409; *Brinkmann*, ZGR 2003, 264, 265 ff.; *Bunke*, KTS 2002, 471, 476 ff.; *Reiswich*, ZInsO 2014, 2411, 2412; *K. Schmidt*/*Bitter*, ZIP 2000, 1077, 1082; *Theißen*, ZIP 1998, 1625, 1626.

791 Vgl. *Reiswich*, ZInsO 2014, 2411, 2412.

könnte allein auf die Haftung nach § 128 HGB bezogen sein, weil nur sie gegenüber allen Gläubigern besteht; nur bei ihr droht ein Wettlauf.[792] Entscheidend ist jedoch die Gesetzesbegründung. Aus ihr geht nämlich hervor, dass § 93 InsO auf die akzessorische Gesellschafterhaftung beschränkt sein soll.[793] Auf persönliche Sicherheiten ist er deshalb nicht anwendbar.

Zu guter Letzt spielt es für § 93 InsO keine Rolle, ob ein Gesellschafter der Gesellschaft noch angehört oder schon ausgeschieden ist. Solange er persönlich haftet (vgl. § 160 Abs. 1 HGB), wird seine Haftung vom Insolvenzverwalter geltend gemacht; es gelten die vorstehenden Grundsätze. Vorsicht ist allerdings geboten, wenn der ausgeschiedene Gesellschafter nicht für alle Forderungen haftet, etwa, weil sie erst nach seinem Ausscheiden begründet wurden. Der Insolvenzverwalter muss dann eine Sondermasse bilden (Beispiel in Kapitel 3 unter V 1 d aa (1)).

3. *Zwischenfazit*

Die persönliche Haftung ist weitgehend unproblematisch, wenn nur die Gesellschaft insolvent ist. § 93 InsO schränkt die Unmittelbarkeit; er legt die persönliche Haftung in die Hände des Insolvenzverwalters.

B. Doppelinsolvenz

Die persönliche Haftung bereitet erhebliche Probleme, wenn auch die Gesellschafter insolvent sind.

I. Abwicklungskonzept

Unter der KO war die Abwicklung einfach: Die Gläubiger konnten ihre Ansprüche in beiden Verfahren geltend machen, in der Gesellschafterinsolvenz aber nur mit dem Betrag, mit dem sie in der Gesellschaftsinsolvenz ausgefallen waren; es galt das Ausfallprinzip (§ 212 KO; oben Kapitel 1, B IV 1 a). Etwas schwieriger wurde es, wenn ein Gläubiger gesichert war, zum Beispiel, weil ein Gesellschafter sich für die Gesellschaftsschuld verbürgt oder weil er eine Hypothek bestellt hatte. Im ersten Fall durfte der Gläubiger entweder die persönliche Haftung oder die Bürgschaft geltend machen.[794] Im zweiten Fall musste er die Hypothek

792 Vgl. *Reiswich*, ZInsO 2014, 2411, 2412.

793 Vgl. Begr. zu § 105 RegE, BT-Drs. 12/2443, S. 139 f.; aus diesem Grund ist auch eine Analogie (oben Fn. 789) abzulehnen.

794 Eine doppelte Anmeldung war nach § 68 KO ausgeschlossen, weil es sich wirtschaftlich um ein und dieselbe Forderung handelt, vgl. *K. Schmidt/Bitter*, ZIP 2000, 1077, 1083.

verwerten und konnte anschließend seinen Ausfall einfordern (§ 64 KO). Auf die Sicherheit war § 212 KO nicht anwendbar; das heißt, der Gläubiger durfte Bürgschaft und Hypothek in voller Höhe geltend machen.[795]

Heute ist unklar, wie die Haftung abzuwickeln ist. Denn das einzige, was das Gesetz anordnet, ist die Einziehungsbefugnis des Insolvenzverwalters. Dieser darf die persönliche Haftung geltend machen; die Gläubiger sind ausgeschlossen. Damit ist aber noch nicht gesagt, in welcher Höhe er die persönliche Haftung anmelden darf; oder, was zu gelten hat, wenn ein Gesellschafter für die Gesellschaftsschuld Sicherheit geleistet hat. Um diese Fragen soll es im Folgenden gehen.

1. Prämissen und Beispiele

Bevor es um die Fragen geht, sollen einige Prämissen und Beispiele formuliert werden. Die Prämissen haben mit dem Verständnis des § 93 InsO zu tun; die Beispiele sollen die Gedanken anschaulich machen.

Die erste Prämisse betrifft die Reichweite des § 93 InsO. Wie unter A II 1 gesehen, gilt die Regelung nur für die akzessorische Gesellschafterhaftung, nicht für Sicherheiten. Einzelne Autoren beurteilen dies anders; maßgebend soll aber die herrschende Meinung sein. Die zweite Prämisse hat mit der Funktionsweise zu tun. Das Gesetz hält zwei Prinzipien bereit, die man der Regelung zugrunde legen kann. Die Überlegungen sollen sich auf die beiden Prinzipien beschränken; anderen Gedanken wird nicht nachgegangen.

Beispiel 1 ist eine OHG, die aus den Gesellschaftern A, B und C besteht. Die OHG hat ein Vermögen von 200.000 Euro, ihre Schulden belaufen sich auf das Doppelte: 100.000 Euro gegenüber Gläubiger 1 (G 1) und 300.000 Euro gegenüber G 2. A hat ein Vermögen von 100.000 Euro und Privatschulden in gleicher Höhe. B und C sind mittellos.[796] In Beispiel 2 geht es um die gleiche Gesellschaft. Auch die Vermögensverhältnisse sind identisch. Diesmal hat A sich für die Forderung des G 1 verbürgt. In Beispiel 3 bleiben die Vermögensverhältnisse die gleichen; A hat sich aber nicht verbürgt, sondern für G 1 eine Hypothek bestellt.[797]

---

795 Für die persönliche Haftung blieb es beim Ausfallprinzip, sodass der dinglich gesicherte Gläubiger zweifach eingeschränkt war: durch den Ausfall in der Gesellschaftsinsolvenz und durch den Ausfall bei der Hypothek.

796 Weil B und C mittellos sind, bleiben sie bei den nachfolgenden Überlegungen weitgehend außer Betracht.

797 Weitere Beispiele finden sich bei *v. Olshausen*, ZIP 2003, 1321, 1322 ff. und *Reiswich*, ZInsO 2014, 2411, 2413 ff.

2. *Vorschläge*

Die Abwicklungskonzepte, die im Schrifttum diskutiert werden, stützen sich auf zwei verschiedene Prinzipien: Doppelberücksichtigungs- und Ausfallprinzip. Das Doppelberücksichtigungsprinzip ist in § 43 InsO geregelt. Es betrifft den Fall, dass mehrere Personen für die gleiche Forderung haften, etwa als Gesamtschuldner oder als Hauptschuldner und Bürge.[798] Sind die Personen insolvent, kann der Gläubiger in jedem Verfahren die ganze Forderung geltend machen; das heißt, er erhält in jedem Verfahren eine Quote auf den vollen Betrag. Anders als es die Bezeichnung des Prinzips vermuten lässt, darf die Forderung in ein und demselben Verfahren nicht „doppelt" berücksichtigt werden. Ein Gesamtschuldner oder ein Bürge darf nicht mit dem Gläubiger konkurrieren, indem er seinen künftigen Regressanspruch anmeldet, vgl. § 44 InsO. Das Ausfallprinzip ist in § 52 InsO geregelt. Es bezieht sich auf einen Gläubiger, der dinglich gesichert ist (etwa durch eine Hypothek). Der Gläubiger muss zunächst die Sicherheit verwerten; anschließend darf er sich an den Schuldner halten, aber nur in Höhe seines Ausfalls. Hatte er eine Forderung in Höhe von 100.000 Euro und hat er aus der Sicherheit 90.000 Euro erlöst, wird seine Quote aus den verbleibenden 10.000 Euro berechnet.[799]

Die unterschiedliche Behandlung persönlicher und dinglicher Sicherheiten hat damit zu tun, dass im ersten Fall mehrere Vermögen haften und im zweiten Fall nur eines. Bei der Gesamtschuld (oder bei der Bürgschaft) soll der Gläubiger nicht mit einem Teil seiner Forderung ausfallen, obwohl vielleicht die Quote aller Verfahren zusammen den vollen Betrag erreicht hätte; er soll keinen Nachteil daraus haben, dass die Quoten nicht gleichzeitig ausgezahlt werden, sondern nacheinander.[800] Bei der dinglichen Sicherheit soll der Gläubiger in ein und demselben Verfahren keine doppelte Befriedigungschance erhalten; er soll nur seinen Ausfall anmelden dürfen, weil die Masse sonst doppelt belastet würde.[801]

---

798 In der Insolvenz des Hauptschuldners haften Hauptschuldner und Bürge nebeneinander, da § 773 Abs. 1 Nr. 3 BGB die Einrede der Vorausklage ausschließt. Die Ausfallbürgschaft ist kein Fall des § 43 InsO, vgl. Uhlenbruck/*Knof*, § 43 Rn. 4.

799 Das Ausfallprinzip gilt nur, wenn die Sicherheit vom Schuldner stammt. Stammt sie von einem Dritten, ist nach herrschender Meinung § 43 InsO analog anzuwenden, das heißt der Gläubiger darf die Sicherheit verwerten und zugleich die Forderung voll anmelden, näher MünchKomm-InsO/*Bitter*, § 43 Rn. 18 ff.

800 MünchKomm-InsO/*Bitter*, § 43 Rn. 1.

801 Jaeger/*Henckel*, § 52 Rn. 2 f.

Das Doppelberücksichtigungsprinzip schützt damit den Gläubiger mehrerer (Gesamt-)Schuldner, das Ausfallprinzip die ungesicherten Insolvenzgläubiger.

a) Vollhaftung

Nach Auffassung von *Bitter* ist die persönliche Haftung voll anzumelden, das heißt in Höhe der Gesellschaftsschuld.[802] Der Wortlaut des § 93 InsO enthalte keinerlei Einschränkungen; und die dolo-agit-Einrede (oben A II 2) könne nicht erhoben werden, weil in der Doppelinsolvenz kein Überschuss entsteht. Das Ausfallprinzip sei durch das Doppelberücksichtigungsprinzip ersetzt worden. Bei den Sicherheiten sei zu unterscheiden: Hat sich ein Gesellschafter verbürgt, dürfe in dessen Verfahren nicht die persönliche Haftung und die Bürgschaft angemeldet werden. Vorrang habe die Bürgschaft, weil die persönliche Haftung einem Regressanspruch ähnele; der Insolvenzverwalter sei analog § 44 InsO ausgeschlossen.[803] Hat ein Gesellschafter eine Hypothek bestellt, dürfe der Gläubiger daraus vorgehen; der Insolvenzverwalter sei analog § 52 InsO auf den Ausfallbetrag beschränkt.[804]

Die beiden Einschränkungen (§§ 44, 52 InsO analog) haben zur Folge, dass der Insolvenzverwalter Sondermassen bilden muss: im Fall einer Bürgschaft für die ungesicherten Gläubiger, weil die persönliche Haftung nur ihnen zustehe;[805] im Fall einer Hypothek für den gesicherten Gläubiger, weil dieser die persönliche Haftung nur anteilig beanspruchen könne.[806] Allerdings dürfe der Insolvenzverwalter bei mehreren Hypothekaren nicht pauschal zwischen gesicherten und ungesicherten Gläubigern unterscheiden. Da der Ausfall variiert, müsse er für jeden von ihnen eine Sondermasse bilden.[807]

---

802 *K. Schmidt/Bitter*, ZIP 2000, 1077, 1082; ihm folgend Gottwald/*Haas/Mock*, § 94 Rn. 115; *Brinkmann*, S. 161 f.; *Häsemeyer*, Rn. 31.25; *v. Olshausen*, ZIP 2003, 1321, 1329 f.; *Reiswich*, ZInsO 2014, 2411, 2423; *Runkel/J. M. Schmidt*, ZInsO 2007, 578, 580 f.

803 *K. Schmidt/Bitter*, ZIP 2000, 1077, 1083 f. Das wäre nur richtig, wenn die Bürgschaft die Gesellschaftsschuld sichert. Sichert sie den Anspruch aus der persönlichen Haftung, ist der Gläubiger ausgeschlossen; denn kann der Gläubiger schon nicht die persönliche Haftung geltend machen, kann er auch nicht aus der (akzessorischen) Sicherheit vorgehen, vgl. dazu *Bork*, NZI 2002, 362, 365, allerdings in anderem Zusammenhang.

804 *K. Schmidt/Bitter*, ZIP 2000, 1077, 1084.

805 *K. Schmidt/Bitter*, ZIP 2000, 1077, 1084 f.

806 *K. Schmidt/Bitter*, ZIP 2000, 1077, 1085.

807 *K. Schmidt/Bitter*, ZIP 2000, 1077, 1085.

In Beispiel 1 dürfte der OHG-Verwalter im Verfahren von A, B und C den vollen Betrag (400.000 Euro) geltend machen. In Beispiel 2 und 3 grundsätzlich auch; allerdings gelten für A einige Besonderheiten: Hat A sich verbürgt, darf G 1 gegen ihn aus der Bürgschaft vorgehen. Tut er dies, ist der OHG-Verwalter mit der persönlichen Haftung ausgeschlossen. Er darf nur die Forderung von G 2 anmelden und muss für diesen eine Sondermasse bilden. Hat A eine Hypothek bestellt, darf G 1 die Hypothek verwerten. Erhält er daraus 50.000 Euro, darf der OHG-Verwalter den Restbetrag (50.000 Euro) im Verfahren des A anmelden; er muss für G 1 eine Sondermasse bilden. Im Detail (für A):

In Beispiel 1 dürfte der OHG-Verwalter die Ansprüche von G 1 und G 2 anmelden. Addiert man die Privatschulden (100.000 Euro), ergäbe das bei einem Vermögen von 100.000 Euro eine Quote von 1/5, G 1 erhielte also 20.000 Euro, G 2 60.000 Euro und die Privatgläubiger erhielten 20.000 Euro. – In Beispiel 2 wäre der OHG-Verwalter ausgeschlossen, wenn G 1 die Bürgschaftsforderung geltend macht; er dürfte nur den Anspruch von G 2 anmelden. Rechnet man Bürgschaft (100.000 Euro) und Privatschulden hinzu, ergäbe das eine Quote von 1/5: G 1 erhielte 20.000 Euro, G 2 60.000 Euro und die Privatgläubiger erhielten 20.000 Euro. Wichtig ist, dass die Quote aus der persönlichen Haftung nur G 2 zusteht. Der OHG-Verwalter müsste für ihn eine Sondermasse bilden. Ansonsten wäre das Ergebnis das gleiche wie zuvor; dass G 1 seinen Anspruch selbst verfolgt, änderte nichts. – In Beispiel 3 dürfte der OHG-Verwalter den Anspruch von G 2 und den Ausfall von G 1 geltend machen, zusammen 350.000 Euro; hinzu kämen die Privatschulden. Beim Vermögen wäre das Grundstück zu streichen, das G 1 als Hypothekar verwerten durfte (50.000 Euro), sodass sich eine Quote von 1/9 ergäbe: G 1 erhielte 5.555 Euro, G 2 33.333 Euro und die Privatgläubiger erhielten 11.111 Euro. Für den Ausfall von G 1 müsste der OHG-Verwalter eine Sondermasse bilden.

b) Ausfallhaftung

Nach Auffassung von *K. Schmidt* darf der Insolvenzverwalter nur die Unterdeckung geltend machen.[808] Durch § 93 InsO sei das Ausfallprinzip nicht beseitigt, sondern in das Innenverhältnis verlagert worden; es wirke wie ein Verlustausgleich.[809] Die Sicherheiten blieben von der Regelung unberührt, das heißt der

808 *K. Schmidt/Bitter*, ZIP 2000, 1077, 1085; MünchKomm-HGB/*K. Schmidt*, § 128 Rn. 86 f.; *ders.*, KTS 2001, 373, 389 f.; *ders.*, GmbHR 2002, 1209, 1216; *ders.*, ZHR 174 (2010), 163, 186; ähnlich Uhlenbruck/*Hirte*, § 93 Rn. 26; Jaeger/*H.-Fr. Müller*, § 93 Rn. 67 f.: Der Verwalter darf zwar den vollen Betrag anmelden, die Quote wird aber nur auf den Ausfall berechnet (materielle Ausfallhaftung; Details unter 3 a).

809 *K. Schmidt/Bitter*, ZIP 2000, 1077, 1086.

Insolvenzverwalter verteile die Quote, die er aus der persönlichen Haftung erhält, gleichmäßig an alle Gesellschaftsgläubiger.[810] Sondermassen bilde er keine.[811]

In Beispiel 1 dürfte der OHG-Verwalter im Verfahren von A, B und C nur den Ausfall (200.000 Euro) geltend machen. Das dürfte er auch in Beispiel 2 und 3; er müsste auf Bürgschaft und Hypothek keine Rücksicht nehmen. Im Detail (für A):

In allen drei Beispielen dürfte der OHG-Verwalter die Unterdeckung geltend machen; das sind 200.000 Euro. In Beispiel 1 kämen nur die Privatschulden (100.000 Euro) hinzu, das heißt bei einem Vermögen von 100.000 Euro ergäbe sich eine Quote von 1/3: G 1 erhielte 16.666 Euro, G 2 50.000 Euro und die Privatgläubiger erhielten 33.333 Euro. – In Beispiel 2 wäre neben der Unterdeckung und den Privatschulden die Bürgschaftsforderung von G 1 (100.000 Euro) zu berücksichtigen. Bei einem Vermögen von 100.000 Euro ergäbe sich eine Quote von 1/4: G 1 erhielte 37.500 Euro (12.500 Euro + 25.000 Euro), G 2 37.500 Euro und die Privatgläubiger erhielten 25.000 Euro. G 1 stünde deutlich besser. – In Beispiel 3 wären die Privatschulden zu berücksichtigen; außerdem wäre das Grundstück, das G 1 als Hypothekar verwerten durfte, zu streichen. Bei einem restlichen Vermögen von 50.000 Euro ergäbe sich eine Quote von 1/6, G 1 erhielte 8.333 Euro, G 2 25.000 Euro und die Privatgläubiger erhielten 16.666 Euro. G 1 stünde wieder deutlich besser, weil er neben der Quote auch noch den Erlös aus der Hypothek bekäme, insgesamt 58.333 Euro.

c) *Kombination*

Eine Kombination der beiden Ansätze findet man bei *Brandes/Gehrlein*. Nach deren Auffassung kann der Insolvenzverwalter lediglich den Ausfall geltend machen; im Übrigen bewende es bei dem, was *Bitter* vorschlägt.[812]

In Beispiel 1 dürfte der OHG-Verwalter im Verfahren von A, B und C nur den Ausfall geltend machen. In Beispiel 2 wäre er damit ausgeschlossen, soweit G 1 die Bürgschaftsforderung anmeldet; in Beispiel 3, soweit G 1 Befriedigung aus der Hypothek erhält. Beide Male müsste er eine Sondermasse bilden. Im Detail (für A):

In Beispiel 1 dürfte der OHG-Verwalter die Unterdeckung geltend machen. Die Quoten und Beträge wären identisch mit b. – In Beispiel 2 wäre der OHG-Verwalter ausgeschlossen, wenn G 1 die Bürgschaftsforderung geltend macht; er dürfte nur den Ausfall von G 2 (150.000 Euro) anmelden. Rechnet man die Bürgschaft (100.000 Euro) und die Privatschulden (100.000 Euro) hinzu, ergäbe das bei einem Vermögen von 100.000 Euro

---

810 *K. Schmidt/Bitter*, ZIP 2000, 1077, 1087.

811 *K. Schmidt/Bitter*, ZIP 2000, 1077, 1087.

812 MünchKomm-InsO/*Brandes/Gehrlein*, § 93 Rn. 24 ff.

eine Quote von 2/7: G 1 erhielte 28.571 Euro, G 2 42.857 Euro und die Privatgläubiger erhielten 28.571 Euro. Die Quote aus der persönlichen Haftung stünde (wieder) allein G 2 zu; der OHG-Verwalter müsste für ihn eine Sondermasse bilden. – In Beispiel 3 dürfte der OHG-Verwalter den Ausfall von G 2 anmelden. Der Ausfall von G 1 wäre durch die Hypothek ausgeglichen, er wäre befriedigt. Zu berücksichtigen wären die Privatschulden; zu streichen das Grundstück, das G 1 verwerten durfte, sodass sich eine Quote von 1/5 ergäbe: G 1 erhielte nichts, G 2 30.000 Euro und die Privatgläubiger erhielten 20.000 Euro.

3. *Bewertung*

Die drei Vorschläge führen zu unterschiedlichen Ergebnissen. Die Frage muss daher lauten: welcher Vorschlag ist der richtige?

a) *Keine eindeutige Lösung*

Eine Ausfallhaftung scheint schon am Willen des Gesetzgebers zu scheitern. Im RegE (S. 85) heißt es: „Damit wendet sich der Entwurf von der Regel einer bloßen Ausfallhaftung (…) ab. Die Gesellschafter haften auch in ihrer eigenen Insolvenz nicht mehr nur für den Ausfall der Gläubiger im Gesellschaftsverfahren, sondern unmittelbar und voll für die Gesellschaftsschulden." Die Sätze klingen eindeutig. Sie sind es aber nicht, wenn man sich das Ausfallprinzip des § 212 KO etwas genauer ansieht. Das Ausfallprinzip war Verfahrensregel und (materielle) Verteilungsregel zugleich – Verfahrensregel, weil sich die Gesellschaftsgläubiger zunächst an die Gesellschaft halten mussten und in der Gesellschafterinsolvenz nur ihren Ausfall geltend machen konnten;[813] Verteilungsregel, weil die Quote auf den Ausfallbetrag berechnet wurde.[814] Die Verfahrensregel ist mit § 93 InsO entfallen. Daran lassen Wortlaut und Gesetzesbegründung keinen Zweifel. Das heißt aber nicht, dass auch die Verteilungsregel entfallen ist. Die InsO schweigt dazu, welcher Betrag über die Quote entscheidet, und die Gesetzesbegründung verstummt an dieser Stelle: dass die Gesellschafter unmittelbar und voll haften, versteht sich von selbst; damit ist aber noch nicht gesagt, woraus sich die Quote ergibt.

---

813 Eine Ausnahme galt nach §§ 212 Abs. 3, 64 KO für den Fall, dass ein Gläubiger auf die Geltendmachung seiner Forderung im Gesellschaftskonkurs verzichtet hat.

814 Die Gesellschaftsgläubiger durften ihre Forderungen im Gesellschafterkonkurs zwar voll anmelden, die Feststellung erfolgte aber nur für den Ausfall im Gesellschaftskonkurs, vgl. RGZ 139, 83, 86; *Kuhn/Uhlenbruck*, KO § 212 Rn. 8.

Der zweite Vorschlag wäre nach dem Vorstehenden ausgeschlossen. Weil er die Einziehungsbefugnis beschränkte, wäre er eine Verfahrensregel, die zwar den Insolvenzverwalter träfe, die aber dem Willen des Gesetzgebers widerspräche. Der Insolvenzverwalter darf deshalb nicht nur die Unterdeckung anmelden, sondern den gesamten Betrag.[815] Denkbar wäre indes, den Betrag im Verteilungsverfahren zu beschränken, wie es ein Teil der Literatur vertritt. *Hirte* zum Beispiel schreibt in seiner Kommentierung: „Die Prüfung und Feststellung erfolgt zwar für den ganzen Betrag, aber wie nach den früheren §§ 212 Abs. 3, 64 KO (jetzt § 52 InsO) nur ‚für den Ausfall in der Insolvenz der Gesellschaft' (…). Nur auf diesen Ausfall wird auch die Quote berechnet."[816] Ähnlich formuliert *H.-Fr. Müller*: „Der Verwalter kann nur in dem Umfang Befriedigung verlangen, in dem die Haftungsgläubiger im Insolvenzverfahren über das Vermögen der Gesellschaft ausgefallen sind. Nur auf diesen Ausfallbetrag wird die Quote berechnet."[817] – Die Beschränkung folgte nicht aus § 93 InsO, sondern aus einer Analogie zu § 52 InsO. Die Analogie wäre aber schwer zu begründen. Wie unter 2 a gesehen, betrifft die Regelung den Fall, dass ein Vermögen doppelt haftet. Ein dinglich gesicherter Gläubiger soll keine doppelte Befriedigungschance erhalten und daher im Verfahren des Sicherungsgebers nur den Ausfall geltend machen dürfen. Hier geht es um verschiedene Vermögen. Die Interessenlage ist eine andere. Man könnte argumentieren, dass Gesellschafts- und Gesellschaftervermögen haftungsrechtlich verwoben sind; dass sie gleichsam „ein" Vermögen bilden. Einem solchen Argument stünde aber das Trennungsprinzip entgegen, das dazu zwingt, die beiden Vermögen auseinanderzuhalten. Näher läge, den Schutzgedanken zu betonen: Das Ausfallprinzip des § 52 InsO möchte die ungesicherten Gläubiger vor Nachteilen bewahren. Den ungesicherten Gläubigern entsprächen vorliegend die Privatgläubiger des insolventen Gesellschafters. Sie wären im Nachteil, wenn die Gesellschaftsgläubiger auf das Gesellschaftsvermögen und unbegrenzt auf das Gesellschaftervermögen zugreifen könnten. Um dies zu vermeiden, wäre die Quote auf den Ausfallbetrag zu beschränken. Zwingend ist das jedoch nicht. Das wäre es nur, wenn der Gesetzgeber den alten Zustand beibehalten wollte. Ob er den Zustand beibehalten oder die Gesellschaftsgläubiger besserstellen wollte, ist offen.

---

815 In diesem Sinn dürfte *Bitter* (ZIP 2000, 1077, 1085) zu verstehen sein, wenn er formuliert, das Ausfallmodell sei nur de lege ferenda vertretbar.

816 Uhlenbruck/*Hirte*, § 93 Rn. 26.

817 Jaeger/*H.-Fr. Müller*, § 93 Rn. 67 f.

Aus dem gleichen Grund (weil die Absicht des Gesetzgebers unklar ist) ist es auch nicht zwingend, die Forderungen der Gesellschaftsgläubiger bei der Verteilung voll zu berücksichtigen. Die Begründung wäre freilich einfacher: Gesellschaft und Gesellschafter haften nebeneinander. Sie sind zwar keine Gesamtschuldner;[818] doch das sind Hauptschuldner und Bürge auch nicht. Entscheidend ist, dass der Gläubiger die Leistung von allen Schuldnern gleichzeitig, aber insgesamt nur einmal fordern kann.[819] Das ist bei Gesellschaft und Gesellschafter der Fall, weil die persönliche Haftung primär und akzessorisch ist (oben A II). § 43 InsO wäre daher (analog) anwendbar.

Resümierend ist festhalten: Für die Doppelinsolvenz ließe sich sowohl das Doppelberücksichtigungsprinzip als auch das Ausfallprinzip begründen; das Erstere einfacher als das Letztere. Das Letztere wäre außerdem nur als Verteilungsregel denkbar, denn eine Beschränkung der Einziehungsbefugnis scheitert am (insoweit) klaren Wortlaut. Kein Vorschlag ist indes zwingend, da der Wille des Gesetzgebers im Dunkeln bleibt.

b) Keine befriedigende Lösung

Die drei Vorschläge scheitern nicht nur an der unklaren Ausgangslage, sie bieten auch keine befriedigende Lösung.[820] Der erste Vorschlag ist kompliziert, weil der Insolvenzverwalter Sondermassen bilden muss. Das mag dem Insolvenzverwalter problemlos gelingen, wenn es um persönliche Sicherheiten geht. Dann nämlich muss er nur an die ungesicherten Gläubiger denken. Wenn es um dingliche Sicherheiten geht, muss er dagegen jeden gesicherten Gläubiger berücksichtigen, was ihn schnell überfordern kann. Außerdem muss er für jede Gesellschaftsschuld prüfen, ob sie persönlich oder dinglich gesichert ist. Im ersten Fall darf er sie überhaupt nicht geltend machen, im zweiten Fall nur teilweise. Insgesamt wird die Abwicklung fehleranfällig. Davon abgesehen geht der Vorschlag zulasten der Privatgläubiger des insolventen Gesellschafters. Die Ansprüche der Gesellschaftsgläubiger werden voll angemeldet, obwohl sie zum Teil schon aus dem Gesellschaftsvermögen erfüllt werden. Die Quote verschiebt sich dadurch zu ihren Gunsten; die Privatgläubiger erhalten weniger als noch unter der KO. Mit Blick auf § 201 Abs. 1 InsO geht der Vorschlag auch zulasten des insolventen

---

818 BGHZ 39, 319, 323; *Hueck*, § 21 II 7; *Wiedemann*, GesR II § 8 III 3; *Flume*, Allgemeiner Teil I/1, § 16 II 2 a: Gesamtschuld, deren Rechtsfolgen sich aber „aus der Besonderheit des akzessorischen Charakters der Haftungsverbindlichkeit (…) ergeben".

819 MünchKomm-InsO/*Bitter*, § 43 Rn. 5; *Häsemeyer*, Rn. 17.04.

820 Für eine rechnerische Analyse vgl. *v. Olshausen*, ZIP 2003, 1321, 1325 ff.

Gesellschafters. Die Gesellschaftsgläubiger können nach der Aufhebung des Insolvenzverfahrens deutlich mehr verlangen als sie es früher konnten.

Der zweite Vorschlag vermeidet die Nachteile. Der Insolvenzverwalter muss nur die Unterdeckung (zum Eröffnungsstichtag) berechnen; auf Sicherheiten braucht er keine Rücksicht zu nehmen, Sondermassen bildet er keine. Außerdem vermeidet es der Vorschlag, den insolventen Gesellschafter und dessen Privatgläubiger[821] zu benachteiligen. Allerdings benachteiligt er die ungesicherten Gläubiger:[822] Gläubiger mit Sachsicherheit dürfen ihre Sicherheit verwerten und erhalten zudem eine Quote auf ihren Ausfall – auf ihren Ausfall in der Gesellschaftsinsolvenz; ihr Ausfall bei der Sicherheit hat keine Relevanz. Gläubiger mit Personalsicherheit dürfen aus der Sicherheit vorgehen; sie erhalten eine Quote auf die Sicherheit und auf den Ausfall in der Gesellschaftsinsolvenz. Mit Blick auf Sachsicherheiten ist der erste Vorschlag nicht besser: Die Gläubiger dürfen die Sicherheit ebenfalls verwerten; sie sind nur durch den Ausfall bei der Sicherheit beschränkt. Bei Personalsicherheiten ist der erste Vorschlag im Vorteil: Durch die analoge Anwendung des § 44 InsO wird die Sicherheit neutralisiert; sie wird wirtschaftlich aus dem Spiel genommen. Aus der Sicht eines gesicherten Gläubigers ist es freilich andersherum: Seine Sicherheit ist nichts mehr wert;[823] er wird so behandelt, als hätte er sie nie gehabt. Außerdem liegt die Verfahrenslast bei ihm. Er muss sich selbst um die Anmeldung seiner Forderung kümmern, während dies bei den ungesicherten Gläubigern der Insolvenzverwalter übernimmt.[824]

Der dritte Vorschlag schließlich vereint die Vorzüge der beiden anderen Vorschläge, übernimmt aber auch deren Nachteile. Durch die Beschränkung auf den Ausfall vermeidet er es, den insolventen Gesellschafter und dessen Privatgläubiger zu benachteiligen. Durch die analoge Anwendung des § 44 InsO neutralisiert er die persönlichen Sicherheiten; die dinglichen Sicherheiten beschränkt er immerhin auf das Ausfallprinzip. Allerdings behält er die Notwendigkeit, Sondermassen zu bilden, was ihn fehleranfällig macht. Überdies wird

---

821 Das gilt freilich nur, wenn keine Sicherheiten im Spiel sind. Sonst sind die Privatgläubiger im Nachteil, vgl. oben 2 b.

822 Näher *v. Olshausen*, ZIP 2003, 1321, 1325 f.

823 Deshalb spielt *Reiswich* (ZInsO 2014, 2411, 2421 ff.) mit dem Gedanken eines „strengen" Vollanmeldungsmodells, bei dem die persönliche Haftung und die Bürgschaft angemeldet werden. Das wertete die Bürgschaft zwar auf, dürfte aber kaum zu vertreten sein, da beide Forderungen wirtschaftlich identisch sind.

824 Vgl. *v. Olshausen*, ZIP 2003, 1321, 1329.

die Berechnung noch komplizierter, weil sämtliche Quoten zum Ausfall in der Gesellschaftsinsolvenz ins Verhältnis zu setzen sind.

Summa summarum kann kein Vorschlag restlos überzeugen. Jeder der drei Vorschläge hat Schwächen. Nun muss ein Vorschlag (ein Modell) freilich nicht für alle Gesichtspunkte eine Lösung bieten; kleinere Probleme oder Unstimmigkeiten kann es enthalten und einer späteren Anpassung überlassen. Die Unstimmigkeiten wiegen aber derart schwer, dass sie nicht hinnehmbar sind. Man kann nur überlegen, welcher Vorschlag vom Grundsatz her besser passt:

c) Ausfallhaftung (de lege ferenda)

Unter dem Blickwinkel der Unternehmensinsolvenz würde das Ausfallprinzip besser passen. Zum einen würde es die Koordination erleichtern: Der Insolvenzverwalter müsste nur die Unterdeckung berechnen und diese Unterdeckung im Verfahren des jeweiligen Gesellschafters anmelden. Er müsste keine Sondermassen bilden und noch viel wichtiger: er müsste nicht erst prüfen, ob er mit der persönlichen Haftung ausgeschlossen ist, weil sich ein Gesellschafter verbürgt oder eine Hypothek bestellt hat. Zum anderen würde das Ausfallprinzip den Gesellschaftsgläubigern genau das zuweisen, was ihnen zusteht: den Ausfall. Mehr können sie nicht beanspruchen, weil die persönliche Haftung nicht weiter reicht. Dadurch wären auch die Privatgläubiger nicht im Nachteil. Außerdem rückte das Ausfallprinzip die Gesellschaft in den Mittelpunkt der Unternehmensinsolvenz, was sinnvoll wäre, weil sie die Trägerin des Unternehmens ist; weil ihr die Rechte und Pflichten zugeordnet sind.

Bei der Ausgestaltung spielt es keine Rolle, ob das Ausfallprinzip Verfahrens- oder materielle Verteilungsregel ist; ob schon die Einziehungsbefugnis oder erst die Quote beschränkt wird. Weil sich der Gesetzgeber explizit von der Verfahrensregel der KO abgewendet hat, dürfte eine Verteilungsregel realistischer sein. Die Funktion des § 93 InsO bestünde dann darin, die persönliche Haftung zu bündeln; im Übrigen bliebe es bei dem, was auch schon die KO anordnete, bei der Beschränkung der persönlichen Haftung auf den Ausfall. Um zu sinnvollen Ergebnissen zu gelangen, müsste der Gesetzgeber noch ein weiteres tun: Er müsste § 93 InsO auf persönliche und sachliche Sicherheiten ausdehnen. Denn wie zuvor gesehen, führt eine reine Ausfallhaftung zu einer Ungleichbehandlung, wenn die Gläubiger persönlich oder dinglich gesichert sind. Eine analoge Anwendung der §§ 44, 52 InsO, wie es das Doppelberücksichtigungsprinzip vorschlägt, wäre zwar (weiterhin) denkbar; doch folgte daraus die Pflicht des

Insolvenzverwalters, Sondermassen zu bilden. Um diese Pflicht zu vermeiden, sollten die Sicherheiten ebenfalls gebündelt werden.[825]

Wer den Gesetzgeber zum Handeln aufruft, der muss auch einen Vorschlag für die begehrte Regelung machen. Die Regelung könnte, wenn sie die vorausgehenden Gesichtspunkte aufgreift, folgendermaßen lauten:

> (1) (…) [2]Der Insolvenzverwalter darf, wenn auch das Insolvenzverfahren über das Vermögen des Gesellschafters eröffnet ist, Befriedigung nur für denjenigen Betrag verlangen, für den die Gesellschaftsgläubiger im Gesellschaftsinsolvenzverfahren keine Befriedigung erhalten.
> (2) [1]Absatz 1 ist entsprechend anzuwenden, wenn ein Gesellschafter für eine Verbindlichkeit der Gesellschaft mithaftet. [2]Hat ein Gesellschaftsgläubiger ein Recht zur Befriedigung aus einem Gegenstand des Gesellschaftervermögens, darf der Insolvenzverwalter die persönliche Haftung nur geltend machen, soweit der Gläubiger auf die Befriedigung aus dem Gegenstand verzichtet oder bei ihr ausgefallen ist.

Abs. 1 Satz 1 ist der heutige § 93 InsO. Satz 2 ergänzt ihn um eine Regelung für den Fall, dass auch der Gesellschafter insolvent ist. Weil eine Beschränkung der Einziehungsbefugnis nicht in Betracht kommt (oben a), ist Satz 2 als materielle Verteilungsregel anzusehen; er beeinflusst lediglich die Quote. Abs. 2 Satz 1 stellt durch den Verweis auf Abs. 1 klar, dass auch persönliche Sicherheiten umfasst sind und dass auch für sie (materiell) das Ausfallprinzip gilt.[826] Für dingliche Sicherheiten begründet Abs. 2 Satz 2 eine Ausfallhaftung nach dem Vorbild des § 52 InsO.

4. *Zwischenfazit*

Die Frage, wie die persönliche Haftung in der Doppelinsolvenz abzuwickeln ist, muss offen bleiben. Sie kann nur vom Gesetzgeber beantwortet werden.

II. Rangübertragung?

Eine letzte Zweifelsfrage betrifft den Rang von Gesellschaftsverbindlichkeiten. Eine Gesellschaftsverbindlichkeit kann dreierlei sein: Masseverbindlichkeit, einfache Insolvenzforderung oder nachrangige Insolvenzforderung. Fraglich ist, ob sich der Rang einer Verbindlichkeit auf das Gesellschafterinsolvenzverfahren

---

825 Wer § 93 InsO analog anwendet (oben A II 2), der muss freilich nicht auf ein Tätigwerden des Gesetzgebers hoffen.

826 Sollen die persönlichen Sicherheiten partout nicht unter § 93 InsO fallen, dann könnte der Verweis auf Abs. 1 Satz 2 beschränkt und so zumindest das Ausfallprinzip für anwendbar erklärt werden.

überträgt. Ist eine Masseverbindlichkeit auch dort Masseverbindlichkeit? Wird ein Gläubiger, der mit der Gesellschaft einen Nachrang vereinbart hat, auch dort nur nachrangig befriedigt?

Für die alten Vorrechte der KO war der BGH der Auffassung, dass sie auch im Gesellschafterkonkurs gelten. Ein Vorrecht sei nämlich eine Eigenschaft, die einer Forderung anhafte.[827] Einzelne Autoren kamen zum gleichen Ergebnis, begründeten es aber mit der Akzessorietät. Die persönliche Haftung erweitere die Haftungsmasse der Gesellschaft, weshalb sich ein Vorrecht auch auf sie beziehe.[828] Anders sah man dies bei den Masseverbindlichkeiten. Bei ihnen war man sich einig, dass sie nur im Gesellschafterkonkurs Masseverbindlichkeiten sind; denn der Konkursverwalter könne nur diejenige Masse verpflichten, die er auch verwalte.[829] – Vorrechte gibt es heute nicht mehr und es lässt sich nur schwer behaupten, dass die Einordnung als Masseverbindlichkeit eine Eigenschaft einer Forderung ist. Die Befugnisse des Insolvenzverwalters taugen auch nicht als Argument. Wie an anderer Stelle (A II 1) gesehen, besteht schon keine persönliche Haftung für Verbindlichkeiten, die aus der Tätigkeit des Verwalters herrühren. Sie besteht nur für Verbindlichkeiten, deren Rechtsgrund bereits vor Eröffnung des Verfahrens gelegt war; für Forderungen aus gegenseitigen Verträgen und Dauerschuldverhältnissen. Für sie und für nachrangige Forderungen müssen andere Gründe den Ausschlag geben. – Eine Rangübertragung ließe sich vielleicht damit begründen, dass die Verfahren zusammenhängen; dass es um eine Unternehmensinsolvenz geht. Die Forderungen in allen Verfahren gleich zu behandeln, wäre dann nur logische Folge. Dagegen ließe sich jedoch zweierlei anführen: Zum einen verstieße eine solche Begründung gegen das Trennungsprinzip, oben Kapitel 1, B V. Gesellschafts- und Gesellschafterinsolvenz sind zu trennen; es handelt sich um eigene Verfahren mit eigenen Voraussetzungen. Ob ein Anspruch Masseverbindlichkeit oder Insolvenzforderung ist, ist daher für jedes Verfahren gesondert festzustellen.[830] Zum anderen benachteiligte eine Rangübertragung die Privatgläubiger der Gesellschafter. Das ist nicht richtig, weil Gesellschafts- und Privatgläubiger gleichrangig am Verfahren des Gesellschafters

---

827 BGHZ 13, 73, 77; 19, 163, 164.

828 Schlegelberger/*K. Schmidt*, § 128 Rn. 77; die herrschende Meinung im Schrifttum sah dies anders, vgl. *Kuhn/Uhlenbruck*, KO § 212 Rn. 6; Jaeger/*Weber*, KO § 212 Rn. 8.

829 RGZ 135, 62, 63 f.; *Kilger/K. Schmidt*, KO § 212 Rn. 3.

830 MünchKomm-InsO/*Brandes/Gehrlein*, § 93 Rn. 29.

teilnehmen.[831] Für einen Vorrang der Gesellschaftsgläubiger gibt es keinen Grund.[832]

Damit ist festzuhalten: Ob ein Anspruch im Gesellschafterinsolvenzverfahren als Masseverbindlichkeit oder als Insolvenzforderung einzuordnen ist, richtet sich nach allgemeinen Grundsätzen. Der Rang im Gesellschaftsinsolvenzverfahren spielt keine Rolle.

C. Ergebnis

Alles was sich im Hinblick auf die persönliche Haftung sagen lässt, ist: Der Rang einer Verbindlichkeit in der Gesellschaftsinsolvenz überträgt sich nicht automatisch auf die Gesellschafterinsolvenz.

831 MünchKomm-InsO/*Brandes*/*Gehrlein*, § 93 Rn. 29.
832 MünchKomm-InsO/*Brandes*/*Gehrlein*, § 93 Rn. 29.

Kapitel 5: Anfechtungsfragen

Das vorletzte Kapitel beschäftigt sich mit Anfechtungsfragen. Wie in den Kapiteln zuvor soll es dabei nicht um allgemeine Fragen gehen, sondern um solche, die sich bei der Doppelinsolvenz ergeben.

A. Gläubigerbefriedigung

Als äußerst problematisch erweisen sich seit BGHZ 178, 171 Fälle, in denen ein Gesellschafter einen Gesellschaftsgläubiger in anfechtbarer Weise befriedigt. Wird nämlich das Gesellschafts- und das Gesellschafterinsolvenzverfahren eröffnet, stellt sich die schwierige Frage, wer die Leistung anfechten darf: der Insolvenzverwalter der Gesellschaft oder der Insolvenzverwalter des Gesellschafters?

Wenn im Folgenden nach einer Antwort gesucht wird, soll es nicht darum gehen, wann eine Leistung angefochten werden kann; denn dazu finden sich in der Rechtsprechung und im Schrifttum genügend Stellungnahmen.[833] Es soll vielmehr darum gehen, wer anfechten darf, auf wen sich die Voraussetzungen beziehen und welche verfahrensrechtlichen Besonderheiten gelten. Bei den Überlegungen muss außerdem unterschieden werden, wer den Gesellschaftsgläubiger befriedigt: ein persönlich haftender Gesellschafter (unten II) oder ein Kommanditist (unten III).

I. Leistung der Gesellschaft

Unproblematisch ist noch der Fall, dass ein Gesellschafter einen Gläubiger aus dem Gesellschaftsvermögen befriedigt. Die Leistung wäre als Leistung der Gesellschaft anzusehen, was bedeutet: anfechten kann deren Insolvenzverwalter. Die einzelnen Voraussetzungen (Gläubigerbenachteiligung, Anfechtungsgrund und -frist) wären auf die Gesellschaft zu beziehen, denn das Handeln des Gesellschafters würde dieser als eigenes zugerechnet.[834] Am Vorstehenden änderte sich nichts, wenn später auch das Insolvenzverfahren über das Vermögen des Gesellschafters eröffnet wird. Das liegt daran, dass allein das Gesellschaftsvermögen betroffen ist.

---

833 Die Rechtsprechung zur Insolvenzanfechtung ist in all ihren Verästelungen kaum mehr zu überschauen. Auch die Abhandlungen im Schrifttum sind Legion. Einen (systematischen) Überblick bieten zum Beispiel *Bork/Gehrlein*, S. 3 ff.

834 Vgl. MünchKomm-InsO/*Kayser*, § 129 Rn. 41.

II. Leistung eines Gesellschafters

Problematisch wird es, wenn ein Gesellschafter einen Gläubiger aus seinem eigenen Vermögen befriedigt. Das wird er tun, wenn die Gesellschaft in der Krise steckt und wenn der Gläubiger deshalb ihn in Anspruch nimmt. Das darf der Gläubiger, weil die persönliche Haftung eine unmittelbare ist, vgl. Kapitel 4, A II. Bevor sich der Blick auf die Doppelinsolvenz richtet, soll zunächst überlegt werden, was das in der Insolvenz der Gesellschaft bedeutet.

1. Insolvenz (nur) der Gesellschaft

Klar ist eines: Wurde das Gesellschaftsinsolvenzverfahren bereits eröffnet, kann ein Gesellschafter nicht mehr mit befreiender Wirkung an einen Gesellschaftsgläubiger leisten. Das kann er nur, wenn er von der Verfahrenseröffnung nichts wusste. Dann wird er analog § 82 InsO von der persönlichen Haftung frei; der Insolvenzverwalter kann die Leistung nach § 816 Abs. 2 BGB vom Gläubiger zurückfordern.[835] Wusste der Gesellschafter, dass das Gesellschaftsinsolvenzverfahren eröffnet ist, bleibt die Haftung bestehen, er kann das Geleistete kondizieren. Der Insolvenzverwalter hat die Möglichkeit, die Leistung zu genehmigen und über § 816 Abs. 2 BGB auf den Gläubiger zuzugreifen.[836]

War das Gesellschaftsinsolvenzverfahren noch nicht eröffnet, bleibt es dem Gesellschafter unbenommen, die Forderungen eines Gläubigers zu erfüllen; er kann mit befreiender Wirkung leisten. Der Insolvenzverwalter käme später nur an die Leistung, wenn er sie anfechten könnte.

a) Anfechtungsrecht des Insolvenzverwalters

Es stellt sich demnach die Frage: Kann der Insolvenzverwalter die Leistung des Gesellschafters anfechten?

aa) Ausgangslage und Meinungsstand

Befände man sich in der Gesellschafterinsolvenz, wäre der Fall einfach: die Leistung des Gesellschafters schmälerte die Masse und benachteiligte dadurch die übrigen Insolvenzgläubiger (vgl. § 129 InsO); der Insolvenzverwalter könnte sie unter den Voraussetzungen der § 130 f. InsO anfechten. In der Gesellschaftsinsolvenz ist das anders. Die Leistung ist schon keine Rechtshandlung der Schuldnerin, weil der Gesellschafter auf seine persönliche Haftung zahlt. Davon

835 Vgl. Uhlenbruck/*Hirte*, § 93 Rn. 4.

836 Vgl. MünchKomm-InsO/*Brandes*/*Gehrlein*, § 93 Rn. 13.

abgesehen fehlt die Gläubigerbenachteiligung: Der Gesellschafter erfüllt die Verbindlichkeit aus seinem eigenen Vermögen; das Gesellschaftsvermögen bleibt unberührt. Er erwirbt zwar einen Regressanspruch nach § 110 Abs. 1 HGB, den er in der Gesellschaftsinsolvenz anmelden kann; in gleicher Höhe entfällt aber der Anspruch des Gläubigers. Das heißt, die Masse wird weder vermindert noch mit einer zusätzlichen Verbindlichkeit belastet.

Nach Auffassung des BGH (Z 178, 171, 173 f.) kann der Insolvenzverwalter die Leistung gleichwohl anfechten. Das Anfechtungsrecht folge aus einer Analogie zu den §§ 93, 129 ff. InsO: § 93 InsO soll die Gleichbehandlung der Gläubiger sichern. Das misslänge, wenn ein Gläubiger vor Verfahrenseröffnung Leistungen aus der persönlichen Haftung erhielte (und behalten dürfte); er wäre dann nämlich gegenüber den anderen Gläubigern im Vorteil. Für eine Gleichbehandlung sei es unerheblich, ob die Leistung aus dem Gesellschafts- oder Gesellschaftervermögen stamme. § 93 InsO ziele allgemein darauf ab, dass sich kein Gläubiger durch einen schnellen Zugriff Vorteile verschafft.[837] Die Ermächtigungswirkung sei daher auf die Anfechtung zu erstrecken.[838] Die Literatur stimmt dem zu,[839] wobei die Begründung eher knapp ausfällt. Lediglich *Bork/Vogelsang* diskutieren eine haftungsrechtliche und eine treuhänderische Zuweisung des Anfechtungsrechts.[840] Die beiden Aspekte sollen auch für die nachfolgenden Gedanken maßgebend sein.

bb) Treuhänderische Zuweisung

Der BGH scheint einer haftungsrechtlichen Begründung des Anfechtungsrechts nahe zu stehen. Haftungsrechtlich meint, dass Gesellschafts- und Gesellschaftervermögen wie ein Vermögen behandelt werden; dass die Leistung aus dem einen Vermögen der Leistung aus dem anderen gleichsteht, weil beide über § 93 InsO verbunden sind. Darauf deutet S. 174 der Fundstelle hin. Mit dieser Begründung wäre eine Rechtshandlung ebenso zu bejahen wie eine Gläubigerbenachteiligung: Fasst man die Vermögen zusammen, wäre es nur logisch, ihre (beiden) Träger als Schuldner anzusehen; die Leistung des einen verminderte die Haftungsmasse. In methodischer Hinsicht wären die §§ 129 ff. InsO direkt oder

837 BGHZ 178, 171, 173.

838 BGHZ 178, 171, 173 f.

839 MünchKomm-InsO/*Brandes/Gehrlein*, § 93 Rn. 30; K. Schmidt/*K. Schmidt*, § 93 Rn. 31; Gottwald/*Haas/Mock*, § 94 Rn. 59; *Berger*, LMK 2008, 271899; *Jeitner*, NZI 2009, 673, 673 f.; *Runkel/J. M. Schmidt*, ZInsO 2007, 505, 509; *Wegener*, NZI 2009, 43, 44.

840 Vgl. *Bork/Vogelsang*, ZIP 2014, 2313, 2319 f.

analog anzuwenden – direkt, wenn man beide Vermögen wie eines behandelt; analog, wenn man sie haftungsrechtlich verknüpft.[841] § 93 InsO (analog) wäre verzichtbar. Wer das Gesellschaftervermögen zum Gesellschaftsvermögen oder die persönliche Haftung zur Masse zählt, muss das Anfechtungsrecht nicht erst auf den Insolvenzverwalter überleiten. Es stünde diesem von vorneherein zu.[842]

Die haftungsrechtliche Begründung leuchtet zunächst ein. Gesellschafts- und Gesellschaftervermögen mögen formal getrennt sein, haftungsrechtlich sind sie eins. Der Schluss auf eine „einheitliche" Haftungsmasse liegt daher nahe. Schaut man kurz auf die Doppelinsolvenz (unten 2), dann entspräche die Begründung auch dem Gedanken einer Unternehmensinsolvenz. Das Anfechtungsrecht ließe sich beim Gesellschaftsinsolvenzverwalter bündeln, was bedeutete: er könnte alle Leistungen anfechten, die zu Unrecht an einen Gläubiger erbracht wurden. Folgeprobleme entstünden keine. Der Insolvenzverwalter behielte sein Anfechtungsrecht; es wäre unerheblich, ob er die Leistung bei Eröffnung des Gesellschafterinsolvenzverfahrens schon zurückgefordert oder sogar zurückerhalten hat. Die Eröffnung des Verfahrens hätte keinerlei Auswirkungen.

Ein wenig näher betrachtet sind die Vorteile bei der Doppelinsolvenz nur scheinbare Vorteile. Der BGH stellt nämlich explizit fest: Ist auch ein Verfahren über das Vermögen des Gesellschafters eröffnet, entfällt das Anfechtungsrecht des Gesellschaftsinsolvenzverwalters; nur der Gesellschafterinsolvenzverwalter darf die Leistung jetzt noch anfechten.[843] Eine Bündelung des Anfechtungsrechts wäre damit ausgeschlossen. Nun ließe sich freilich darüber streiten, ob eine haftungsrechtliche Begründung den „Wechsel" des Anfechtungsrechts überhaupt zulässt oder ob nicht beide (Gesellschafts- und Gesellschafterinsolvenzverwalter) die Leistung anfechten könnten. Doch zum einen würde ein „doppeltes" Anfechtungsrecht zu einer Art Prätendentenstreit führen, bei dem zu entscheiden wäre, wer den Vorrang hat und in welche Masse die Leistung zurückzuzahlen wäre. Zum anderen wäre ein doppeltes Anfechtungsrecht oder ein Anfechtungsrecht des Gesellschaftsinsolvenzverwalters überhaupt nicht vonnöten. Wie in Kapitel 2 (unter E II) gesehen, ist es prinzipiell möglich, einen Unternehmensinsolvenzverwalter zu bestellen. Dieser wäre ohnehin berechtigt, die Leistung anzufechten. Interessenkonflikte entstünden keine, weil die Anfechtung auch den Gesellschaftsgläubigern zugute käme. Davon abgesehen hätte ein einheitliches Anfechtungsrecht einen begrenzten Nutzen. Während die Leistung bei der

---

841 Vgl. *Bork/Vogelsang*, ZIP 2014, 2313, 2319 f.

842 Vgl. *Bork/Vogelsang*, ZIP 2014, 2313, 2320.

843 BGHZ 178, 171, 174.

Gesellschaftsinsolvenz zur Masse der Gesellschaft zurückzugewähren ist, ist sie bei der Doppelinsolvenz zur Masse des Gesellschafters zu erstatten. Eine andere Sichtweise wäre zwar im Sinne einer einheitlichen Unternehmensinsolvenz; sie benachteiligte aber die Privatgläubiger des Gesellschafters, weil sie die Leistung direkt den Gesellschaftsgläubigern zukommen ließe. Das ist nicht (immer) richtig, Details unter 3 a.

Schaut man nur auf die Gesellschaftsinsolvenz, wäre eine haftungsrechtliche Begründung auch nicht mit dem Trennungsprinzip zu vereinbaren. Wie zu Beginn in Kapitel 1 (unter B V) und später an anderen Stellen gesehen, ist zwischen Gesellschafts- und Gesellschafterinsolvenz zu unterscheiden. Beide Verfahren haben eigene Voraussetzungen und beide Verfahren beziehen sich auf unterschiedliche Vermögen. Wer Gesellschafts- und Gesellschaftervermögen vereint, und sei es auch nur haftungsrechtlich, setzt sich über diese Trennung hinweg. Mit § 93 InsO ließe sich das nicht begründen. Die Regelung scheint zwar die persönliche Haftung dem Gesellschaftsvermögen zuweisen; was sie aber tatsächlich zuweist, ist nur die Einziehungsbefugnis, nämlich an den Insolvenzverwalter. Die dingliche Zuordnung der Haftungsansprüche ändert sie nicht.

Vor allem das Trennungsprinzip spricht für die treuhänderische Begründung, wie sie *Bork/Vogelsang* vertreten. Ficht der Insolvenzverwalter die Leistung eines Gesellschafters an, macht er keinen eigenen Anfechtungsanspruch geltend, sondern einen fremden (nämlich den des Gesellschaftervermögens). Mit dieser Begründung wären eine Rechtshandlung und eine Gläubigerbenachteiligung schnell bejaht: Schuldner ist der Gesellschafter; seine Leistung beeinträchtigte die Haftungsmasse, die den Gesellschaftsgläubigern über § 93 InsO zustünde. In methodischer Hinsicht wären die §§ 129 ff. InsO analog anzuwenden, weil der Anfechtungsanspruch erst mit der Eröffnung des Gesellschafterinsolvenzverfahrens entsteht. Außerdem wäre eine Analogie zu § 93 InsO vonnöten, um den Anfechtungsanspruch auf den Insolvenzverwalter überzuleiten.

Sieht man von der dogmatischen Begründung ab, treffen die Erwägungen des BGH zu. Sie rechtfertigen eine Analogie. Zunächst einmal besteht eine planwidrige Regelungslücke: die Gleichbehandlung greift in Gestalt des § 93 InsO erst ein, wenn das Insolvenzverfahren der Gesellschaft eröffnet ist. Erst dann wird ein Wettlauf der Gläubiger unterbunden, obwohl dies schon früher nötig wäre.[844] Davon abgesehen kann die Gläubigerbefriedigung nach den §§ 129 ff. InsO nur rückgängig gemacht werden, wenn das Insolvenzverfahren des Gesellschafters eröffnet ist.[845] Ohne dieses Verfahren geht es nicht. Auch die Interessenlage ist

844 Vgl. *Bork/Vogelsang*, ZIP 2014, 2313, 2317 f.
845 Vgl. *Bork/Vogelsang*, ZIP 2014, 2313, 2317 f.

vergleichbar. Es ist nämlich nicht nur vonnöten, Handlungen zu neutralisieren, die das Gesellschaftsvermögen beeinträchtigen, sondern auch Handlungen, die sich auf die persönliche Haftung auswirken.[846] Denn so wie das Vermögen des Gesellschafters in dessen Insolvenz den Gesellschafts- und Privatgläubigern zustehen soll, soll die persönliche Haftung den Gesellschaftsgläubigern zustehen. Und so wie der Gesellschaftsverwalter zur Einziehung der persönlichen Haftung berechtigt ist, muss er auch befugt sein, Handlungen anzufechten, die die persönliche Haftung beeinträchtigen – jedenfalls so lange, wie das Insolvenzverfahren des Gesellschafters noch nicht eröffnet ist.

cc) Zwischenfazit

Befriedigt ein Gesellschafter einen Gesellschaftsgläubiger in anfechtbarer Weise, kann der Gesellschaftsinsolvenzverwalter die Leistung analog §§ 93, 129 ff. InsO anfechten. Das Anfechtungsrecht ist ein treuhänderisches.

b) Anfechtungsfrist

Wer das Anfechtungsrecht des Insolvenzverwalters mit der Treuhand begründet, der muss die einzelnen Voraussetzungen auf den leistenden Gesellschafter beziehen. Für die Anfechtungsfrist ist das nicht unproblematisch. Die Anfechtungsfrist knüpft an den Zeitpunkt des Insolvenzantrags an. Wann (und ob überhaupt) die Eröffnung des Gesellschafterinsolvenzverfahrens beantragt wird, ist jedoch ungewiss. Wie weit reicht die Anfechtung daher zurück? Wird die Eröffnung beantragt, ist die Antwort klar; der Antrag kann aber ungewollte Konsequenzen haben: Angenommen, ein Gesellschafter erfüllt am 1.5. die Forderung eines Gesellschaftsgläubigers. Zwei Monate später (am 1.7.) beantragt ein anderer Gesellschaftsgläubiger die Eröffnung des Gesellschaftsinsolvenzverfahrens. Wenn das Verfahren eröffnet wird, kann der Insolvenzverwalter anfechten, zum Beispiel nach § 130 Abs. 1 Satz 1 InsO. Würde aber am 1.9. die Eröffnung des Gesellschafterinsolvenzverfahrens beantragt, könnte es dessen Insolvenzverwalter nicht mehr. Der maßgebliche Zeitpunkt wäre nämlich ein anderer: Bleibt man bei § 130 Abs. 1 Satz 1 InsO, könnte er nur rückwirkend bis zum 1.6. anfechten. Die Leistung des Gesellschafters wäre unerreichbar. Bedenklich ist dies vor allem dann, wenn der begünstigte Gläubiger noch eine zweite Forderung hat und selbst die Eröffnung des Gesellschafterinsolvenzverfahrens beantragen kann. Durch seinen Antrag könnte er die Leistung des Gesellschafters unanfechtbar machen.

---

846 Vgl. *Bork/Vogelsang*, ZIP 2014, 2313, 2317 f.

Der BGH kommt zu dem Schluss, dass die Anfechtungsfrist auf den Antrag des Gesellschaftsinsolvenzverfahrens zu beziehen ist;[847] in dem Beispiel oben also auf den 1.7. Aber lässt sich dies auch auf der Grundlage einer treuhänderischen Zuweisung begründen? – Auf den ersten Blick nein. Der Insolvenzverwalter macht ein fremdes Anfechtungsrecht geltend. Daher müssten die Voraussetzungen an sich in Person des Gesellschafters erfüllt sein, was bedeutete: maßgeblicher Zeitpunkt ist der Antrag auf Eröffnung des Gesellschafterinsolvenzverfahrens. Bei näherer Betrachtung ist die Argumentation des BGH jedoch schlüssig und passt auch zur Treuhandlösung. Hintergrund der Analogie ist nämlich die Gleichbehandlung, die nach vorne verlagert wird. Es nutzte wenig, wenn die Anfechtungsmöglichkeit nach vorne verschoben wird, der Anfechtungszeitraum aber gleich bliebe. Notwendige Folge der Analogie ist damit auch eine Anpassung des Anfechtungszeitraums. Weil die Anfechtungsmöglichkeit nicht beliebig ausgedehnt werden kann, braucht sie einen festen Anknüpfungspunkt, den der BGH zutreffend im Antrag auf Eröffnung des Gesellschaftsinsolvenzverfahrens sieht. Mit diesem Anknüpfungspunkt ist auch ein Missbrauch ausgeschlossen.

c) *Maßgebliche Person*

Beim nächsten Gesichtspunkt bleibt es bei der Trennung der Verfahren. Wenn es nämlich um die Frage geht, auf welche Person die Voraussetzungen einer Anfechtung zu beziehen sind, kann die Antwort nur lauten: auf den leistenden Gesellschafter. Dieser ist der Schuldner. Auf seine Rechtshandlungen kommt es an; eine Gläubigerbenachteiligung muss für sein Vermögen bestehen. Subjektive Voraussetzungen wie Kenntnis (§§ 130 ff. InsO), Vorsatz (§ 133 InsO) etc. müssen bei ihm vorliegen.

Kurzum: Es ist danach zu fragen, ob bei einer (hypothetischen) Eröffnung des Gesellschafterinsolvenzverfahrens der Verwalter dieses Verfahrens die Leistung hätte anfechten können. Einzige Ausnahme ist die Frist. Sie richtet sich nach dem Antrag auf Eröffnung des Gesellschaftsinsolvenzverfahrens (oben b).

847 BGHZ 178, 171, 174.

2. *Insolvenz (auch) des Gesellschafters*

Die entscheidenden Überlegungen wurden schon unter 1 angestellt, weil sie sich nicht von den Überlegungen zum Anfechtungsrecht in der Gesellschaftsinsolvenz trennen ließen. Sie sollen an dieser Stelle noch einmal zusammengefasst werden:

Wenn nur das Gesellschaftsinsolvenzverfahren eröffnet ist, kann die Leistung vom Gesellschaftsinsolvenzverwalter angefochten werden. Das Anfechtungsrecht ist ein treuhänderisches; das heißt, es endet, wenn das Gesellschafterinsolvenzverfahren eröffnet ist. Dann ist nur noch der Gesellschafterinsolvenzverwalter zur Anfechtung berechtigt.

Weil das Anfechtungsrecht in der Gesellschaftsinsolvenz ein treuhänderisches ist, beziehen sich die einzelnen Voraussetzungen stets auf den Gesellschafter. Er ist der Schuldner im Sinne der §§ 129 ff. InsO; auf ihn kommt es an, wenn es um subjektive Elemente wie Kenntnis, Vorsatz oder Ähnliches geht. Einzige Ausnahme ist die Anfechtungsfrist. Abweichend von § 139 Abs. 1 InsO ist stets der Antrag auf Eröffnung des Gesellschaftsinsolvenzverfahrens maßgebend.

3. *Verfahrensrechtliche Fragen*

Die vorausgehenden Überlegungen hatten es bereits angedeutet (oben 1 a bb): Wird das Anfechtungsrecht des Insolvenzverwalters treuhänderisch begründet, entstehen einige Folgeprobleme. Die Probleme (unten b und c) haben mit dem Wechsel des Anfechtungsrechts zu tun. Weil die Lösung von einer Vorfrage abhängt, soll unter a zunächst die Vorfrage beantwortet werden.

a) Begünstigte Masse?

Die Vorfrage lautet: Welche Masse wird durch die Anfechtung begünstigt? Auf den ersten Blick ist die Antwort einfach: wenn nur die Gesellschaft insolvent ist, deren Masse; wenn auch der Gesellschafter insolvent ist, dessen Masse. Das erste versteht sich von selbst. Es gibt nur das Gesellschaftsinsolvenzinsolvenzverfahren; ficht der Insolvenzverwalter (analog § 93 InsO) an, muss der Gesellschaftsgläubiger die erhaltene Leistung an die Gesellschaftsmasse zurückgewähren. Das zweite ist jedoch zweifelhaft. Dazu ein kurzer Blick auf das Beispiel oben. In dem Beispiel hatte der Gesellschafterinsolvenzverwalter nach dem 1.8. eine Leistung angefochten, die der Gesellschafter am 1.5. erbracht hatte. Das konnte er, weil für die Anfechtungsfrist der Antrag auf Eröffnung des Gesellschaftsinsolvenzverfahrens maßgebend war; das war die Konsequenz aus BGHZ 178, 171. Weitere Konsequenz wäre aber, dass von der Anfechtung die Privatgläubiger des

Gesellschafters profitieren. Sie kämen in den Genuss einer Leistung, die sie ohne Gesellschaftsinsolvenz nie erhalten hätten.[848] Das ist nicht richtig, vor allem nicht, wenn man auf die Begründung des BGH schaut. Das Anfechtungsrecht des Gesellschaftsinsolvenzverwalters soll die Gleichbehandlung der Gesellschaftsgläubiger (!) sicherstellen. Dass später auch der Gesellschafterinsolvenzverwalter anfechten darf, obwohl die Frist schon verstrichen ist, hat allein mit dem Missbrauchsgedanken zu tun. Der Gesellschaftsgläubiger soll die Leistung nicht unanfechtbar machen können, indem er selbst die Eröffnung des Gesellschafterinsolvenzverfahrens beantragt. Daraus folgt: Die angefochtene Leistung darf nur den Gesellschaftsgläubigern zugutekommen.[849] Macht also der Gesellschafterinsolvenzverwalter den Anfechtungsanspruch geltend, muss er für sie eine Sondermasse bilden.

Es wäre freilich denkbar, dass der Gesellschafterinsolvenzverwalter innerhalb der regulären Frist[850] anficht. In diesem Fall ließe sich die Anfechtung nicht mehr mit der Gleichbehandlung der Gesellschaftsgläubiger begründen; sie erfolgte, um die Gleichbehandlung der Gesellschaftergläubiger sicherzustellen, wozu auch die Privatgläubiger gehören.

Man wird deshalb unterscheiden müssen: Die angefochtene Leistung darf den Privatgläubigern zugute kommen, wenn sie vom Gesellschafterinsolvenzverwalter auch ohne Modifikation der Frist hätte angefochten werden können. Sonst bleibt sie den Gesellschaftsgläubigern vorbehalten; der Gesellschafterverwalter muss für sie eine Sondermasse bilden.

b) *Erhobene Anfechtungsklage*

Das erste Problem betrifft den Fall, dass der Gesellschaftsinsolvenzverwalter die Leistung des Gesellschafters angefochten und Klage auf Rückgewähr zur Masse erhoben hat. Wird nun das Gesellschafterinsolvenzverfahren eröffnet, dann endet die Einziehungsbefugnis des Gesellschaftsinsolvenzverwalters (oben 2). Doch was wird aus seiner Klage? Im Grunde gibt es vier (Reaktions-)Möglichkeiten: die Klage wird unzulässig; der Gesellschaftsinsolvenzverwalter erklärt den Rechtsstreit für erledigt; der Antrag wird analog § 265 Abs. 2 ZPO umgestellt auf Zahlung an den Gesellschafterinsolvenzverwalter; der Prozess wird nach einem gesetzlichen Parteiwechsel fortgesetzt.

---

848 *Berger*, LMK 2008, 271899.

849 *Berger*, LMK 2008, 271899.

850 Innerhalb der Frist, die sich ergäbe, wenn das Gesellschafterinsolvenzverfahren maßgebend wäre.

Die erste Möglichkeit wäre die nächstliegende, weil die Aktivlegitimation des Gesellschaftsinsolvenzverwalters endet. Sie wäre aber nicht prozessökonomisch, da die Klage abgewiesen würde und der Gesellschafterinsolvenzverwalter neu klagen müsste. Eine erneute Klage führte außerdem zu doppelten Kosten.[851] Sinnvoller wäre daher eine andere Lösung. Eine (einseitige) Erledigungserklärung wäre denkbar und die Voraussetzungen ließen sich wohl bejahen; doch liegen die typischen Fälle anders. Davon abgesehen fielen erneut doppelte Kosten an. Eleganter wäre eine Fortführung des Prozesses, entweder nach (gesetzlichem) Parteiwechsel oder durch (gesetzliche) Prozessstandschaft.

Ein (automatischer) Parteiwechsel findet statt, wenn eine Partei verstirbt oder wenn aus anderem Grund eine Gesamtrechtsnachfolge eintritt, vgl. § 239 ZPO. Ein Parteiwechsel oder eine Prozessstandschaft wären nach § 265 ZPO möglich. Bei der Regelung geht es um die Veräußerung der streitbefangenen Sache bzw. um die Abtretung des geltend gemachten Anspruchs. Eine Veräußerung oder Abtretung hat auf den Prozess keine Auswirkung, § 265 Abs. 2 Satz 1 ZPO. Der Erwerber oder Zessionar kann aber den Prozess an Stelle des Rechtsvorgängers fortführen, wenn die andere Partei zustimmt. Stimmt die andere Partei nicht zu, bleibt der Veräußerer oder Zedent prozessführungsbefugt, als gesetzlicher Prozesstandschafter. Nach der sog. Relevanztheorie kann er nicht mehr auf Leistung an sich selbst klagen. Er muss den Klagantrag auf Leistung an den Erwerber oder Zessionar umstellen; die Klage würde sonst als unbegründet abgewiesen. Eine letzte Möglichkeit zeigt § 16 Abs. 1 AnfG auf. Bei ihm geht es darum, dass ein Gläubiger eine Leistung des Schuldners angefochten hat. Wird der Schuldner insolvent, endet die Anfechtungsbefugnis des Gläubigers; sie geht auf den Insolvenzverwalter über. Dieser setzt einen laufenden Anfechtungsprozess fort.

Keine der drei Möglichkeiten ist vorliegend direkt anwendbar. Weder lässt sich behaupten, dass der Gesellschafterinsolvenzverwalter der Rechtsnachfolger des Gesellschaftsinsolvenzverwalters ist, noch hat man es mit einer Abtretung des Anfechtungsanspruchs zu tun. Der Begriff der Abtretung ist zwar nicht allzu wörtlich zu nehmen (er umfasst auch die Legalzession[852]); das hilft hier aber nicht weiter, weil das Anfechtungsrecht nicht „übergeht". Genau genommen besteht es noch gar nicht, wenn es der Gesellschaftsinsolvenzverwalter geltend macht; davon abgesehen macht er es treuhänderisch (als fremdes Recht) geltend. Die Regelung des § 16 Abs. 1 AnfG schließlich bestimmt das Verhältnis und Anfechtungs- und Insolvenzrecht.

---

851 Vgl. *Jeitner*, NZI 2009, 673, 675.

852 Vgl. *Rosenberg/Schwab/Gottwald*, § 101 Rn. 11.

Eine Analogie käme aber für § 265 Abs. 2 ZPO und für § 16 Abs. 1 AnfG in Betracht. Die Regelungslücke ist schnell bejaht, weil das Gesetz keine Regelung für den „Wechsel" des Anfechtungsrechts enthält. Sie ist planwidrig, weil sie erst durch die analoge Anwendung des § 93 InsO entsteht. Fraglich ist, ob die Interessenlage vergleichbar ist. Dazu ließe sich folgendes sagen: Streitbefangen ist vorliegend der Anfechtungsanspruch. Dieser Anspruch steht zunächst dem Insolvenzverwalter der Gesellschaft und dann dem Insolvenzverwalter des Gesellschafters zu. Er geht zwar nicht durch Rechtsgeschäft über oder durch Gesetz; man hat es aber mit einer Änderung der Aktivlegitimation zu tun, wie sie auch den Fällen des § 265 ZPO zugrunde liegt.[853] Folge wäre, dass der Gesellschafterinsolvenzverwalter den Prozess fortführen könnte, wenn die andere Partei zustimmt. Stimmt sie nicht zu, führte der Gesellschaftsinsolvenzverwalter den Prozess als gesetzlicher Prozessstandschafter fort. Fraglich ist, ob er den Antrag auf Leistung an die Gesellschaftermasse ändern müsste. Nach der Relevanztheorie ja, denn der Gesellschaftsinsolvenzverwalter hat seine Aktivlegitimation verloren. Allerdings könnte man dies mit Blick auf die Überlegungen unter a auch anders sehen. Steht die angefochtene Leistung den Gesellschaftsgläubigern zu, ist die Änderung „irrelevant". Es besteht kein Grund, auf Leistung an die Gesellschaftermasse zu klagen, wenn deren Insolvenzverwalter ohnehin eine Sondermasse bilden und sie an die Gesellschaftsgläubiger ausschütten muss. Der Antrag könnte der gleiche bleiben. Mit Blick auf § 16 Abs. 1 AnfG ist die Interessenlage ebenfalls vergleichbar. Der Gesellschaftsinsolvenzverwalter macht zwar kein eigenes Anfechtungsrecht geltend, sondern ein fremdes;[854] er verliert das Anfechtungsrecht auch nicht, weil es dem Grundsatz der Gleichbehandlung weichen müsste.[855] Was die beiden Fälle verbindet, ist aber der Umstand, dass das eine Recht endet und das andere „entsteht". Die Aktivlegitimation wechselt.

Letztlich ließen sich beide Wege beschreiten. Der zweite Weg hätte allerdings den Vorteil, dass der Parteiwechsel automatisch geschieht.[856] Er wäre nicht von der Zustimmung der anderen Partei abhängig; eine Prozessstandschaft wäre unnötig.

---

853 Vgl. *Rosenberg/Schwab/Gottwald*, § 101 Rn. 11.

854 Vgl. oben 1 a bb.

855 Das ist der Hintergrund des § 16 Abs. 1 AnfG.

856 Vgl. *Rosenberg/Schwab/Gottwald*, § 42 Rn. 10.

c) Erfolgreiche Anfechtungsklage

Das zweite Problem betrifft den Fall, dass die angefochtene Leistung bereits an die Gesellschaftsmasse zurückgewährt wurde. Wenn nun das Insolvenzverfahren des Gesellschafters eröffnet wird: Hat dann der Gesellschafterinsolvenzverwalter einen Bereicherungsanspruch gegen die Gesellschaft? Mit Blick auf die Überlegungen unter a muss differenziert werden: Hätte der Gesellschafterinsolvenzverwalter die Leistung selbst anfechten können, kann er die Herausgabe des Zurückgewährten verlangen. Dann nämlich geht es um die Gleichbehandlung aller Gläubiger. Bliebe das Zurückgewährte in der Masse der Gesellschaft, würden die Privatgläubiger des Gesellschafters benachteiligt. Der Anspruch ist nach § 55 Abs. 1 Nr. 3 InsO eine Masseverbindlichkeit. Hätte der Gesellschafterinsolvenzverwalter die Leistung nur mithilfe des BGH (oben 1 b) anfechten können, kann er zwar auch die Herausgabe verlangen. Weil er aber aus dem Zurückgewährten eine Sondermasse für die Gesellschaftsgläubiger bilden müsste, kann der Gesellschaftsinsolvenzverwalter die dolo-agit-Einrede erheben. Das Zurückgewährte bleibt in der Gesellschaftsmasse.

III. Leistung eines Kommanditisten

Das Vorausgehende betraf den persönlich haftenden Gesellschafter. Nun wäre aber auch denkbar, dass ein Kommanditist die Forderung eines Gesellschaftsgläubigers erfüllt.

1. Ausgangslage

Beim Kommanditisten ist zu unterscheiden: Er erfüllt die Forderung, ohne dass er dazu verpflichtet ist; er erfüllt sie, weil er (beschränkt) persönlich haftet. Die erste Konstellation ist irrelevant. Es fehlt die Gläubigerbenachteiligung.[857] In der zweiten Konstellation ist die Ausgangslage die gleiche wie unter II 1 a aa. Eine Anfechtung durch den Gesellschaftsinsolvenzverwalter müsste scheitern, weil die Leistung keine Rechtshandlung der Schuldnerin ist und weil sie die Gesellschaftsgläubiger nicht benachteiligt. Wie zuvor stellt sich die Frage, ob der Insolvenzverwalter gleichwohl anfechten kann.

2. Relevante Fallgruppen

Vor der Suche nach einer Antwort sollen kurz die Fallgruppen benannt werden, um die es geht. Es sind theoretisch zwei: § 176 HGB und die Fälle der §§ 171

---

857 Vgl. *Bork*, FS Kübler, S. 73, 74.

Abs. 1 Halbsatz 1, 172 Abs. 4 HGB. § 176 HGB spielt keine Rolle; er unterfiele § 93 InsO, das heißt es gilt insoweit das, was unter II steht. Die Überlegungen drehen sich damit um diejenigen Fälle, in denen der Kommanditist beschränkt persönlich haftet, weil er seine Einlage nicht geleistet hat oder weil sie ihm zurückgewährt wurde.

3. *Treuhänderische Zuweisung*

Für den persönlich haftenden Gesellschafter hat der BGH (Z 178, 171) entschieden, dass dem Gesellschaftsinsolvenzverwalter analog § 93 InsO ein Anfechtungsrecht zusteht. Begründet hat er dies mit der Gleichbehandlung, die schon vor Eröffnung des Gesellschaftsinsolvenzverfahrens sicherzustellen sei. Mit *Bork/Vogelsang* wurde das Anfechtungsrecht als ein treuhänderisches eingeordnet (oben II 1 a bb); es war davon auszugehen, dass der Insolvenzverwalter ein fremdes Recht geltend macht.

Fraglich ist, ob sich die Entscheidung auf einen Kommanditisten übertragen lässt. Klar ist: nicht mithilfe des § 93 InsO; die Regelung gilt nämlich nur für die persönliche Haftung. Vielleicht aber mithilfe des § 171 Abs. 2 InsO, der Vorbild für die Regelung war (Kapitel 4, A I 1) und für die Kommanditistenhaftung Ähnliches anordnet. Voraussetzung wäre zweierlei: Der Regelungszweck ist identisch und die Erwägungen des BGH treffen auch auf die Kommanditistenhaftung zu. – Der Zweck des § 171 Abs. 2 InsO besteht darin, für eine Gleichbehandlung der Gläubiger zu sorgen.[858] Die Regelung soll einen Wettlauf vermeiden, indem sie die Gläubiger ausschließt und den Insolvenzverwalter ermächtigt, die Haftung einzufordern. Sie bezweckt damit das gleiche wie § 93 InsO.[859] Wie bei § 93 InsO wäre der Zweck gefährdet, wenn ein Gläubiger vor Eröffnung des Verfahrens Leistungen aus der Kommanditistenhaftung erhielte (und behalten dürfte). Die Gefahr wäre sogar noch etwas größer, weil die Kommanditistenhaftung beschränkt ist.[860] Sie könnte durch die Leistung erlöschen, sodass die übrigen Gläubiger gar nichts bekämen. Die Erwägungen des BGH treffen daher auch auf die Kommanditistenhaftung zu.

Aus dem Vorausgehenden folgt: Die Entscheidung lässt sich übertragen. Wie zuvor wäre das Anfechtungsrecht treuhänderisch zu begründen, was bedeutet,

---

858 Vgl. BGHZ 82, 209, 126; 112, 31, 34 f.; MünchKomm-HGB/*K. Schmidt*, § 172 Rn. 100; Gottwald/*Haas*/*Mock*, § 94 Rn. 72; *Brinkmann*, ZGR 2003, 264, 268; *Häsemeyer*, ZHR 149 (1985), 42, 50.

859 Vgl. *Bork*, FS Kübler, S. 73, 77 ff.

860 Vgl. *Bork*, FS Kübler, S. 73, 80 f.

es sind zwei Analogien nötig: zu den §§ 129 ff. InsO, weil diese erst mit der Eröffnung des Gesellschafterinsolvenzverfahrens eingreifen würden; zu § 171 Abs. 2 InsO, um das Anfechtungsrecht auf den Gesellschaftsinsolvenzverwalter überzuleiten. Für den unwahrscheinlichen Fall, dass auch der Kommanditist insolvent wird, gälte das, was unter II 2 festgehalten wurde.

IV. Zwischenfazit

Befriedigt ein persönlich haftender Gesellschafter oder ein beschränkt haftender Kommanditist einen Gesellschaftsgläubiger in anfechtbarer Weise, dann kann der Gesellschaftsinsolvenzverwalter die Leistung anfechten. Das Anfechtungsrecht ist ein treuhänderisches. Es endet, wenn das Insolvenzverfahren des Gesellschafters (Kommanditisten) eröffnet wird. Die Voraussetzungen sind auf den Gesellschafter zu beziehen. Einzige Ausnahme ist die Frist. Sie richtet sich nach dem Antrag auf Eröffnung des Gesellschaftsinsolvenzverfahrens.

B. Rückgewährpflicht bei Insolvenz

Der vorausgehende Abschnitt betraf die Anfechtung gegenüber Dritten. Nun ist es durchaus vorstellbar, dass ein Gesellschafter Vermögen der Gesellschaft auf sich selbst überträgt, um es vor den Gläubigern zu retten – das nutzt ihm letzten Endes wenig, weil er persönlich haftet; in der Krise ist das Verhalten der Beteiligten aber selten rational. Der Insolvenzverwalter der Gesellschaft wird die Rechtshandlung anfechten und vom Gesellschafter gemäß § 143 Abs. 1 Satz 1 InsO Rückgewähr des Erlangten fordern. Die Rückgewähr ist problematisch, wenn der Gesellschafter inzwischen insolvent ist. Dann nämlich stellt sich die Frage, wie der Anspruch des Insolvenzverwalters einzuordnen ist.

Auf den ersten Blick ist der Anspruch eine einfache Insolvenzforderung. Er war schon bei Eröffnung des Gesellschafterinsolvenzverfahrens begründet und wird daher mit einer Quote bedacht. Für die Privatgläubiger des Gesellschafters wäre dies eine glückliche Fügung. Die Gegenstände, die an sich zum Gesellschaftsvermögen gehören, müssten lediglich quotal zurückgewährt werden, was hieße: Sie erhielten Befriedigung aus einem Vermögen, das ihnen eigentlich nicht zusteht. Weil das nicht richtig ist, gewährt der BGH dem Insolvenzverwalter ein Aussonderungsrecht nach § 47 InsO; jedenfalls solange, wie der Gegenstand noch unterscheidbar in der Masse des Gesellschafters vorhanden ist.[861] Die Literatur stimmt zu und ergänzt: Der Insolvenzverwalter hat ein

861 BGHZ 156, 350. 358; 178, 171, 175.

Ersatzaussonderungsrecht nach § 48 InsO, wenn zwar nicht mehr der Gegenstand, dafür aber ein Surrogat unterscheidbar in der Masse vorhanden ist.[862] Beim Wertersatzanspruch nach § 143 Abs. 1 Satz 2 InsO ist man sich uneins. Zum Teil wird danach unterschieden, ob der Wertersatz von Anfang an oder erst nachträglich geschuldet war;[863] zum Teil wird der Anspruch generell als einfache Insolvenzforderung angesehen.[864] Beides erscheint mir nicht richtig. Zum einen käme es auf den Zufall an, ob der volle Wert oder lediglich ein Bruchteil zu erstatten ist. Zum anderen ließe sich die Rückgewährpflicht leicht vereiteln. Bei einer Handlung des Insolvenzverwalters mag das zur Haftung führen;[865] bei einer Handlung des Schuldners wäre aber nichts zu machen. Der Anspruch sollte daher immer im vollen Umfang durchsetzbar sein.

C. Nutzungsüberlassung

Ein letzter Gedanke soll der Nutzungsüberlassung gelten. Es geht dabei um Fälle, in denen ein Gesellschafter der Gesellschaft Gegenstände überlässt, die sie in der Krise dringend benötigt: bewegliche Sachen, Schutzrechte, Grundstücke etc. Wird die Gesellschaft trotz der Bemühungen des Gesellschafters insolvent, ist fraglich, ob ihr Insolvenzverwalter den Gegenstand weiterhin nutzen darf (unten I). Zweifelhaft ist das vor allem in der Doppelinsolvenz (unten II).

Genau genommen hat die Nutzungsüberlassung mit der Insolvenzanfechtung nichts zu tun; weil der Gesetzgeber sie zusammen mit dem Gesellschafterdarlehen geregelt und etwas unglücklich im Anfechtungsrecht untergebracht hat, soll sie gleichwohl unter dem Topos „Anfechtungsfragen“ behandelt werden.

---

862 Uhlenbruck/*Borries*/*Hirte*, § 143 Rn. 74; MünchKomm-InsO/*Ganter*, § 47 Rn. 346; *Eckard*, KTS 2005, 15, 18 ff.; *Haas*/*Müller*, ZIP 2003, 49, 55 ff.; *Häsemeyer*, LMK 2003, 214; *M. Huber*, NZI 2004, 81, 82; kritisch *Gerhardt*, ZIP 2004, 1675, 1678.

863 Beruht der Anspruch auf einer Geldforderung, sei er einfache Insolvenzforderung; beruht er auf einer Belastung, begründe er ein Absonderungsrecht, vgl. Uhlenbruck/*Borries*/*Hirte*, § 143 Rn. 74;

864 MünchKomm-InsO/*Ganter*, § 47 Rn. 346.

865 Nach § 143 Abs. 1 Satz 2 i.V. mit §§ 819 Abs. 1, 818 Abs. 4, 292, 989, 990 BGB. Der Anspruch sei eine Masseverbindlichkeit im Sinne des § 55 Abs. 1 Nr. 1 InsO. Einzelheiten bei Uhlenbruck/*Borries*/*Hirte*, § 143 Rn. 75; *Eckard*, KTS 2005, 15, 46.

I. Gesellschaftsinsolvenz

Vor dem MoMiG[866] war entscheidend, ob die Gesellschaft bei Überlassung des Gegenstands bereits materiell insolvent oder zumindest kreditunwürdig war. Dann nämlich galt die Überlassung als eigenkapitalersetzend,[867] was bedeutete, dass der Insolvenzverwalter den Gegenstand behalten durfte – für die vereinbarte oder für eine angemessene Zeit,[868] ohne dem Gesellschafter einen entsprechenden Miet- oder Pachtzins zahlen zu müssen.[869] Heute ist die Nutzungsüberlassung geregelt. Ein wenig versteckt[870] heißt es in § 135 Abs. 3 InsO: „Wurde dem Schuldner von einem Gesellschafter ein Gegenstand (...) überlassen, kann der Aussonderungsanspruch während der Dauer des Insolvenzverfahrens, höchstens aber für eine Zeit von einem Jahr ab der Eröffnung des Insolvenzverfahrens nicht geltend gemacht werden, wenn der Gegenstand (...) von erheblicher Bedeutung ist. Für den Gebrauch oder die Ausübung des Gegenstands gebührt dem Gesellschafter ein Ausgleich". Inhaltlich begründet die Regelung eine Aussonderungssperre, die zulasten des Gesellschafters wirkt.[871] Der Gesellschafter erhält nunmehr eine Gegenleistung.[872]

II. Doppelinsolvenz

Fraglich ist, ob das Vorstehende auch in der Insolvenz des Gesellschafters gilt. Kann der Gesellschaftsinsolvenzverwalter die Sache weiterhin nutzen?

---

866 Gesetz zur Modernisierung des GmbH-Rechts und zur Bekämpfung von Missbräuchen (MoMiG) vom 23.10.2008, BGBl. I, S. 2026.

867 Der BGH sah Darlehen und Nutzungsüberlassung als wirtschaftlich gleichwertig im Sinne des § 32a Abs. 3 GmbHG an, vgl. BGHZ 109, 55; 121, 32; 127, 1, 17; Einzelheiten bei Scholz/*K. Schmidt*, 10. Auflage, §§ 32a, 32b Rn. 128 ff.

868 BGHZ 127, 17, 26.

869 BGHZ 121, 31, 45; 127, 1, 9 f.

870 Die Reglung gehört systematisch zu den §§ 103 ff. InsO, näher *K. Schmidt*, DB 2008, 1727, 1732.

871 Vgl. *Bitter*, ZIP 2010, 1, 3; davon abgesehen ist sie rechtsformneutral, das heißt sie gilt für alle Gesellschaftsformen, bei der keine natürliche Person unbeschränkt haftet, vgl. §§ 135 Abs. 4, 39 Abs. 4 und 5 InsO.

872 Die Gegenleistung ist nach § 55 Abs. 1 Nr. 2 InsO eine Masseverbindlichkeit; Rückstände aus der Zeit vor Verfahrenseröffnung sind einfache oder im Fall der Stundung nachrangige Insolvenzforderungen (§ 39 Abs. 1 Nr. 5 InsO), vgl. MünchKomm-InsO/*Gehrlein*, § 135 Rn. 49; *K. Schmidt*, DB 2008, 1727, 1733.

1. BGH ZIP 2008, 1176

Nach einem Urteil des BGH waren die Grundsätze der eigenkapitalersetzenden Nutzungsüberlassung nicht mehr anwendbar.[873] Der Insolvenzverwalter verlor sein Nutzungsrecht, was das Gericht mit einer Analogie zu § 110 Abs. 1 InsO und mit einem Vergleich zur Zwangsverwaltung begründete: Die Zwangsverwaltung des Gegenstands schließe eine eigenkapitalersetzende Nutzungsüberlassung aus. Grund sei § 1124 Abs. 2 BGB, der Verfügungen über den Miet- oder Pachtzinsanspruch verbietet. Eine Versagung des Anspruchs, die aus dem Eigenkapitalersatz folgt, wirke wie eine rechtsgeschäftliche Stundung und sei daher als Vorausabtretung anzusehen.[874] Weil § 110 Abs. 1 InsO ebenfalls von einer Verfügung spreche und weil beide Regelungen gleich auszulegen seien, könne der Insolvenzverwalter das Nutzungsrecht nur eingeschränkt geltend machen, nämlich innerhalb der zeitlichen Grenzen der Sätze 1 und 2 (ein Monat).[875]

2. Keine Einschränkung

Die Grundsätze der eigenkapitalersetzenden Nutzungsüberlassung sind durch die Neuregelung in § 135 Abs. 3 InsO überholt. Aber ist es auch die Einschränkung im Fall der Doppelinsolvenz? – Der BGH hatte noch keinen Anlass, um über die Frage nachzudenken.[876] Die Literatur ist sich uneins. Während die einen die Einschränkung auf § 135 Abs. 3 InsO übertragen möchten,[877] wollen die anderen das Nutzungsrecht fortbestehen lassen,[878] teilweise sogar unentgeltlich.[879]

Auf den ersten Blick ist die Frage bedeutungslos. Endet das Nutzungsrecht, verlieren die Gesellschaftsgläubiger den Gegenstand, besteht das Nutzungsrecht fort, wird er den Privatgläubigern entzogen. Die zuerst Genannten hätten ihn

---

873 BGH ZIP 2008, 1176, 1177.

874 BGH ZIP 2008, 1176, 1177.

875 BGH ZIP 2008, 1176, 1177 f.

876 BGHZ 204, 83 hat zwar einige Fragen im Zusammenhang mit der Nutzungsüberlassung beantwortet, vgl. *K. Schmidt*, NJW 2015, 1057, 1058 ff.; die Doppelinsolvenz gehörte aber nicht dazu, weil der überlassende Gesellschafter solvent war.

877 Uhlenbruck/*Hirte*, § 135 Rn. 22; *Dahl/Schmitz*, NZG 2009, 325, 331; *Gehrlein*, BB 2011, 3, 10.

878 *Göcke*, S. 278 ff.; *Göcke/Henkel*, ZInsO 2009, 170, 172 f.; *Marotzke*, ZInsO 2009, 2073, 2076; mit anderer Begründung *Bitter*, ZIP 2010, 1, 14.

879 So vor allem *Hölzle*, ZIP 2009, 1939, 1944 ff.; *ders.*, ZIP 2010, 913, 914 f.: Nachrang der Ausgleichsforderung gemäß § 39 Abs. 1 Nr. 5 InsO.

ohnehin nur für ein Jahr beanspruchen können; die zuletzt Genannten können auf den Ausgleich zugreifen, der dem Gesellschafter zusteht. Keiner von beiden wäre im Nachteil. Wer so argumentiert, übersieht aber zweierlei. Zum einen kann der Ausgleich reduziert sein. Der Ausgleich orientiert sich daran, was im letzten Jahr vor der Eröffnung gezahlt wurde. Wurde wegen der Krise weniger oder gar nichts gezahlt, wäre das ein Nachteil für die Privatgläubiger.[880] Zum anderen kann der Gegenstand über eine Reorganisation entscheiden. Wird er (vorzeitig) abgezogen, wäre das ein Nachteil für die Gesellschaftsgläubiger. Es ist deshalb zu überlegen, ob das Nutzungsrecht fortbesteht oder nicht. – Dem Gedanken einer Unternehmensinsolvenz entspräche es, das Nutzungsrecht fortbestehen zu lassen. Beruht die Gesellschafterinsolvenz in der Regel auf einer Unternehmensinsolvenz (oben Kapitel 2, A II), wäre es nur logisch, die Gegenstände bei der Gesellschaft (beim Unternehmen) zu halten. Davon abgesehen würde es eine Reorganisation erleichtern. Wie in Kapitel 3 gesehen ist eine Reorganisation erstrebenswert, weil sie für gewöhnlich einen höheren Ertrag verspricht. Es wäre daher sinnlos, die Gegenstände vorzeitig abzuziehen, und sogar widersinnig, wenn es um Gegenstände geht, die für eine Unternehmensfortführung wichtig sind. Die Privatgläubiger wären dadurch nicht im Nachteil. Sie profitierten von der Fortführung. Allein mit der Unternehmensinsolvenz begründet, wäre das Nutzungsrecht allerdings ein reines petitum. Ob es tatsächlich besteht, ist durch Auslegung zu ermitteln. Die Auslegung beginnt beim Wortlaut:

Der Wortlaut des § 135 Abs. 3 InsO ist recht klar formuliert. Satz 1 ordnet die Aussonderungssperre an und Satz 2 die Ausgleichspflicht. Nirgendwo findet sich ein Hinweis darauf, dass dies in der Insolvenz des Gesellschafters anders sein soll. Der Gesetzgeber scheint also davon auszugehen, dass der Insolvenzverwalter in der Doppelinsolvenz ein (entgeltliches) Nutzungsrecht hat, zumal die Begründung der Regelung nichts anderes andeutet. Unterstützung findet diese Sichtweise in der Entstehungsgeschichte. Dem Gesetzgeber musste die Nutzungsüberlassung in der Doppelinsolvenz vor Augen gestanden haben, weil sie schon vor der Entscheidung des BGH (ZIP 2008, 1176) intensiv diskutiert wurde.[881] Hätte er die Einschränkung auf die Neuregelung übertragen wollen, wäre es für ihn ein Leichtes gewesen, einen weiteren Satz einzufügen und sie ausdrücklich zu formulieren. Das ist aber nicht geschehen. Weil § 135 Abs. 3 InsO systematisch ein Fremdkörper ist, bliebe nur der Zweck der Vorschrift, um

880 Vgl. *Bitter*, ZIP 2010, 1, 4.

881 Vgl. etwa die Stellungnahmen von *Henkel*, ZInsO 2006, 1013, 1015; *Rendels*, ZIP 2006, 1273, 1275; *K. Schmidt*, DB 2008, 1727, 1729.

die Auslegung in eine andere Richtung zu lenken. Der Zweck ist umstritten. Er hängt eng mit der Frage zusammen, in welchem Verhältnis die Nutzungsüberlassung zum Gesellschafterdarlehen (Abs. 1 und 2) steht: Ein Teil der Literatur geht davon aus, dass sich insoweit nichts geändert hat. Wirtschaftlich entsprächen sich die beiden Rechtshandlungen noch immer; der Zweck liege daher im Schutz der Gläubiger.[882] Die herrschende Meinung sieht die Nutzungsüberlassung als eigenständige Regelung an. Sie sei vom Gesellschafterdarlehen losgelöst; ihr Zweck werde durch den Aufopferungsgedanken bestimmt.[883] Die besseren Gründe sprechen für die herrschende Meinung – nicht nur, weil das Gesetz inzwischen klar unterscheidet, sondern auch, weil es einen Unterschied macht, ob der überlassene Gegenstand (wie beim Darlehen) in das Vermögen der Gesellschaft übergeht oder ob er dies (wie bei der Nutzungsüberlassung) nicht tut: Im ersten Fall trägt der Gesellschafter das Insolvenzrisiko, im zweiten Fall trägt er es nicht. Weil er es im zweiten Fall nicht trägt (weil er keine Finanzierungsentscheidung trifft[884]), bedeutet es für ihn ein Sonderopfer, der Gesellschaft den Gegenstand weiter zur Verfügung zu stellen.[885] Der Aufopferungsgedanke trägt auch in der Doppelinsolvenz.

Die Gläubiger des Gesellschafters sind nicht im Nachteil. Sie erhalten einen Ausgleichanspruch, der in der Gesellschaftsinsolvenz als Masseverbindlichkeit zu behandeln ist (oben Fußnote 872); sie erhalten mit anderen Worten genau das, was auch der Gesellschafter erhalten hätte. Man möchte vielleicht einwenden, dass der Anspruch wegen § 135 Abs. 3 Satz 2 InsO (auf null) reduziert sein kann und dass der Insolvenzverwalter gehindert ist, den Gegenstand zeitnah zu veräußern. Doch zum einen will nicht einleuchten, warum die Gläubiger weniger belastet sein sollen als der Gesellschafter.[886] Zum anderen kann der Insolvenzverwalter den Gegenstand veräußern. Die Aussonderungssperre begründet kein Verfügungsverbot, sie schließt nur die Herausgabe aus.[887] Den Preisabschlag, den ein Erwerber vielleicht verlangen wird, kann der Insolvenzverwalter dadurch gering halten, dass er ihm den Anspruch aus § 135 Abs. 3 Satz 2

882 Jaeger/*Henckel*, § 135 Rn. 16; *Hölzle*, ZIP 2009, 1939, 1944 ff.; und die oben in Fn. 877 Genannten.

883 Kübler/Prütting/Bork/*Preuß*, § 135 Rn. 33; Scholz/*K. Schmidt*, Nachtrag MoMiG §§ 32a/b a.F., Rn. 68 und 70; *Altmeppen*, NJW 2008, 3601, 3607; *Bitter*, ZIP 2010, 1, 5 ff.

884 *Bitter*, ZIP 2010, 1, 7.

885 *Bitter*, ZIP 2010, 1, 7.

886 *Göcke*, S. 280.

887 *Göcke*, S. 280.

InsO abtritt.[888] Eine andere Sichtweise würde außerdem zu dem Ergebnis führen, dass das Sonderopfer des Gesellschafters zum Sonderopfer der Gesellschaft wird: Die Gesellschaftsgläubiger müssten auf das Nutzungsrecht verzichten und womöglich hinnehmen, dass eine Reorganisation scheitert.[889] Das kann nicht die Absicht des Gesetzgebers sein.

Zu guter Letzt besteht kein Raum mehr für eine Analogie: Zum einen fehlt es schon an der Regelungslücke. Die Auslegung des § 135 Abs. 3 InsO ergibt, dass er auch in der Insolvenz des überlassenden Gesellschafters gelten soll. Zum anderen haben sich die Vorzeichen geändert: Die Nutzungsüberlassung erfolgt nicht mehr unentgeltlich. Der Gesellschafter erhält einen Ausgleich für sein Sonderopfer. Das bedeutet, die Nutzungsüberlassung kann nicht länger als Stundung und damit als Vorausverfügung angesehen werden. Das gilt unabhängig davon, ob der Ausgleich reduziert ist oder nicht; weil er sich am vorausgehenden Jahr orientiert, tritt keine „Zäsur" ein, die die Annahme einer Verfügung rechtfertigt.

III. Zwischenfazit

Hat ein Gesellschafter der Gesellschaft einen Gegenstand überlassen, kann er diesen in der Insolvenz nicht uneingeschränkt zurückfordern. § 135 Abs. 3 InsO hindert ihn daran, wenn der Gegenstand für die Fortführung des Unternehmens von erheblicher Bedeutung ist; jedoch höchstens für ein Jahr ab Eröffnung. Während dieser Zeit erhält der Gesellschafter einen Ausgleich. Das Gleiche gilt, wenn der Gesellschafter ebenfalls insolvent wird. § 135 Abs. 3 InsO ist insoweit nicht einzuschränken.

D. Ergebnis

Damit ist festzuhalten: Die Doppelinsolvenz wirkt sich auf die Anfechtung aus. Der Gesellschaftsinsolvenzverwalter darf eine Leistung, die ein Gesellschafter an einen Gesellschaftsgläubiger erbringt, anfechten, verliert aber seine Anfechtungsbefugnis wieder, wenn das Gesellschafterinsolvenzverfahren eröffnet wird.

Richtet sich ein Anfechtungsanspruch ausnahmsweise gegen den insolventen Gesellschafter, bleibt unter jedem Gesichtspunkt voll durchsetzbar.

Und für § 135 Abs. 3 InsO gilt schließlich: Er ist auch dann anwendbar, wenn der überlassende Gesellschafter insolvent ist.

---

888 *Göcke*, S. 280.

889 *Göcke*, S. 280; *Göcke/Henkel*, ZInsO 2009, 170, 173.

Kapitel 6: Schluss und Zusammenfassung der Ergebnisse

Eine Doppelinsolvenz ist weit mehr als ein bloßes Abwicklungsproblem. Treffen Gesellschafts- und Gesellschafterinsolvenz zusammen, entstehen eine Vielzahl von Einzelproblemen, die allesamt mit dem Trennungsprinzip zu tun haben. Bislang fehlte es an einem einheitlichen Ansatz, der es dem Rechtsanwender ermöglicht, die Probleme interessengerecht und systemkonform zu lösen. Das belegen zahlreiche Urteile und Beiträge. Sie alle behandeln die Probleme zu einseitig oder sind im Ergebnis unzutreffend. Eine klare Linie lassen sie nicht erkennen. Es war deshalb das Anliegen dieser Arbeit, die Doppelinsolvenz auf einen einheitlichen Gedanken zurückzuführen und ausgehend von diesem Gedanken eine Lösung für die vielen Einzelprobleme zu entwickeln. Der Gedanke lautet: Die Doppelinsolvenz ist eine Unternehmensinsolvenz. Wer diesen Gedanken berücksichtigt, wird in der Regel zu einem angesessenen Ergebnis gelangen – sofern das Trennungsprinzip es zulässt.

Im Übrigen lassen sich die Ergebnisse der Arbeit in den folgenden 19 Punkten zusammenfassen:

1. Die Doppelinsolvenz ist eine „Unternehmensinsolvenz". Das Unternehmen ist weder rechts- noch insolvenzfähig; es bildet aber das (gesamte) Vermögen einer Gesellschaft, weshalb die Gesellschaftsinsolvenz eine „Unternehmensinsolvenz" ist und umgekehrt. Weil die Gesellschafter für die Unternehmensschulden haften, trifft es sie ebenfalls. Das Gesetz wird dem nicht gerecht. Es geht vom Trennungsprinzip aus; die Verfahren sind aufeinander abzustimmen. (Kapitel 2, A II)
2. Die Insolvenzanträge lassen sich nur eingeschränkt koordinieren. Nötig ist zum einen, dass die Insolvenzen (zeitlich) zusammentreffen; zum anderen, dass eine Antragspflicht besteht. Besteht keine Antragspflicht, ist die Koordinierung Aufgabe der Beteiligten. (Kapitel 2, B II, III)
3. Die Zuständigkeiten lassen sich bündeln. Der Gerichtsstand eines persönlich haftenden Gesellschafters befindet sich am Sitz der Gesellschaft; denn sie ist der Mittelpunkt seiner selbstständigen wirtschaftlichen Tätigkeit. (Kapitel 2, C II)
4. Eine wechselseitige Finanzierung der Verfahren ist schwierig. Weder haften die Gesellschafter für die Kosten der Gesellschaftsinsolvenz noch haben sie gegen die Gesellschaft einen Anspruch auf Ersatz ihrer eigenen Kosten. Denkbar wäre, die persönliche Haftung in der Eröffnungsbilanz der Gesellschaft zu aktivieren und dem Insolvenzverwalter ein Entnahmerecht zu gewähren. (Kapitel 2, D I, II)

5. Die Bestellung eines „Unternehmensinsolvenzverwalters“ ist in der Regel ausgeschlossen. Vorstellbar wäre sie bei einer (typischen) GmbH & Co. KG, weil Interessenkonflikte dort eher unwahrscheinlich sind. Die Interessenkonflikte ließen sich grundsätzlich durch einen Sonderinsolvenzverwalter vermeiden. Es ist aber eine Frage des Einzelfalls, ob dies sinnvoll ist oder ob nicht von vorneherein mehrere Insolvenzverwalter zu bestellen sind. (Kapitel 2, E I, II, III)
6. Die Eigenverwaltung lässt sich gleichschalten. Die Gesellschafter können für sich selbst und für die Gesellschaft einen Antrag stellen. Ob der Einsatz eines einheitlichen „Unternehmenssachwalters“ möglich ist, ist genauso zu beantworten wie unter 5. (Kapitel 2, F I, II)
7. Bei der vollkommenen Doppelinsolvenz führte die Ausscheidensregel zu einem Erlöschen der Gesellschaft; ihr Vermögen würde herrenlos. Um dies zu vermeiden, ist die Ausscheidensfolge einzuschränken. (Kapitel 3, C)
8. Bei der unvollkommenen Doppelinsolvenz führte die Ausscheidensregel zum Erlöschen der Gesellschaft, zur Rechtsnachfolge des letzten Gesellschafters und zum Ende des Gesellschaftsinsolvenzverfahrens. Daraus folgt:
   a. Die Gesellschaftsgläubiger verlieren ihr Beschlagsrecht; der Kommanditist haftet persönlich; das Haftungszentrum ist verschwunden; eine Reorganisation ist unmöglich. (Kapitel 3, D II)
   b. Dass die Reorganisation unmöglich ist, ist bedauerlich. Sie ist im Vergleich zur übertragenden Sanierung im Vorteil, wenn es um gebundene Vermögenswerte geht; die übertragende Sanierung kann diese Vermögenswerte nicht nutzen. Das kann sie selbst dann nicht, wenn man sie auf das Kontinuitätsmodell oder auf einen Insolvenzplan stützt. (Kapitel 3, D II 4 d, e)
   c. Für die Lösung der Probleme ist zu unterscheiden: bei der BGB-Gesellschaft liegt sie in der ergänzenden Auslegung; bei der OHG und KG in einer „doppelten“ Fortbildung: erst ist das Gesetz zu ergänzen, dann der Vertrag. (Kapitel 3, D IV 1, 2)
   d. Inhaltlich ist die Lösung die gleiche. Die Ausscheidensfolge wird nicht angewendet, wenn es um eine Unternehmensinsolvenz geht. Die Reduktion hat im Vergleich zur Analogie (Nachlassinsolvenz) keine besonderen Vorteile, wenn es um die Abwicklung geht; sie ist lediglich etwas einfacher. Bei der Sanierung ist sie dagegen überlegen, weil sie eine Reorganisation ermöglicht. (Kapitel 3, D IV, V)
   e. Von einer „Unternehmensinsolvenz“ ist auszugehen, wenn Gesellschafts- und Gesellschafterinsolvenzverfahren zur gleichen Stunde eröffnet werden, wenn sich die Eröffnungsverfahren überschneiden oder wenn die Gesellschafterinsolvenz auf den Schulden der Gesellschaft (des Unternehmens) beruht. (Kapitel 3, D VI)

9. Bei der einfachen Doppelinsolvenz bewirkte das Ausscheiden des einzigen Komplementärs, dass gebundene Vermögenswerte verloren gehen. Das Ausscheiden ist daher zu verhindern, wenn die Insolvenz auf dem Scheitern des Unternehmens beruht. (Kapitel 3, E II und III)
10. Die persönliche Haftung der Gesellschafter umfasst grundsätzlich nur Insolvenzforderungen. Masseverbindlichkeiten allenfalls dann, wenn sie schon vor Verfahrenseröffnung begründet waren. (Kapitel 4, A II 2)
11. Ob in der Gesellschafterinsolvenz das Doppelberücksichtigungs- oder das Ausfallprinzip gilt, lässt sich nicht feststellen. Das Letztere wäre eher im Sinne einer Unternehmensinsolvenz. (Kapitel 4, B I)
12. Wenn ein persönlich haftender Gesellschafter einen Gesellschaftsgläubiger in anfechtbarer Weise befriedigt, kann der Gesellschaftsinsolvenzverwalter die Leistung anfechten. Das Anfechtungsrecht ist ein treuhänderisches; es endet, wenn das Gesellschafterinsolvenzverfahren eröffnet wird. Mit Ausnahme der Frist sind die Voraussetzungen auf den Gesellschafter zu beziehen. (Kapitel 5, A II)
13. Bei der Leistung eines Kommanditisten gelten die gleichen Grundsätze, wenn der Kommanditist beschränkt persönlich haftet. (Kapitel 5, A III)
14. Die Regelung des § 135 Abs. 3 InsO gilt auch in der Doppelinsolvenz. Sie wird nicht durch die Grundsätze der eigenkapitalersetzenden Nutzungsüberlassung eingeschränkt. (Kapitel 5, C II)

Literaturverzeichnis

Albertus, Marc / Fischer, Tobias: Gesellschaftsrechtliche Folgen der Eröffnung eines Insolvenzverfahrens über das Vermögen eines Gesellschafters in der zweigliedrigen GmbH & Co. KG im Fall der sog. „Simultaninsolvenz" mit der KG, in: ZInsO 2005, S. 246–251

Altmeppen, Holger: Das neue Recht der Gesellschafterdarlehen in der Praxis, in: NJW 2008, S. 3601–3607

– Zur Rechtsstellung der Gläubiger im Konkurs gestern und heute, in: Festschrift für Peter Hommelhoff zum 70. Geburtstag, Köln 2012, S. 1–20

Armbruster, Ekkehard A.: Die Stellung des haftenden Gesellschafters in der Insolvenz der Personengesellschaft nach geltendem und künftigem Recht, Berlin 1996

Armbrüster, Christian: Grenzen der Gestaltungsfreiheit im Personengesellschaftsrecht, in: ZGR 2014, S. 333–363

– Nachschusspflichten im Personengesellschaftsrecht, in: ZGR 2009, S. 1–30

Autenrieth, Karlheinz H.: Die Europäische Wirtschaftliche Interessenvereinigung, Gesellschaftsrecht – Steuerrecht, Köln 1990

Bähner, Eberhard: Die Fortbestehensprognose im Rahmen der zweistufigen Überschuldungsrechnung, in: KTS 1988, S. 443–453

Baird, Douglas G.: Revisiting Auctions in Chapter 11, in: Journal of Law and Economics 36 (1993), S. 633–653

– The Uneasy Case for Corporate Reorganizations, in: Journal of Legal Studies 15 (1986), S. 127–147

Balz, Manfred: Sanierung von Unternehmen oder von Unternehmensträgern? – Zur Stellung der Eigentümer in einem künftigen Reorganisationsverfahren, Köln 1986

Balz, Manfred / Landfermann, Hans-Georg: Die neuen Insolvenzgesetze, 2. Auflage, Düsseldorf 1999

Baumann, Wolfgang: Die Einmann-Personengesellschaft, in: BB 1998, S. 225–232

Baumbach, Adolf / Hopt, Klaus: Handelsgesetzbuch, 38. Auflage, München 2018 (zitiert: Baumbach/Hopt/*Bearbeiter*)

Baumbach, Adolf / Hueck, Alfred: Gesetz betreffend die Gesellschaften mit beschränkter Haftung, 21. Auflage, München 2017 (zitiert: Baumbach/Hueck/*Bearbeiter*)

Baur, Fritz / Grunsky, Wolfgang: Eine „Einmann-oHG", in: ZHR 133 (1970), S. 209–228

Baur, Fritz / Stürner, Rolf: Zwangsvollstreckungs-, Konkurs- und Vergleichsrecht, Band 2 Insolvenzrecht, 12. Auflage, Heidelberg 1990

Bayer, Walter / Vetter, Jochen: Umwandlungsgesetz, Band I, 5. Auflage, Köln 2014; Band II, 5. Auflage, Köln 2014 (zitiert: Lutter/*Bearbeiter*)

Becker, Florian: Umwandlungsmaßnahmen im Insolvenzplan und die Grenzen einer Überlagerung des Gesellschaftsrechts durch das Insolvenzrecht, in: ZInsO 2013, S. 1885–1892

Berger, Christian: Anmerkung zu BGH, Urteil vom 9.10.2008 - IX ZR 138/06, in: LMK 2008, 271899

– Anmerkung zu BGH, Urteil vom 24.9.2009 - IX ZR 234/07, in: EWiR 2009, S. 775–776

Beuthien, Volker: Zu zwei Mißdeutungen des § 25 HGB, in: NJW 1993, S. 1737–1741

Binz, Mark K. / Sorg, Martin H.: Die GmbH & Co. KG, 12. Auflage, München 2018

Bippus, Birgit Elsa: Einheitlichkeit der Mitgliedschaft und Selbstständigkeit der Beteiligung in der Personengesellschaft, in: AcP 195 (1995), S. 13–34

Bitter, Georg: Die Nutzungsüberlassung in der Insolvenz nach dem MoMiG (§ 135 Abs. 3 InsO), in: ZIP 2010, S. 1–15

– Sanierung in der Insolvenz – Der Beitrag von Treue- und Aufopferungspflichten zum Sanierungserfolg, in: ZGR 2010, S. 147–200

Bitter, Georg / Laspeyres, Anne: Rechtsträgerspezifische Berechtigung als Hindernis übertragender Sanierung, in: ZIP 2010, S. 1157–1165

Blaurock, Uwe: Die Stellung des stillen Gesellschafters bei Sanierung des Geschäftsinhabers im Insolvenzplanverfahren, in: Festschrift für Rolf Stürner zum 70. Geburtstag, 1. Teilband: Deutsches Recht, Tübingen 2013, S. 659–671

– Handbuch Stille Gesellschaft, 8. Auflage, Köln 2016

Blaurock, Uwe / Suttmeyer, Johannes: Kommanditeinlage und negatives Kapitalkonto - BGHZ 101, 123, in: JuS 1989, S. 96–102

Boos, Karl-Heinz / Fischer, Reinfried / Schulte-Mattler, Hermann: Kreditwesengesetz, 5. Auflage, München 2016

Bork, Reinhard: Allgemeiner Teil des Bürgerlichen Gesetzbuchs, 4. Auflage, Tübingen 2016 (zitiert: *Bork*, Allgemeiner Teil)

– Anfechtung der KG-Gläubigerbefriedigung durch einen Kommanditisten, in: Festschrift für Bruno M. Kübler zum 70. Geburtstag, München 2015, S. 73–85

- Die analoge Anwendung des § 93 InsO auf Parallelsicherheiten, in: NZI 2002, S. 362–366
- Die Simultaninsolvenz bei der zweigliedrigen GmbH & Co. KG, in: Braun, Eberhard, Insolvenzjahrbuch 2006, Frankfurt am Main 2005, S. 10–14
- Die Wirkung des § 93 InsO auf Ansprüche aus § 303 AktG – Ein Betrag zur Verzahnung von Insolvenz- und Aktienrecht, in: ZIP 2012, S. 1001–1007
- Einführung in das Insolvenzrecht, 9. Auflage, Tübingen 2019
- Grundlagen der Zahlungsunfähigkeit (§ 17 InsO), in: KTS 2005, S. 1–13
- Grundtendenzen des Insolvenzanfechtungsrechts, in: ZIP 2008, S. 1041–1050

Bork, Reinhard / Jacoby, Florian: Das Ausscheiden des einzigen Komplementärs nach § 131 Abs. 3 HGB, in: ZGR 2005, S. 611–653

Bork, Reinhard / Gehrlein, Markus: Aktuelle Probleme der Insolvenzanfechtung, 14. Auflage, Köln 2017

Bork, Reinhard / Vogelsang, Florian: Die Anfechtung vorinsolvenzlicher Gesellschafterleistungen in der Insolvenz der Gesellschaft, in: ZIP 2014, S. 2313–2323

Braun, Eberhard: Eingriff in Anteilsrechte im Insolvenzplanverfahren – Das U.S.-amerikanische Konzept in Chapter 11 Bankruptcy Code und seine deutsche Entsprechung, in: Haftung und Insolvenz: Festschrift für Gero Fischer zum 65. Geburtstag, München 2008, S. 53–70
- Insolvenzordnung, 7. Auflage, München 2017 (zitiert: Braun/*Bearbeiter*)

Braun, Eberhard / Uhlenbruck, Wilhelm: Unternehmensinsolvenz: Grundlagen, Gestaltungsmöglichkeiten, Sanierung mit der Insolvenzordnung, Düsseldorf 1997

Brinkmann, Moritz: Die Bedeutung der §§ 92, 93 InsO für den Umfang der Insolvenz- und Sanierungsmasse, Köln, Berlin, Bonn, München 2001
- Funktion und Anwendungsbereich des § 93 InsO – Die einheitliche Einziehung als Instrument zur Verbesserung der Sanierungsaussichten in der Unternehmensinsolvenz, in: ZGR 2003, S. 264–282
- Wege aus der Insolvenz eines Unternehmens – oder: Die Gesellschafter als Sanierungshindernis, in: WM 2011, S. 97–103

Brinkmann, Moritz / Steinhauser, Friederike: Change of Control-Klauseln in der Insolvenzpraxis, in: Festschrift für Bruno M. Kübler zum 70. Geburtstag, München 2015, S. 87–98

Brinkmann, Moritz / Zipperer, Helmut: Die Eigenverwaltung nach dem ESUG aus Sicht von Wissenschaft und Praxis, in: ZIP 2011, S. 1337–1347

Brüning, Marc: Gesellschafter und Insolvenzplan, Hamburg 2006

Brünkmans, Christian: Rechtliche Möglichkeiten und Grenzen von Umwandlungen im Insolvenzplan, in: ZInsO 2014, S. 2533–2554

Bundesministerium der Justiz: Erster Bericht der Kommission für Insolvenzrecht, Köln 1985

Bunke, Caspar: Zur Anwendbarkeit des § 93 InsO auf konkurrierende Individualhaftungsansprüche gegen persönlich haftende Gesellschafter, in: KTS 2002, S. 471–495

Buth, Andrea K. / Hermanns, Michael: Restrukturierung, Sanierung, Insolvenz, 4. Auflage, München 2014 (zitiert: Buth/Hermanns/*Bearbeiter*).

Cahn, Andreas / Simon, Stefan / Theiselmann, Rüdiger: Debt-Equity-Swap zum Nennwert!, in: DB 2010, S. 1629–1630

- Forderungen gegen die Gesellschaft als Sacheinlage? – Zum Erfordernis der Forderungsbewertung beim Debt-Equity-Swap, in: CFL 2010, S. 238–250
- Nennwertanrechnung beim Debt-Equity-Swap!, in: DB 2012, S. 501–504

Canaris, Claus-Wilhelm: Die Feststellung von Lücken im Gesetz, 2. Auflage, Berlin 1983

- Die Problematik von Sicherheitenfreigabeklauseln im Hinblick auf § 9 AGBG und § 138 BGB, in: ZIP 1996, S. 1109–1123
- Handelsrecht, 24. Auflage, München 2006 (zitiert: *Canaris*, HandelsR)
- Rechtspolitische Konsequenzen aus der geplanten Abschaffung von § 419 BGB für § 25 HGB, in: ZIP 1989, S. 1161–1167
- Unternehmenskontinuität als Haftungs- und Enthaftungsgrund im Rahmen von § 25 HGB?, in: Aktuelle Probleme des Unternehmensrechts, Festschrift für Gerhard Frotz zum 65. Geburtstag, Wien 1993, S. 11–44

Cramer, Carsten: Change of Control-Klauseln im deutschen Unternehmensrecht, Baden-Baden 2009

Cziupka, Johannes: Die ergänzende Vertragsauslegung, in: JuS 2009, S. 103–106

Dahl, Michael: Die Bestellung eines Sonderinsolvenzverwalters nach der InsO, in: ZInsO 2004, S. 1014–1016

Dahl, Michael / Schmitz, Jan: Eigenkapitalersatz nach dem MoMiG aus insolvenzrechtlicher Sicht, in: NZG 2009, S. 325–331

Danko, Franz-Ludwig: Arbeitsrechtliche Hindernisse der übertragenden Sanierung, in: Festschrift für Bruno M. Kübler zum 70. Geburtstag, München 2015, S. 99–107

Dauner-Lieb, Barbara: Unternehmen in Sondervermögen, Tübingen 1998

Decher, Christian E. / Voland, Thomas: Kapitalschnitt und Bezugsrechtsausschluss im Insolvenzplan – Kalte Enteignung oder Konsequenz des ESUG, in: ZIP 2013, S. 103–114

Drouven, Ralph: Neue Wege: „Reverse Debt-to-Equity-Swap", in: ZIP 2009, S. 1052–1053

Drukarczyk, Jochen: Unternehmen und Insolvenz: zur effizienten Gestaltung des Kreditsicherungs- und Insolvenzrechts, Wiesbaden 1987

– Verwertungsformen und Kosten der Insolvenz, in: BFuP 1995, S. 40–58

Ebenroth, Carsten Thomas / Boujong, Karlheinz / Joost, Detlev / Strohn, Lutz: Handelsgesetzbuch, Band 1, 3. Auflage, München 2014 (zitiert: Ebenroth/ Boujong/Joost/Strohn/*Bearbeiter*)

Eckard, Diederich: Anfechtung und Aussonderung, in: KTS 2005, S. 15–51

– Das Ausscheiden des Komplementärs aus der zweigliedrigen KG – Zugleich eine Besprechung der Entscheidung BGH, NZG 2000, 474 -, in: NZG 2000, S. 449–458

Ehricke, Ulrich: Zur Bedeutung der Privatautonomie bei der ergänzenden Vertragsauslegung, in: RabelsZ 60 (1996), S. 662–690

Eidenmüller, Horst: Der Insolvenzplan als gesellschaftsrechtliches Universalwerkzeug, in: NJW 2014, S. 17–19

– Die Eigenverwaltung im System des Restrukturierungsrechts, in: ZHR 175 (2011), S. 11–37

– Effizienz als Rechtsprinzip, 4. Auflage, München 2015

– Finanzkrise, Wirtschaftskrise und das deutsche Insolvenzrecht, Berlin 2009 (zitiert: *Eidenmüller*, Finanzkrise)

– Gesellschafterstellung und Insolvenzplan, in: ZGR 2001, S. 680–711

– Insolvenzbewältigung durch Reorganisation, in: Effiziente Verhaltenssteuerung und Kooperation im Zivilrecht – Beiträge zum V. Travemünder Symposium zur ökonomischen Analyse des Rechts (27.–30. März 1996), Tübingen 1997, S. 145–172

– Reformperspektiven im Restrukturierungsrecht, in: ZIP 2010, S. 649–660

– Unternehmenssanierung nach der Insolvenzrechtsreform 2011, in: Stärkung des Anlegerschutzes – neuer Rechtsrahmen für Sanierungen, Bankrechtstag 2011, Schriftenreihe der bankrechtlichen Vereinigung, Band 33, Berlin, Boston 2012, S. 129–161

– Unternehmenssanierung zwischen Markt und Gesetz: Mechanismen der Unternehmensreorganisation und Kooperationspflichten im Reorganisations-recht, Köln 1999

- Verfahrenskoordination bei Konzerninsolvenzen, in: ZHR 169 (2005), S. 528–569

Eidenmüller, Horst / Engert, Andreas: Reformperspektiven einer Umwandlung von Fremd- in Eigenkapital (Debt-Equity-Swap) im Insolvenzplanverfahren, in: ZIP 2009, S. 541–554

Ekkenga, Jens: Neuerliche Vorschläge zur Nennwertanrechnung beim Debt-Equity-Swap – Erkenntnisfortschritt oder Wiederbelebungsversuche am untauglichen Objekt?, in: DB 2012, S. 331–337

Engeler, Malte: Die zweigliedrige Personengesellschaft in der Insolvenz, Frankfurt am Main 2012

Ernst, Astrid: Haftung des Erben für neue Geschäftsverbindlichkeiten, Köln, Berlin, Bonn, München 1994

Esch, Günter: Einheitlichkeit der Personengesellschaftsbeteiligung, in: BB 1993, S. 664–668

Fett, Torsten / Brand, Dominik: Die sog. „Einmann-Personengesellschaft" – Über die Vereinbarkeit des Grundsatzes vom Mehrpersonenverhältnis im Personen-gesellschaftsrecht mit den Besonderheiten des Erb- und Sachenrechts, in: NZG 1999, S. 45–54

Finkenauer, Thomas: Ergänzende Auslegung bei Individualabreden, in: AcP 213 (2013), S. 619–651

Fleischer, Holger / Goette, Wulf: Münchener Kommentar zum GmbHG, Band 3, 3. Auflage München 2018 (zitiert: MünchKomm-GmbHG/*Bearbeiter*)

Flessner, Axel: Sanierung und Reorganisation – Insolvenzverfahren für Großunternehmen in rechtsvergleichender und rechtspolitischer Untersuchung, Tübingen 1982

Floeth, Michael: Anmerkung zu AG Hamburg, Beschluss vom 27.11.2007 - 67g IN 370/07, in: EWiR 2008, S. 281–282

Flöther, Lucas F.: Die aktuelle Reform des Insolvenzrechts durch das ESUG – mehr Schein als Sein?, in: ZIP 2012, S. 1833–1842

Flume, Johannes W.: Vermögenstransfer und Haftung, Berlin 2008

Flume, Werner: Allgemeiner Teil des Bürgerlichen Rechts, Erster Band, Erster Teil, Die Personengesellschaft, Berlin, Heidelberg, New York 1977

- Allgemeiner Teil des Bürgerlichen Rechts, Zweiter Band, Das Rechtsgeschäft, 4. Auflage, Berlin, Heidelberg, New York 1992
- Rechtsgeschäft und Privatautonomie, in: Hundert Jahre deutsches Rechtsleben, Festschrift zum hundertjährigen Bestehen des Deutschen Juristentages 1860–1960, Band I, Karlsruhe 1960, S. 135–238

- Unternehmen und juristische Person, in: Festschrift für Günther Beitzke zum 70.Geburtstag am 26. April 1979, Berlin 1979, S. 43–66

Foerste, Ulrich: Insolvenzrecht, 7. Auflage, München 2018

Frey, Kaspar / v. Bredow, Felix: Der Wegfall des einzigen Komplementärs nach der HGB-Reform, in: ZIP 1998, S. 1621–1625

Friedrich, Wolf-Henrik: Die Haftung des endgültigen Erben und des „Zwischen-erben" bei Fortführung eines einzelkaufmännischen Unternehmens, Berlin 1990

Ganske, Joachim: Das Recht der Europäischen wirtschaftlichen Interessen-vereinigung, Köln 1988

Gerhardt, Walter: Aspekte zur Wechselwirkung zwischen Konkursrecht und Wirtschaftsleben, in: Festschrift für Friedrich Weber zum 70. Geburtstag am 19. Mai 1975, Berlin 1975, S. 181–196

- Der IX. Senat des BGH auf dem Weg zur haftungsrechtlichen Anfechtungstheorie oder: „Wertungsfrage" statt Dogmatik?, in: ZIP 2004, S. 1675–1678
- Zur Anwendbarkeit von HGB § 25 und BGB § 419 beim Erwerb vom Sequester, in: JZ 1988, S. 976–977
- Zur Haftung des ausgeschiedenen Gesellschafters im Rahmen des § 93 InsO, in: ZIP 2000, S. 2181–2188

Gehrlein, Markus: Das Eigenkapitalersatzrecht im Wandel seiner gesetzlichen Kodifikation, in: BB 2011, S. 3–11

v. Gierke, Julius / Sandrock, Otto: Handels- und Wirtschaftsrecht, Band 1, Allgemeine Grundlagen, Der Kaufmann und sein Unternehmen, 9. Auflage, Berlin, New York 1975 (zitiert: *v. Gierke/Sandrock*, HandelsR I)

Göb, Marc Alexander: Das Gesetz zur weiteren Erleichterung der Sanierung von Unternehmen (ESUG) – Ein Überblick, in: NZG 2012, S. 371–377

Göcke, Torsten: Wechselwirkungen bei der Insolvenz von Gesellschaft, Gesellschafter und Organwalter, München 2009

Göcke, Torsten / Henkel, Andreas: Zur Anwendbarkeit des § 135 Abs. 3 InsO in der Doppelinsolvenz von Gesellschaft und Gesellschafter sowie bei der Zwangsverwaltung, in: ZInsO 2009, S. 170–174

Görg, Klaus Hubert: Offene Fragen der Simultaninsolvenz von Personengesellschaft und Gesellschafter – Oder, lieber Peter: kann ein gemeiner Schuldner einfach verschwinden?, in: Festschrift für Hans Peter Runkel, Köln 2009, S. 313–329

Goette, Wulf / Habersack, Mathias / Kalss, Susanne: Münchener Kommentar zum Aktiengesetz, Band 4, 4. Auflage, München 2016 (zitiert: MünchKomm-AktG/*Bearbeiter*)

Gottwald, Peter: Insolvenzrechts-Handbuch, 5. Auflage, München 2015 (zitiert: Gottwald/*Bearbeiter*)

– Rechtliche Möglichkeiten der Unternehmenssanierung im Insolvenzfall, in: KTS 1984, S. 1–26

Graeber, Thorsten: Die Unabhängigkeit des Insolvenzverwalters gegenüber Gläubigern und Schuldner – Eine „fundamentale" Anforderung an Verwalter fremden Vermögens, in: NZI 2002, S. 345–351

Graeber, Thorsten / Pape, Gerhard: Der Sonderverwalter im Insolvenzverfahren, in: ZIP 1997, S. 991–999

Graf, Ulrich / Wunsch, Irene: Bestellung eines Sonderinsolvenzverwalters bei drohendem Interessenkonflikt des Insolvenzverwalters, in: DZWIR 2002, S. 177–183

Grote, Friedrich: Möglichkeiten der Haftungsbeschränkung für den Erben eines einzelkaufmännischen Gewerbebetriebs, in: BB 2001, S. 2595–2599

Groth, Frank: Die analoge Anwendung von OHG-Recht auf BGB-Gesellschaften, Frankfurt am Main, Berlin, Bern, New York, Paris, Wien 1994

Grunewald, Barbara: Die Auslegung von Gesellschaftsverträgen und Satzungen, in: ZGR 1995, S. 68–92

Grunewald, Barbara / Maier-Reimer, Georg / Westermann, Harm Peter: Bürgerliches Gesetzbuch, Band 1, 15. Auflage 2017 (zitiert: Erman/*Bearbeiter*)

Grünewald, Philipp: Mehrheitsherrschaft und insolvenzrechtliche Vorauswirkung in der Unternehmenssanierung, Tübingen 2015

Gummert, Hans / Weipert, Lutz: Münchener Handbuch des Gesellschaftsrechts, Band 1, 5. Auflage, München 2019; Band 2, 5. Auflage, München 2019 (zitiert: MünchHdbGesR/*Bearbeiter*)

Gundlach, Ulf / Frenzel, Volkhard / Jahn, Andreas: Haftungsbegrenzung des Schuldners in seiner Insolvenz, in: NZI 2009, S. 839–840

Gundlach, Ulf / Frenzel, Volkhard / Schmidt, Nikolaus: Die Simultaninsolvenz einer GmbH & Co. KG und ihrer Komplementär-GmbH, in: DStR 2004, S. 1658–1662

Gundlach, Ulf / Müller, Udo: Das Insolvenzantragsrecht und die Insolvenzantrags-pflicht des Insolvenzverwalters, in: ZInsO 2011, S. 900–903

Gundlach, Ulf / Schmidt, Nikolaus / Schirrmeister, André: Die Gesellschaft ohne Rechtspersönlichkeit im Anwendungsbereich von § 11 Abs. 2 und 3 InsO, in: DZWIR 2004, S. 449–452

Haas, Ulrich: ESUG und das Gesellschaftsinsolvenzrecht, in: Festschrift für Rolf Stürner zum 70. Geburtstag, 1. Teilband: Deutsches Recht, Tübingen 2013, S. 749–767

Haas, Ulrich / Holla, Matthias: Insolvenzrecht: Unzulässigkeit eines Insolvenzantrags gegen eine aufgelöste GbR, in: DStR 2001, S. 1264

Haas, Ulrich / Müller, Henning: Der Insolvenzanfechtungsanspruch in der Insolvenz des Anfechtungsgegners, in: ZIP 2003, S. 49–59

Habersack, Mathias: Einbringung eines Gesellschafterdarlehens im Rahmen eines Debt Equity Swap, in: Festschrift für Bruno M. Kübler zum 70. Geburtstag, München 2015, S. 219–228

Häsemeyer, Ludwig: Anmerkung zu BGH, Urteil vom 24.6.2003 - IX ZR 228/02, in: LMK 2003, 214

- Die Gleichbehandlung der Konkursgläubiger, in: KTS 1982, S. 507–575
- Geltungserhaltende oder geltungszerstörende Reduktion?, in: Festschrift für Peter Ulmer zum 70. Geburtstag am 2. Januar 2003, Berlin 2003, S. 1097–1108
- Insolvenzrecht, 4. Auflage, Köln, München 2007
- Kommanditistenhaftung und Insolvenzrecht, in: ZHR 149 (1985), S. 42–75

Hager, Johannes: Gesetzes- und sittenkonforme Auslegung und Aufrechterhaltung von Rechtsgeschäften, München 1983

Harms, Wolfgang: Handelsrecht, 3. Auflage, Frankfurt am Main 1983

Hartard, Matthias: Die Europäische wirtschaftliche Interessenvereinigung im deutschen, englischen und französischen Recht, Berlin, New York 1991

Hatzig, Christoph: Die europäische wirtschaftliche Interessenvereinigung, Frankfurt am Main, Bern, New York, Paris 1990

Heckel, Sven-Olaf: Innengesellschaften im Konkurs, Frankfurt am Main, Bern, New York, Paris 1990

Heckschen, Heribert: Umwandlungsrecht und Insolvenz, in: Umwandlungen im Zivil- und Steuerrecht, Festschrift für Siegfried Widmann zum 65. Geburtstag am 22. Mai 2000, Bonn 2000, S. 31–50

Heidenhain, Martin / Meister, Burkhardt W.: Münchener Vertragshandbuch, Band 1, Gesellschaftsrecht, 7. Auflage, München 2011

Heitmann, Henrich: Die Rechtsnachfolge in verwaltungsrechtliche Berechtigungen und Verpflichtungen einer Zivilperson von Todes wegen, Münster 1970

Heitsch, Joachim: Verfahrenskostendeckung durch § 93 InsO, in: ZInsO 2008, S. 793–795

Henckel, Wolfram: Die Betriebsveräußerung im Konkurs, in: ZIP 1980, S. 2–9

- Die ergänzende Vertragsauslegung, in: AcP 159 (1960/61), S. 106–126
- Grenzen der Vermögenshaftung, in: JuS 1985, S. 836–842

– Wert und Unwert juristischer Konstruktion im Konkursrecht, in: Festschrift für Friedrich Weber zum 70. Geburtstag am 19. Mai 1975, Berlin 1975, S. 237–252

Henckel, Wolfram / Gerhardt, Walter: Insolvenzordnung, Großkommentar, Band 1, Berlin 2004; Band 2, Berlin 2007 (zitiert: Jaeger/*Bearbeiter*)

Henkel, Andreas: Die Kollision von Gesellschafterinsolvenz und eigenkapitalersetzender Nutzungsüberlassung, § 110 Abs. 1 InsO, § 32a Abs. 3 Satz 1 GmbHG, in: ZInsO 2006, S. 1013–1020

Henssler, Martin / Strohn, Lutz: Gesellschaftsrecht, 4. Auflage, München 2019 (zitiert: Henssler/Strohn/*Bearbeiter*)

Herchen, Axel: Kurzkommentar zu LG Düsseldorf, Beschl. v. 5.8.2005 – 14e O 87/04, in: EWiR 2005, S. 809–810

– Kurzkommentar zu OLG Hamm, Urt. v. 30.3.2007 – 30 U 13/06, in: EWiR 2007, S. 527–528

Hess, André: Auswirkungen des Handelsrechtsreformgesetzes auf die Ausscheidens- und Auflösungsgründe im Personengesellschaftsrecht, Bielefeld 2006

Heymann, Ernst: Handelsgesetzbuch, Band 1, Erstes Buch, 2. Auflage, Berlin, New York 1995 (zitiert: Heymann/*Bearbeiter*)

Hirte, Heribert: Restrukturierung nach der InsO: Gesetzesplan, Fehlstellen und Reformansätze innerhalb einer umfassenden InsO-Novellierung, in: ZGR 2010, S. 224–247

Hölzle, Gerrit: Die „erleichterte Sanierung von Unternehmen" in der Nomenklatur der InsO – ein hehres Regelungsziel des RefE-ESUG, in: NZI 2011, S. 124–131

– Die Legitimation des Gesellschaftersonderopfers in der insolvenzrechtlichen Finanzierungsverstrickung, in: ZIP 2010, S. 913–918

– Gibt es noch eine Finanzierungsfolgenverantwortung im MoMiG, in: ZIP 2009, S. 1939–1948

Hoffmann-Becking, Michael / Rawert, Peter: Beck'sches Formularbuch Bürgerliches, Handels- und Wirtschaftsrecht, 13. Auflage, München 2018

Huber, Michael: Anmerkung zu BGH, Urteil vom 23.10.2003 – IX ZR 252/01, in: NZI 2004, S. 81–82

Huber, Ulrich: Gesellschafterkonten in der Personengesellschaft, in: ZGR 1988, S. 1–103

– Vermögensanteil, Kapitalanteil und Gesellschaftsanteil an Personen-gesellschaften des Handelsrechts, Heidelberg 1970

Hueck, Alfred: Das Recht der offenen Handelsgesellschaft, 4. Auflage, Berlin, New York 1971

Hüffer, Uwe / Koch, Jens: Aktiengesetz, 13. Auflage, München 2018 (zitiert: Hüffer/J. Koch)

– Die Fortführung des Handelsgeschäfts in ungeteilter Erbengemeinschaft und das Problem des Minderjährigenschutzes – Überlegungen zu den Entscheidungen BGHZ 92, 259 und BVerfG WM 1986, 828 –, in: ZGR 1986, S. 603–655

Huelsdunk, Inke: Liquidation oder Reorganisation im Insolvenzplan – Alternativen aus der Sicht der ökonomischen Analyse des Rechts, in: KTS 1999, S. 291–312

Jaeger, Ernst: Konkursordnung, Großkommentar, Band 2, Halbband 1, 8. Auflage, Berlin, New York 1973; Band 2, Halbband 2, 8. Auflage, Berlin, New York 1993 (zitiert: Jaeger/*Bearbeiter*)

Jahnke, Volker: Rechtsformzwang und Rechtsformverfehlung bei der Gestaltung privater Rechtsverhältnisse, in: ZHR 146 (1982), S. 595–624

Jauernig, Othmar: Bürgerliches Gesetzbuch, 17. Auflage, München 2018 (zitiert: Jauernig/*Bearbeiter*)

Jeitner, David: Doppelinsolvenz: Anfechtungsrecht bei Insolvenz einer Personen-gesellschaft und des persönlich haftenden Gesellschafters, in: NZI 2009, S. 673–675

Joussen, Edgar: Die einheitliche Mitgliedschaft in Personengesellschaften – Mehrfachmitgliedschaft bei Anteilserwerb aus verschiedenen Gesellschafterstämmen?, in: DB 1992, S. 1173–1175

Jungmann, Carsten: Corporate Reorganization – An Alternative Approach, in: ZVglRWiss 104 (2005), S. 59–115

Kahlert, Günter / Gehrke, Hans Dieter: ESUG macht es möglich: Ausgliederung statt Asset Deal im Insolvenzplanverfahren, in: DStR 2013, S. 975–981

Kanzleiter, Rainer: „Mehrfach-Beteiligung" einer Person an Gesamthand oder Rechtsgemeinschaft? „Einmann-Gesamthand"?!, in: Beiträge zum Gesellschafts- und Notarrecht: Freundesgabe für Willi Weichler zum 70. Geburtstag, Köln 1997, S. 39–52

Kayser, Godehard / Thole, Christoph: Heidelberger Kommentar zur Insolvenzordnung, 9. Auflage, Heidelberg, Hamburg 2018 (zitiert: HK-InsO/*Bearbeiter*)

Keller, Christoph: Zur Insolvenz der zweigliedrigen Personengesellschaft, in: NZI 2009, S. 29–31

Keller, Ulrich: Die Wirkungen der Rückschlagsperre des § 88 InsO auf die Sicherungshypothek nach §§ 866, 867 ZPO – zugleich Besprechung BGH v. 19.1.2006 – IX ZR 232/04, ZIP 2006, 479, in: ZIP 2006, S. 1174–1181

Kesseler, Christian: Anmerkung zu OLG Brandenburg, Urteil vom 23.5.2007 – 7 U 173/06, in: NZI 2008, S. 42–43

– Das Insolvenzverfahren über das Vermögen einer Partnerschaftsgesellschaft, Köln 2004

– Probleme der Verwalterwahl nach § 57 InsO, in: KTS 2000, S. 491–517

Kießling, Erik: Das Gesamthandsprinzip bei Personalgesellschaften, in: Festschrift für Walther Hadding zum 70. Geburtstag am 8. Mai 2004, Berlin 2004, S. 477–500

Kilger, Joachim / Schmidt, Karsten: Insolvenzgesetze, KO/VglO/GesO, 17. Auflage, München 1997

Kindler, Peter / Nachmann, Josef: Handbuch Insolvenzrecht in Europa, München 2013 (zitiert: Kindler/Nachmann/*Bearbeiter*)

Kirchhof, Hans-Peter / Eidenmüller, Horst / Stürner, Rolf: Münchener Kommentar zur Insolvenzordnung, Band 1, 3. Auflage, München 2013; Band 2, 3. Auflage, München 2013; Band 3, 3. Auflage, München 2014 (zitiert: MünchKomm-InsO/ *Bearbeiter*)

Knorre, Jürgen: Güterkraftverkehrsgesetz, Baden-Baden 2012

Koch, Asja: Die Eigenverwaltung nach der Insolvenzordnung, Frankfurt am Main, Berlin, Bern, New York, Paris, Wien 1998

Koch, Jens: Freie Sitzwahl für Personengesellschaften, in: ZHR 173 (2009), S. 101–118

Koetz, Hein: Dispositives Recht und ergänzende Vertragsauslegung, in: JuS 2013, S. 289–296

– Vertragsauslegung – Eine rechtsvergleichende Skizze, in: Festschrift für Albrecht Zeuner zum siebzigsten Geburtstag, Tübingen 1994, S. 219–242

Kohler, Josef: Lehrbuch des Konkursrechts, Stuttgart 1891

Kohler, Jürgen: Rang konvaleszierender Sicherungshypotheken im Fall des § 88 InsO, in: ZIP 2015, S. 1471–1477

König, Dominik: Die Haftung bei der Eigenverwaltung, Tübingen 2015

Korkmaz, Mesut: Die Doppelinsolvenz bei der Kommanditgesellschaft, Baden-Baden 2014

Krejci, Heinz: Unternehmensgesetzbuch statt HGB – Skizzen zur österreichischen Handelsrechtsreform, in: ZHR 170 (2006), S. 113–143

Kresser, Matthias: Debt-equity-swaps im Insolvenzplan de lege ferenda – Zur Änderung der Stellung der Anteilsinhaber im Insolvenzplanverfahren durch den Diskussionsentwurf des BMJ für ein Gesetz zur weiteren Erleichterung der Sanierung von Unternehmen, in: ZInsO 2010, S. 1409–1418

Kriebel, Alexander: Das Ausscheiden des einzigen Komplementärs aus einer Kommanditgesellschaft, Frankfurt am Main 2013

Kruth, Claus-Peter: Insolvenzrechtliche Folgeprobleme bei Ausscheiden eines Gesellschafters aus der zweigliedrigen Personengesellschaft, in: NZI 2011, S. 844–849

Kübler, Bruno M. / Prütting, Hanns / Bork, Reinhard: Kommentar zur Insolvenzordnung, Loseblatt, Stand März 2019 (zitiert: Kübler/Prütting/Bork/ *Bearbeiter*)

Kübler, Bruno M. / Prütting, Hanns / Noack, Ulrich: Kommentar zur Insolvenzordnung, Sonderband 1, Gesellschaftsrecht, Köln 1999 (zitiert: *Noack*, Gesellschaftsrecht)

Kuhn, Georg / Uhlenbruck, Wilhelm: Konkursordnung, 11. Auflage, München 1994

Längsfeld, Alexander M. H.: (Un-)Wirksamkeit von Change-of-Control-Klauseln – Zum neuen § 225a IV 3 InsO, in: NZI 2014, S. 734–739

Lamprecht, Philipp: Die Zulässigkeit der mehrfachen Beteiligung an einer Personen-gesellschaft, Berlin 2002

Längsfeld, Alexander M. H.: (Un-)Wirksamkeit von Change-of-Control-Klauseln, in: NZI 2014, S. 734–739

Larenz, Karl: Allgemeiner Teil des deutschen bürgerlichen Rechts, 7. Auflage, München 1989

– Ergänzende Vertragsauslegung und dispositives Recht, in: NJW 1963, S. 737–741

– Methodenlehre der Rechtswissenschaft, 6. Auflage, Berlin, Heidelberg, New York, Barcelona, Budapest, Hong Kong, London, Paris, Tokio 1991 (zitiert: *Larenz*, Methodenlehre

Larenz, Karl / Canaris, Claus-Wilhelm: Methodenlehre der Rechtswissenschaft (Studienausgabe), 3. Auflage, Berlin, Heidelberg, New York, Barcelona, Budapest, Hong Kong, London, Mailand, Paris, Santa Clara, Singapur, Tokio 1995

Laukemann, Björn: Die Unabhängigkeit des Insolvenzverwalters – Eine rechtsvergleichende Untersuchung, Tübingen 2010

Lentner, Anton J.: Das Gesellschaftsrecht der Europäischen wirtschaftlichen Interessenvereinigung (EWIV), Baden-Baden 1994

Liebs, Rüdiger: Offene Fragen der Insolvenz einer zweigliedrigen GmbH & Co. KG, in: ZIP 2002, S. 1716–1718

Lüke, Wolfgang: Der Sonderinsolvenzverwalter, in: ZIP 2004, S. 1693–1699

– Unabhängigkeit oder „Kernunabhängigkeit" des Insolvenzverwalters? – Zu Gehalt und Feststellung einer wesentlichen Verwalterqualifikation, in: ZIP 2003, S. 557–565

Lüttge, Jörg W.: Die zulässige Mehrfachbeteiligung an einer Personengesellschaft, NJW 1994, S. 5–11

Madaus, Stephan: Der Insolvenzplan – Von seiner dogmatischen Deutung als Vertrag und seiner Fortentwicklung in eine Bestätigungsinsolvenz, Tübingen 2011

– Umwandlungen als Gegenstand eines Insolvenzplans nach dem ESUG – Zugleich eine Untersuchung der Grenzen der gesellschaftsrechtlichen Regelungsmacht des neuen Insolvenzplans, in: ZIP 2012, S. 2133–2139

Marotzke, Wolfgang: Gesellschafterhaftung und Verwalterrisiko bei Masseverbindlichkeiten einer insolventen Personengesellschaft (Teil 1), in: DB 2013, S. 621–625

– Gesellschafterhaftung und Verwalterrisiko bei Masseverbindlichkeiten einer insolventen Personengesellschaft (Teil 2), in: DB 2013, S. 681–690

– Haften die Gesellschafter einer OHG für die Verfahrenskosten der Gesellschaftsinsolvenz?, in: ZInsO 2008, S. 57–64

– Im Überblick: Gesellschaftsinterne Nutzungsverhältnisse im Spiegel der §§ 39 Abs. 1 Nr. 5, 103, 108 ff., 135 Abs. 1 und Abs. 3 InsO, in: ZInsO 2009, S. 2073–2078

– Sonderinsolvenz und Nachlassverwaltung über das Vermögen einer erloschenen Personengesellschaft, in: ZInsO 2009, S. 590–596

Mayer-Maly, Theo: Die Bedeutung des tatsächlichen Parteiwillens für den hypothetischen, in: Festschrift für Werner Flume zum 70. Geburtstag, Band I, Köln 1978, S. 621–628

Medicus, Dieter: Allgemeiner Teil des BGB, 11. Auflage, Heidelberg, München, Landsberg, Frechen, Hamburg 2016

Metzner, Richard: Gaststättengesetz, 6. Auflage, München 2002

Meyer-Landrut, Andreas: Die Europäische Wirtschaftliche Interessenvereinigung, Gründungsvertrag und innere Verfassung einer EWIV mit Sitz in der Bundesrepublik Deutschland, Stuttgart 1988

Mezger, Christian: Die vollständige Abwicklung insolventer Handelsgesellschaften, München 2011

Mielke, Werner / Nguyen-Viet, Thanh-Mai: Änderung der Kontrollverhältnisse bei dem Vertragspartner: Zulässigkeit von Change of Control-Klauseln im deutschen Recht – Auswirkungen eines Gesellschafter- oder

Geschäftsführerwechsels insbesondere auf Anstellungs-, Finanzierungs- und Vertriebsverträge, in: DB 2004, S. 2515–2520

Möslein, Florian: Dispositives Recht – Zwecke, Strukturen und Methoden, Tübingen 2011

Mohrbutter, Harro / Ringstmeier, Andreas: Handbuch der Insolvenzverwaltung, 9. Auflage, Köln, Berlin, München 2015 (zitiert: Mohrbutter/Ringst-meier/*Bearbeiter*)

Müller, Hans-Friedrich: Der Verband in der Insolvenz, Köln, Berlin, Bonn, München 2002

– Gesellschaftsrechtliche Maßnahmen in der Insolvenz, in: KTS 2012, S. 419–452

Müller-Gugenberger, Christian / Schotthöfer, Peter: Die EWIV in Europa, München 1995 (zitiert: *Bearbeiter*, in: Die EWIV in Europa)

v. Mutius, Albert: Zur Rechtsnachfolge des Erben in die Polizei- und Ordnungspflicht, in: VerwArch 62 (1971), S. 83–88

Nägel, Werner: Einmanngesellschaften im deutschen und europäischen Gesellschaftsrecht, Berlin 2004

Nerlich, Jörg / Römermann, Volker: Insolvenzordnung, Loseblatt, Stand Januar 2019 (zitiert: Nerlich/Römermann/*Bearbeiter*)

Neumann, Dieter: Der Konkurs der BGB-Gesellschaft, Bielefeld 1986

Neuner, Jörg: Vertragsauslegung – Vertragsergänzung – Vertragskorrektur, in: Festschrift für Claus-Wilhelm Canaris zum 70. Geburtstag, Band I, München 2007, S. 901–924

Noack, Ulrich: Reorganisation der Schuldnergesellschaft nach neuem Insolvenzrecht, in: Festschrift für Wolfgang Zöllner zum 70. Geburtstag, Band I, Köln 1998, S. 411–428

– Unternehmensinsolvenz: Reorganisation des Rechtsträgers oder Vertragsnachfolge bei übertragender Sanierung, in: Festschrift für Volker Röhricht zum 65. Geburtstag – Gesellschaftsrecht, Rechnungslegung, Sportrecht, Köln 2005, S. 455–466

Noack, Ulrich / Bunke, Caspar: Gläubigerbeteiligung an Sanierungserträgen und Vertragsüberleitung bei übertragender Sanierung in der Gesellschafts-insolvenz, in: KTS 2005, S. 129–153

Nörr, Knut Wolfgang / Scheyhing, Robert / Pöggeler, Wolfgang: Forderungszession, Vertragsübernahme, Schuldübernahme, 2. Auflage, Tübingen 1999

Odenthal, Hans-Jörg: Das Schicksal personenbezogener gewerberechtlicher Erlaubnisse bei der Umwandlung von Gesellschaften, in: GewArch 2005, S. 132–136

Oehlerking, Jürgen: Die Auswirkungen des Konkurses der Gesellschafter einer BGB-Gesellschaft auf die Stellung der Gesellschaftsgläubiger, in: KTS 1980, S. 14–25

Oepen, Klaus: Massefremde Masse, Tübingen 1999

Oetker, Hartmut: Handelsgesetzbuch, 6. Auflage, München 2019 (zitiert: Oetker/*Bearbeiter*)

v. Olshausen, Eberhard: Doppelberücksichtigung, Ausfallprinzip und Gesellschafterhaftung in der Insolvenz, in: ZIP 2003, S. 1321–1330

Palandt, Otto: Bürgerliches Gesetzbuch, 78. Auflage, München 2019 (zitiert: Palandt/*Bearbeiter*)

Pelz, Christian: Die Gesellschaft bürgerlichen Rechts in der Insolvenz, Bonn 1999

Pfister, Wolfgang: Die Einmann-Personengesellschaft, Frankfurt am Main, Berlin, Bern, New York, Paris, Wien 1999

Pohlmann, Ulrich: Die Verfahrenskostendeckung durch Geltendmachung der persönlichen Gesellschafterhaftung über § 93 InsO, in: ZInsO 2008, S. 21–24

Priester, Hans-Joachim: Debt-Equity-Swap zum Nennwert?, in: DB 2010, S. 1445–1450

- Die zwingende Einheitlichkeit des Personengesellschaftsanteils – ein überholtes Prinzip, in: DB 1998, S. 55–60
- Eigene Anteile bei Personengesellschaften, in: ZIP 2014, S. 245–250
- Umwandlung im Insolvenzplan und gesellschaftsrechtliche Treuepflicht, in: Festschrift für Bruno M. Kübler zum 70. Geburtstag, München 2015, S. 557–566

Prüssmann, Heinz / Rabe, Dieter: Seehandelsrecht, 3. Auflage, München 1992

Prütting, Hanns: Allgemeine Verfahrensgrundsätze der Insolvenzordnung, in: Kölner Schrift zur Insolvenzordnung, 3. Auflage, Münster 2009, S. 1–27

- Die Unabhängigkeit des Insolvenzverwalters, in: ZIP 2002, S. 1965–1974
- Ist die Gesellschaft bürgerlichen Rechts insolvenzfähig?, in: ZIP 1997, S. 1725–1734

Raiser, Thomas: Recht der Kapitalgesellschaften, 3. Auflage, München 2001

Regenfus, Thomas: Die „doppelte Analogie" – Erscheinungsformen und Voraussetzungen, in: JA 2009, S. 579–584

Reiff, Peter: Die Haftungsverfassungen nichtrechtsfähiger unternehmenstragender Verbände, Tübingen 1996

Reiswich, Patrick: Die fehlende Positionsbeziehung des Gesetzgebers zum Ausfall- oder Doppelberücksichtigungsprinzip in § 93 InsO und ihre

Konsequenzen bei der Quotenberechnung in der Doppelinsolvenz von OHG und Gesellschafter, in: ZInsO 2014, S. 2411–2423

– Doppelinsolvenz von OHG und Gesellschafter, in: ZInsO 2010, S. 1809–1818

Rendels, Dietmar: Entfällt der Eigenkapitalersatzeinwand bei der Gebrauchsüberlassung in der Gesellschafter-Insolvenz?, in: ZIP 2006, S. 1273–1280

Riedl, Magnus: Die Rechts- und Pflichtennachfolge im Verwaltungsrecht, Köln, Berlin, Bonn, München 1998

Ries, Stephan: Anmerkung zu BGH, Urteil vom 24.9.2009 – IX ZR 234/07, in: NZI 2009, S. 844–845

Riggert, Rainer: Die Unabhängigkeit des Insolvenzverwalters gegenüber Gläubigern – Erwiderung auf Graeber, NZI 2002, 345, in: NZI 2002, S. 352–356

Rösler, Hannes: Grundfälle zur Störung der Geschäftsgrundlage, in: JuS 2005, S. 120–125

Rosenberg, Leo / Schwab, Karl Heinz / Gottwald, Peter: Zivilprozessrecht, 18. Auflage, München 2018

Rosenberg, Simon. Change of Control-Klauseln in der Insolvenz, Köln 2017

Roth, Günter H. / Altmeppen, Holger: Gesetz betreffend die Gesellschaften mit beschränkter Haftung, 9. Auflage, München 2019 (zitiert: Roth/Altmeppen/*Bearbeiter*)

Ruhwedel, Edgar: Die Partenreederei: das Erscheinungsbild einer historisch gewachsenen Gesellschaft im modernen Recht, Bielefeld 1973

Runkel, Hans P. / Schmidt, Jens M.: Die Haftungsabwicklung nach § 93 InsO (Teil 1), in: ZInsO 2007, S. 505–509

– Die Haftungsabwicklung nach § 93 InsO (Teil 2), in: ZInsO 2007, S. 578–582

Säcker, Franz Jürgen / Rixecker, Roland / Oetker, Hartmut / Limpberg, Bettina: Münchener Kommentar zum Bürgerlichen Gesetzbuch, Band 5, 7. Auflage, München 2017; Band 6, 7. Auflage, München 2017 (zitiert: MünchKomm-BGB/*Bearbeiter*)

Sandrock, Otto: Zur Ergänzenden Vertragsauslegung im materiellen und internationalen Schuldvertragsrecht, Köln, Opladen 1966

Sassenrath, Gerd: Der Eingriff in Anteilseignerrechte durch den Insolvenzplan – Ein Beitrag zur Reform des Insolvenzrechts, in: ZIP 2003, S. 1517–1530

Schäfer, Carsten: Die Lehre vom fehlerhaften Verband, Tübingen 2002

– Empfiehlt sich eine grundlegende Reform des Personengesellschaftsrechts?, Gutachten E zum 71. Deutschen Juristentag, in: Verhandlungen des 71. Deutschen Juristentags, Band I (Gutachten), München 2016, S. E 1–E 118 (zitiert: *C. Schäfer*, Gutachten)

- Nachschusspflichten bei Personengesellschaften, in: Gesellschaftsrecht in der Diskussion 2007, Köln 2008, S. 137–152
- Zur Einbeziehung der Anteilsinhaber in den Insolvenzplan – warum das ESUG seine Bewährungsprobe nicht bestanden hat, in: ZIP 2016, S. 1911–1914

Schäfer, Carsten / Wüstemann, Jens: Unternehmensbewertung, Kapitalmaßnahmen und Insolvenzplan, in: ZIP 2014, S. 1757–1768

Schäfer, Marc: Der Sonderinsolvenzverwalter, Köln, München 2009

Schäfer, Thiemo: Der Eröffnungsgrund der Überschuldung, Baden-Baden 2012

Schad, Carls: Der Gemeinschuldner der Reichskonkursordnung, Tübingen 1902

Schlegelberger, Franz / Geßler, Ernst: Handelsgesetzbuch, Band III, 1. Halbband, 5. Auflage, München 1992 (zitiert: Schlegelberger/*Bearbeiter*)

Schlicht, Christian: Die Rechtsträgersanierung und Eigenverwaltung der zweigliedrigen „typischen" GmbH & Co. KG nach dem ESUG, Hamburg 2014

Schlitt, Michael: Die Auswirkungen des Handelsrechtsreformgesetzes auf die Gestaltung von GmbH & Co. KG-Verträgen, in: NZG 1998, S. 580–586

Schlottmann, Dennis: Wegfall und Entmachtung des einzigen Komplementärs, Köln 2009

Schmerbach, Ulrich / Staufenbiel, Peter: Die übertragende Sanierung im Insolvenzverfahren, in: ZInsO 2009, S. 458–467

Schmidt, Karsten: § 25 Abs. 1 Satz 2 (§ 28 Abs. 1 Satz 2) HGB zwischen relativem Schuldnerschutz und Legalzession, in: AcP 198 (1998), S. 516–534
- Anmerkung zu BGH, Beschluss v. 3.4.1996 – II ZR 123/94, in: ZIP 1996, S. 593–594
- Auflösung der stillen Gesellschaft: Blitzschlag oder Abwicklungsprozedur?, in: NZG 2016, S. 641–645
- Das Insolvenzrecht und seine Reform zwischen Prozessrecht und Unternehmensrecht, in: KTS 1988, S. 1–18
- Debt-to-Equity-Swap bei der (GmbH & Co.-)Kommanditgesellschaft – ESUG, „Sanieren oder Ausscheiden" und vor allem: Fragen über Fragen!, in: ZGR 2012, S. 566–584
- Der Konkursverwalter als Gesellschaftsorgan und als Repräsentant des Gemeinschuldners – Versuch einer Konkursverwaltertheorie für heute und morgen, in: KTS 1984, S. 345–400
- Der Verwaltungsrechtsstreit in der Simultaninsolvenz einer Kapitalgesellschaft & Co. – ein chaotischer Fall und ein nachdenkenswertes Urteil, in: ZIP 2010, S. 1621–1627

- Die GmbH & Co. KG als Lehrmeisterin des Personengesellschaftsrechts, in: JZ 2008, S. 425–436
- Die Handels-Personengesellschaft in Liquidation, in: ZHR 153 (1989), S. 270–299
- Die Innenkommanditgesellschaft – wirklicher Verband und virtueller Rechtsträger, in: ZHR 178 (2014), S. 10–54
- Die sanierende Kapitalerhöhung im Recht der Aktiengesellschaft, GmbH und Personengesellschaft, in: ZGR 1982, S. 519–538
- Einlage und Haftung des Kommanditisten, Köln 1977
- „Fehlerhafte Gesellschaft" und allgemeines Verbandsrecht – Grundlagen und Grenzen eines verbandsrechtlichen Instituts, in: AcP 186 (1986), S. 421–452
- Gesellschaftsrecht, 4. Auflage, Köln, Berlin, Bonn, München 2002 (zitiert: *K. Schmidt*, GesR)
- Haftungskontinuität als unternehmensrechtliches Prinzip, in: ZHR 145 (1981), S. 2–28
- Haftungsrealisierung in der Gesellschaftsinsolvenz – Funktion und Aufgaben des Verwalters nach Gesellschafts- und Insolvenzrecht, in: KTS 2001, S. 373–394
- Handelsrecht, 6. Auflage, Köln 2014 (zitiert: *K. Schmidt*, HandelsR)
- Handelsrechtliche Erbenhaftung als Bestandteil des Unternehmensrechts, in: ZHR 157 (1993), S. 600–620
- HGB-Reform und gesellschaftsrechtliche Gestaltungspraxis, in: DB 1998, S. 61–65
- Insolvenz und Insolvenzabwicklung bei der typischen GmbH & Co. KG – Thesen und Fragen zur Verzahnung von Insolvenzverwaltung und -abwicklung bei der GmbH & Co. KG, in: GmbHR 2002, S. 1209–1217
- Insolvenzabwicklung bei der Simultaninsolvenz der Gesellschaften in der GmbH & Co. KG – Nachtrag zu den Ausführungen in GmbHR 2002, 1209 ff. und Bemerkungen zum Beschluss des OLG Hamm v. 3.7.2003 – 15 W 375/02, GmbHR 2003, 1361, in: GmbHR 2003, S. 1404–1406
- Insolvenzordnung, 19. Auflage, München 2016 (zitiert: K. Schmidt/ *Bearbeiter*)
- Insolvenzordnung und Gesellschaftsrecht, in: ZGR 1998, S. 633–671
- Konsolidierte Abwicklung von Personengesellschaften bei simultaner Gesellschafterinsolvenz?, in: ZIP 2008, S. 2337–2347
- Konsolidierte Insolvenzabwicklung? Vergleichende Überlegungen über GmbH & Co. – Insolvenzen und Konzerninsolvenzen, in: KTS 2011, S. 161–184

- Möglichkeiten der Sanierung von Unternehmen durch Maßnahmen im Unternehmens-, Arbeits-, Sozial- und Insolvenzrecht – Unternehmens und insolvenzrechtlicher Teil, Gutachten für den 54. Deutschen Juristentag, in: Verhandlungen des 54. Deutschen Juristentags, Band I (Gutachten), München 1982, S. D 1–D 135 (zitiert: *K. Schmidt*, Gutachten)
- Münchener Kommentar zum HGB, Band 2, 4. Auflage, München 2016; Band 3, 3. Auflage, München 2012 (zitiert: MünchKomm-HGB/*Bearbeiter*)
- Nutzungsüberlassung nach der GmbH-Reform – Der neue § 135 Abs. 3 InsO: Rätsel oder des Rätsels Lösung?, in: DB 2008, S. 1727–1735
- Nutzungsüberlassung und Unternehmensinsolvenz – Klartest vom IX. Zivilsenat, in: NJW 2015, S. 1057–1061
- Organverantwortlichkeit und Sanierung im Insolvenzrecht der Unternehmen, in: ZIP 1980, S. 328–337
- Persönliche Gesellschafterhaftung in der Insolvenz – Gesellschaftsrechtliche und insolvenzrechtliche Betrachtungen zum Urteil des BGH vom 24.09.2009, IX ZR 234/07, in: ZHR 174 (2010), S. 163–191
- Personengesellschaften: neu gedacht? – Grundsatzfragen aus aktuellem Anlass, in: ZIP 2014, S. 493–499
- Sanieren oder Ausscheiden, Bemerkungen zum Urteil des BGH vom 19.10.2009 – II ZR 240/08, in: JZ 2010, S. 125–130
- Schöne neue Sanierungswelt: Die Gläubiger okkupieren die Burg! – Recht und Realität der ESUG-Reform, in: ZIP 2012, S. 2085–2088
- Sinnwandel und Funktion des Überschuldungstatbestands – Rechtspolitische Perspektiven der Verfahrenseröffnung im Insolvenzrecht, in: JZ 1982, S. 165–174
- Sternförmige GmbH & Co. KG und horizontaler Haftungsdurchgriff – Gedanken zum Stand der Gerichtspraxis –, in: Festschrift für Herbert Wiedemann, München 2002, S. 1199–1221
- Übergang von Vertragsverhältnissen nach §§ 25, 28 HGB?, in: Festschrift für Dieter Medicus zum 70. Geburtstag, Köln, Berlin, Bonn, München 1999, S. 555–574
- Überschuldung und Unternehmensfortführung oder: per aspera ad astra, in: ZIP 2013, S. 485–493
- Unternehmenskonkurs – Unternehmensträgerkonkurs – Gesellschafterkonkurs, in: Einhundert Jahre Konkursordnung 1877–1977, Festschrift des Arbeitskreises für Insolvenz- und Schiedsgerichtswesen e.V. Köln zum einhundertjährigen Bestehen der Konkursordnung vom 10. Februar 1877, Köln, Berlin, Bonn, München 1977, S. 247–270

- Wege zum Insolvenzrecht der Unternehmen, Köln 1990 (zitiert: *K. Schmidt*, Insolvenzrecht der Unternehmen)
- Zum Liquidationsrecht der GmbH & Co, in: GmbHR 1980, S. 261–266
- Zur Haftung und Enthaftung der persönlich haftenden Gesellschafter bei Liquidation und Konkurs der Personengesellschaft – Korrekturen im Rechtsbild der §§ 128, 159, 160 HGB, in: ZHR 152 (1988), S. 105–122
- Zur Stellung der oHG im System der Handelsgesellschaften, Bonn 1972

Schmidt, Karsten / Bitter, Georg: Doppelberücksichtigung, Ausfallprinzip und Gesellschafterhaftung in der Insolvenz, in: ZIP 2000, S. 1077–1089

Schmidt, Karsten / Schneider, Christian: Haftungserhaltende Gläubigerstrategien beim Ausscheiden von Gesellschaftern bei Unternehmensübertragung, Umwandlung und Auflösung, in: BB 2003, S. 1961–1971

Schmidt, Karsten / Schulz, Wolf: Konkursfreies Vermögen insolventer Handelsgesellschaften? – Systemfragen des Unternehmenskonkurses, in: ZIP 1982, S. 1015–1140

Schmidt, Thorsten: Einmann-Personengesellschaften, Baden-Baden 1998

Schmidt-Preuß, Matthias: Entschädigungspflicht für den Verlust von Anteilseigentum in der Insolvenz, in. NJW 2016, S. 1269–1273

Schmitt, Joachim / Hörtnagl, Robert / Stratz, Rolf-Christian: Umwandlungsgesetz, 8. Auflage, München 2018 (zitiert: Schmitt/Hörtnagl/Stratz/*Bearbeiter*)

Schmittmann, Jens M.: Besonderheiten bei der insolventen GmbH & Co. KG, in: ZInsO 2005, S. 1314–1316

Scholz, Franz: Kommentar zum GmbH-Gesetz, Band 3, 11. Auflage, Köln 2015 (zitiert: Scholz/*Bearbeiter*)

Schünemann, Wolfgang B.: Grundprobleme der Gesamthandsgesellschaft unter besonderer Berücksichtigung des Vollstreckungsrechts, Bielefeld 1975

Schulz, Dietmar: Zahlungsunfähigkeit und ernsthaftes Einfordern – zugleich Besprechung BGH v. 14.5.2009 – IX ZR 63/08, in: ZIP 2009, S. 2281–2284

Schumann, Ekkehard: Die Unabhängigkeit des Insolvenzverwalters – Sicherung der Integrität des Insolvenzverfahrens, in: Einheit und Vielfalt des Rechts, Festschrift für Reinhold Geimer zum 65. Geburtstag, München 2002, S. 1043–1072

Scriba, Michael O. E.: Die Europäische wirtschaftliche Interessenvereinigung, Heidelberg 1988

Seagon, Christopher: „Retten, was zu retten ist“: Hilft uns hierbei das ESUG?, in: Solvenz – Insolvenz – Resolvenz, S. 66–77

Seeger, Marc: Das Ausscheiden des einzigen Komplementärs, Baden-Baden 2010

Semler, Johannes / Stengel, Arndt: Umwandlungsgesetz, 4. Auflage, München 2017 (zitiert: Semler/Stengel/*Bearbeiter*)

Seuffert, Lothar: Deutsches Konkursprozeßrecht, Leipzig 1899

Siebert, Jacob: Einmann-Personengesellschaften, Bonn 2005

Sieveking, Johannes: Die Haftung des Gemeinschuldners für Masseansprüche, Berlin 1937

– Keine Mehrfachbeteiligung an Personengesellschaften, in: Festschrift für Helmut Schippel zum 65. Geburtstag, München 1996, S. 505–518

Simon, Stephan / Brünkmans, Christian: Die Ausgliederung von sanierungswürdigen Betriebsteilen mithilfe des Insolvenzplanverfahrens nach ESUG: Verdrängt die Gläubigerautonomie den institutionalisierten Gläubigerschutz des Umwandlungsgesetzes, in: ZIP 2014, S. 657–667

Simon, Stephan / Merkelbach, Matthias: Gesellschaftsrechtliche Strukturmaßnahmen im Insolvenzplanverfahren nach dem ESUG, in: NZG 2012, S. 121–129

Söring, Kai: Die Zulässigkeit der Mehrfachbeteiligung an einer Personen-gesellschaft, Frankfurt am Main, Berlin, Bern, New York, Paris, Wien 1997

Gräfin v. Spee, Clara: Gesellschafter im Reorganisationsverfahren, Köln 2014

Spetzler, Sophie: Eingriffe in die Rechte von Anteilseignern im Insolvenzverfahren, Köln 2011

Spickhoff, Andreas: Medizinrecht, 3. Auflage, München 2018 (zitiert: Spickhoff/*Bearbeiter*)

Staub, Hermann: Handelsgesetzbuch, Großkommentar, Band 1, 5. Auflage, Berlin 2009; Band 3, 5. Auflage, Berlin 2009 (zitiert: Staub/*Bearbeiter*)

v. Staudinger, Julius: Kommentar zum Bürgerlichen Gesetzbuch mit Einführungsgesetz und Nebengesetzen, Buch 1, Allgemeiner Teil, §§ 139–163, Neubearbeitung von Herbert Roth, Berlin 2015; Buch 2, Recht der Schuldverhältnisse, §§ 705–740, 13. Bearbeitung von Stefan Habermeier, Berlin 2003

Stimpel, Walter: Der Gesellschafter als Vorerbe des verstorbenen einzigen Mitgesellschafters einer offenen Handelsgesellschaft – Grundzüge eines dafür geltenden Vor- und Nacherbschaftsrechts, in: Festschrift für Heinz Rowedder zum 75. Geburtstag, München 1994, S. 477–502

Stürner, Rolf: Aktuelle Probleme des Konkursrechts, in: ZZP 94 (1981), S. 263–310

– Möglichkeiten der Sanierung von Unternehmen durch Maßnahmen im Unternehmens- und Insolvenzrecht – Eine Auseinandersetzung mit dem Gutachten von Karsten Schmidt zum 54. Deutschen Juristentag, in: ZIP 1982, S. 761–772

Tettinger, Peter J. / Wank, Rolf / Ennuschat, Jörg: Gewerbeordnung, 8. Auflage, München 2011

Theißen, Thomas: Gesellschafterbürgschaften in der Insolvenz der OHG nach neuem Recht, in: ZIP 1998, S. 1625–1630

Thole, Christoph: Gesellschaftsrechtliche Maßnahmen in der Insolvenz, 2. Auflage, Köln 2015

Trams, Kai: Rechtsfolgen der Gesellschafterinsolvenz bei einer aus zwei Personen bestehenden GbR mit gesellschaftsvertraglich vereinbarter Fortsetzungsklausel, in: NZG 2008, S. 736–738

v. Tuhr, Andreas: Der Allgemeine Teil des Deutschen Bürgerlichen Rechts, Band II, Erste Hälfte, München, Leipzig 1914

Uhlenbruck, Wilhelm: Das neue Insolvenzrecht als Herausforderung für die Beratungspraxis, in: BB 1998, S. 2009–2021

– Die Durchsetzung von Gläubigeransprüchen gegen eine vermögenslose GmbH und deren Organe nach geltendem und neuem Insolvenzrecht, in: ZIP 1996, S. 1641–1651

– Die GmbH & Co. KG in Krise, Konkurs und Vergleich, 2. Auflage, Köln 1988

– Gesellschaftsrechtliche Defizite der Insolvenzordnung, in: Festschrift für Hans-Jochem Lüer zum 70. Geburtstag, München 2008, S. 461–478

– Zur Kollision von Gesellschafts- und Insolvenzrecht in der Unternehmensinsolvenz, in: Insolvenzrecht im Wandel der Zeit: Festschrift für Hans-Peter Kirchhof zum 65. Geburtstag, Recklinghausen 2003, S. 479–506

Uhlenbruck, Wilhelm / Delhaes, Karl: Handbuch der Rechtspraxis, Band 3, Konkurs- und Vergleichsverfahren, 5. Auflage, München 1990

Uhlenbruck, Wilhelm / Hirte, Heribert / Vallender, Heinz: Insolvenzordnung, 15. Auflage, München 2019 (zitiert: Uhlenbruck/*Bearbeiter*)

Uhlenbruck, Wilhelm / Schmidt, Karsten / Brinkmann, Moritz: Die GmbH in Krise, Sanierung und Insolvenz, 5. Auflage, Köln 2016

Uhlenbruck, Wilhelm / Vallender, Heinz: Zehn Jahre Insolvenzordnung – eine kritische Zwischenbilanz, in: NZI 2009, S. 1–11

Ulmer, Peter: Die Einheitlichkeit der Mitgliedschaft in einer Personengesellschaft – ein überholtes Dogma?, in: ZHR 167 (2003), S. 103–116

– Die höchstrichterlich „enträtselte" Gesellschaft bürgerlichen Rechts, in: ZIP 2001, S. 585–599

– Konkursantragspflicht bei Überschuldung der GmbH und Haftungsrisiken bei Konkursverschleppung, in: KTS 1981, S. 469–492

– Testamentsvollstreckung am Kommanditanteil – Voraussetzungen und Rechtsfolgen, in: NJW 1990, S. 73–83

Vallender, Heinz: Eigenverwaltung im Spannungsverhältnis zwischen Schuldner- und Gläubigerautonomie, in: WM 1998, S. 2129–2139

Verhoeven, Alexander: Die Konzerninsolvenz: eine Lanze für ein modernes Insolvenzrecht, Köln 2011

Verse, Dirk A.: Anteilseigner im Insolvenzverfahren – Überlegungen zur Reform des Insolvenzplanverfahrens aus gesellschaftsrechtlicher Sicht, in: ZGR 2010, S. 299–324

Vortmann, Jürgen: Anmerkung zu BGH, Urteil vom 7.7.2008 – II ZR 37/07, in: EWiR 2008, S. 679–680

Voß, Rudolf: Anmerkung zu AG Potsdam, Beschluss vom 1.2.2001 – 35 IN 478/00, in: EWiR 2001, S. 573–574

Wallner, Jürgen: Partielle Universalsukzession durch Insolvenzplan – ein Beitrag zur Diskussion um den debt to equity swap, in: ZInsO 2010, S. 1419–1426

Wedemann, Frauke: Ist der Nießbraucher eines Gesellschaftsanteils wie ein Gesellschafter zu behandeln?, in: ZGR 2016, S. 798–838

Wegener, Burghard: Anfechtung in der Doppelinsolvenz – Sperrwirkung des § 93 InsO, in: NZI 2009, S. 43–44

Weimar, Robert: Einmann-Personengesellschaften – ein neuer Typ des Gesellschaftsrechts?, in: ZIP 1997, S. 1769–1778

– Rechtsfragen der Europäischen wirtschaftlichen Interessenvereinigung, in: NWB Fach 18, S. 3031–3038

Weimar, Robert / Delp, Udo A.: Die Europäische wirtschaftliche Interessenvereinigung (EWIV) in rechtlicher und steuerlicher Sicht, in: WPg 1989, S. 89–99

Weimar, Robert / Grote, Klaus-Peter: Grundfragen der Europäischen wirtschaftlichen Interessenvereinigung, in: NWB Fach 18, S. 3533–3542

Wertenbruch, Johannes: Die Personengesellschaft im Vergleich zur AG und GmbH im Insolvenzplanverfahren, in: ZIP 2013, S. 1693–1704

Westermann, Harm Peter: Die zweigliedrige Personengesellschaft in der Krise, in: Festschrift für Volker Röhricht zum 65. Geburtstag – Gesellschaftsrecht, Rechnungslegung, Sportrecht, Köln 2005, S. 655–674

– Vertraglich geregeltes oder treupflichtgemäßes Ausscheiden aus einer sanierungsbedürftigen Personengesellschaft, in: NZG 2016, S. 9–15

Westermann, Harm Peter / Wertenbruch, Johannes: Handbuch Personengesellschaften, Loseblatt, Stand April 2019 (zitiert: Westermann/Wertenbruch/*Bearbeiter*)

Widmann, Siegfried / Mayer, Dieter: Umwandlungsrecht, Loseblatt, Stand April 2019 (zitiert: Widmann/Mayer/*Bearbeiter*)

Wiedemann, Herbert: Anmerkung zu BGH, Urteil vom 29.1.2001 – II ZR 331/00, in: JZ 2001, S. 661–664

– Die Personenunabhängigkeit der Personengesellschaft, in: Gedächtnisschrift für Alexander Lüderitz, München 2000, S. 839–860

– Gesellschaftsrecht, Band I – Grundlagen, München 1980; Band II – Recht der Personengesellschaften, München 2004 (zitiert: *Wiedemann* GesR)

Wiesner, Georg: Die Lehre von der fehlerhaften Gesellschaft, Heidelberg 1980

Willemer, Christian: Rechts- und Pflichtennachfolge im Verwaltungsrecht, Hamburg 1972

Wissmann, Eike: Persönliche Mithaft in der Insolvenz, 2. Auflage, Köln 1998

Wolf, Manfred: Allgemeine Wirkungen der Insolvenzeröffnung, in: Insolvenzrecht im Umbruch – Analysen und Alternativen, Köln, Berlin, Bonn, München 1991, S. 113–125

Wolf, Manfred / Neuner, Jörg / Larenz, Karl: Allgemeiner Teil des Bürgerlichen Rechts, 11. Auflage, München 2016

Zimmermann, Klaus: Die Haftung der Gesellschafter für die vom Insolvenzverwalter einer Personenhandelsgesellschaft begründeten Verbindlichkeiten, Frankfurt am Main, 1997

www.ingramcontent.com/pod-product-compliance
Ingram Content Group UK Ltd.
Pitfield, Milton Keynes, MK11 3LW, UK
UKHW021839290926
8980IPUK00004B/542

9 783631 794180